Sławomir Mrożek

Amor

und andere
Stücke

Aus dem Polnischen von
Witold Kośny und
Christa Vogel

Diogenes

Originaltitel: ›Wyspa róż‹, ›Polowanie na lisa‹,
›Lis aspirant‹, ›Lis filosof‹, ›Serenada‹, ›Krawiec‹,
›Amor‹, ›Pieszo‹, ›Powrót‹
Umschlagillustration:
René Magritte,
›Le tombeau des lutteurs‹, 1960

30/98/24/1
ISBN 3 257 06169 2

Inhalt

Insel der Rosen

Fernsehspiel

Personen

Der Mann
Der Greis
Der Junge
Die Frau

1. Szene Außen/Tag

Ein Burghof mit einem Wehrgang. Über dem Hof der klare Himmel, an dem Möwen kreisen. Zwischen den Steinplatten des Hofes wächst Gras, an den Mauern wilde Rosensträucher. Die Mauern sind efeubedeckt. Alles ist halb verfallen, verlassen. Auf dem Hof ein Brunnen ohne Wasser.

Den Kopf auf den Rand des Brunnens gestützt, schläft, halb sitzend, halb liegend, der Greis; er ist abgemagert und sieht vernachlässigt aus. Er trägt ausgefranste Hosen und ein altmodisches Jackett mit langen Rockschößen, das aus dem Lagerbestand eines Wohltätigkeitsfonds stammen könnte.

In der Ecke des Hofes malt kniend der Junge mit Kreide ein Schiff auf den Boden. Die Zeichnung ist naiv und primitiv. Der Junge hat ein gestreiftes Hemd und zerlöcherte Hosen an.

Oben auf dem Wehrgang erscheint der Mann. Sein Oberkörper ist nackt, er hat volles Haar und einen Bart. Auf den Schultern trägt er drei große Schwerter. Er bleibt stehen und betrachtet von oben den Schlafenden und den Jungen. Er steigt vom Wehrgang in den Hof hinab und nähert sich dem Schlafenden. Als der Junge ihn bemerkt, wischt er eilig mit den Händen und seinen nackten Fuß-

sohlen die Zeichnung weg. Der Mann nimmt die Schwerter von der Schulter und stößt sie mit Schwung auf den Steinboden. Das Eisen klirrt auf den Steinen, ein weithallendes Echo im Wehrgang. Der alte Mann schreckt hoch.

MANN Verzeihung, Vater Prior. Es war keine Absicht.
GREIS Ach, du bist es nur, Bruder.
MANN *mit Betonung auf ›nur‹* Ja, nur ich.
GREIS Ich hatte einen schrecklichen Traum.
MANN Du hast geschlafen?
GREIS Nein, nein gar nicht.
MANN Und der Traum?
GREIS Es war kein Traum. Es war … eine Vision.
MANN Und was hast du gesehen?
GREIS Nichts.
MANN Wieso Vision, wenn du nichts gesehen hast?
GREIS Ich habe was gesehen. Und das war eben das Nichts. Ein schrecklicher Traum.
MANN Also doch ein Traum.
GREIS Eine Vision.
MANN Nichts kann man nicht sehen!
GREIS Gewöhnlich nicht. Aber ich habe es gerade eben gesehen. Ist es schon Morgen?
MANN Nachmittag.
GREIS Sonntag.
MANN Samstag.
GREIS Natürlich Samstag. Das wollte ich gerade sagen.
MANN Der Tag der Heiligen Klara.
GREIS Ganz richtig.

MANN Das heißt, bald ist Mariä Himmelfahrt.
GREIS Ja, ja, wenn wir heute die Heilige Klara haben, ist in drei Tagen Mariä Himmelfahrt.
MANN Das heißt, es ist jetzt Zeit...
GREIS Warte, es ist so heiß... Es ist Zeit, sagst du?

Der Mann schweigt.

2. Szene Außen/Tag

Felsen in der Brandung und Kliffe. Die weißen Schaumkronen der Wellen schlagen unaufhörlich ans Ufer. Auf den Felsen der gewaltige Bau einer altertümlichen Festung, halb verfallen. Bollwerke, Mauern mit Zinnenkranz und ein Glockenturm.

An der Stelle, wo sich zwischen Meer und Felsen ein kleines Stückchen Strand erstreckt, sammeln der Mann und der Junge Bretter und zerschlagene Kisten auf, die die Wellen anschwemmen. Sie tragen sie landeinwärts und stapeln sie aufeinander. Gemeinsam schleppen sie einen großen Balken.

Plötzlich läßt der Junge den Balken fallen und läuft ins Wasser, ohne auf die Wellen zu achten. Er watet bis zum Gürtel ins Wasser und blickt zum Horizont. Am Horizont zieht langsam die Silhouette eines Schiffes vorbei. Der Junge winkt dem Schiff zu. Der Mann läuft ihm nach. Er packt den Jungen am Genick und taucht ihn mehrere Male unter Wasser. Der Junge verschluckt sich und würgt. Der Mann bringt ihn ans Ufer zurück und wirft ihn auf den Sand. Der Junge würgt. Er ist halb erstickt.

Das Schiff bewegt sich langsam und kaum erkennbar am Horizont weiter.

In den Gemäuern der Festung sind Fensteröffnungen und Schießscharten. In einem der Fenster sieht man ein auf das Meer bzw. auf das Schiff gerichtetes Fernrohr.

3. Szene Innen/Außen/Tag

Das Innere einer kleinen Kapelle. Der Widerschein des Himmels in einer Fensteröffnung, durch das Fenster flutende Sonnenstrahlen schneiden auf dem Fußboden ein Vieleck aus. Eine Steinplatte, die auf zwei kleineren, senkrecht aufgestellten Platten liegt, dient als Altar. Darüber ein Relief, ein Kreuz und anstelle des gekreuzigten Christus – ein Rosenstock. Das Kreuz und die Rose sind in Stein gehauen. Die Zweige der Rose umranken das Kreuz, die Blüte an der Stelle, an der sich sonst der Kopf des Gekreuzigten befindet. Man hört weit entfernt das Tosen der Wellen und Möwengeschrei.

Der Greis geht in die Kapelle. Er kniet vor dem Altar nieder, faltet die Hände. Er beginnt zu beten, seine Lippen bewegen sich lautlos. Nach kurzem überfällt ihn Müdigkeit. Er sinkt immer tiefer nach vorn. Von seinem inbrünstigen Gebet ist nichts mehr übrig. Er wirkt wie eine zerknitterte, verschrumpelte Gestalt, die immer mehr von der Erde aufgesogen wird. Schließlich sackt er ganz zusammen. Er liegt auf der Seite, die Beine angewinkelt wie ein Embryo, und schläft ein.

Der Junge kommt in die Kapelle und bleibt vor dem

Schlafenden stehen. Er geht in die Hocke, berührt den Schlafenden. Dann zieht er einen Apfel aus seiner Tasche. Er legt den Apfel auf den Fußboden, direkt neben die Wange des Greises. Er steht auf und geht auf Zehenspitzen hinaus.

Über dem Schlafenden steht der Mann. Er stößt mit dem Fuß den Apfel fort. Der Apfel rollt weg. Der Mann hebt den Apfel auf und verläßt die Kapelle.

Vor ihm das Panorama der Mauern, Ruinen und Felsen. Weiter weg das Meer. Die Kapelle liegt auf einer Anhöhe. Der Mann blinzelt in die Sonne und beißt in den Apfel.

Weiter weg sitzt der Junge auf der Mauer und beobachtet die Kapelle. Als er den Mann sieht, springt er von der Mauer und läuft den Abhang hinunter. Er verschwindet hinter einer Bodenwelle.

Den Apfel essend, geht der Mann den schmalen Pfad von der Kapelle nach unten.

4. Szene Außen/Tag

Ein Platz in einer Mauernische. Ein Haufen von Brettern und Balken, die jetzt getrocknet sind. Der Mann hackt sie zu Brennholz. Er arbeitet geschickt und mit großer Kraft. Die Scheide der erhobenen Axt glänzt in der Sonne. Das Krachen der Schläge. Die Schläge werden immer heftiger, stärker als nötig, der Rhythmus der Schläge beschleunigt sich. Vom Gesicht und vom Oberkörper des Mannes rinnen Schweißtropfen. Statt eine Pause zu machen, hackt er noch schneller. Eine Art wütende Raserei hat ihn ergriffen, und man sieht, daß die Arbeit für ihn eine Entladung überschüssiger Kraft und Energie bedeutet. Es ist die pure Aggressivität. Plötzlich – fällt die erhobene Axt nicht hinunter. Der Mann läßt sie langsam sinken. Er steht einen Augenblick mit gesenktem Kopf da. Dann legt er die Axt fort und setzt sich mit herunterbaumelnden Armen auf einen Holzklotz. Nach der verkörperten Wut wirkt er jetzt wie der Inbegriff von Apathie.

Von weit oben sieht der Greis aus einem schmalen Fenster durch das Fernrohr.

5. Szene Außen/Tag

An einigen Stellen sind die Ruinen in die Erde gesunken und so sehr mit Gras überwachsen, daß sie schon als Weideplatz für ein paar Schafe und Ziegen dienen. Der Junge sitzt auf einem Stein und hütet eine kleine Herde.

Schafe blöken. Der Junge steht auf und sieht sich wachsam um. Er geht zur Spitze der Geröllhalde. Auf der anderen Seite sieht er den Greis. Der Greis sucht etwas, biegt die Sträucher mit seinem Stock auseinander. Er bückt sich, hebt eine Wurzel auf, wirft sie wieder fort und sucht weiter.

6. Szene Außen/Tag

Der Garten. Der Mann gräbt den Boden mit einer Hacke um. Am Himmel erscheinen drei moderne Kampfflug-

zeuge. Sie überfliegen die Insel mit lautem Getöse. Auf die Hacke gestützt, sieht ihnen der Mann mit in den Nacken gelegtem Kopf nach.

7. Szene   Außen/Tag

Weide. Der Junge zieht sich einen Splitter aus seiner nackten Fußsohle. Er hebt den Kopf, als die Flugzeuge vorbeibrausen.

8. Szene   Innen/Tag

Klosterzelle. Am Tisch ist der Greis eingenickt, seine Stirn liegt auf einem alten, aufgeschlagenen Buch, das mit Hieroglyphen bedeckt ist. Am Fenster steht das altmodische Fernrohr auf einem Dreifuß.

Flugzeuge dröhnen. Der Alte wacht auf, hebt den Kopf. Er geht ans Fenster und sieht durch das Fernrohr. Im Visier des Fernrohrs ein Schiff am Horizont.

9. Szene   Innen/Tag

Das Innere des Küchenrefektoriums. Eine sehr große Feuerstelle mit einem Rauchfang. Am Rande der Feuerstelle bescheidene Küchengeräte: ein Kessel, der über dem Feuer hängt, einige Pfannen, tönerne Töpfe und Schüsseln.

Der Junge macht sich am Feuer zu schaffen, facht es an,

rührt die Speise in dem Kessel um. Nicht weit weg ein großer, massiver Tisch, längs des Tisches Bänke. Am Tisch sitzen auf derselben Bank, aber ziemlich weit voneinander entfernt, der Greis und der Mann. Vor jedem steht ein tönerner Eßnapf und ein Zinnlöffel. Der Mann sitzt rechts vom Greis.

Der Junge nimmt den Kessel vom Feuer. Er gießt den Inhalt in eine große Schüssel und stellt sie auf den Tisch vor den Greis. Er nimmt seinen Platz links vom Greis ein. Alle drei stehen auf und falten die Hände zum Gebet. Schweigen. Nach einer Weile wenden sich der Mann und der Junge erwartungsvoll dem Greis zu. Der schweigt noch immer.

MANN *sagt dem Greis halblaut die Worte des Gebets vor* »Vater unser ...«

Der Greis schweigt weiter.

Ungeduldig »Vater unser, der Du bist im Himmel ...«

Der Greis schweigt. Die Kinnlade fällt ihm herunter, der Bart zittert. Der Greis kann sich weder an den Wortlaut des Gebets erinnern noch das Zittern beherrschen. Er setzt sich hin und verbirgt sein Gesicht in den Händen. Der Mann wendet sich von ihm ab, der Junge ebenfalls, beide starren wieder vor sich hin. Der Mann spricht laut und vernehmlich das Gebet.

»Vater unser, der Du bist im Himmel, nimm gnädig unseren Dank für die Gaben, die uns beschert sind. Diese Speise möge nicht uns selber stärken, sondern unseren Körper, der nur das Werkzeug ist in der Hand des Baumeisters Deines Heiligtums, das Schwert in der Hand Deines Erzengels. Wie Schwerter und Werkzeuge sollen unsere Körper dahinschwinden, wenn Dein Heiligtum emporragt und Deines Feindes Macht besiegt ist. Zu Deinem Ruhm, nach Deinem Willen, zu unserer Erlösung. Amen.

JUNGE Amen.

Der Mann und der Junge setzen sich und sehen den Greis erwartungsvoll an. Der Greis nimmt die Hände vom Gesicht, schöpft mit dem Schöpflöffel aus der großen Schüssel, um zuerst seinen eigenen Eßnapf zu füllen. Seine Hand zittert, die dünne Suppe ergießt sich auf den Tisch.

Der Mann nimmt ihm schweigend den Schöpflöffel aus der Hand und füllt seinen Napf. Danach seinen eigenen. Zum Schluß den des Jungen. Sie essen schweigend. Der Greis hängt seinen Bart in die Suppe, kleckert, schlürft. Ein Bild von gebrechlicher Altersschwäche.

Der Junge wirft während des Essens verstohlene Blicke zum Greis. Der Mann scheint nichts außer seinem Essen wahrzunehmen. Das Feuer leckt an der Feuerstelle hoch und knistert. In der Tiefe des Gebäudes hört man den Schrei eines Nachtvogels.

10. Szene Außen/Tag

Mit einem Holzeimer schlenkernd, geht der Junge auf einem Pfad von den Gebäuden zur Zisterne. Der Junge kniet am Brunnenrand nieder und beugt sich über das Wasser. Im Wasser spiegelt sich sein Gesicht. Der Junge sieht sich sein Spiegelbild an. Er streckt die Hand aus und bewegt die Finger. Er entdeckt, wie sein Spiegelbild genau dieselben Bewegungen vollzieht. Er streckt die Zunge heraus und schneidet verschiedene Grimassen.

Er hört auf zu gestikulieren und betrachtet sein Spiegelbild.

Ein Stein fällt in die Mitte des Spiegelbildes und verzerrt es kreis- und wellenförmig. Nicht weit entfernt, am Rande der Zisterne, steht der Mann. Er hat ein geschlachtetes Lamm mit zusammengebundenen Hinterläufen über die Schulter geworfen. Der Junge nimmt den Eimer und schöpft Wasser. Der Mann wartet, bis der Junge damit fertig ist, dann geht er den Pfad zu den Gebäuden hinunter. Der Junge folgt ihm mit dem vollen Eimer.

11. Szene Innen/Nacht

Eine Mondnacht. Die Klosterzelle ist vom Mondlicht überflutet. Im Strahl des Mondlichts liegt der Junge mit weit offenen Augen auf dem Bett. Die Hände hat er unter dem Nacken verschränkt. Seine Augen sind unbeweglich.

Die Geräusche einer warmen Mittelmeernacht. Das intensive eintönige Zirpen der Grillen. Eine Stille, die mit ge-

spannter, in der Tiefe der Nacht verschleierter Aktivität angefüllt ist. Die Welt hat die Dreidimensionalität des Tages verloren, jetzt besteht sie ausschließlich aus dem Spiel des Mondlichts und des Schattens. Sanftes und rhythmisches Rauschen der Wellen. Der Junge zieht sich mit einer plötzlichen, heftigen Bewegung die Pferdedecke über den Kopf. Er dreht sich auf den Bauch.

12. Szene Innen/Nacht

Eine andere Klosterzelle, ebenfalls von Mondlicht überflutet. Auf dem Bett liegt der Mann. Die Augen offen, unbeweglich. Nach einem Augenblick richtet er sich im Bett auf und zieht unter dem Bett einen Blechkoffer hervor. Er zündet die Öllampe an. Er öffnet den Koffer und nimmt ein verschnürtes Päckchen heraus. Er macht das Päckchen auf. Es sind alte Briefe, Personalpapiere und Fotografien. Der Mann betrachtet im Lichte der Lampe das erste Foto. Auf der Fotografie sind Arbeiter und Seeleute in einem kleinen Hafen, mit ein paar Segelbooten und Fischkuttern. Sie sind lustig: ein Erinnerungsfoto, anläßlich irgendeiner Feier. Wahrscheinlich sind sie etwas angeheitert. Darauf weisen die übertriebenen Mienen und Grimassen hin, die in einer solchen Situation den Teilnehmern witzig oder flott erscheinen, aber, auf dem Foto festgehalten, nach Jahren eher lächerlich wirken. Zwischen den Männern steht ein junger, bartloser Kerl, der dem Mann, der das Bild betrachtet, ähnelt.

13. Szene Innen/Nacht

Das zweite Foto: derselbe junge Mann in der Uniform der Kriegsmarine. Das typische Bild eines jungen Mannes im Kriegsdienst, aufgenommen von einem Provinzfotografen während des Urlaubs.

14. Szene Außen/Nacht

Das Panorama des Meeres, der Ruinen, der Mauern und Basteien, beleuchtet von einem riesigen Vollmond. Auf dem Pfad schleppt sich der Greis, in einen Mantel mit Kapuze gehüllt, vorwärts; er stützt sich auf einen Stock. In einiger Entfernung folgt ihm heimlich der Junge.

15. Szene Innen/Nacht

Das dritte Foto: ein Mädchen in einem einteiligen, etwas altmodischen Badeanzug, nicht allzu hübsch, nicht allzu schlank. Sie posiert stehend am Strand vor dem Hintergrund des Meeres. Ein Bein hat sie vor das andere gestellt, eine Schulter hochgezogen, mit der Hand hält sie die Haare hoch, wie das manchmal in billigen Illustrierten von Filmstars gezeigt wird. Sie lächelt breit, etwas gekünstelt und kokett. Es ist ein sympathisches, wenn auch leicht gewöhnliches Gesicht.

16. Szene Außen/Nacht

Der durch die Kapuze vermummte Greis sucht etwas im Gras, im Gestrüpp, biegt mit dem Stock die Büsche auseinander. Der Junge folgt ihm heimlich. Plötzlich stolpert der Greis und fällt stöhnend hin. Er versucht aufzustehen. Der Junge nähert sich ihm, ruft:

JUNGE Pater … Pater Prior? …

Der Greis stöhnt, der Junge läuft zu ihm.

GREIS Ich bin gefallen.

Der Junge hilft ihm aufzustehen, stützt ihn.

Bring mich zurück.

Der Greis und der Junge kehren auf dem Pfad zu den Gebäuden zurück. Der Greis hinkt und stützt sich auf die Schulter des Jungen.

17. Szene Innen/Nacht

Die Zelle. Der Junge hilft dem Alten ins Bett. Der Greis stöhnt. Der Junge kniet beim Bett nieder. Der Greis legt dem Jungen die Hand auf den Kopf.

GREIS Du bist gewachsen.

JUNGE Wächst du nicht mehr, Pater Prior?

GREIS Aber nein. Ich verwandle mich, aber ich wachse nicht mehr.

JUNGE Du änderst dich nicht. Du bist immer derselbe.

GREIS Das kommt dir nur so vor.

JUNGE Wie änderst du dich, wenn du nicht mehr wächst?

GREIS Ich verliere das Gedächtnis.

JUNGE Was bedeutet das?

GREIS Das bedeutet, daß ich nicht mehr weiß, was war.

Der Greis stöhnt und verändert die Lage des verletzten Beins.

Möchtest du mir helfen?

Der Junge nickt schweigend.

Weißt du, warum ich auf der Wiese war?

Der Junge schüttelt schweigend den Kopf.

Ich habe Heilkräuter gesucht. Oder besser: eine bestimmte Wurzel. Bei Vollmond soll man sie am leichtesten finden. Weißt du, wie sie aussieht?

Der Junge schüttelt den Kopf.

Wie ein Mensch, nur ganz klein. Es heißt, sie gibt einem das Gedächtnis und die Gesundheit wieder. Verstehst du?

Der Junge nickt.

Du verstehst nichts, aber es macht nichts. Wenn du so eine Wurzel für mich finden würdest ... Suchst du sie für mich?

JUNGE Ja.

Die Hand des Greises wirkt einschläfernd auf ihn.

GREIS Wenn du eine findest, gib sie mir. Aber nur mir. Das ist unser Geheimnis. Ganz allein unseres.

Der Junge schläft ein. Er ist, mit dem Kopf auf dem Bettrand, von der Hand des Alten wie ein kleines Kind in den Schlaf gewiegt, eingeschlafen. Er atmet ruhig und gleichmäßig. Als der Greis merkt, daß der Junge schon schläft, starrt er vor sich hin und bewegt lautlos die Lippen. Er führt Selbstgespräche.

18. Szene Innen/Nacht

Der Mann zerreißt alle drei Fotos in kleine Schnipsel.

19. Szene Außen/Tag

Ein kleiner Hof vor dem Eingang zum Küchenrefektorium. Das geschlachtete Lamm ist mit den Hinterläufen an einem Haken in der Wand aufgehängt; es ist halb-

abgezogen. Der Junge hält das Lamm an den Vorderläufen straff. Der Mann nimmt das Lamm geschickt mit dem Messer aus, schneidet die Sehnen durch, zieht das Fell ab.

Der Junge hilft ihm dabei.

MANN Was macht der Pater Prior?
JUNGE Ich weiß nicht.
MANN Ist er oben in seiner Zelle?
JUNGE Ich weiß nicht.
MANN Vielleicht ist er in der Kapelle?
JUNGE Ich weiß nicht, ich habe ihn nicht gesehen.
MANN Läuft er auf der Wiese rum?
JUNGE Nein.
MANN Woher weißt du das, wenn du ihn nicht gesehen hast?

Der Junge schweigt. Der Mann stößt plötzlich in eine gespannte Sehne des Lamms, direkt neben der Hand des Jungen. Der Junge zuckt unwillkürlich mit der Hand zurück, obwohl er, wenn der Stoß ihm zugedacht gewesen wäre, zu spät reagiert hätte.

Paß doch auf!

Der Junge hält wieder das Lamm. Sie arbeiten schweigend weiter.

20. Szene Innen/Nacht

Nach dem Abendessen. Der Junge räumt den Tisch ab. Erst die Schüssel, die vor dem Greis steht, dann die, aus der der Mann gegessen hat, zum Schluß seine eigene. Der Greis und der Mann sitzen schweigend da, satt und schwerfällig. Der Mann stochert in den Zähnen. Der Junge geht an dem Mann vorbei, um die Schüsseln zum offenen Kamin zu tragen. Der Mann stellt ihm ein Bein. Der Junge fällt hin und läßt die Schüsseln fallen. Er richtet sich bis zur Hocke auf und sieht den Mann von unten an.

MANN Paß doch auf!

Der Junge sammelt die Scherben vom Boden. Der Greis bekommt einen Hustenanfall, er preßt die Hände gegen die Brust. Der Mann sieht ihn aufmerksam und herausfordernd an.

21. Szene Außen/Tag

Strand. Der Junge zeichnet mit einem Stock ein menschliches Gesicht in den Sand. Die Zeichnung ist einfach, schematisch. Die Wellen überspülen das Gesicht, wenn sie zurückfließen, ist das Bild verwischt.

Der Junge zeichnet es von neuem. Die nächste Welle verwischt das nächste Bild.

Der Junge zeichnet es zum dritten Mal. Auch diese Zeichnung verschwindet mit dem Kommen und Gehen der nächsten Welle. Jedesmal beobachtet der Junge gespannt, in welchem Maße sein Werk zerstört wird. Aber er ist ebenso hartnäckig wie die Welle. Er zeichnet ein neues Bild und wartet, bis die nächste Welle es verwischt.

Die Hartnäckigkeit des Jungen und die Unvermeidlichkeit der Wellen. Der Junge weiß noch nicht, daß sein Zweikampf von vornherein verloren ist. Die Welle verfügt über das, was sich Ewigkeit nennt, während die Zeit des Jungen begrenzt ist.

22. Szene Innen/Tag

Der Greis in der Zelle. Er brütet über dem Buch. Aber seine Augen starren ins Leere. Er fährt mit den Fingern über das Pergament wie ein Blinder, der die Schrift durch Berühren zu entziffern versucht.

Nach einer Weile steht er auf und geht zu dem Fernrohr. Er sieht hindurch. Im Visier des Fernrohrs – der Garten. Einige Olivenbäume, armselige Gartenbeete. Der Junge und der Mann arbeiten im Garten, sie graben mit Hacken um. Der Junge stößt mit seiner Hacke auf einen harten Gegenstand in der Erde. Er bückt sich und holt einen menschlichen Schädel aus der Erde heraus; er ist alt und brüchig. Er gibt seinen Fund dem Mann. Der nimmt den Schädel, dreht ihn in den Händen, besieht ihn sich und wirft ihn dann weit weg in die Büsche. Beide kehren an ihre Arbeit zurück.

Der Greis richtet das Fernrohr auf den Horizont. Am Horizont ein Schiff.

23. Szene Außen/Tag

Strand. Starker Wind. Der Junge geht am Strand entlang und beobachtet seinen Schatten auf dem Sand. Er läuft schnell oder bleibt stehen, um zu prüfen, ob der Schatten ihn begleitet. Er versucht, sich von ihm loszureißen. Er duckt sich, er flieht, dann versucht er, mit beiden Beinen gleichzeitig auf seinen eigenen Schatten zu springen, natürlich vergeblich, weil der Schatten mit ihm springt. Dann geht er in die Hocke, sein Schatten krümmt sich genauso. Der Junge nimmt einen kleinen Stock und zeichnet den Umriß seines Schattens, den Kopf und die Schultern. Er steht auf und tritt zur Seite. Der Schatten tritt aus der Zeichnung. Sandkörnchen werden vom Wind hochgewirbelt und vermischen sich kaum merklich, aber ständig. Nach einem Augenblick verwischt der gezeichnete Umriß des Schattens. Aber der Schatten ist neben dem Jungen wie vorher, wie immer. Der Junge versucht, von neuem zu fliehen. Er rennt los in der Hoffnung, daß der Schatten ihn nicht einholt. Umsonst. Der Junge bleibt stehen, spuckt auf seinen Schatten, trampelt mit den Füßen drauf herum. Er sammelt Steine und bewirft seinen Schatten damit, als wenn er Steine nach einem Hund würfe, den er verjagen will. Dann rennt er wieder. Er läuft um den Felsvorsprung herum, plötzlich bleibt er stehen. Hinter dem Felsvorsprung sitzt der Mann, versunken in den Anblick des Meeres, auf einem Stein. Am Horizont schiebt sich langsam ein Schiff vorbei. Der Junge zieht sich vorsichtig zurück.

24. Szene Innen/Tag

Eine sanfte Meeresbrandung, das rhythmische Rauschen der Wellen, vermischt mit dem Ton einer Pfeife, immer wieder derselbe Melodiefetzen, der anhebt und plötzlich abbricht. Das Rauschen der Wellen ist ruhig, die Pfeife scharf und beunruhigend.

Der Greis geht eine Treppe hinunter, die zu einer großen Tür führt, die mit Eisen und Nägeln beschlagen ist. Auf der gesamten Oberfläche der Tür ist ein Ornament, gleichzeitig eine Verstärkung aus Schmiedeeisen, ein großes Kreuz, auf dem Kreuz ein Rosenstrauch. Die Tür ist mit einem imponierenden Vorhängeschloß verschlossen. Der Greis zieht einen sehr großen, sehr alten Schlüssel aus seiner Jacke heraus. Er steckt den Schlüssel ins Schloß und dreht ihn um. Er drückt mit aller Anstrengung gegen die Tür, kann sie aber nur einen Spaltweit öffnen. Er ist alt, krank und schwach. Der Kontrast zwischen seiner Schwäche und der Stärke der Tür sowie der Größe des hochgewölbten Saales, der aussieht wie ein Kirchenschiff, in den er jetzt eintritt, muß gut sichtbar ein. Er schließt die Tür hinter sich. Er wirkt klein und armselig in diesem majestätischen, wenn auch verlassenen Raum. Schmale längliche Fenster mit hoch angebrachten Glasmalereien: Die Scheiben sind teilweise kaputt, aus einigen Fenstern sind sie ganz und gar herausgefallen. Unter der Kuppel des Saales kreisen Schwalben, Schwalbennester liegen auf den Simsen.

Der Greis ruht sich aus, er lehnt sich mit dem Rücken an die Tür. Er hat einen Hustenanfall, sein Husten hallt mit einem übernatürlich lauten Echo in der Tiefe und in der hohen Kuppel des Saales wider. Der Greis geht an den Wänden entlang. Unter den Fenstern hängen Porträts. Der Greis hebt den Kopf und lehnt sich zurück, um sie betrachten zu können. Es sind alte, nachgedunkelte Porträts. Sie stellen Ritter-Mönche mit strengen, rauhen, vergeistigten und vom Glauben beseelten Gesichtern dar. Weiße Streifen von Vogeldreck durchschneiden die Rüstungen und festlichen Gewänder von oben nach unten. Der Greis geht an den Säulen vorbei. Auf den Kapitalen wiederholt sich das Motiv von Kreuz und Rose. Der Greis gelangt an das Ende des Saales. Hier befindet sich eine ähnliche Tür in der Wand wie die erste, nur sehr viel kleiner. Über der Tür bedeckt ein riesiges Gemälde fast den gesamten Platz an der Wand; es stellt die Seeschlacht bei Lepanto zwischen der christlichen und der türkischen Flotte dar: eine unendliche Menge von Galeeren im Handgemenge, das Kampfgetümmel füllt lückenlos die ganze Oberfläche des Bildes aus. Das Drama der Schlacht zerfällt in Tausende von Episoden, Rauch aus den Geschützen und Handfeuerwaffen, Bogen, Spieße, Lanzen, Säbel, Schwerter, Schilder, christliche Fahnen und türkische Halbmonde bilden ein Dickicht, in dem man nur etwas unterscheiden kann, wenn man Detail für Detail betrachtet. Die Christen und Türken kämpfen ineinander verschlungen, sie geben einander die Todesstöße auf jede mögliche Weise, selbst die töten noch, die bereits ins Meer gestoßen sind und dort untergehen. Höchste Kampfesanspannung. Derartige Bilder von solch wichtigen historischen Ereignissen gibt es in vielen Versionen. Der Greis bleibt vor dem Bild stehen und betrachtet es. Das Rauschen der Wellen und die

Pfeife sind hier gedämpft, aber immer noch deutlich zu hören.

25. Szene Außen/Tag

Ein Felsvorsprung über der Meeresoberfläche, aus einer bestimmten Entfernung und Höhe gesehen. Vom Felsen springt der nackte Mann ins Wasser. Sein Flug in der Luft, schön und gekonnt. Er verschwindet im Wasser. Ein Schwarm von Möwen über der Stelle, an der er verschwunden ist. Wellenrauschen und Möwengeschrei.

26. Szene Innen/Tag

Der Alte holt einen zweiten, entsprechend kleineren Schlüssel hervor und öffnet die Tür. Er geht eine Wendeltreppe einen Stock tiefer in den nächsten Saal. Dieser Saal ist bedeutend niedriger, die Mauern scheinen dicker, die Säulen gedrungener zu sein. Wenige schmale Fenster ohne Glasmalereien, es sind eher Schießscharten. Beträchtlich weniger Licht. In diesem Saal befinden sich Sarkophage. Dieselben Ritter-Mönche, die ein Stockwerk höher auf den Porträts dargestellt sind, liegen hier als steinerne Statuen in ewiger Ruhe. In ihren Rüstungen, mit den Schwertern zur Seite, die Hände fromm zusammengelegt oder auf der Brust gefaltet. Das Wellenrauschen und die Pfeife dringen kaum bis hierher. Der Greis geht an den Särgen entlang. Er berührt die steinernen Gesichter.

27. Szene

Unterwasserwelt. Fischschwärme. Seesterne und andere Elemente der Unterwasserlandschaft. Die Silhouette eines Tauchers huscht rasch vorüber. Alles macht den Eindruck einer irrealen Schönheit und Harmonie. Absolute Stille.

28. Szene Innen/Nacht

Der Greis holt einen nächsten, noch kleineren Schlüssel hervor und öffnet eine sehr schmale und niedrige Tür, verschwindet hinter ihr. Absolute Dunkelheit und absolute Stille. In der Dunkelheit geht eine Fackel an. Der Greis steigt, die Fackel in der Hand, sehr enge, steile, schlüpfrige Treppen hinunter. Er stößt ungeschickt an die Wände an. Die Treppe hört auf. Es beginnt ein Gang mit Nischen an beiden Seiten. In diesen Nischen liegen die Schädel und Knochen der Toten. Sie sind ausgetrocknet oder halb zerfallen, Skelette in morschen Kleiderfetzen. Das Grinsen der Schädel. Der Greis erleuchtet im Vorbeigehen die Nischen. Die Gestalt des Greises wird in der Tiefe des Ganges kleiner. Die Fackel verwandelt sich in ein flackerndes, langsam verlöschendes Flämmchen.

29. Szene Außen/Tag

Plötzlicher heller Sonnenschein. Die hohe Bastion, die die Insel und das Meer beherrscht. Auf der Spitze der Bastion eine altmodische Kanone, die aufs Meer zielt. Auf der Kanone sitzt rittlings der Junge und entlockt seiner Pfeife jene scharfen, hohen Töne, die vorher zu hören waren. Unten am Fuße der Bastion und des Felsens laut vernehmbar das Rauschen der Wellen.

30. Szene Innen/Tag

Der Greis wacht in seiner Zelle über dem Buch auf. Er redet, oder vielmehr er flüstert, zu sich selber.

GREIS Ich erinnere mich nicht. Ich erinnere mich an gar nichts.

31. Szene Außen/Tag (Dämmerung)

Glockengeläut. Das Panorama der Insel im Sonnenuntergang. Der Glockenturm. Der Mann läutet die Glocken, indem er an einem Seil zieht.

32. Szene Innen/Nacht

Küchenrefektorium. Der Mann und der Junge sitzen auf ihren Plätzen. Alles ist zum Abendessen bereit. Endlich hört man schlurfende Schritte, der Greis tritt ein, langsam, gebrechlich, auf seinen Stock gestützt. Er geht zu seinem Platz. Alle stehen zum Gebet auf.

33. Szene Innen/Nacht

Wieder eine Mondnacht. Vollmond. Der Mann sitzt am Tisch. Im Licht der Öllampe versucht er, die Fotos wieder zusammenzusetzen, deren Schnipsel auf dem Tisch liegen.

Plötzlich flackert die Flamme der Lampe, als wenn Durchzug entstanden wäre. Der Mann dreht die Flamme größer und kehrt zu seiner Beschäftigung zurück.

34. Szene Innen/Außen/Nacht

Mondnacht. Der Greis brütet in seiner Zelle über dem aufgeschlagenen Buch. Auf dem Tisch ein dreiarmiger Leuchter, alle drei Kerzen brennen. Der Schrei eines Nachtvogels hinter dem Fenster. Der Greis steht auf und geht zum Fenster. Er lehnt sich hinaus. Die grenzenlose Fläche des Meeres glänzt im Mondlicht. Hinter seinem Rücken hört man das Quietschen einer offenen Tür und das Rascheln der Buchseiten. Der Greis dreht sich um. Die Tür ist offen, die Zugluft spielt mit den Buchseiten und läßt die Flammen der Kerzen flackern.

Der Greis schließt die Tür und setzt sich an sein Buch.

35. Szene Innen/Nacht

Der Junge schläft unter der Pferdedecke. Er bewegt sich im Schlaf, dreht sich auf die andere Seite und deckt sich damit halb auf. Irgend jemandes Hände decken ihn wieder sorg-

fältig zu, wie jemand, der bei einem schlafenden Kind wacht und aufpaßt, daß es zugedeckt bleibt. Man sieht aber weder die Arme noch die Person. Nahaufnahme.

36. Szene Außen/Tag

Der Hof wie im ersten Bild. Der Brunnen, die drei Schwerter an den Brunnen gelehnt. Scharfes Licht, ein überzeichnetes Bild. Der Mann steht vorn, frontal, er streckt die Hand anklagend aus. Er schreit.

MANN Es ist jetzt Zeit.

Das Echo prallt vom Wehrgang zurück. Das Gesicht des Mannes ist wutverzerrt.

37. Szene Außen/Dämmerung

Die Bastion in der Dämmerung, direkt nach Sonnenuntergang. Wolkenfetzen über dem Horizont. Eine Fahne mit dem Wappen des Kreuzes und der Rose flattert in stürmischem Wind auf dem Hintergrund der Wolken, im Dämmerlicht.

38. Szene Außen/Dämmerung

Der Strand. Schäumende Wellen stürmen ans Ufer. Dämmerlicht. Das Rauschen des Meeres und des Windes.

Vorne, auf dem Hintergrund der Wellen und des bewölkten Himmels, die Fackel, die von dem Greis gehalten wird; das Feuer der Fackel wird vom Wind fast ausgelöscht. Auf der Bildfläche erscheint eine schwarze Hand, die Handflächen und der Arm einheitlich schwarz. Die Hand klammert sich um das Gelenk des Greises. Seine Finger öffnen sich. Die Fackel fällt aus seiner Hand. Man hört den Schrei des Greises.

39. Szene Innen/Nacht

Der Greis in seiner Zelle. Im dreiarmigen Leuchter brennen die Kerzen, auf dem Tisch liegt das Buch. Der Greis liegt auf dem Rücken auf dem Fußboden. Er flüstert leise, verzweifelt

GREIS Nichts, nichts, nichts …

Er hebt den Kopf, dann steht er auf, langsam und ungeschickt. Er nimmt eine Peitsche von der Wand, kniet in der Mitte der Zelle nieder und entblößt sich bis zum Nabel. Er hebt die Hand zum ersten Schlag.

Eine andere Hand hält seine Hand fest. Nahaufnahme des greisen Handgelenks, das von langen, schmalen Fingern umklammert wird. Die arthritischen Finger des Greises lösen sich und lassen die Peitsche fallen. Das Gesicht des Greises drückt Verblüffung aus. Der Greis bleibt bewegungslos kniend. Frontalaufnahme. Frauenarme umarmen ihn, sie kreuzen sich auf seiner eingefallenen Brust.

Bin ich gestorben?

Die Arme lockern sich und ziehen sich zurück. Der Greis dreht sich um. Vor ihm steht eine junge Frau, schlank, groß und schön. Sie hat einen Parka mit großen aufgenähten Taschen an; Leinenhosen sowie Leinenschuhe mit elastischen Sohlen, die es ihr ermöglichen, sich schnell und lautlos zu bewegen. Dunkles dichtes Haar, das glatt nach hinten gekämmt und zusammengebunden ist. Sie macht einen selbstsicheren und geschickten Eindruck. Der Greis betrachtet sie im Knien. Nach einem Augenblick sagt er, mehr zu sich als zu ihr:

Nein, ich bin allein.

Die Frau sieht ihn mit wohlwollendem Lächeln an. Der Greis will aufstehen, aber es fällt ihm schwer.

Die Frau stützt ihn behutsam wie eine Krankenschwester. Sie führt ihn zu dem Stuhl am Tisch.

Allein...

Er macht die Kerzen heller, indem er Wachs abgießt und den Docht dadurch verlängert; er blättert gedankenlos eine Seite des Buches um. Die Frau steht in einer gewissen Entfernung hinter ihm. Plötzlich dreht sich der Greis zu ihr um.

Habe ich dich auch vergessen?

FRAU Nein, du hast mich nie gekannt.

GREIS Das ist gut. Sonst müßte ich dich um Verzeihung bitten.

FRAU Nicht nötig.

GREIS Ich vergesse alles.

FRAU Aber du hast nicht vergessen, daß du nicht vergessen dürftest.

GREIS Ich bin alt.

FRAU Nicht älter, als du bist.

GREIS Ich werde bald sterben.

FRAU Du wirst länger leben, als du glaubst.

GREIS Es gibt keine Rettung für mich.

Die Frau zieht aus der Tasche ihres Parkas eine Mandragora (Alraunewurzel) heraus, die Wurzel, die so ähnlich wie ein kleiner Mensch aussieht. Es ist eine deformierte Ähnlichkeit, aber deutlich und beunruhigend, wie bei primitiver Bildhauerei. Sie legt das Figürchen vor dem Greis auf das Buch neben die Kerzen.

Mandragora.

FRAU Das hast du gesucht, nicht wahr?

Der Greis streckt seine Hand aus. Die Frau nimmt die Mandragora und steckt sie wieder in ihre Tasche.

GREIS Gib sie mir.

FRAU Nein.

GREIS Was willst du dafür?

FRAU Nichts.

GREIS Ich gebe dir alles, was du willst.

FRAU Du besitzt nichts.

GREIS Dann schenk sie mir. Als Almosen.

FRAU Nein.

GREIS Warum nicht? Alten Menschen gibt man Almosen. Bitte.

FRAU Ich sage nein.

GREIS Warum?

FRAU Weil du das Falsche erbittest.

GREIS Ich möchte mein Gedächtnis und Gesundheit.

FRAU Ich weiß und will dir helfen.

GREIS Aber du verweigerst mir das, was ich am meisten brauche.

FRAU Du irrst dich. Was du forderst, hilft dir nicht. Ich werde dir etwas geben, was dich wirklich heilt.

GREIS Was?

FRAU Wenn die Zeit reif ist, wirst du es selber erraten.

GREIS Ich bin wahnsinnig. Ich rede mit einem Gespenst. Anscheinend ist mein Ende nahe.

Die Frau tritt zu ihm und legt ihm die Hand auf die Stirn. Sie zieht ein flaches Schächtelchen aus ihrer Tasche, legt es auf den Tisch und öffnet es. Drinnen befindet sich eine Ampulle und eine Spritze sowie Desinfektionsmittel.

Es ist nicht meinetwegen. Wenn es nur um mich ginge, ich bin bereit zu sterben. Aber sie…

FRAU Ich weiß, ich weiß.

Sie öffnet die Ampulle und zieht die Spritze auf.

GREIS Sie glauben mir, sie verlassen sich auf mich...

FRAU Sie müssen dir glauben.

GREIS Und ich betrüge sie. Ich gebe vor, etwas zu wissen, aber ich weiß nichts, weil ich alles vergessen habe...

FRAU Du hast keine andere Wahl.

GREIS ...und nie etwas gewußt habe.

FRAU Das ist nicht deine Schuld.

GREIS Ich bin klein und gering, aber ich bin ein Diener dessen, der größer ist als ich. Ein erbärmlicher Diener.

FRAU Es wird alles gut. Komm.

Sie faßt ihn unter die Arme und bewegt ihn dazu, aufzustehen. Der Greis läßt sich fügsam zum Bett führen.

GREIS Ich kenne die Wahrheit nicht, die man mir anvertraut hat. Das ist meine Sünde.

FRAU Sei ganz ruhig. Habe ich dir nicht gesagt, daß ich dir helfen werde?

GREIS Du? Du bist doch nur ein Geschöpf meiner Phantasie.

FRAU Das ist erst mal unwichtig. Jetzt leg dich hin.

GREIS Vielleicht sogar ein böser Geist?

FRAU Sehe ich so böse aus?

GREIS Ein böser Geist kann jede Gestalt annehmen. Sogar die eines Engels.

FRAU Vorzüglich, das ist schon ein Kompliment. Heb den Kopf.

Sie schiebt ihm ein Kissen unter den Kopf und will ihm den Ärmel hochkrempeln. Der Greis wehrt sich.

GREIS Nein, nein.

FRAU Komm, laß mich.

GREIS Mein Körper ist ... abscheulich.

FRAU Das spielt keine Rolle.

GREIS Aber früher war ich anders.

FRAU Du bist immer derselbe.

GREIS Das hat mir schon einmal jemand gesagt. Wer? Wer hat mir das gesagt?

FRAU Das Kind.

Die Frau krempelt seinen Ärmel hoch. Der Greis leistet keinen Widerstand mehr.

GREIS Ja, das Kind. Du bist wie ein Kind, du weißt nicht, was Alter heißt.

FRAU Ich bin eine Frau und kein Kind.

GREIS Das ist ganz gleich.

FRAU Du weißt sehr wohl, daß es nicht ganz gleich ist.

GREIS Für mich schon.

FRAU Nein, nicht einmal für dich.

Die Frau nimmt die Arztutensilien vom Tisch. Sie setzt sich auf das Bett. Sie desinfiziert seinen Arm. Dann gibt sie ihm eine Spritze. Als sie damit fertig ist, legt sie die Geräte wieder in die Schachtel.

Hat es weh getan?

GREIS Ganz sicher weiß ich nur eins: Früher war alles anders. Der Rest ist undeutlich und verschwommen.

FRAU Wie fühlst du dich?

GREIS Ich möchte schlafen.
FRAU Das ist gut.

Die Frau zündet sich eine Zigarette an.

GREIS Das ist nicht gut. Ich schlafe tagsüber immer ein und kann nachts nicht schlafen. Und nur nachts kann ich die Schrift lesen. Was soll denn werden, wenn ich Tag und Nacht schlafe?
FRAU Das schadet nichts.
GREIS In der Schrift steht die Wahrheit. Ich muß die Wahrheit erkennen.

Die Frau lächelt.

Du verstehst das nicht. Wer soll die Wahrheit denn erkennen und sie ihnen überliefern, wenn nicht ich? Das ist meine Pflicht.
FRAU Aber du kannst die Schrift ja gar nicht lesen.

Der Greis richtet sich in seinem Bett auf.

GREIS Schweig!

Die Frau drückt ihn vorsichtig, aber resolut auf das Kopfkissen zurück. Im übrigen fällt der Greis schon kraftlos von allein zurück. Es war nur ein kurzes Aufbäumen aus Wut, das aber ohnehin über seine Kräfte ging.

Es ist also herausgekommen… Ja, ich kann die Schrift nicht lesen. Obwohl ich es versuche.

FRAU Das ist kein Wunder. Das Buch ist aramäisch geschrieben. Die Sprache kennt heute außer Gelehrten niemand mehr.

GREIS Ja, und ich bin kein Gelehrter. Dabei sollte ich einer sein. Ein Prior sollte gelehrt sein. Aber ist es vielleicht meine Schuld, wenn ich nichts gelernt habe?

FRAU Nein, das ist nicht deine Schuld.

GREIS Ich wollte nicht Prior werden. Aber ich bin allein übriggeblieben, als einziger, der letzte. Als Einsiedler. Einer muß sie führen. Wer soll das tun? Dieser Vagabund etwa? Das Kind?

FRAU Nein, nur du.

GREIS Die andern sind gestorben, die, die vor mir da waren. Sie haben mich nichts gelehrt.

FRAU Sie wußten nichts.

GREIS Also haben auch sie betrogen?

FRAU Sie hatten keine andere Wahl. Genau wie du. Du darfst sie nicht verachten.

GREIS Ich hab es geahnt.

FRAU Hier versteht schon seit langem niemand mehr die Schrift.

GREIS Aber sie hätten mir doch was sagen, was mitgeben können, außer der Schrift.

FRAU Das konnten sie nicht. Es war ihnen nichts übermittelt worden.

GREIS Aber ihre Vorgänger…

FRAU Die hatten das Wissen und hätten es weitergeben können. Aber in jeder Generation wurde es etwas weniger. Seit langem haben sie alles vergessen. Du bist nicht der erste.

GREIS Aber ich bin der letzte.

FRAU Die Schrift sagt, daß der Orden ewig währen wird.

GREIS Kannst du Aramäisch?

FRAU Nein, aber ich weiß, was in dem Buch steht.

GREIS Was denn?

FRAU Das erzähle ich dir zur rechten Zeit.

GREIS Ich habe keine Zeit mehr.

FRAU Du hast soviel, wie du brauchst.

GREIS Erzählst du mir alles?

FRAU Vielleicht.

Die Frau steht auf. Der Greis schließt die Augen.

GREIS Dank dir, mein Gott. Selbst wenn es ein Trugbild ist, das du mir gesandt hast, bin ich dir dankbar. Aber nein, ein Trugbild ist Sünde, und du führst deinen Diener nicht in Versuchung. Ich begebe mich in deine Obhut.

Er reißt in plötzlicher Panik die Augen auf. Er hebt den Kopf, die Zelle ist leer. Der Greis richtet sich im Bett auf, dann fällt er langsam auf das Kopfkissen zurück. Er flüstert:

Apage, Apage…

40. Szene Außen/Tag

Der Mann geht den Pfad an der Mauer entlang. Er trägt ein Fäßchen auf der Schulter. Er hört hinter der Mauer das Plätschern von Wasser und die Stimme des Greises.

GREIS Mehr, mehr...

Der Mann setzt das Fäßchen ab und stellt es auf den Pfad. Er steigt drauf und sieht von dieser Erhöhung aus, was hinter der Mauer passiert.

In einer Tonne, gefüllt mit heißem, dampfenden Wasser, sitzt der Greis nackt. Der Junge schrubbt seinen Rücken. Daneben liegt die Kleidung des Greises. Ein leerer Eimer steht daneben. Nebendran der Eingang zum Küchenrefektorium.

Mehr, stärker...

Der Mann zieht sich mit den Händen hoch, legt ein Bein über die Mauer, setzt sich auf die Mauer und betrachtet die beiden von oben. Als der Junge ihn sieht, hört er auf, den Rücken des Greises zu schrubben. Der Greis und der Junge sehen in einiger Verwirrung von unten her zu dem Mann.

Bring Wasser.

Der Junge nimmt den Eimer und geht in das Küchenrefektorium. Der Greis wendet sich an den Mann, als wolle er sich rechtfertigen.

Ich fühle mich heute besser…

Der Mann antwortet nicht.

Man muß seinen Körper pflegen…

Der Mann antwortet nicht, spuckt nur von der Mauer herunter. Der Junge erscheint mit einem Eimer voll heißem Wasser. Der Greis dreht sich zu ihm um.

Nein, nein, schon gut.

Der Junge geht in die Küche zurück. Der Mann zieht sein Bein von der Mauer weg und verschwindet wieder, indem er auf der anderen Seite hinunterspringt. Der Greis sitzt zusammengekauert mit gebeugtem Kopf in der Tonne.

41. Szene   Außen/Tag

Die Bastion oben. Der Junge sitzt mit gekreuzten Beinen da und poliert ein Schwert, die beiden andern liegen daneben. Neben der Kanone das Fäßchen. Auf der Plattform der Bastion erscheint der Mann. Er trägt drei Brustpanzer. Er wirft sie mit Getöse neben die Schwerter. Der Junge steht bei seinem Anblick auf. Der Mann nimmt dem Jungen das Schwert aus der Hand. Er prüft das Ergebnis seiner Arbeit, indem er mit dem Finger die Schärfe der Klinge überprüft. Er gibt ihm das Schwert wortlos zurück. Er verläßt die Bastion und geht die Treppe hinunter. Der Junge nimmt das Schwert mit beiden Händen und führt Stöße in die Richtung aus, in der der Mann verschwunden ist. Er schlägt wütend, wenn auch mit Mühe. Offensichtlich ist er in diesem fiktiven Kampf der Sieger.

42. Szene Außen/Tag

Der Pfad, der zur Kapelle führt. Der Greis geht ihn entlang. Er stützt sich auf den Stock und ruht sich alle paar Meter aus. Endlich gelangt er zur Kapelle. Schatten, nur im Fenster zur Meerseite der Schein der Sonne. In der Fensternische sitzt die Frau und sieht durch das Fenster. Sie dreht sich beim Eintritt des Greises nach ihm um, rührt sich aber nicht von der Stelle. Als der Greis sie erblickt, bleibt er am Eingang stehen, geht dann, ohne sie zu beachten, in das Innere der Kapelle und kniet vor dem Altar nieder.

FRAU Ist der Blick von hier nicht schön?

Der Greis beachtet sie immer noch nicht.

Ich hatte geahnt, daß es hier schön sein muß. Aber daß es so schön ist. Dieser Platz übertrifft alle meine Erwartungen.

GREIS Ein böser Geist sollte tagsüber nicht erscheinen.
FRAU Ich bin kein böser Geist.
GREIS Was willst du von mir?
FRAU Ich? Du bist es doch, der was braucht.
GREIS Ich brauche nichts von dir.

FRAU Das letzte Mal hast du was anderes gesagt.

GREIS Ich sollte nicht mit dir sprechen.

FRAU Aber du hast Lust.

GREIS Der Teufel versucht immer, das Gewissen des Sünders einzuschläfern.

FRAU Ich will dir helfen.

GREIS Warum?

FRAU Nur so, völlig selbstlos.

GREIS Das glaube ich nicht.

FRAU Da hast du recht. Aber es wird eine Zeit kommen, da du mich von dir aus rufen wirst.

GREIS Hinweg mit dir! Weiche von mir!

FRAU Das kann ich nicht. Ich kann nur weggehen.

Die Frau steht auf, geht an dem knienden Greis vorbei und verläßt die Kapelle. Erst nach einer ganzen Weile wendet der Greis den Kopf, aber am Eingang zur Kapelle leuchtet nur das unendliche Blau des Himmels.

43. Szene Innen/Außen/Nacht

Im Lampenschein legt der Mann geduldig die Fetzen der drei Fotografien zusammen, er will sie wieder ganz haben. Man hört gedämpfte Musik. Blues. Der Mann steht auf, horcht, nimmt die Lampe vom Tisch, geht zur Tür, macht sie auf und geht auf den Wehrgang. Er läuft einmal rundherum. Die Musik kommt weder näher, noch entfernt sie sich, dann hört sie auf. Der Mann kehrt in seine Zelle zurück. Er kommt jetzt von der entgegengesetzten Seite, weil er rund um den Wehrgang gelaufen ist. Er schließt die Tür und stellt die Lampe auf den Tisch. Im Schein der Lampe liegen die drei Fotografien unberührt, als wären sie nie zerrissen worden oder als wären sie auf eine magische Art und Weise wieder zusammengewachsen. Der Mann geht ans Fenster. Die Leere der Nacht und des Meeres.

44. Szene   Außen/Tag

Die Bastion. Der Mann und der Junge machen sich an der Kanone zu schaffen. Sie putzen das Geschützrohr mit Hilfe eines Putzstocks. Daneben liegen die drei Schwerter, die drei Panzer und das Fäßchen.

45. Szene   Innen/Nacht

Küchenrefektorium. Nach dem Abendessen. Schweigen. Der Greis und der Mann sitzen hinter dem Tisch, der Junge räumt das Geschirr ab.

MANN Geh schlafen.

Der Junge unterbricht die Tätigkeit erstaunt und sieht den Mann an. Auch der Greis sieht ihn verwundert an. Der Mann wiederholt sich ungeduldig.

Du kannst morgen aufräumen, jetzt geh schlafen.

Der Junge sieht fragend den Greis an. Der erlaubt es mit einem Kopfnicken. Der Junge verläßt das Refektorium.

Es ist ein Fremder auf der Insel.
GREIS Hast du jemanden gesehen?
MANN Nein, aber ich weiß es.
GREIS Geister.

Der Mann nimmt einen Zigarettenstummel aus der Tasche, legt ihn auf den Tisch vor den Alten. Der Greis streckt die Hand aus, zieht sie aber wieder zurück, ohne den Stummel zu berühren. Der Mann nimmt den Stummel, steht auf und geht zum Feuer. Er zündet ihn am Feuer an, macht einen Zug, verschluckt sich aber sofort. Er wirft den Stummel ins Feuer.

MANN Ich bin es nicht mehr gewohnt.
GREIS Alles liegt in Gottes Händen.
MANN Was machen wir?

Der Greis schweigt.

Ich warte auf Anweisungen.
GREIS Wie du meinst…
MANN Ich meine gar nichts. Ich bin nicht der Prior.
GREIS Darauf willst du hinaus…
MANN Du regierst hier, Pater Prior, also denk dir was aus.
GREIS Beneidest du mich um meine Macht?

Der Mann bricht in Gelächter aus, es ist ein brutales, unheilverkündendes Lachen.

MANN Was für eine Macht?
GREIS Du bist aufsässig, unverschämt und ungehorsam. Du untergräbst meine Autorität.
MANN Was für eine Autorität? Wen gibt es denn hier außer uns beiden?
GREIS Das Kind.
MANN Eben. Und wen noch?
GREIS Auch wenn wir nur wenige zählen, bilden wir einen heiligen Orden …
MANN Ein Greis, ein Kind und ein Tor.
GREIS Ein Orden, dessen Gesetzen du dich freiwillig unterworfen hast. Du solltest sie auch achten.
MANN Wie lange noch?
GREIS Bis es sich erfüllt.
MANN Was?

Der Greis schweigt.

Willst du es mir nicht sagen?
GREIS Das Geheimnis.
MANN Kennst du dieses Geheimnis?
GREIS Ja.
MANN Lüge!

Der Greis steht auf, um zu gehen. Aber der Mann zwingt ihn, sich wieder zu setzen.

Reden wir ohne Groll miteinander.

GREIS Nicht ich habe angefangen.

MANN Was treiben wir hier?

GREIS Wir warten.

MANN Worauf?

GREIS Das darf ich nicht sagen.

MANN Weißt du, was ich davon halte? Du betrügst mich. Du offenbarst mir das Geheimnis nicht, nicht weil du es mir nicht sagen darfst, sondern weil du es selbst nicht kennst.

GREIS Weshalb sollte ich dich belügen?

MANN Weil du mich nur so hier halten kannst.

GREIS Ich habe dein Leben gerettet.

MANN Und ich soll dir dafür dankbar sein. Aber damit ist nichts. Ich bin nicht aus Dankbarkeit hiergeblieben, sondern weil ich geglaubt habe, daß du etwas weißt. Etwas, wofür es sich lohnt zu leben. So viele Jahre…

GREIS Du hast dich nicht geirrt.

MANN Aber ich glaube nicht mehr.

GREIS Bist du dessen sicher?

Der Mann schweigt.

Wenn du dir sicher bist, dann geh.

MANN Ich bleibe noch.

46. Szene Innen/Nacht

Der Mann geht im Dunkeln zu seiner Zelle. Er zündet die Lampe auf dem Tisch an. Im Lampenschein liegt ein un-

geöffnetes Päckchen Zigaretten, ein Feuerzeug und eine ebenfalls ungeöffnete Ginflasche.

Der Mann nimmt die Flasche in die Hand und liest das Etikett. Er nimmt das Zigarettenpäckchen, betrachtet es, macht es auf, nimmt eine Zigarette heraus, steckt sie sich in den Mund, greift nach dem Feuerzeug. Aber er ändert seinen Entschluß. Er legt das Feuerzeug wieder hin, nimmt die Zigarette aus dem Mund und legt sie auf den Tisch. Er geht zum Bett, holt unter dem Bett den Koffer hervor, öffnet ihn. Er nimmt ein in Wachstuch eingeschlagenes Bündel heraus, wickelt es aus. In dem Bündel befinden sich ein Revolver und eine Schachtel Munition. Er setzt sich an den Tisch. Er schiebt das Feuerzeug und die Zigaretten beiseite. Er lädt das Magazin.

47. Szene Außen/Tag

Das Gesicht des Jungen auf der Wasseroberfläche der Zisterne gespiegelt. Neben ihm erscheint eine zweite Spiegelung, das Gesicht der Frau. Die Haare hängen ihr lose bis auf die Schultern herab. Der Junge dreht sich um, neben ihm steht die Frau. Sie sieht ihn mit einem gewinnenden Lächeln an. In der Hand hält sie ein Spielzeug, ein Schiffsmodell.

JUNGE Bist du von drüben?

Er zeigt auf das Meer.

FRAU Ja.

Sie gibt ihm das Spielzeug. Er will es nicht annehmen.

Hast du Angst?
JUNGE Ich darf keine Schiffe angucken.
FRAU Tu nicht so, ich weiß genau, was du machst, wenn dich niemand sieht.

Der Junge sieht verwirrt zu Boden.

Ich sag es niemandem.

Die Frau kniet bei der Zisterne nieder, setzt das Schiffchen ins Wasser und stößt es leicht an.

Glaubst du mir nicht?
JUNGE Nein, das ist es nicht.
FRAU Und wieso guckst du mich so komisch an?
JUNGE Du bist so anders …
FRAU Ja.
JUNGE Warum?
FRAU Ich bin eine Frau.
JUNGE Was heißt das?
FRAU Das erfährst du noch früh genug.

Der Junge kniet neben ihr nieder.

JUNGE Darf ich dich anfassen?
FRAU Nein.

JUNGE Weshalb darf ich keine Schiffe angucken?
FRAU Wer verbietet es dir denn?
JUNGE Die andern.
FRAU Sie wollen dich hierbehalten.
JUNGE Ich will nicht hierbleiben.

Der Junge stößt das Schiff an, das inzwischen seinen Schwung verloren hat.

FRAU Du wirst wohl hierbleiben.
JUNGE Und du?
FRAU Ich gehe weg.
JUNGE Nimm mich mit!
FRAU Nein.
JUNGE Bitte, nimm mich mit. Nimmst du mich mit?
FRAU Dann mach die Augen zu.

Der Junge schließt die Augen. Die Frau nimmt sein Gesicht in beide Hände und küßt ihn leicht auf die Stirn.

JUNGE Kann ich sie wieder aufmachen?
FRAU Noch nicht, erst wenn ich rufe.

Die Frau entfernt sich leise, auf Zehenspitzen. Der Junge bleibt eine Weile mit geschlossenen Augen stehen, dann öffnet er sie, ohne das versprochene Zeichen abzuwarten. Die Frau ist verschwunden. Geblieben ist nur das Schiffchen, das auf der Oberfläche der Zisterne leicht schaukelt.

48. Szene Innen/Außen/Tag

Eine Zimmerflucht im Dachgeschoß. Die Mansarden sind leer, nur von Zeit zu Zeit Überreste eines Gerätes, ein schiefer Tisch, ein Brett, verfaulendes Stroh, auf dem Boden zerstreut. Die Türen fehlen, nur die Türöffnungen und die Scharniere in den Mauern sind noch vorhanden. Die Gänge zwischen den Mansarden bilden Perspektiven, einer immer in den zweiten eingepaßt, immer kleiner werdend. Auch die Fenster, die auf das Meer und den Himmel blicken, sind ohne Rahmen. An die Wand gepreßt, schleicht sich der Mann mit dem Revolver in der Hand heran. In der Tiefe der Zimmerflucht hört man leise Musik. Blues. Der Mann schiebt sich an der Wand entlang bis zum nächsten Durchgang. Dann läuft er in das nächste Zimmer, das genauso leer ist wie das vorhergehende. Die Musik scheint wieder von woanders her zu kommen.

Die Szene wiederholt sich. Der Mann schleicht sich an und versteckt sich. Es ist gleichsam eine Jagd auf die Musik, die unerreichbar bleibt. Die Musik scheint immer weiter zu wandern und stets woanders zu sein. Der Mann ändert seine Taktik. Er klettert durch das Fenster auf den Sims, der am Gebäude entlangführt. Er preßt seinen Rücken gegen die Wand und schiebt sich auf dem Sims Schritt für Schritt vorwärts. Vor ihm und unter ihm der Abgrund, die Dächer der Gebäude, das Ufer der Insel und das Meer. Auf diese Weise gelangt er an das nächste Fenster. Sicht von innen auf dieses Fenster. Vorne auf dem Fußboden steht ein kleines Transistorradio mit einer Antenne. Laute Musik. Der Mann erscheint im Fenster. Er klettert hinein, außer dem

Radio auf dem Fußboden ist hier niemand und nichts. Der Mann geht zum Radio, kniet sich hin und beginnt, daran zu hantieren. Er dreht an den Knöpfen, die Musik wird leiser, man hört Fetzen von Nachrichtenansagen in verschiedenen Sprachen, Knacken und Fetzen verschiedener Melodien.

FRAU Du glaubst sicher nicht an Gespenster…

In dem Durchgang zur nächsten Mansarde steht die Frau. Sie lehnt lässig an dem Türrahmen, betrachtet den Mann halb spöttisch, halb belustigt.

Der Mann zielt mit dem Revolver auf sie.

MANN Nein, ich glaube nicht an Gespenster.

FRAU Schade.

MANN Wer hat dich geschickt?

FRAU Vielleicht ist das auch besser…

MANN Die andern?

FRAU Auf die Art vermeiden wir Mißverständnisse…

MANN Sag ihnen, daß sie hier nichts mehr zu suchen haben.

FRAU … und verlieren keine Zeit.

MANN Sag ihnen, daß ich nichts mit ihnen zu tun haben will.

FRAU Und ich?

MANN Geh, woher du gekommen bist.

FRAU Dich wundert also nichts, dich überrascht nichts, du hast vor nichts Angst?

MANN Nein.

FRAU Das ist nicht gut. Dann fände ich es schon besser, wenn du an Gespenster glaubtest.
MANN Wir verlieren nur Zeit.
FRAU Ganz meine Meinung.

Die Frau drückt auf einen Stein in der Mauer. Vor den Füßen des Mannes öffnet sich eine Versenkbühne. Der Mann verschwindet unter den Fußboden.

Der Saal mit den Porträts. Nahaufnahme eines Würdenträgers in Purpurtoga, mit einem Barett auf dem Kopf, einem Zepter in der Hand, einer goldenen Kette um den Hals. Das Porträt platzt auseinander, der Mann fällt heraus und auf den Fußboden. Er liegt bewegungslos, wie betäubt, gleichzeitig fliegt das Radio runter, aus dem jetzt irgendeine Melodie ertönt, die in starkem Gegensatz zu der Situation steht. Man hört die Stimme der Frau mit einem vielfachen Echo.

Lebst du noch?

Der Mann bewegt sich, krabbelt auf allen vieren, fuchtelt mit dem Lauf des Revolvers, den er festgehalten hat, in verschiedenen Richtungen herum, ohne herausfinden zu können, woher die Stimme kommt. Er macht das Radio aus und wartet, daß die Stimme sich wieder meldet.

Hier bin ich.

Da, wo die Bogen der Kreuzgewölbe zusammenlaufen, befindet sich eine runde Öffnung, in der Öffnung das Gesicht der Frau.

Der Mann schießt in die Richtung. Der Schuß hat einen sehr lauten Widerhall in dem leeren Saal.

Ach, hör auf.

Ihr Gesicht verschwindet aus der Öffnung. Der Mann geht etwas hinkend zur Pforte, die aber von außen verriegelt ist. Der Mann versucht hilflos, herauszufinden, wie man sie öffnet.

Nicht da lang.

Der Mann dreht sich schnell nach der Öffnung oben um. Aber diesmal kam die Stimme nicht von dort. Der Mann kann nicht verstehen, woher sie kommt. Er sieht sich mißtrauisch um, geht von der Pforte weg, läuft durch den Saal.

Die zweite, kleinere Tür, unter dem Bild, das die Schlacht bei Lepanto darstellt, ist angelehnt. Der Mann geht hindurch und kommt zur Wendeltreppe. Er geht einen Stock tiefer und kommt in den Saal mit den Sarkophagen. Auf einem der Sarkophage, der Wendeltreppe gegenüber, sitzt die Frau bei den Gebeinen eines steinernen Ritters und feilt ihre Nägel, als säße sie auf dem Bett.

Wo warst du so lange? Ich warte mich ja tot.

Der Mann hebt den Revolver.

Ach, hör mit dieser Schießerei auf. Das führt doch zu nichts.

Der Mann läßt den Revolver sinken.

MANN Wer bist du?

FRAU Na endlich fängst du an, dich für mich zu interessieren.

Der Mann nähert sich ihr.

Nein, bleib da.

MANN Ich denke, du willst dich unterhalten.

FRAU Natürlich, aber komm mir nicht zu nah. Nach allem, wie du dich benommen hast…

Sie weist auf den nächsten Sarkophag, so, wie man einem Gast einen Platz auf dem Sofa anbietet. Der Mann setzt sich auf einen Sarkophag.

MANN Was willst du?

FRAU Ich sag dir ganz offen: Du gefällst mir.

MANN Ich?

FRAU Wundert dich das? Sehr gut, du fängst an, dich zu wundern.

MANN Du willst ja wohl nicht behaupten, daß du meinetwegen hierhergekommen bist?

FRAU Ausschließlich.

MANN Unsinn. Du hast mich noch nie gesehen. Wir kennen uns nicht.

FRAU Doch, natürlich.

MANN Nehmen wir an, es ist wahr, obwohl es ausgeschlossen ist. Wozu dann all diese Fisimatenten?

FRAU Um dich neugierig zu machen. Ich wollte einen effektvollen Auftritt haben.

MANN Nein, hier stimmt was nicht.

FRAU Warum? Hättest du mich denn beachtet, wenn ich einfach so, ganz normal aufgetaucht wäre …

MANN Ich? Mach keine Witze. Seit fünf Jahren habe ich keine Frau gesehen.

FRAU Sehr interessant.

MANN Was ist daran interessant?

FRAU Es ist nicht normal. Alles, was nicht normal ist, ist interessant.

MANN Für mich ist es normal. Ich habe mich daran gewöhnt.

FRAU Das heißt, du hast es dir abgewöhnt.

MANN Ich habe mich ans Abgewöhnen gewöhnt.

FRAU Kann man das?

MANN Zu Anfang ist es schlimm, daß ihr nicht da seid. Aber später nicht mehr. Das wichtigste ist, euch nicht zu sehen. Dann vergißt man euch. Aus den Augen, aus dem Sinn. Das kommt alles mehr vom ständigen Sehen als von …

FRAU Bitte nicht! Hör auf!

MANN Euch nicht sehen. Das ist das wichtigste.

FRAU Und Fotos?

Der Mann antwortet nicht.

Wieso siehst du dir dann Fotos an, wenn du uns nicht sehen willst?

MANN Na ja. Es passiert eben, daß man will.

FRAU Wenigstens durch ein Bild?

MANN Wenigstens durch ein Bild.

FRAU Und ich? Jetzt?

MANN Jetzt weiß ich selber nicht, ob du hier bist oder ob ich es mir nur einbilde.

FRAU Würdest du dich überzeugen wollen?

MANN Lieber nicht.

FRAU Warum?

MANN Ich habe Angst, daß du echt bist.

FRAU Fotos sind dir lieber?

MANN Nein, aber ich will meine Ruhe haben.

Die Frau steht auf und setzt sich neben ihn auf den anderen Sarkophag. Sie nimmt seine Hand. Der Mann zieht seine Hand zurück, steht auf und entfernt sich einen Schritt.

FRAU Ich verstehe. Du hast Angst, dich zu kompromittieren.

MANN Nein.

FRAU Das ist verständlich. Nach fünf Jahren Enthaltsamkeit…

MANN Warum bist du so boshaft?

FRAU Weshalb willst du dann nicht?

MANN Weil es zu nichts führt.

FRAU Weißt du was Besseres?

MANN Noch nicht…

FRAU Aber du glaubst, daß du es findest? Daß es existiert?

MANN Selbstverständlich. Ein Allerwichtigstes, ein Absolutes, ein Entscheidendes…

FRAU Alles Illusionen.

MANN Ich glaube daran.

FRAU Und gehst inzwischen vor die Hunde. Ein Mann wie du und...

MANN Ich muß glauben.

FRAU Weil du in Wirklichkeit nicht mehr glauben kannst.

MANN Wer hat dir das gesagt?

Die Frau steht vom Sarkophag auf.

FRAU Es ist Zeit für mich.

MANN Willst du schon weggehen?

FRAU Da du mich nicht brauchst...

MANN Das habe ich nicht gesagt.

FRAU Aber mir zu verstehen gegeben.

MANN Warte noch.

FRAU Nicht einen Augenblick.

MANN Du gehst nirgendwohin.

Die Frau geht zu ihm hin und steht jetzt ganz nah vor ihm.

FRAU Willst du es mir verbieten?

Der Mann umarmt sie leidenschaftlich.

Ach, laß mich los! Mein Gott, bist du brutal!

Der Mann versucht sie zu küssen, zudringlich, eilig und ungeschickt.

Na komm, das genügt, ich bin doch nicht so stark wie du, du schrecklicher Einsiedler. Hör auf, komm, laß mich los, hörst du?

Der Mann wirft sie zu Boden. Die Frau umarmt ihn.

Na gut, aber nicht hier.

Der Mann hört auf, an ihr herumzuzerren. Er läßt sie los.

MANN Was ist?
FRAU Die stören mich.

Sie zeigt auf die Sarkophage, auf die Ritter-Mönche.

Laß uns woandershin gehen.

Die Frau steht auf und reicht ihm die Hand. Sie führt ihn zu der kleinen Seitentür, die offen ist.

Geh du vor.

Sie holt eine kleine Taschenlampe aus ihrer Tasche und händigt sie ihm aus. Der Mann nimmt die Taschenlampe und geht in die kleine, enge, düstere Halle vor der Treppe. Die Tür schlägt hinter ihm zu. Absolute Dunkelheit. Der Mann macht die Taschenlampe an und wirft sich gegen die Tür. Aber es ist schon zu spät. Man hört das Quietschen der zugeschobenen Riegel.

MANN Mach auf, mach sofort auf!

Er wirft sich vergeblich gegen die Tür. Stille. Nach einem Augenblick geht er resigniert die Treppe hinunter. Die Treppe führt zu den Katakomben. Die Lampe erleuchtet die Seligen in den Nischen. Der Mann besieht sich die Toten.

Scheiße.

Er läuft durch den Friedhofskorridor, bis schließlich das Tageslicht aufleuchtet.

Der Korridor mündet in einen Ausgang, der aber vergittert ist. Hinter dem Gitter sieht man den Strand und das nahe Meer. Der Mann macht die Taschenlampe aus und stemmt sich gegen die Pforte im Gitter. Die Pforte öffnet sich, die verrosteten Scharniere quietschen. Der Mann kommt aus dem unterirdischen Gang heraus und befindet sich am Fuße der Felsen am Strand. Gleich daneben rollen die Wellen spritzend auf den Sand.

49. Szene Innen/Tag

Der Greis geht in die Kapelle. Er sieht sich um, als suche er jemanden. Er kniet beim Altar nieder und betet. Nach einem Augenblick sieht er sich um. Aber außer ihm ist niemand in der Kapelle.

Man hört ein leises Rufen. Der Greis sieht sich wieder um. Im Eingang steht die Frau und hat einen Fotoapparat auf ihn gerichtet. In dem Moment, in dem der Greis sich umdreht, macht sie ein Bild.

FRAU Noch eins.

Sie macht schnell ein zweites Foto. Der Alte steht auf.

GREIS Ich habe dir verboten zu kommen.
FRAU Ich habe nur schnell vorbeigeschaut. Ich wußte nicht, ob ich dich hier finde.

Der Greis geht zum Fenster. Die Frau legt einen neuen Film ein.

GREIS Du hast gesagt, du kennst die Schrift.
FRAU Natürlich. Ich kenne den Inhalt in groben Zügen.
GREIS Was steht in der Schrift?
FRAU Ach, das ist eine lange Geschichte.
GREIS Worüber?
FRAU Sag mal, dein Stellvertreter ... Ich meine, der andere, der mit dem Bart ...
GREIS Er ist nicht mein Stellvertreter.
FRAU Ist ja gleich. Wäscht der sich nie?
GREIS Weiß ich nicht.
FRAU Du scheinst Schwierigkeiten mit ihm zu haben.
GREIS Er ist jung und ungeduldig.
FRAU Ja, er ist wesentlich jünger als du.
GREIS Dieser Vagabund, dieser hergelaufene Hund.
FRAU So solltest du dich nicht über deinen jüngeren Ordensbruder äußern.

GREIS Ihm muß was zu Kopf gestiegen sein. Er glaubt, er habe ein Anrecht auf das heiligste Geheimnis.

FRAU Wieso wundert dich das?

GREIS Der Glaube genügt ihm nicht.

FRAU Der Glaube genügt heute niemandem mehr. Jeder will die Wahrheit wissen.

GREIS Das ist wider jegliche Hierarchie und Disziplin.

FRAU Leider.

GREIS Er vergißt, daß ich der Prior bin.

FRAU Erinnere ihn daran.

GREIS Er bildet sich ein, eigentlich müsse er hier herrschen. Nur weil er stark wie ein Stier ist.

FRAU Stimmt. Er macht einen ziemlich kräftigen Eindruck.

GREIS Wissen ist Macht.

FRAU Und du, besitzt du dieses Wissen?

Der Greis antwortet nicht.

Ich komme heute abend. Warte auf mich.

Sie geht hinaus.

50. Szene Innen/Tag

Nachmittag. Der Mann liegt mit offenen Augen auf der Pritsche. In der Hand, die über den Bettrand herabhängt, hält er das Foto des Mädchens im Badeanzug.

Sein Blick fällt auf einen Teil des Fußbodens bei der Tür.

Im Spalt unter der Tür erscheint ein weißer Rand. Der Mann richtet sich im Bett auf und läßt den Rand nicht aus den Augen. Der Rand wird größer, dann hört er auf, sich zu bewegen.

Der Mann steht auf und öffnet die Tür. Hinter der Tür ist niemand. Der Mann hebt ein großes weißes Kuvert auf. Er schließt die Tür und macht den Umschlag auf, in dem sich Fotografien von ziemlich großem Format befinden.

Das erste Foto stellt das Mädchen dar, das auf dem alten Erinnerungsfoto vom Strand abgebildet war. Aber das zweite ist völlig anders. Das Mädchen liegt in einer zweideutigen Situation mit einem Kerl auf einer Wiese.

Der Mann legt das Bild auf das Bett, legt das andere alte Erinnerungsfoto vom Strand daneben und vergleicht beide miteinander. Dann legt er die übrigen Bilder, die er aus dem Umschlag zieht, drumherum. Alle Bilder sind brutal pornografisch. Sie zeigen immer wieder dasselbe Mädchen, aber mit verschiedenen Partnern, in verschiedenen Positionen. Die Fotos haben einen unbarmherzig dokumentarischen Charakter. Sie sind ganz deutlich. Klar heraus kommt auch der Kontrast zwischen der Heftigkeit und Hitzigkeit der erotischen Phantasie einerseits und der kalten, starren Unerbittlichkeit der Fotos andererseits. Es ändern sich die äußeren Gegebenheiten der Szenerie und die Partner, aber alle Szenen haben einen absolut privaten Charakter, als wenn die Fotos heimlich gemacht worden wären. Das Gesicht des Mädchens steht auf diesen Bildern in einem offensichtlichen Kontrast zu dem konventionellen, artigen und etwas süßlichen Ausdruck ihres Gesichtes auf dem Erinnerungsfoto. Keiner ihrer Partner ist der Mann, der jetzt die Fotos betrachtet.

Es ist wie ein geheimes Dossier, das die intimsten Episoden ihres Lebens illustriert. Episoden, die nicht ans Tageslicht kommen sollten, insbesondere nicht vor dem Mann, der sie jetzt in den Händen hat. Es ist gleichsam das Dossier eines Erpressers.

51. Szene *Außen/Tag*

Der Junge läuft am abschüssigen Ufer zwischen den Felsen zum Meer hinunter. Er schleppt einen kupfernen Kessel. Die Felsen verdecken die linke Hälfte des Strandes. Als er zum Strand kommt, geht er ins Wasser und beginnt den Kessel mit Sand zu schrubben. Bei einer halben Drehung sieht er plötzlich die Frau links auf der Strandseite. Die Frau liegt auf einem ausgebreiteten Bademantel nackt da, sie sonnt sich. Allerdings liegt sie in ziemlicher Entfernung von ihm und ihre Nacktheit ist nicht allzu detailliert sichtbar. Der Junge dreht sich weg und beginnt wieder verbissen zu schrubben. Nach einer Weile sieht er sich wieder verstohlen nach ihr um. Sie liegt weiter reglos da, als hätte sie ihn überhaupt nicht bemerkt. Trotzdem kehrt der Junge zu seiner Tätigkeit zurück, als sei er auf frischer Tat ertappt worden. Er schrubbt mit doppelter Verbissenheit.

Nach einer Weile trägt der Wind ihr Rufen zu dem Jungen. Der Junge dreht sich um. Die Frau sitzt auf dem Sand, sie ist in ihren Bademantel gehüllt. Sie macht ihm Zeichen herzukommen. Der Junge nähert sich ihr.

FRAU Wie geht es dir?

Der Junge schaut auf den Boden.

JUNGE Ich habe keine Zeit.
FRAU Setz dich neben mich.

Der Junge setzt sich in einiger Entfernung mit finsterer Miene hin. Die Frau lächelt freundlich und kollegial.

Das Mittagessen schon vorbei, Herr Koch?

Der Junge nickt sehr ernsthaft.

Was hat es gegeben?
JUNGE Grütze.
FRAU Schon wieder?
JUNGE Es gibt jeden Tag Grütze.
FRAU Hat es ihnen geschmeckt?

Der Junge zuckt gleichgültig die Achseln. Die Frau öffnet eine Tasche, die neben ihr auf dem Sand liegt, und entnimmt ihr eine kleine Tafel Schokolade.

Für dich.

Der Junge steht auf und nimmt die Schokolade. Er setzt sich wieder an seinen Platz, weit weg von ihr.

Zum Nachtisch.

Der Junge hält die Schokolade immer noch in der Hand. Die Frau setzt sich neben ihn, wickelt die Schokolade aus, bricht die Schokolade in zwei Hälften. Eine für sich, die andere für den Jungen.

Bist du mir noch böse?

Der Junge nickt, den Mund voll mit Schokolade.

Wollen wir uns versöhnen? Es war nur ein Scherz.

Der Junge hebt einen Stein auf und wirft ihn fort.

Ich mache es nie wieder, ich verspreche es dir.

Der Junge zerknüllt das Schokoladenpapier in seiner Hand, seine Aufmerksamkeit ist ganz absorbiert davon. Die Frau bricht in Gelächter aus. Der Junge sieht sie ratlos und beleidigt an.

Wie du aussiehst, warte mal…

Sie holt einen Spiegel aus ihrer Tasche und hält ihn ihm vor die Nase.

Der Junge sieht sich im Spiegel, er ist schokoladenbeschmiert. Die Frau packt den Spiegel wieder weg und zieht ein Kleenex aus ihrer Tasche.

Dreh dich zu mir.

Der Junge dreht sich gehorsam ihr zu. Die Frau wischt ihm Mund und Wangen mit dem Kleenex ab. Danach zerzaust und glättet sie seine Haare mit einer halb scherzhaften, halb zärtlichen Geste.

Der Junge streckt seine Hand nach dem Spiegel aus. Er besieht sich im Spiegel.

JUNGE Das bin ich?
FRAU Natürlich. Wer denn sonst?
JUNGE Und was heißt ›ich‹?
FRAU Das heißt: Kein Mensch außer dir ist ›ich‹. Weder ich noch jemand anders. Nur du.
JUNGE Dann gibt es kein Ich, wenn ich nicht da bin?
FRAU Nein.
JUNGE Ich muß da sein, damit ich bin?
FRAU Ja, niemand außer dir selbst kann ›du‹ sein.
JUNGE Nur ich allein?
FRAU Nur du allein.

Der Junge seufzt tief.

Ist das schlimm für dich?
JUNGE Nein, aber was soll ich jetzt machen?

Der Junge betrachtet seine Hände, als sähe er sie zum ersten Mal.

FRAU Mach dir keine Sorgen. Nur zu Anfang scheint es einem so schwer. Später gewöhnst du dich daran.
JUNGE Ich muß jetzt gehen.

Er steht auf.

FRAU Wir sehen uns bald wieder.

Der Junge entfernt sich. Die Frau sieht ihm nach. Nach einer Weile sieht sich der Junge um, die Frau winkt ihm freundlich zu. Der Junge antwortet ihr mit einer ähnlichen Geste. Dann geht er weiter, ohne sich noch einmal umzudrehen.

Die Frau hält sich den Spiegel vors Gesicht und betrachtet sich, wobei sie sich mit den Fingern über die Schläfen und die Wangen streicht, aufmerksam und ernst. Ein strenger, kritischer Blick – wie Frauen manchmal schauen, wenn sie allein sind und sich im Spiegel überprüfen.

52. Szene Innen/Nacht

Der Greis sitzt auf dem Stuhl in seiner Zelle aufrecht, genau dem Eingang gegenüber. Er ist völlig anders als sonst gekleidet. Ein feierlicher und bombastischer Aufzug. Ein purpurner Ornat mit Hermelin gefüttert, auf dem Kopf eine Art Barett, um den Hals eine goldene Kette mit dem Wappen des Kreuzes und der Rose, am Finger einen Ring. In der rechten Hand hält er eine Art Zepter, in der linken das Buch. In dieser Gewandung ähnelt er der Gestalt des Porträts. Auf dem Tisch steht der dreiarmige Leuchter, alle drei Kerzen brennen. Man hört ein Klopfen an der Tür.

GREIS Herein!

Die Frau kommt herein, bleibt in der Tür stehen und sieht verwundert auf den Greis in seiner neuen Erscheinung.

Komm näher.

Die Frau tritt etwas näher.

FRAU Du siehst herrlich aus. Aber ich glaube, du zitterst. Ist dir kalt?
GREIS Bleib stehen.
FRAU Obwohl, es ist eine warme Nacht.
GREIS Wer hat dir erlaubt, mich zu duzen? Weißt du, zu wem du sprichst?
FRAU Natürlich.

Sie kniet vor ihm nieder.

Zu dem Großmeister und Wächter des Siebenfachen Siegels, dem Dreifach Erhabenen Zweiten Stellvertreter des Kreuzes und dem Ersten Troubadour der Östlichen Rose, dem Gesegneten …
GREIS Du kennst also meine Titel?

Die Frau steht auf.

FRAU Und du?
GREIS Gut. Ich bin jetzt bereit, dich anzuhören.
FRAU Was möchtest du hören?

GREIS Du hast mich doch um eine Audienz gebeten.

FRAU Ich?

GREIS Also was ist?

FRAU Ist es nicht zu anstrengend für dich?

GREIS Laß uns mit der Audienz beginnen.

FRAU Erlaube mir wenigstens, daß ich dir das Buch halte. Das Zeichen der Zweifachen Einweihung ist schwer genug für dich.

GREIS Was für ein Zeichen?

FRAU Das Zeichen der Zweifachen Einweihung. Der Gegenstand, den du in deiner rechten Hand hältst.

Der Greis betrachtet neugierig das Zepter, als wenn er es zum ersten Mal sähe. In der Zwischenzeit nimmt ihm die Frau das Buch ab.

GREIS Von mir aus. Fang an.

FRAU Ich komme mit einer Mission zum Großorden, der im Jahre 1112 vom Heiligen Clotard, einem Ritter aus Nimes, während des ersten Kreuzzuges gegründet wurde…

GREIS Sieh mal an, ich wußte gar nicht, daß es uns schon so lange gibt…

Von jetzt an redet die Frau im Ton eines Vortrages, besser gesagt, sie leiert eine auswendig gelernte Lektion herunter.

FRAU …Papst Rudiment III. hatte ihn aufgrund der unterschiedlichen Auffassungen über das Dogma der Allerheiligsten Jungfrau exkommuniziert.

GREIS Ist das dein Ernst?

Er ist sichtlich beunruhigt.

FRAU Rudiment III. wurde vom Apostolischen Stuhl verjagt und von seinem Nachfolger zum Häretiker erklärt…

GREIS Geschieht ihm recht.

FRAU …und obschon vom Tridentinischen Konzil rehabilitiert…

GREIS Und wer hatte eigentlich recht?

FRAU Der Großmeister der Rosenkreuzritter dürfte eine derartige Frage nicht stellen. Der Orden verteidigte immer seine eigene Wahrheit.

GREIS Über die Heilige Jungfrau?

FRAU Nicht nur darüber. Bei all seinem Tun und Handeln, auf dem Gebiet der Politik ebenso wie auf dem der Theologie und der Philosophie. Weißt du, daß ihr die größte Bibliothek im gesamten Raum des Östlichen Reiches hattet, gleichwertig mit der Alexandrinischen Bibliothek?

GREIS Also das…

Der Greis zeigt auf das Buch.

FRAU …ist der letzte erhaltene Band aus dieser Büchersammlung. Der Orden stellte eine glückliche Verbindung zwischen militärischer, literarischer und wissenschaftlicher Tätigkeit dar, was sich insbesondere auf dem Gebiet der Theologie bemerkbar machte. Das mußte natürlich zu einem Konflikt mit Rom führen. Die Päpste beschuldigten euch im übrigen nicht ohne Grund, dem

Einfluß des Islam zu unterliegen. Eure Bindungen an die östlichen Zivilisationen waren mehr als zweideutig.

Sie legt das Buch auf den Tisch. Bei dieser Gelegenheit pustet sie eine Kerze aus.

GREIS Was bedeutet das?

FRAU Das war die Dialektik von Krieg und Frieden. Von Eroberung, Verteidigung und Koexistenz. Aber man muß zugeben, daß ihr bei alledem eine erstaunliche Selbständigkeit bewahrt habt. Sowohl in der Politik wie in der Kultur. Ihr wart ein Phänomen am Scheidepunkt zweier Welten. Eine einzigartige Synthese des Christentums mit dem Sufismus.

GREIS Sufismus?

Ganz ins Zuhören versunken, verliert er allmählich seine offizielle und autoritäre Haltung. Er sitzt nicht mehr aufrecht, sondern vornüber gebeugt. Das Zepter hat er auf seine Knie gelegt.

FRAU Nicht nur über den Islam seid ihr zu den altpersischen Quellen, sogar zum Hinduismus vorgedrungen. Ihr seid die Erben der ältesten Traditionen und Inspirationen der Menschheit. Ihr habt aus dem Christentum wie aus den ältesten Religionen und Wissenschaften geschöpft. – Gib mir das.

Sie nimmt ihm das Zepter aus der Hand. Der Greis ist so fasziniert von ihrem Vortrag, daß er nichts um sich herum bemerkt. Sie legt das Zepter auf den Tisch. Bei dieser Gelegenheit pustet sie die zweite Kerze aus.

GREIS Ich wußte, daß wir groß waren, aber nicht, daß wir so groß waren ... Rede weiter.

FRAU Eure Geschichte ist so reich und vielfältig, daß sie sich nicht so schnell erzählen läßt.

GREIS Wir haben ja Zeit.

FRAU Aber dir ist kalt.

GREIS Das ist nur das Fieber.

FRAU Du klapperst mit den Zähnen. Ich kann das gar nicht mitansehen.

GREIS Wie ging es weiter?

FRAU Ich erzähle nur weiter, wenn du dich ins Bett legst. Du bist krank.

GREIS Versprichst du es mir?

Sie nimmt ihm das Barett ab und streicht ihm übers Haar. Sie nimmt ihm die Kette ab. Sie hält die Kette so, als wenn sie eine Halskette beim Juwelier anprobieren würde. Sie legt sie auf den Tisch. Sie hält seine rechte Hand mit beiden Händen hoch.

FRAU Was für ein schöner Ring ...

Sie betrachtet den Ring an seinem Finger.

GREIS Er gehört zu den Insignien.

FRAU So einen würde ich gern besitzen ... Kann ich ihn mal anprobieren?

Sie zieht ihm den Ring ab und probiert ihn an. Sie bewegt die Finger, betrachtet zufrieden den Ring.

GREIS Das genügt. Gib ihn wieder her.

Die Frau führt seine Hand an ihre Lippen.

Was machst du denn?

FRAU Ich huldige dem Wächter des Siebenfachen Siegels … Komm.

Sie nimmt den Greis an der Hand und führt ihn zum Bett. Sie setzt ihn wie ein kleines Kind aufs Bett.

GREIS Weißt du, wie es weiterging?

FRAU Zuerst mußt du dich hinlegen. So.

Der Greis legt sich auf das Bett. Die Frau setzt sich zu ihm.

Ist es so bequem?

GREIS Ja. Und wie ging es weiter?

FRAU Die Geschichte des Ordens ist zwar wichtig, aber nicht das Allerwichtigste. Das Wichtigste ist das Geheimnis.

GREIS O ja, ich war sicher, daß wir ein Geheimnis besitzen. Erzähle.

FRAU Das ist nicht so einfach. Die Organisation des Ordens beruhte nicht nur auf einer Militärhierarchie. Die war, obwohl sie natürlich wie in jeder militärischen oder paramilitärischen Organisation aufgebaut war, kein Problem. Sehr viel interessanter ist eine andere Hierarchie, parallel dazu, die der Einweihung, die man aber eben auch wegen ihres esoterischen Charakters viel schwieriger rekonstruieren kann. Rück ein Stück zur Seite.

Der Greis macht etwas Platz neben sich. Die Frau legt sich neben ihn und umarmt ihn mit einem Arm.

GREIS Aber das Geheimnis! Erzähl mir von dem Geheimnis.

FRAU Dazu komme ich ja gerade. Es war allgemein bekannt, daß die Bedeutung des Ordens und seine Originalität nicht auf der Verteidigung des Christentums vor den Mauren, oder später vor den Türken beruht. Noch nicht einmal auf einer besonderen Pflege der Wissenschaft. All das war nicht der entscheidende Grund für seine innere Zusammengehörigkeit und seine Unabhängigkeit von fremden Mächten. Jahrhundertelang war der Orden auf allen Gebieten tätig gewesen. Dazu kam die außergewöhnlich günstige Lage, hier am Schnittpunkt so vieler Kulturen, die eine Synthese aus ihnen allen ermöglicht hätte. So lag die Vermutung nahe, daß die Weisen des Ordens bei ihren jahrhundertelangen Forschungen eine außergewöhnliche Entdeckung gemacht haben, die über eine solche Synthese hinausging, – die Transzendenz der Synthese. Daß sie die Antwort auf die einzige wesentliche Frage der Menschheit gefunden haben: auf die Frage nach dem Sinn des Lebens. – Gott, wie du zitterst.

GREIS Habe ich es nicht gesagt?

Der Greis verkündet diesen Satz triumphierend.

FRAU Ich decke dich zu. Hast du keine andere Decke? Die hier ist schrecklich.

Sie deckt ihn und sich mit der Decke zu.

Dieses absolute Wissen, diese definitive Lösung der letzten Probleme war nur der obersten Stufe der Eingeweihten bekannt. Wahrscheinlich besaß es nur der Großmeister selbst, daher der Titel: Wächter des Siebenfachen Siegels. Der ganze Orden ähnelte wohl einer Pyramide, an deren Spitze der einzige, der absolut Eingeweihte stand. – Dir ist ja immer noch kalt.

GREIS Ich also?

FRAU Warte, ich wärme dich.

Sie richtet sich im Bett auf und zieht ihre Bluse aus. Nackt umarmt sie ihn und preßt sich an ihn. Einen Augenblick liegen beide schweigend da, dann hebt er den Kopf; es ist die einzige Bewegung, die er, durch ihre Umarmung unbeweglich gemacht, ausführen kann.

GREIS Was ist das Geheimnis?

An ihn geschmiegt, mit unsichtbarem Gesicht, da es von ihrem dunklen, lose fallenden Haar verdeckt wird, legt ihm die Frau die Hand auf den Mund und drückt seinen Kopf in die Kissen. Die dritte Kerze löscht langsam aus. Ihre Flamme flackert einen Augenblick, schwankt zischend in dem geschmolzenen Wachs, dann geht sie aus.

53. Szene Innen/Nacht

Der Mann liegt, an die Wand gelehnt, auf dem Bett. Er hat eine Flasche Gin in der Hand und raucht eine Zigarette. Er schaut stumpfsinnig vor sich hin. Er führt die Flasche an die Lippen, hält sie schräg. Dabei beugt er seinen Kopf weit nach hinten, in der Flasche ist nicht mehr viel.

Hinter der Tür hört man ein Pfeifen. Der Mann steht auf und öffnet die Tür zum Wehrgang einen Spalt breit. Auf dem Wehrgang geht der Greis – er ist schon an der Tür vorbei –, rüstig, aufrecht, ohne Stock, und pfeift.

Die Augen des Mannes weiten sich in ungläubigem Erstaunen. Er sieht der Gestalt nach, die in der Perspektive des Wehrgangs kleiner wird. Er schließt die Tür und tastet sich in die Mitte der Zelle zurück. Er greift wieder nach der Flasche, da hört er die Stimme der Frau, gedämpft, als spräche sie in eine Telefonmuschel.

FRAU Trink nicht so viel.

Der Mann reagiert mit einer wegwerfenden, resignierten Geste, als wenn er sich von einer lästigen Fliege befreien wollte. Er hebt die Flasche an die Lippen. Die Stimme der Frau, energisch, bestimmt:

STIMME Laß das.

Der Mann sieht sich um, aber er kann niemanden sehen. Er hält die Flaschenöffnung ans Ohr.

Alkoholismus führt auch zu nichts.

Der Mann spricht in den Flaschenhals.

MANN Scher dich weg!
STIMME Was? Ich versteh dich nicht.
MANN Ich habe gesagt: Scher dich zum Teufel.
STIMME Red ins Mikrofon.
MANN Das tue ich ja.
STIMME Das ist nicht das Mikrofon, sondern eine Flasche. Das Mikrofon liegt auf dem Fußboden.

Der Mann bückt sich, dann kriecht er auf allen vieren und sucht mit den Händen um sich her. Auf dem Fußboden liegen die Fotos verstreut, die Zigarettenschachtel und das Feuerzeug. Der Mann nimmt das Feuerzeug in die Hand.

Bravo. Also, was hast du gesagt?

Der Mann setzt sich bequem auf den Fußboden, wobei er sich mit dem Rücken an das Bett lehnt. Er redet in das Feuerzeug wie in einen Telefonhörer, sehr laut und deutlich.

MANN Ich habe gesagt: Scher dich zum Teufel!

Pause. Der Mann schüttelt das Feuerzeug, dann hält er es an sein Ohr. Plötzlich ertönt eine Stimme so laut und deut-

lich, daß der Mann zusammenzuckt und das Feuerzeug weiter entfernt von seinem Ohr hält. Später hält er das Feuerzeug abwechselnd nah an sein Ohr oder nah an seine Lippen, je nachdem, ob er zuhört oder spricht.

STIMME Das ist sehr unfein.
MANN Wo bist du?
STIMME Weit weg.
MANN Kommst du her?
STIMME Nein, jetzt nicht.
MANN Warum nicht?
STIMME Weil ich Angst habe.
MANN Weshalb?
STIMME Weil du mir böse bist.
MANN Ich habe gute Gründe.
STIMME Was sollte ich sonst tun? Du hast dich benommen wie ein Verrückter.

Der Mann dreht das Feuerzeug in seinen Händen.

MANN Ein interessantes Apparätchen.
STIMME Electric Corporation.

Pause.

Hast du die Bilder bekommen?
MANN Blöde Frage.
STIMME Und nun?

Der Mann antwortet nicht.

Haben sie dir gefallen?

MANN Nutte.

STIMME Wer?

MANN Du.

Lachen im Feuerzeug.

STIMME Ich? Aber das bin ja nicht ich auf den Fotos.

MANN Du und sie, beide Huren.

STIMME Was willst du denn? Du hast sie verlassen, und sie hat keine Zeit verloren.

MANN O nein.

STIMME …genau wie du.

MANN Kommst du?

STIMME Ich weiß nicht.

MANN Komm sofort.

Schweigen.

STIMME Nein, ich glaube, ich komme nicht.

MANN Du hast sofort hierherzukommen, hörst du?

STIMME Ich verbitte mir so einen Ton…

MANN Wenn du in fünf Minuten nicht hier bist…

STIMME Was dann?

MANN Dann, dann…

STIMME Tschüs.

MANN Hallo, hallo…

Er schüttelt das Feuerzeug, hält es wieder ans Ohr, dann wirft er es mit Wucht gegen die Wand.

54. Szene Außen/Tag

Die Bastion. Das Geschütz, Geräte zur Bedienung des Geschützes, die Schwerter und Panzer sowie eine entrollte Standarte mit dem Wappen des Kreuzes und der Rose. Der Junge schlägt auf die Trommel. Das ist eine Übung, es geschieht probehalber. Der Junge probiert verschiedene Rhythmen aus und findet offensichtlich Gefallen daran, was in seinem Alter verständlich ist.

55. Szene Innen/Nacht

Abend. Refektorium. Der Greis, der Mann und der Junge stehen mit gefalteten Händen da. Der Greis beendet das Gebet mit lauter und starker Stimme.

GREIS ...Wie Schwerter und Werkzeuge sollen unsere Körper dahinschwinden, wenn Dein Heiligtum emporragt und Deiner Feinde Macht besiegt ist. Zu Deinem Ruhm, nach Deinem Willen, zu unserer Erlösung. Amen.

MANN UND JUNGE Amen.

Alle setzen sich hin und machen sich ans Essen. Nach kurzem legt der Mann den Löffel hin.

Das ist eine Schweinerei und kein Essen.

Er taucht den Löffel wütend in die Grütze. Nach kurzem wirft er den Löffel auf den Tisch.

Angebrannt.

Der Greis dreht sich zu ihm um und betrachtet ihn prüfend.

Ist es etwa nicht angebrannt?
GREIS Nein.
MANN Und ich sage, es ist angebrannt.

Der Greis ißt weiter. Aber der Mann gibt noch nicht auf.

Wird dieser Wechselbalg nie kochen lernen?
GREIS Bruder…
MANN Ich bin ganz ruhig, aber wie lange soll man das denn aushalten! Was hat er denn sonst zu tun, was? Woran denkt er?

Er regt sich immer mehr auf.

Sag uns doch, woran du denkst!

Der Junge hört auf zu essen und duckt sich über seiner Schüssel zusammen.

GREIS Essen wir.
MANN Ich weiß, woran er denkt! Soll ich es sagen?

Er sieht die anderen mit blutunterlaufenen Augen boshaft an, als ob er auf eine Antwort warte. Die reagieren nicht, sie tun so, als ob sie ihn nicht beachten. Als ob jeder in seiner

Schüssel den Ausweg aus der unvermeidbaren Katastrophe suchte. Daß sie gar nicht reagieren, bringt den Mann außer Fassung. Er haut mit der Faust auf den Tisch, schreit.

An seine Unterhosen!

Der Junge springt auf und läuft aus dem Refektorium.

GREIS Das war nicht nötig.
MANN Ich habe genug!

Es folgt ein langes Schweigen. Die Katastrophe ist bereits eingetreten. Jetzt wissen beide nicht, wie sie sich verhalten sollen. Nach einer langen Pause…

GREIS In der Tat. Es ist wirklich leicht angebrannt.

Der Mann winkt gleichgültig mit der Hand ab. Wieder Schweigen. Der Greis steht auf.

Ich gehe nachsehen, was er macht.

Er verläßt das Refektorium. Der Mann schiebt die Schüssel zu sich heran und beginnt zu essen.

56. Szene Außen/Dämmerung

Abend. Die Sonne ist schon untergegangen, aber es ist noch nicht ganz Nacht. Die schmale Mondsichel.

Der Junge läuft hinunter zum Meer. Am Rande des Strandes bleibt er stehen. Das Meer ist ruhig, das Plätschern kleiner Wellen. Der Junge geht langsam ins Wasser. Seine jetzige Langsamkeit steht in starkem Gegensatz zu seiner Eile vorher. Das Wasser reicht ihm bis an die Knie, später bis an den Gürtel, schließlich bis an den Hals. Er bleibt einen Augenblick in der Position stehen, dann schiebt sich sein Kopf auf der Oberfläche des Wassers noch weiter, taucht allmählich unter und verschwindet im Wasser.

57. Szene Innen/Nacht (Dämmerung)

Das Refektorium wird vom Kaminfeuer erleuchtet. Auf dem Tisch die Reste des Abendbrots. Der Mann geht im Refektorium auf und ab. Er bleibt stehen, holt die Zigarettenschachtel und das Feuerzeug heraus. Er steckt sich eine Zigarette in den Mund und betrachtet mißtrauisch das Feuerzeug. Diesmal benimmt sich das Feuerzeug allerdings wie ein Feuerzeug. Der Mann zündet die Zigarette an und nimmt seinen unterbrochenen Spaziergang wieder auf.

58. Szene Außen/Nacht (Dämmerung)

Meer. Die Nacht ist schon fast da, aber es ist noch etwas hell. Der Mond steht höher. In ziemlicher Entfernung vom Ufer eine Art Schlauchboot, wie sie zwischen größeren

Schiffen und dem Ufer als Beförderungsmittel eingesetzt werden. Der Motor ist ausgeschaltet, die Ruder liegen längs der Bordwand. Auf dem Boden liegt der Junge, triefend naß. Die Frau sitzt ihm gegenüber. Sie wringt mit beiden Händen das Wasser aus ihren langen Haaren, ihr Parka ist ebenfalls völlig naß. Der Junge sieht sie an.

FRAU Und das ist der Glockenturm.

Sie weist zum Ufer.

Das heißt, es ist der sogenannte Campanilario. Dort rechts vom Hauptmassiv, etwas höher. Zusammen mit den Verteidigungsmauern und der Kapelle bildet er den ältesten Teil des Bauwerks. Er ist sehr gut erhalten.

Sie kämmt ihre Haare, beugt den Kopf herunter, die Haare verdecken ihr Gesicht, sie wirft sie zurück. Sie neigt den Kopf zur Seite und kämmt die Haare auf eine Schulter. Der Junge schaut sie unentwegt an.

Leider können die Herrschaften augenblicklich die interessantesten Fragmente dieser wunderbaren Architektur nicht sehen. Die Insel ist nur am 15. August illuminiert, am Tag, oder besser gesagt, in der Nacht von Mariä Himmelfahrt.

Sie redet wie ein professioneller Reiseleiter, der Touristen führt. Der Junge wendet kein Auge von ihr. Die Frau ergreift die Ruder, das Boot nähert sich dem Ufer.

An Mariä Himmelfahrt wird ein Ereignis gefeiert, dessen Authentizität von unseren Historikern bestätigt wurde. Da die Burg trotz zahlreicher Anstürme und Belagerungen nicht eingenommen werden konnte, entschloß sich der Befehlshaber der türkischen Flotte, der Großwesir Suleiman-Pascha, zu einer List. Da er sehr wohl Kenntnis von dem abgöttischen Kult der Rosenkreuzritter für die Heilige Jungfrau hatte – ein Kult, der sich im übrigen auf das merkwürdigste mit dem Weiblichkeitskult der persischen Mystiker verbindet –, wählte er die schönste Konkubine in seinem Harem aus, kleidete sie in ein Gewand, das der damaligen Marienvorstellung entsprach, und setzte sie auf das Deck einer Galeere, auf einen Thron, umgeben von Räucherfässern, Rosenkränzen und Fackeln. Unter Deck waren bewaffnete Truppen versteckt. Als der feierliche Ritus begann, die Trommeln, Trompeten und Zimbeln ertönten, näherte sich das lebende Bild der Insel. Die Verteidiger waren überrascht und wie verzaubert. Die mystische Verehrung, die sie für die Heilige Jungfrau Maria empfanden, lähmte ihre Verteidigungsbereitschaft. Schon schien es, als ob die List gelungen sei, als von der Bastion ein Kanonenschuß erklang. Da, von da oben.

Das Boot befindet sich jetzt unterhalb der Bastion. Die Frau hört auf zu rudern. Beide schauen auf die Silhouette der Festung, die sich über ihren Häuptern erhebt. Vor dem Hintergrund des Himmels ist sie schwarz.

Gibt es noch irgendwelche Fragen?

Der Junge schweigt und schaut sie wieder eindringlich an. Ohne eine Frage abzuwarten, taucht die Ruderin die Ruder ins Wasser, das Boot schiebt sich an der Bastion vorbei.

Das war dann das Signal für die allgemeine Kanonade. Die Galeere wurde versenkt.

Einen Augenblick herrscht Schweigen und Stille, man hört nur das Geräusch des Wassers, das von den Rudern herabfließt oder an der Bordwand entlangfließt. Der Junge läßt kein Auge von der Ruderin.

Es ist allerdings anzunehmen, daß dieses Ereignis tiefe Spuren ins Bewußtsein der Rosenkreuzritter gegraben hat. Es wurde zu ihrem moralischen und religiösen Problem und verursachte einen fast manischen Schuldkomplex, der sich von Generation zu Generation vererbte. Davon zeugen verschiedene Sühne- und Bußpraktiken, die auf die damalige Zeit zurückzuführen sind, wie beispielsweise die Einführung des Zölibats. Vor allem aber ein besonderes Ritual, das noch in unserer Zeit lebendig ist und den großen Verfall des Ordens, als andere Rituale und Traditionen in Vergessenheit gerieten, überdauert hat. Jedes Jahr versammeln sich am Tage Mariä Himmelfahrt nach Sonnenuntergang alle Mitglieder der Bruderschaft in festlicher Kleidung auf der Bastion, wo sie im Glanz der Fackeln und unter der Standarte des Ordens den Verlauf dieses historischen Ereignisses nachvollziehen. Den Höhepunkt bildet der Schuß aus der Kanone aufs Meer. Diese jährliche Zeremonie ist die größte Attraktion unseres Programms. Wollen die Herrschaften bitte Ihre Aufmerksamkeit auf die imponierende Höhe der Bastion richten, auf deren Gipfel dieser originelle Ritus stattfinden wird, für dessen Authentizität wir garantieren.

Sie hört auf zu rudern, aber der Junge dreht sich nicht in die von ihr gezeigte Richtung zu der Bastion. Das Ruder bewegt sich wieder, das Boot gleitet weiter.

Hinzuzufügen wäre noch, daß im Laufe der letzten zweihundert Jahre die wenigen Mitglieder der Bruderschaft, die ihre armselige Existenz zwischen Ruinen fristeten, diesen Ritus nur noch mechanisch nachvollziehen, ohne sich des Ursprungs bewußt zu sein. Denn die Geschichte des Ordens war unter den Trümmern verschüttet, und erst neueste Untersuchungen haben sie wieder ans Tageslicht befördert. Aber es ist nie vorgekommen, daß die Nachgeborenen des Ordens, selbst wenn sie nur eine Handvoll zählten, wie schwach und wie degeneriert sie auch immer waren, diesen Ritus nicht zelebriert hätten, obwohl sie seinen eigentlichen Sinn nicht mehr kannten. Allein diese zähe Beharrlichkeit beweist die Unverwüstlichkeit des Mythos, der tief im Unterbewußtsein dieser armen Mönche verwurzelt ist. Die Erben der einst großen Bruderschaft haben nichts von ihrer Herrlichkeit, aber sie haben die Gewissensbisse geerbt. Laßt uns ihr großmütiges Defizit in Ehren halten. Uff! Ich glaube, ich habe nichts vergessen.

Pause.

Es soll eine Legende geben, daß unter ähnlichen Umständen wie vor Jahrhunderten wieder eine Frau erscheinen wird. Die Geschichte soll sich wiederholen, aber mit anderem Ausgang. Solange das nicht geschieht, lastet der Fluch auf dem Orden. Denn es ist interessant, daß der Orden trotz des Sieges über den Großwesir Suleiman-Pascha danach nur noch Niederlagen erlitt. Vielleicht sind hier die Ursprünge der Legende zu finden. Der Orden unternahm selbst Versuche, die Gründe für seinen Niedergang und Verfall zu erklären. Aber mangels moderner historischer Erkenntnisse griff man auf Mythen zurück. So entstand der Mythos von der kommenden Strafe für den Frauenmord. Um jedoch nicht aller Hoffnung beraubt zu sein, schuf man den zweiten, ergänzenden Mythos: die verheißene Wiederkehr der Frau und damit gegeben die Wiedergutmachung. Ein Phänomen, das den Ethnographen wohl bekannt ist.

Vom Ufer her hört man Rufen. Die Frau läßt die Ruder sinken und horcht.

Sie suchen dich.

Das Rufen wiederholt sich, es ist weit entfernt, aber in der Stille über dem ruhigen Wasser deutlich zu hören.

Du mußt zurück.

Sie lenkt das Boot zum Ufer.

Und denk daran, keine Dummheiten mehr! Der Tod ist kein Spielzeug für Jungen in deinem Alter.

59. Szene Innen/Tag

Die Frau steht am Fenster, sie sieht durch das Fernrohr. Den Ring des Priors hat sie am Finger.

Im Gesichtsfeld des Fernrohrs der leere Horizont.

Der Greis kommt in die Zelle, lebhaft und angeregt, fast als hätte er Fieber.

GREIS Wer immer du bist, gelobt sei deine Ankunft. Dank deiner Hilfe bin ich wieder zu Kräften gekommen. Ich fühle mich zwanzig Jahre jünger.

FRAU Dreißig.

GREIS So viel?

FRAU Ich weiß, was ich sage.

GREIS Um so besser. Aber was noch wichtiger ist: Dank deiner Hilfe kehrt mein Gedächtnis zurück. Mein Geist erstarkt wieder. Genau wie mein Körper. Du bist die beste Arznei gegen Alter und Krankheit.

FRAU Dessen war ich mir sicher.

GREIS Zu Anfang hatte ich Zweifel. Ich fürchtete mich vor der Sünde. Aber wurde David nicht ein junges Weib an sein Lager gebracht, damit sie sein Alter erwärme? Die Bibel hat immer recht.

Er geht zu ihr und legt seine Hand auf ihre Schulter.

FRAU Stör mich nicht.

Der Greis beginnt, in der Zelle auf und ab zu gehen.

GREIS Dank deiner Hilfe sehe ich wieder mit Zuversicht in die Zukunft. Ich glaube, daß unsere Qual enden und eine neue Ära beginnen wird. Ich weiß zwar nicht, wie das geschehen soll. Aber ich glaube wieder, und das ist das wichtigste. Bist du verheiratet?

FRAU Was?

GREIS Ob du einen Mann hast, Kinder...

FRAU Nein

GREIS Kaum zu glauben. Eine Frau wie du... Bist du verlobt?

FRAU Was?

GREIS Hast du einen Verlobten?

FRAU Nein.

GREIS Sehr gut. Die Jungfräulichkeit ist der größte Schatz.

FRAU Wovon redest du eigentlich?

GREIS Ich wollte sagen: Man soll sich nie mit den Männern einlassen. Männer haben niedrige Instinkte, zu höheren Gefühlen sind sie gar nicht fähig. Besonders die Jüngeren. Hörst du mir zu?

FRAU Aber ja.

GREIS Ich warne dich vor den Männern. Zum Glück hast du in mir einen vertrauenswürdigen Freund gefunden. Kennst... kennst du... viele Männer?

FRAU Einige.

GREIS Und … und werben sie um deine Gunst?

FRAU Natürlich.

GREIS Und du?

FRAU Ich beachte sie nicht weiter.

GREIS So ist es richtig, so muß man es machen. Aber ich rate dir, mit ihnen zu brechen. Und sei es nur wegen deines guten Rufs. Außerdem brauchst du ihre Gesellschaft jetzt ja nicht mehr. Jetzt, wo du dich in jeder Angelegenheit an mich wenden kannst …

Im Blickfeld des Fernrohrs ein Schiff am Horizont. Die Frau hört auf, durch das Fernrohr zu schauen, geht vom Fenster weg zur Tür.

Was denn, gehst du wieder weg?

FRAU Ich muß.

GREIS Wohin?

FRAU Ich habe was zu erledigen.

GREIS Was denn?

Die Frau küßt ihn auf die Stirn.

Kommst du heute abend?

FRAU Natürlich, wenn ich es einrichten kann.

GREIS Ich werde warten.

FRAU Gut! Und vergiß nicht, deine Tabletten einzunehmen. Eine nach dem Abendbrot, die andere vor dem Schlafengehen.

Sie öffnet die Tür, die quietscht, und geht hinaus.

60. Szene Außen/Tag

Der Mann geht den Pfad zum Glockenturm hinauf. Er sieht hinter sich, verläßt den Pfad und versteckt sich im Dickicht. Auf dem Pfad taucht die Frau auf. Sie passiert die Stelle, an der sich der Mann versteckt hat. Der Mann folgt ihr.

Sie klettert auf einer Leiter auf den höchsten Teil des Glockenturms. Auf der Leiter stehend, steckt sie den Kopf über die Höhe des Fußbodens hinaus und klettert hoch. Ringsumher eine Arkade, eine Loggia mit Ausblick in alle vier Richtungen des Himmels, Glocken, die an Balken hängen. In der Loggia ein Kurzwellensender. Die Frau kniet sich auf ihren Mantel, legt Kopfhörer an. Sie stenografiert eilig etwas in ihr Notizbuch. Der Mann beobachtet sie, überzeugt davon, daß er selbst von ihr nicht gesehen wird. Die Frau legt das Notizbuch weg, nimmt die Hörer ab und wendet sich in seine Richtung.

FRAU Komm herein!

Der Mann steht auf und nähert sich der Leiter. Sie streckt ihm die Hand hin. Ohne diese Hilfe anzunehmen, klettert der Mann hoch. Er ist böse und geniert sich, daß er so leicht entdeckt worden ist. Er geht zu dem Apparat und tut so, als betrachte er ihn.

MANN Electric Corporation.
FRAU Ja.
MANN Interpol?

FRAU Nein.

MANN Sondern was?

FRAU Paranoia.

Er zuckt die Achseln.

MANN Paranoia?

FRAU Du leidest an Verfolgungswahn.

MANN So, meinst du! Und das?

Er entblößt seine linke Schulter und zeigt eine Narbe.

FRAU Eine alte Geschichte.

MANN Eine alte Geschichte. Und bis heute reißt sie mich bei Wetterumschwüngen auseinander.

FRAU Beklag dich nicht, denk an die andern.

MANN Was ist aus ihnen geworden?

FRAU Sie sind tot.

MANN Alle?

FRAU Alle.

Pause.

MANN Das wußte ich nicht. Ich dachte, sie hätten sie aufgefischt.

FRAU Wer denn?

MANN Blöde Frage. Die Zollbeamten.

FRAU Es waren keine Zollbeamten.

MANN Wer sonst?

FRAU Zollbeamte schießen nicht ohne Warnung.

MANN Stimmt. Jemand aus der Branche?

FRAU Niemand aus der Branche hätte einen Kutter versenkt.

MANN Haben sie ihn versenkt?

FRAU Mit der ganzen Ware.

MANN Stimmt. *Pause.* Wer war es dann?

FRAU Ich weiß es.

MANN Wer?

FRAU Wir.

Pause.

MANN Das heißt wer?

Die Frau legt ihm einen Finger auf den Mund, mit der andern Hand zeigt sie warnend auf den Apparat.

Warum habt ihr das getan, was hattet ihr gegen uns, was habt ihr gegen mich...

FRAU Nichts mehr. Der beste Beweis dafür ist, daß wir dir seit fünf Jahren erlauben, hier in Ruhe und Frieden zu leben.

MANN Hier könntet ihr mich also auch erledigen?

FRAU Kleinigkeit.

MANN Warum habt ihr es nicht getan?

FRAU Weil du in den Orden getreten bist.

MANN Noch ein Wort, und ich fange an zu glauben, daß ihr eine Spezialabteilung des Apostolischen Stuhls seid.

FRAU Nein, moralische Probleme interessieren uns nicht.

MANN Was suchst du hier?

Die Frau geht zu ihm und streichelt seine Narbe. Der Mann schlägt ihre Hand von seiner Schulter.

FRAU Ich verstehe, jetzt rächst du dich für neulich …
MANN Mörderin.
FRAU Erstens habe ich persönlich damit nichts zu tun. Das war vor fünf Jahren. Damals war ich noch woanders.
MANN Möglich.
FRAU Zweitens gehört das zur Vergangenheit. Du hast ein neues Leben begonnen. Du bist heute nicht mehr ein Schmuggler, sondern ein Wahrheitssucher.
MANN Stimmt.
FRAU Denk also logisch und nicht an das, was war. Du kannst nicht gleichzeitig Ordensbruder und Rächer sein.
MANN Nein.
FRAU Drittens …

Sie geht zu ihm, schlingt die Arme um seinen Hals und küßt ihn auf den Mund.

Nach einer Sekunde erwidert der Mann ihre Umarmung. Als sie bereits auf dem Boden liegen, greift die Frau blindlings in die Gegend, findet den Mantel und wirft ihn über den kleinen Sender.

61. Szene Innen/Nacht

Abend. Refektorium. Alles ist zum Abendessen bereit. Der Greis und der Junge sitzen auf ihren Plätzen.

GREIS Wo ist der ältere Bruder?

JUNGE Er war im Garten.

GREIS Wann?

JUNGE Nachmittags.

GREIS Und nachher?

JUNGE Habe ich ihn nicht gesehen.

Langes Schweigen.

GREIS Wir essen.

Der Junge sieht ihn erstaunt an. Der Greis nimmt den Deckel vom Kessel, füllt erst den Napf des Jungen, dann seinen eigenen. Er hebt den Löffel an die Lippen, läßt ihn wieder sinken, als er sieht, daß der Junge seine Portion nicht anrührt.

Warum ißt du nicht? Iß, wir warten nicht länger.

Der Junge sitzt immer noch unbeweglich und sieht den Greis mit großen runden Augen an.

Ach, richtig.

Beide stehen auf und falten die Hände zum Gebet.

Vater unser, der Du bist im Himmel, nimm gnädig unseren Dank an für die Gaben, die uns beschert sind. Diese Speise möge nicht uns selber stärken, sondern unseren Körper, der nur ein Werkzeug ist in der Hand des Baumeisters, Deines Heiligtums, und ein Schwert in der Hand Deines Erzengels. Wie Schwerter und Werkzeuge sollen unsere Körper dahinschwinden, wenn Dein Heiligtum emporragt und Deines Feindes Macht besiegt ist. Zu Deinem Ruhm, nach Deinem Willen, zu unserer Erlösung. Amen.

JUNGE Amen.

Sie setzen sich und beginnen zu essen, beide ohne Appetit. Beide sind irritiert und zerstreut. Der Junge läßt den Löffel fallen.

GREIS Was hast du?

JUNGE Nichts.

Er nimmt wieder den Löffel. Der Greis sieht ihn an.

GREIS Du siehst schlecht aus.

JUNGE Nein.

GREIS Widersprich mir nicht. Ich sehe es ja. Du bist blaß, hast Ringe unter den Augen… Tut dir was weh?

JUNGE Nein.

GREIS Dann iß.

Einen Augenblick essen beide schweigend.

Später hast du ihn nicht mehr gesehen?

JUNGE Nein.

GREIS Vielleicht war er im Garten…

Der Junge antwortet nicht.

Oder er ist Holz holen gegangen. Hat er heute Holz gesammelt?

JUNGE Ich habe nichts gesehen.

GREIS Was siehst du schon. Na iß, iß. Im Stall war er auch nicht?

JUNGE Nein.

GREIS Vielleicht war er im Stall, und du hast ihn nur nicht gesehen?

Der Junge antwortet nicht. Nach einer Weile schiebt er seine Schüssel weg.

Warum ißt du nicht?

JUNGE Ich kann nicht.

GREIS Iß, wenn ich es dir befehle.

Der Junge ißt weiter.

Du mußt viel essen, weil du wächst. Bald bist du so groß wie er. Ich weiß noch, wie du so klein warst…

Er zeigt unter dem Tisch, wie klein er ihn noch in Erinnerung hat. Schweigen. Plötzlich hört der Greis auf zu essen.

Hat er heute Angelus Dei geläutet?

JUNGE Nein.

GREIS Hat es heute nicht geläutet?

JUNGE Nein.

GREIS Hast du nichts gehört? Bestimmt nicht?
JUNGE Bestimmt nicht.
GREIS Dann geh läuten.
JUNGE Jetzt?
GREIS Geh.

Der Junge steht vom Tisch auf und verläßt das Refektorium. Der Greis schiebt seine Schüssel weg, holt aus seiner Tasche das Schächtelchen mit den Tabletten und schluckt eine.

62. Szene Innen/Nacht (Dämmerung)

Die Glocken wecken den Mann und die Frau auf. Sie werden von gewaltigem Getöse direkt über ihren Köpfen aus dem Schlaf gerissen. Sie umarmen sich, sie sind im ersten Moment erschrocken, möchten dem unerträglichen Lärm entkommen, suchen beieinander Schutz und beschützen sich gleichzeitig in ihrer Umarmung. Die Glocken werden allmählich leiser. Ein letzter Glockenschlag, Stille. In die Stille hinein flucht der Mann halblaut.

FRAU Wie spät ist es?
MANN Spät.
FRAU Mußt du zurück?

Der Mann steht auf und geht durch die Loggia. Der Abglanz des Sonnenuntergangs glimmt noch ein wenig, am Horizont schiebt sich langsam das Schiff vorbei. Der Mann kehrt um und legt sich wieder hin.

Du solltest lieber zurückgehen.

Der Mann umarmt sie.

Was wird der Pater Prior sagen?

Der Mann gibt ein unverständliches Brummen von sich.

Murr nicht. Du bist sein Untergebener und solltest dich danach verhalten. Ist es nicht so?

MANN Ach…

Er stößt einen Fluch aus.

FRAU Fluche nicht. Das gehört sich nicht. Du schuldest ihm Achtung und Gehorsam.

Der Mann wendet sich jäh von ihr ab.

Sei doch nicht so wütend. Ist es vielleicht meine Schuld, daß du ein kleiner frommer Bruder bist?…

Einen Augenblick lang schweigen beide.

Auf der anderen Seite verstehe ich nicht, warum er dir befiehlt. Er ist alt, krank und sklerotisch.

MANN Weiß ich selber.

FRAU Warum läßt du es dann zu?

Der Mann dreht sich zu ihr um.

MANN Und was soll ich tun?

FRAU Das ist ganz einfach. Es müßte umgekehrt sein. Eigentlich solltest du hier der Chef, oder wie ihr das nennt, sein… Hast du nie daran gedacht?

MANN Wozu?

FRAU Was heißt, wozu? Du bist jung, stark, sogar sehr stark… Du wärst imstande, hier Ordnung zu schaffen.

MANN Es geht nicht um Ordnung.

FRAU Weshalb streitest du es ab? Es ist alles seine Schuld. Wenn ein junger Mann mit Energie und Initiative an seine Stelle träte… Du hast Energie und Tatkraft.

MANN Du weißt nicht, wovon du redest. Das hier ist kein Unternehmen.

FRAU Was denn dann?

MANN Das verstehst du nicht.

FRAU Natürlich nicht, wenn du es mir nicht erklären willst…

MANN Wir produzieren doch nichts. Wir… nein, das ist wirklich zu schwierig für dich.

FRAU Du meinst die geheime Doktrin der Zweifachen Einweihung?

MANN Woher weißt du?

FRAU Ich habe davon gehört.

MANN Na eben, ich bin kein Eingeweihter.

FRAU Und wenn du es wärest?

MANN Wie, durch wen?

FRAU Durch mich.

Der Mann stützt sich auf die Ellbogen.

MANN Machst du Witze?

FRAU Ich meine es ernst. Wärst du dann einverstanden, hier Direktor zu werden, ich meine: Prior… An seiner Stelle?

MANN Nur ein Mensch kennt das Geheimnis.

FRAU Wer?

MANN Na er.

FRAU Er? Er weiß gar nichts.

MANN Weißt du das ganz genau?

FRAU Er tut nur so, als wenn er es wüßte.

MANN Das habe ich befürchtet.

Der Mann legt sich wieder hin.

FRAU Hör zu. Wie du siehst, bin ich gut informiert. Ich habe viele Beziehungen. Du mußt mir nur versprechen, daß du einverstanden bist, hier der Prior zu werden. Alles andere erledige ich für dich. Einverstanden?

MANN Warum ist dir daran so gelegen?

FRAU Weil ich dich liebe und möchte, daß du Karriere machst.

MANN Wirklich?

FRAU Eine große Karriere.

MANN Ich rede nicht von Karriere.

FRAU Zweifelst du an dir?

MANN Jetzt nicht mehr.

63. Szene Innen/Dämmerung

Refektorium. Eine anämische Dämmerung. Aus dem Garten hört man die ersten Vögel. Das Feuer im Kamin ist längst erloschen. Der Greis sitzt aufrecht und streng wie ein Richter am Tisch. Vom Hof kommt der Mann gähnend heran. Beim Anblick des Greises bleibt er auf der Schwelle stehen, aber er beherrscht sein Erstaunen und setzt sich an den Tisch. Allerdings nicht auf seinen normalen Platz, nicht an dieselbe Tischseite, sondern dem Greis gegenüber. Er zieht den Kessel mit Grütze zu sich her und ißt direkt aus dem Kessel, mit Appetit, obwohl das Essen kalt ist.

GREIS Wo warst du?

Der Mann antwortet nicht.

Wo warst du?

Der Mann antwortet nicht. Weder jetzt noch später.

Antworte.

Schweigen.

Ich bedaure sehr, dich in den Orden aufgenommen zu haben. Ich hatte geglaubt, daß du dich aufrichtig bekehrt hast, daß du aufrichtig wünschst, deine alten Gewohnheiten abzulegen und den Weg der Vervollkommnung einzuschlagen. Ich habe dich wie einen eigenen Sohn, wie einen eigenen Bruder behandelt. Und das ist jetzt der Lohn. *Schweigen.* Warum willst du mir nicht antworten? *Schweigen.* Ich hatte gehofft, dich eines Tages, wenn du es verdient hast, zu meinem Nachfolger zu ernennen. Ich hatte gehofft, dir die Heilige Mission unseres Ordens übertragen zu können, diese mystische Macht, die ich, von meinen Vorgängern geerbt, stellvertretend verwalte. Wem schadet es, daß wir nur wenige zählen, daß wir in Armut und Verlassenheit leben? Wir sind die Wächter eines Geheimnisses, das die reiche, laute, ungestüme Welt dort draußen nicht kennt. Sie kennt es nicht, sie sucht nicht danach, sie weiß nicht einmal von unserer Existenz... Aber ohne uns, ohne dieses Geheimnis, würde diese Welt dort draußen zu Nichts zerfallen. Wir allein erhalten ihr Sein, obwohl sie sich dessen nicht bewußt ist. Kann es eine größere Macht geben, eine größere Ehre? Und diese Macht wollte ich dir übertragen. Du mußt mir nur sagen, wo du warst... *Schweigen.* Wenn du diese Macht nicht für dich willst, hab wenigstens Erbarmen mit der Welt. Die Welt dort draußen muß untergehen, wenn der Sinn ihrer Existenz zerstört wird. Der Sinn aber ist uns anvertraut. Stell dir nur vor, was aus einer Welt ohne Sinn wird. Ich bin alt, mein Tod ist nah, und dir allein kann ich dieses Geheimnis übergeben. Aber ich kann es nicht, wenn ich mich in dir täusche. Es sei denn, du sagst es mir noch. Ich bitte dich... Sag mir nur, wo du warst, wo du diese Nacht gewesen bist...

Der Mann steht auf und geht durch den Ausgang hinaus, der vom Refektorium auf den Hof mit dem Wehrgang führt.

Ich ekle mich vor mir selber.

64. Szene Außen/Morgendämmerung

Dieselbe anämische Morgendämmerung. Die Frau wirft sich den Mantel um die Schultern und steht in der Loggia auf der Spitze des Glockenturms. Die Welt ist in graues Licht getaucht, aber schon bis zum Horizont erkennbar, wo im Osten gleich die Sonne aufgehen wird.

Am Fuße des Glockenturms, der von dichtem Gebüsch umgeben ist, sitzt neben den Büschen der Junge. Er hält seine Knie mit beiden Händen umschlungen, hat den Kopf zurückgelegt und sieht zur Turmspitze. Ihre Augen begegnen sich. Der Junge springt auf und verschwindet im Dickicht. Die Spitzen der Büsche bewegen sich und zeigen den Weg seiner Flucht.

65. Szene Innen/Tag

Tag. Im Innern der Kapelle. In die Kapelle kommt der Greis. Er sieht sich um, als wenn er jemanden sucht. Er geht zum Fenster. Er steht am Fenster und schaut hinaus. Er wendet sich vom Fenster ab und sieht zum Eingang. Er wartet.

66. Szene Außen/Innen/Tag

Tag. Der Mann klettert auf die Leiter, die ins oberste Stockwerk des Glockenturms führt. Er findet dort niemanden. Verschwunden ist auch der Radiosender. Der Mann geht die Galerie ringsum ab und bleibt dort stehen, wo er den erinnerungswürdigen Nachmittag verbracht hat. Er nähert sich der Loggia. Der Horizont ist leer.

67. Szene Innen/Tag

Die Kapelle. Der Greis wartet noch immer am Fenster, mit dem Rücken zum Eingang. Der Dialog, der jetzt folgt, spielt in der Erinnerung des Alten. So ähnlich hat er einmal in Wirklichkeit stattgefunden, aber jetzt ergänzt ihn der Greis, während er sich daran erinnert. Was damals nicht zu Ende gesagt wurde, wird jetzt gesagt. Die Stimmen werden von einer verhaltenen Mimik und sparsamen Gestik unterstrichen, wie z. B. einer Kopfbewegung, einer Handbewegung, die Hände ballen sich zur Faust oder lösen sich entspannt. Die Stimmen sind leise, intim. So intim, wie das Gespräch ist.

STIMME DER FRAU Sprich weiter.

STIMME DES GREISES Ich habe keine Kraft mehr. Der Orden, die Berufung, die Mission, die Jagd nach dem Geheimnis. Ich fühle nur noch Gleichgültigkeit, eine große Müdigkeit. Ja, ich bin sehr müde. Als wenn Dunkelheit mich umfangen und alle Konturen verwischt hätte. Es ist nichts mehr wichtig, nichts ist mehr wichtiger als das andere. Ich spüre eine große Entfremdung. Deswegen habe ich Angst vor der Dunkelheit. Wie früher als Kind.

STIMME DER FRAU Wenn du willst, mache ich eine Kerze an.

STIMME DES GREISES Nein. Ich habe zwar Angst vor der Dunkelheit, aber nicht, wenn du da bist. Genauso wie ich als Kind keine Angst mehr hatte, wenn meine Mutter in der Nähe war. Jetzt bin ich alt. Du kannst nicht meine Mutter sein. Du könntest höchstens meine Tochter sein.

STIMME DER FRAU Das ist nicht dasselbe.

STIMME DES GREISES Und trotzdem… Du bist der Stern, der mich zärtlich, liebevoll und sanft durch die Dunkelheit führt. Wenn ich allein bin, erschreckt mich die Dunkelheit. Wenn ich mit dir zusammen bin, mag ich die Dunkelheit. Dann glaube ich, daß mich nichts bedroht, daß nur Schlaf und Ruhe auf mich warten. Bleibst du bei mir?

STIMME DER FRAU Ich bin bei dir.

STIMME DES GREISES Wenn du bei mir bist, ist es mir gleichgültig, ob ich meine Pflichten erfüllen kann. Wenn ich allein bin, gebe ich mir noch Mühe. Nicht, weil mir an der Würde, der Bedeutung der Macht läge. Sondern weil ich Angst habe, daß mir das Leben entgleitet und ich in der Dunkelheit allein bleibe. Ich gebe mir Mühe, aber es gelingt mir nicht mehr. Und dann kommt eine noch größere Angst. Und die Erniedrigung. Wenn du bei mir bist, ist meine Unfähigkeit bedeutungslos, wenn du bei mir bist, bin ich sicher. Du verwandelst die Dunkelheit in Segen, in Ruhe, in Heimat. Ruhig, ohne Angst, ohne Sorgen, so führst du mich in die Dunkelheit. Bleibst du bei mir?

STIMME DER FRAU Ich bin bei dir.

68. Szene Außen/Tag

An einem Platz abseits, im Dickicht der Büsche, liegt der Junge, den Kopf auf den verschränkten Armen. In der Ferne der Glockenturm. Aus einer Spalte zwischen den Steinen kriecht eine giftige Spinne, eine Tarantel. Groß, behaart, drohend, ekelhaft. Der Junge steht auf. Ohne die Spinne aus den Augen zu lassen, zieht er sein Hemd aus. Das Hemd wie ein Netz vor sich her haltend, jagt er die Spinne. Im entsprechenden Moment wirft er das Hemd auf die Spinne und fängt sie auf diese Weise. Er wickelt seine Eroberung in das Hemd ein.

69. Szene Innen/Dämmerung

Das oberste Stockwerk des Glockenturms. Die Sonne beginnt unterzugehen. In der Loggia steht der Mann. Der Dialog, der jetzt folgt, beruht auf demselben Prinzip wie das Gespräch des Greises mit der Frau, d. h., er spielt in der Erinnerung. Die Regieanweisungen gelten auch für diese Szene. Intime Stimmen, leise…

STIMME DER FRAU Warum?

STIMME DES MANNES Ich war so lange Jahre geduldig. Schweigen, Demut, Glaube… Ich habe versucht, mein früheres Leben zu vergessen. Selbst bei den dümmsten Arbeiten habe ich geglaubt, daß sie einen Sinn haben, einen höheren Zweck. Ich kannte ihn nicht, aber ich glaubte an seine Existenz. Später habe ich rebelliert. Wenn der Sinn bekannt ist, weshalb weiß ich dann nichts? Ich forderte Mitwisserschaft. Ich forderte die Enthüllung des Geheimnisses. Vergeblich. Da begann ich zu zweifeln. Der Verdacht, daß es gar keinen Sinn gibt, vergrößerte sich von Tag zu Tag. Hörst du mir überhaupt zu?

STIMME DER FRAU Natürlich.

STIMME DES MANNES …und wenn es keinen gibt, hat mein Leben auch keinen Sinn. Dann habe ich viele Jahre unnötig hier vertrödelt… Woanders hätte ich wenigstens ein bequemes Leben und brauchte nur für mich selber zu sorgen. Ich begann sie zu hassen. Wenn uns außer Fressen nichts verbindet… Kein höheres Ziel, keine Kommunion. Das Kind ist nur ein Kind, der Alte nur ein alter Mann, außer mir sind noch zwei Mäuler zu füttern… Ich begann sie aus all diesen Gründen zu hassen. Ich gab ihnen die Schuld an meinem Unglauben, an meinem verpfuschten Leben… Weißt du, wovon ich rede? Verstehst du mich?

STIMME DER FRAU Sprich weiter.

STIMME DES MANNES Weiter ist nichts, weiter geht es nicht mehr. Ich brauche kein Geheimnis mehr.

STIMME DER FRAU Was brauchst du dann?

STIMME DES MANNES Dich, nur dich.

STIMME DER FRAU ›Nur‹ ist gut!

STIMME DES MANNES Ohne dich hat nichts eine Bedeutung, und mit dir bedeutet jede Kleinigkeit alles. Seit du hier erschienen bist, hat nichts mehr einen Sinn. Ohne dich. Seit du hier bist, hat alles einen Sinn. Mit dir. Bleibst du?

FRAU Ich bin ja da.

70. Szene Außen/Dämmerung

Die Kapelle. Der Greis steht immer noch am Fenster. Die Sonne ist jetzt fast untergegangen. Der Greis verläßt die Kapelle. Er geht den Pfad hinunter.

71. Szene Innen/Dämmerung

Der obere Stock des Glockenturms. Der Mann steht immer noch in der Loggia. Die Sonne ist fast untergegangen. Der Mann dreht sich um und klettert die Leiter hinunter.

72. Szene Außen/Innen/Dämmerung

Dämmerung, der Wehrgang, vor der Tür, die in die Zelle des Mannes führt. Der Greis öffnet vorsichtig die Tür. In der Hand hält er den dreiarmigen Leuchter mit drei brennenden Kerzen. Er schleicht sich vorsichtig wie ein Verbrecher ins Zimmer. Er geht zum Bett und betrachtet, während er den Leuchter hochhält, das Bett, das leer und zerdrückt ist, als wäre es eine faszinierende Landschaft. Plötzlich zieht er sich mit allen Anzeichen des Entsetzens zurück. In den Falten der Bettdecke sitzt eine giftige Spinne, eine Tarantella. Der Greis steht einen Augenblick unbeweglich, versunken in den Anblick der Spinne. Dann macht er das Licht aus und geht leise auf Zehenspitzen hinaus.

73. Szene Innen/Dämmerung

Dämmerung. Das Refektorium ist dunkel. Das Feuer im Kamin ist erloschen, obwohl es Zeit zum Abendbrot ist. Am Tisch sitzt der Mann.

74. Szene Außen/Dämmerung

Der Strand am Fuße des hoch aufragenden Felsens, beim Eingang zu den Katakomben. Dämmerung, aber noch sind Umrisse erkennbar. Am Himmel ein zunehmender, schmaler Mond. Das Meer und die Luft sind unbewegt. Der Junge nähert sich dem Gitter, das den Eingang nach unten verschließt. Er sieht in den schwarzen Gang.

FRAU Geh da nicht rein.

Der Junge sieht sich um. In der Nähe steht die Frau, den Mantel um die Schultern geworfen.

Der Junge umklammert die verrosteten Stangen und drückt seine Stirn an das Eisen.

Das brauchst du nicht.

Ohne sie weiter zu beachten, stemmt sich der Junge gegen die Pforte, die sich quietschend öffnet. Gleich hinter der Schwelle beginnt absolute Dunkelheit.

Komm zurück.

Der Junge verschwindet im Dunkeln.

Geh nur, geh.

Völlige Dunkelheit. In der Dunkelheit die Stimme der Frau.

Auf Wiedersehen.

Eingang zu den Katakomben. Aus dem Eingang taucht der Junge auf. Die Frau entfernt sich dem Rande des Meeres entlang. Der Junge macht die Pforte zu und läuft ihr nach.

75. Szene Innen/Nacht

Das dunkle Refektorium. Der Mann sitzt am Tisch. Der Greis betritt das Refektorium, langsam, schlurfend, er stützt sich auf seinen Stock. Er kommt durch die Tür, die zum Hof mit dem Wehrgang führt. Er setzt sich an den Tisch. Der Mann und der Greis sitzen schweigend da.

76. Szene Außen/Nacht

Die Frau geht den Strand entlang. Der Junge folgt ihr in einiger Entfernung. Die Frau sieht sich nicht um. Der Junge bleibt stehen, aber nach einem Augenblick folgt er ihr weiter, rennt sogar, um den Abstand wieder einzuholen.

77. Szene Innen/Nacht

Refektorium. Der Mann und der Greis sitzen schweigend da. Dann stehen sie gleichzeitig auf und gehen den Ausgang hinaus, der auf den Vorplatz mit Garten führt.

78. Szene Außen/Nacht

Die Frau bleibt plötzlich stehen und dreht sich um. Der Junge bleibt ebenfalls stehen.

FRAU Was willst du?

Der Junge antwortet nicht.

Wenn du nicht weißt, was du willst, dann lauf mir nicht dauernd nach.

Der Junge setzt sich auf den Sand, sein Gesicht der Frau zugewandt. Die Frau bleibt einen Augenblick lang stehen. Dann kommt sie näher und legt versöhnlich eine Hand auf seine Schulter. Sie setzt sich neben ihn.

Eine Weile sitzen sie schweigend nebeneinander. Das Meer ist ruhig. Der Mond tritt immer deutlicher hervor.

Fühlst du dich nicht gut?

Der Junge schüttelt den Kopf.

Meinetwegen?

Der Junge nickt.

Deshalb läufst du mir nach?
JUNGE Ja.

Pause.

FRAU Haßt du ihn?
JUNGE Ja.
FRAU Willst du ihn töten?
JUNGE Ja.
FRAU Ja… Du mußt ihn hassen.
JUNGE Warum?
FRAU Weil du inzwischen erwachsen bist. Wäre ich früher

seine Geliebte geworden, wüßtest du nichts davon. Und selbst wenn du es gewußt hättest, wäre es dir gleichgültig gewesen. Es ist nicht seine Schuld, daß du erwachsen bist.

JUNGE Warum kann nur einer ich sein?

Die Frau legt ihm den Arm um die Schulter.

FRAU Sieh den Himmel an. Der Mond und die Sterne stehen so wie am Tage deiner Geburt. Die gleiche Konstellation, die gleiche Stunde. Du hast heute Geburtstag.

Sie zeigt ihm den Mond und verschiedene Sternenkonstellationen.

Das ist dein Geburtstagshimmel.

JUNGE Meiner?

FRAU Nur deiner. Es ist gar nicht so schlimm, ich zu sein. Alle betrachten denselben Himmel, aber jeder hat seine eigene, einzigartige Konstellation. Alle haben die ganze Welt für sich, und gleichzeitig hat jeder einzelne eine eigene Welt. Niemand weiß, warum es so ist, und trotzdem ist es so. Deswegen bist du nie allein und trotzdem immer ganz allein. Du hast diese eigene Welt und gehörst zu allen andern Welten.

JUNGE Du auch?

FRAU Ich auch.

JUNGE Ich will nicht.

FRAU Du willst, daß ich nur für dich da bin? Daß ich ausschließlich dir gehöre? Nur für dich existiere? Nicht einmal für mich selber da bin? Das ist unmöglich.

JUNGE Aber ich bin ganz anders als die anderen.

FRAU Bist du dir da so sicher?

JUNGE Ja.

FRAU Überleg dir, was du sagst. Sag es noch mal. Bist du sicher, daß du einzigartig bist? Daß du allein bist? Daß du darunter leidest?

JUNGE Ich habe es ja schon gesagt. Ich bin allein.

FRAU Ja, aber ich muß davon überzeugt sein.

JUNGE Warum?

FRAU Weil es sehr wichtig ist. Davon hängt so viel ab. Denk noch mal nach. Sag mir, ob du absolut sicher bist, daß du ganz anders bist als die anderen, unabhängig, allein, ob du nur du bist, niemand anders, nur du?

JUNGE Ja.

FRAU Also ist es soweit.

JUNGE Was?

FRAU Du bist erwachsen. Zum dritten Mal... Und gerade an deinem Geburtstag... Oder vielmehr in der Geburtsnacht... Wenn es also soweit ist...

Die Frau steht auf.

...habe ich jetzt keine Gewissensbisse. Es soll wohl so sein. Komm.

Sie reicht ihm die Hand.

JUNGE Wohin?

FRAU Der Sand ist kalt und feucht. Wir gehen woandershin.

Sie führt den Jungen über den Strand in die Richtung des Abhangs. Am Abhang der Schein einer Laterne.

Pscht!...

Sie bleiben stehen und halten sich an den Händen.

Sie suchen uns. Komm. Hier finden sie uns nicht.

Sie öffnet die Pforte und zieht den Jungen in den dunklen Tunnel. Sie schließt die Pforte hinter sich. Sie verschwinden in der Dunkelheit.

79. Szene Außen/Tag

Blasse Morgendämmerung. Am Pfad sitzen der Greis und der Mann auf Steinen. Der Greis döst vor sich hin, das Kinn auf den Stock gestützt. Der Mann starrt vor sich hin.

80. Szene Außen/Tag

Ein Schwarm von schreienden Möwen über dem Strand. Der Junge schläft auf dem Sand. Die Frau hat ihn mit ihrem Mantel zugedeckt. Der Junge wacht auf und hört das Geschrei der Möwen. Er ist schlaftrunken, hat die

Augen noch geschlossen, er dreht sich auf die Seite und streckt beide Arme aus, seine Gesten sind die eines Kindes, das menschliche Nähe sucht. Neben ihm ist niemand. Er macht die Augen auf, das Meer ist so ruhig wie am Vorabend. Die Sonne ist schon aufgegangen. Er steht auf, sieht sich um. Er kniet nieder und findet Spuren im Sand. Er geht ihnen nach. Die Spuren führen ins Wasser. Der Junge bleibt hilflos an der Stelle stehen, wo sie zu Ende sind. Eine sanfte Welle verwischt die letzten Spuren, eine Hälfte des Fußes ist schon verwischt, die andere noch eingedrückt.

81. Szene Außen/Tag

Der Mann und der Greis sitzen wie vorher neben dem Pfad. An einer Wegbiegung erscheint der Junge. Als der Mann ihn sieht, steht er auf und geht ihm entgegen. Der Junge bleibt stehen, aber dann geht auch er dem Mann entgegen. Der Mann ballt die Faust und erhebt sie, um den Jungen zu schlagen. Der Junge bewegt sich nicht, sieht ihm nur in die Augen. Der Mann läßt die Hand sinken. Er dreht sich um und geht zurück. Der Junge folgt ihm. Der Greis steht von seinem Stein auf und wartet auf sie. Als sie nah herangekommen sind, setzt er sich in Bewegung. Der Mann folgt ihm, dahinter der Junge. Zusammen nähern sie sich den Gebäuden. Sie kehren nach Hause zurück.

82. Szene Innen/Dämmerung

Dämmerung. Das Refektorium. Im Kamin brennt Feuer. Alles ist für das Abendbrot vorbereitet. Der Greis, der Mann und der Junge sind auf ihren Plätzen am Tisch. Sie stehen mit gefalteten Händen. Nach einem Augenblick beginnt der Greis das Gebet. Plötzlich heben alle drei den Kopf in Richtung des Eingangs, der zum Vorhofgarten führt. Am Eingang steht die Frau. Ihre Silhouette ist deutlich gegen den Hintergrund des blasser werdenden Tageslichtes zu sehen. Langes Schweigen. Niemand sagt etwas, niemand macht eine Bewegung.

FRAU Wollt ihr mich nicht einladen?

Die drei Männer lassen die Hände sinken. Der Greis weist ihr einen Platz am Tisch zu, den dreien gegenüber. Die Frau geht zum Tisch und setzt sich. Die drei bleiben weiter stehen.

Setzt euch doch. Laßt euch durch mich nicht stören.

Sie setzen sich. Die Frau schiebt mit einer Hausfrauengeste den Kessel mit der Grütze zu sich. Sie taucht den Schöpflöffel ein und streckt die Hand fordernd zum Greis aus. Der schiebt ihr seine Schüssel hin. Die Frau füllt sie.

Genug?

Der Greis nickt. Die Frau schiebt ihm die gefüllte Schüssel hin. Sie streckt die Hand zum Mann aus. Der schiebt ihr seine Schüssel hin. Die Frau füllt sie.

Und für dich?

Der Mann nickt. Die Frau schiebt ihm seine volle Schüssel hinüber. Ohne ihre Geste abzuwarten, schiebt ihr der Junge seine Schüssel hin. Die Frau füllt sie.

JUNGE Noch mehr.
FRAU Iß erst mal das.

Sie schiebt auch ihm seine gefüllte Schüssel hin. Sie beginnen zu essen. Die Frau stützt den Kopf in die Hände und betrachtet sie einen Augenblick lang schweigend.

Ich bin gekommen, um mich von euch zu verabschieden.

Die drei hören auf zu essen. Sie sehen sich an.

Morgen fahre ich ab.

Sie legen ihre Löffel hin.

Nicht für immer. Ich komme wieder. Dann bleibe ich bei euch.

83. Szene Innen/Tag

Der Greis beim Fenster der Kapelle. Die Frau tritt ein. Sie trägt in einem über die Schultern hängenden, ledernen Futteral ein Tonbandgerät.

FRAU Also was ist?

GREIS Du hast mich betrogen.

FRAU Aber nein. Ich habe nie von mir geredet, also habe ich nicht gelogen. Zuerst hast *du* mich für einen Geist gehalten, für ein Gespenst, wie sich das für einen Mönch gehört. Und dann hast du keine Fragen mehr gestellt. Du wolltest, daß ich eine wesenlose Person bleibe, wenn nicht sogar eine übernatürliche. Das war am bequemsten. Du wolltest überhaupt nicht über mich nachdenken.

GREIS Wie kannst du nur so reden.

FRAU Ich war für dich nur als Geschöpf deiner eigenen Phantasie interessant… Ich bin aber wer. Und wie sieht mein Leben aus? Das interessiert dich nicht. Was mich auch nicht weiter wundert. Du bist ja nicht nur ein Mönch, sondern auch ein Mann… Zur Sache. Wie lautet deine Antwort?

GREIS Nein.

FRAU Wir brauchen euch. – Ohne euch wäre es nur ein weiteres Spektakel für die Touristen. Wir wollen etwas ganz Neues. Unsere Voraussetzung ist Authentizität. Wir könnten die Insel auch ohne euer Einverständnis erobern. Theoretisch gehört sie euch, aber wenn euch was passiert… Nur ist das für uns gar nicht interessant. Wir müssen die Insel und euch haben.

GREIS Nein.

FRAU Ihr geht kein Risiko ein, ihr gewinnt auf jeden Fall. Wir überreichen euch eine Dokumentation, von der ihr nicht einmal habt träumen können. Seit Jahren arbeiten die bedeutendsten Historiker für uns. Spezialisten in Altertumskunde, Kunst, Religion und Philosophie... Wir haben die Geschichte und die Lehre des Ordens rekonstruiert, von der ihr selber keinen Schimmer habt. Es ist alles bereit. Das Archiv, die Pläne, die Kostenvoranschläge, alles bis in das kleinste Detail geplant. Wir wissen alles, wir haben alles vorausgesehen, wir können euch alles geben. Ihr wißt nichts, ihr habt nichts, euch erwartet nichts als der absolute Ruin. Wir nehmen die ganze Last der Organisation oder besser der Reorganisation auf uns, d. h. die Wiedergeburt des Ordens. Das einzige, was wir von euch verlangen, ist eure Zusammenarbeit. Meinst du nicht, daß sich das für euch auszahlt?

GREIS Darum geht es nicht.

FRAU Verstehst du nicht, daß wir alles können? Ihr glaubt immer, ihr seid allein und einzigartig unabhängig. Aber wenn wir nicht interveniert hätten, wärt ihr längst ein Militärstützpunkt, ein Hotelkomplex, oder im besten Fall ein Versteck für Schmuggler. D. h. nicht ihr, sondern eure Insel, denn mit euch wäre man ohne jede Skrupel fertig geworden. Aber wir interessieren uns für euch. Wenn ihr bis jetzt überlebt habt, dann nur durch unsere Hilfe. Wir bewachen und wir verteidigen euch. Wir haben alles in der Hand. Weißt du, daß sich hier auf dieser Insel und ringsherum nichts ohne unser Wissen abspielt? Denkt ihr denn, ihr seid Einsiedler, einsame Menschen, die von der Welt vergessen worden sind? Irrtum. Seit Jahren haben wir jedes einzelne eurer Worte notiert, jeden Schritt, selbst den privatesten beobachtet. Wir kennen eure Insel und euch selbst besser als ihr selbst. Ihr gehört uns.

GREIS Das ist nicht wahr.

FRAU Willst du Beweise?

GREIS Unsere Gedanken kennt ihr nicht.

FRAU Aber ja.

GREIS Lüge.

Die Frau stellt das Tonband an. Man hört die Stimme des Greises.

STIMME DES GREISES Ich habe keine Kraft mehr. Der Orden, die Berufung, die Mission, die Jagd nach dem Geheimnis. Ich fühle nur noch Gleichgültigkeit, eine große Müdigkeit... Ja, ich bin sehr müde. Als hätte die Dunkelheit mich umfangen und alle Konturen verwischt. Es ist nichts mehr wichtig, nichts ist mehr wichtiger als das andere. Ich spüre eine große Entfremdung. Deswegen habe ich Angst vor der Dunkelheit. Wie damals, als Kind.

Die Frau drückt auf den entsprechenden Knopf und stoppt das Band.

FRAU Genügt das?

GREIS Wozu hat man dich also hergeschickt?

FRAU Die Kartothek mußte ergänzt werden. Es gab keinen anderen Weg.

GREIS Wann mußt du ihnen die Antwort überbringen?

FRAU Heute abend.

GREIS Kommst du wieder?

FRAU Das hängt davon ab, ob du unser Angebot annimmst.

GREIS Nein.

Die Frau schaltet wieder das Tonband ein.

STIMME DES GREISES Ich habe Angst vor der Dunkelheit, aber nicht, wenn du da bist. Genauso wie ich als Kind keine Angst mehr hatte, wenn meine Mutter in der Nähe war... Wenn du bei mir bist, bin ich sicher. Du verwandelst die Dunkelheit in Segen, in Ruhe, in Heimat. Ruhig, ohne Angst, ohne Sorgen, so führst du mich durch die Dunkelheit. Bleibst du bei mir?

GREIS Das reicht.

Die Frau stellt das Tonband ab.

84. Szene Innen/Tag

Tag, im Innern der Zelle. Der Mann steht beim Fenster. Die Frau halb sitzend, halb liegend auf dem Bett. Neben ihr das Tonbandgerät. Die Stimme des Mannes vom Band.

STIMME DES MANNES Ohne dich hat nichts eine Bedeutung, und mit dir bedeutet jede Kleinigkeit alles. Seit du hier erschienen bist, hat nichts mehr einen Sinn. Ohne dich. Seit du hier bist, hat alles einen Sinn. Mit dir.

Der Mann wendet sich vom Fenster ab und nimmt ihr das Tonbandgerät weg. Er hält es an dem Träger des Futterals und haut es mehrere Male an die Wand. Die Stimme verwandelt sich in Quietschen und Knarren, dann schweigt sie. Der Mann wirft den Apparat in die Ecke. Die Frau zieht ein Päckchen Zigaretten heraus und das Feuerzeug, sie gibt ihm eine Zigarette, dann zündet sie sich selbst eine an.

FRAU Macht nichts. Wir haben eine Kopie.

Pause.

Ich verstehe nicht, warum du dich so aufregst. Deinetwegen bin ich hierhergekommen und deinetwegen komme ich zurück.

MANN Das beweise mir mal, jetzt.

FRAU Es ist wahr. Es ist schwierig, dir das jetzt zu beweisen. Aber du kannst mir glauben.

MANN Dir?

FRAU Wenn du imstande wärst, an das Geheimnis zu glauben, an das Geheimnis des Alls, an das Geheimnis eines übernatürlichen Lebens, dann wärst du auch imstande, mir zu glauben.

MANN Das ist nicht dasselbe.

FRAU Warum nicht? Worin bin ich schlechter als dieser Humbug, diese verworrene Geschichte von dem spirituellen Leben, dieser mystische Schwindel? Wenigstens bin ich lebendig.

MANN Das andere hat nie Glauben von mir gefordert.

FRAU Aber du hast geglaubt.

MANN Weil ich es wollte. Ich ganz allein, ohne daß mich jemand darum gebeten hat. Aber du forderst Glauben!

FRAU Wo ist da der Unterschied?

MANN Es ist einfach der Unterschied zwischen Propaganda und Angebot.

FRAU Es ist dir also lieber, mich zu verlieren?

MANN Ich hab dich ja nie richtig gehabt.

FRAU Wie kannst du das sagen?

MANN Wie kannst du dich darüber wundern! Jetzt, wo es klar ist, wer du bist. Kannst du denn leugnen, daß du nur hergekommen bist, um einen Handel abzuschließen?

FRAU Nein.

MANN Sondern?

FRAU Auch, um mit dir zusammen zu sein. Das eine muß das andere ja nicht ausschließen.

MANN Ich würde dir gerne glauben.

FRAU Das versuche ich dir ja beizubringen. Aber du bist nicht fähig, dich über deine dumme männliche Eitelkeit hinwegzusetzen. Du mußt absolut sicher sein, daß ich nur deinetwegen hierhergekommen bin, nur für dich und nichts anderes. Du mußt davon überzeugt sein, daß du der ausschließliche Mittelpunkt meines Lebens bist. Das Zentrum, die Sonne, um die ich, deine Sklavin, kreise. Außer deiner Person läßt du keinen Grund für meine Handlungen gelten. Obwohl das nicht im geringsten der Tatsache widerspricht, daß ich dich liebe…

MANN Hau ab!

FRAU Du brauchst mich nicht anzuschreien. Ich fahre so oder so weg.

MANN Ausgezeichnet. Und laß dich nicht wieder blicken.

FRAU Das heißt, daß du nicht einverstanden bist?

MANN Nein, nein, nein!

FRAU Naja, nichts zu machen!

Sie steht auf.

MANN Wann fährst du weg?

FRAU Heute abend.

MANN Kannst du nicht länger bleiben?

FRAU Nein. Heute abend muß ich ihnen die Antwort bringen.

Die Frau wendet sich zur Tür.

MANN Gehst du schon?

FRAU Ja.

MANN Bis zum Abend hast du noch viel Zeit.

FRAU Ich muß packen.

MANN Sehen wir uns noch?

FRAU Natürlich. Ich muß doch deine Antwort haben.

Sie geht hinaus.

85. Szene Außen/Tag

Strand. Die Sonne steht tief. Sie dringt durch die Wolken. Es verspricht, ein malerischer Sonnenuntergang zu werden. Am Horizont das Schiff. Auf dem Sand das Boot. Quer über den Strand kommen vom Ufer her der Junge und die Frau. Der Junge ist mit Kassetten, Koffern und Futteralen beladen, die Fotogeräte, Film-, Radio-, elektroakustische Geräte etc. enthalten. Sie kommen zum Boot. Die Frau steigt ins Boot, der Junge reicht ihr die Kisten und Kabelrollen, die sie im Boot verstaut.

FRAU Es ist nett von dir, daß du mich zum Boot bringst.
JUNGE Freust du dich?
FRAU Worüber?
JUNGE Daß du wegfährst.
FRAU Jetzt nicht mehr. Und du?

Der Junge antwortet nicht.

Sag mal, bin ich dir sehr unsympathisch?

Der Junge antwortet nicht.

Ich konnte nicht anders vorgehen. Es ist nicht meine Schuld, daß alles so gekommen ist... Jetzt, wo du ein Mann bist, müßtest du vieles verstehen.
JUNGE Ja.
FRAU Bist du mir böse?
JUNGE Nein.

FRAU Was dann?

JUNGE Nichts.

Die Frau streicht ihm die Haare aus der Stirn. Die Haare sind lange nicht mehr geschnitten worden.

FRAU Du solltest deine Haare schneiden lassen. Frag ihn, ob er sie dir schneidet. Er macht das gern. Ihr habt euch doch versöhnt.

JUNGE Ja.

FRAU Aber es ist nicht vergessen.

JUNGE Nein.

FRAU Wenn ich zurückkomme, mußt du anständig aussehen. Und kümmere dich um den Pater Prior. Erinnere ihn daran, seine Tabletten einzunehmen. Eine nach dem Abendbrot, die andere vor dem Schlafengehen. Wirst du daran denken?

JUNGE Ja.

FRAU Kümmere dich um ihn, bis ich wiederkomme. Er braucht das sehr.

Am Horizont geht eine Leuchtkugel hoch, die vom Schiff abgeschossen worden ist.

Sie rufen mich. Ich muß mich beeilen. Geh auch. Sie warten sicher schon auf dich. Gleich geht die Sonne unter.

Sie beenden das Beladen. Sie stoßen das Boot vom Sand ins Wasser. Sie stehen bis zu den Hüften im Wasser, die Hände an die Bordwand gestützt. Die Frau dreht sich zu ihm um, umarmt ihn und küßt ihn zart.

Auf Wiedersehen.

Der Junge reagiert nicht. Seine Hände klammern sich immer noch an der Bordwand fest.

Umarmst du mich nicht?
JUNGE Nein.

Die Frau wendet sich ab und springt ins Boot. Der Junge schiebt das Boot. Man hört den Lärm des angelassenen Motors. Das Boot entfernt sich und wird schneller. Die Frau überschreit den Motorenlärm.

FRAU Und paß auf dich auf.

Das Boot entfernt sich. Am Steuer sitzend, winkt die Frau ihm zu. Der Junge sieht dem Boot nach, dann hebt auch er die Arme und winkt. Dann dreht er sich um und watet zum Ufer. Am Strand angelangt, läuft er quer über den Sand in Richtung des Abhangs.

86. Szene Außen/Dämmerung

Er läuft den Pfad entlang, später geht er auf Treppen, mehrere Stufen auf einmal überspringend, nach oben. Hinter ihm das Panorama der Insel, über ihm die Bastion, am

Rande der Bastion der Fackelkranz, dessen Flammen jetzt schon in der Dämmerung funkeln. Der Junge bleibt stehen, um Atem zu holen. Er sieht nach oben, zu der Bastion. Von diesem Blickwinkel aus kann man nicht sehen, was sich oben auf der Bastion abspielt, aber man sieht den Mast, an dem die Fahne hängt, die im stürmischen Wind flattert. Der Junge rennt wieder die Treppe hoch, deren Serpentinen auf die Spitze der Bastion auf dem steilen Felsen führen.

87. Szene Außen/Dämmerung

Die Spitze der Bastion, die Sonne ist gerade untergegangen, aber die Wolken glühen immer noch. Am Horizont das Schiff. An der Brüstung, auf der die brennenden Fackeln angebracht sind, stehen der Greis und der Mann. Sie tragen Panzer über ihren ärmlichen Alltagskleidern. Unten auf dem Meer entfernt sich das Boot von der Insel in Richtung auf den Horizont, es wird immer kleiner. Sie wenden sich von der Brüstung ab.

Vor ihnen steht der Junge, atemlos. Der Mann nimmt den dritten Panzer vom Fußboden und legt ihn dem Jungen an, schließt die Schnallen. Dann hebt er die drei Schwerter vom Boden auf. Eins gibt er dem Greis, das zweite dem Jungen, das dritte behält er für sich. Sie stellen sich einer hinter dem andern auf, erst der Greis, der Mann hinter ihm und der Junge zum Schluß. Sie halten die Schwerter mit beiden Händen, die Griffe an der Brust, die Scheide nach oben gerichtet.

Sie bewegen sich im Zuge um den oberen Kreis der Bastion, an der Brüstung entlang, auf der die Fackeln brennen. Der Greis stimmt eine Art Litanei an, deren Worte unverständlich sind. Der Mann und der Junge antworten ihm im Chor. Über ihnen flattert die Fahne mit dem Wappen des Kreuzes und der Rose.

Auf diese Weise haben sie den ersten Rundgang gemacht, als der Greis auf den folgenden Gesang keine Antwort mehr weiß. Der Greis bleibt stehen und sieht sich um. Der Mann und der Junge sind ebenfalls stehengeblieben und sehen zum Meer hin.

Der Greis blickt unwillkürlich auch dorthin. Auf dem Meer das Boot, das einen kaum sichtbaren Punkt am Horizont darstellt. Es kehrt in einem Halbkreis zur Insel zurück. Der Greis wiederholt seinen Gesang mit doppelter Energie. Der Zug bewegt sich mit der Wiederholung der Litanei weiter.

Aber als sie im Kreis wieder an dem Punkt angelangt sind, von wo aus sie das Meer sehen können, müssen alle drei wie gebannt wieder dorthin schauen. Das Boot nähert sich deutlich dem Ufer. Ohne jedoch die Litanei zu unterbrechen und ohne anzuhalten, beginnen sie die dritte Umkreisung. Als sie den dritten Kreis beendet haben, legen sie die Schwerter nieder. Der Greis nimmt die Fackeln von der Brüstung, der Mann hebt die Lunte vom Boden, der Junge kniet bei der Trommel nieder.

Der Mann zündet die Lunte an einer Fackel an, die er dem Alten gibt. Trommelwirbel. Der Mann und der Greis nähern sich der Kanone, d. h. der Brüstung. Sie sehen aufs Meer, der eine hält die Fackel, der andere die Lunte.

Das Boot ist inzwischen deutlich näher gekommen und hält direkt gegenüber der Bastion, aber in einer solchen Entfernung, daß seine Passagierin nur als kleine Figur wahrgenommen werden kann. Im übrigen wird das Meer in der rasch voranschreitenden Dämmerung immer dunkler.

Die Frau steht im Boot und gibt irgendwelche Zeichen mit den Händen, die man aber aufgrund der Entfernung nicht deuten kann. Sie ruft etwas, aber ihr Rufen ist aufgrund der Entfernung unverständlich. Außerdem wird es vom nächsten Trommelwirbel übertönt. Der Mann dreht sich um und macht dem Jungen ein Zeichen aufzuhören. Der Junge hört auf zu trommeln und nähert sich der Brüstung. Jetzt sehen alle drei aufs Meer. Aber die Zeichen und die Worte der Frau sind weiter unverständlich. Offensichtlich will sie ihnen eine Nachricht zukommen lassen.

Der Mann hebt die Hand, als wolle er signalisieren, daß ihre Anwesenheit bemerkt worden ist. Aber der Greis legt die Hand auf seine Schulter, und der Mann läßt den Arm wiederstandslos sinken. Der Greis gibt dem Jungen ein Zeichen, an seinen Platz zurückzukehren. Der Junge kniet wieder bei der Trommel nieder. Der Trommelwirbel erklingt zum dritten Mal. Der Mann befestigt die Lunte an der Kanone. Krachen und Blitzen eines Kanonenschusses. Alles verschwindet in dickem Rauch. Der Rauch verteilt sich langsam.

Alle drei stehen wieder an der Brüstung. Das Meer ist wieder erkennbar. Das Boot ist nicht zu sehen, vielleicht, weil es jetzt fast dunkel ist. Es ist aber nicht sicher, ob die

Männer die Frau nicht bemerken würden, wenn sie noch an der Oberfläche wäre.

88. Szene Außen/Tag

Der Vorhof mit Garten vor dem Refektorium. Auf dem Fäßchen sitzt der Junge. Neben ihm steht der Mann mit einer Schere in der Hand. Er schneidet die langen Haare des Jungen.

89. Szene

Der Greis sitzt in seiner Zelle an dem Fernrohr. Im Visier des Fernrohrs das weite Meer.

90. Szene Innen/Nacht

Refektorium. Abend. Alle drei am Tisch. Der Greis beendet mit gefalteten Händen stehend das Gebet.

GREIS Zu Deinem Ruhm, nach Deinem Willen, zu unserer Erlösung. Amen.

MANN UND JUNGE Amen.

Sie setzen sich und beginnen zu essen.

91. Szene Außen/Tag

Die Oberfläche der Zisterne. Das Gesicht des Jungen im Wasser gespiegelt.

STIMME DES JUNGEN Ich bleibe bei dir.

STIMME DER FRAU Du bleibst bei mir, aber ohne mich. Du wirst viele Frauen kennenlernen und mich in jeder wiederfinden, oder das wiederfinden, was du jetzt in mir siehst... und das, wie dir scheint, ich bin und nur ich.

STIMME DES JUNGEN Ich will keine andere.

STIMME DER FRAU Weil du sonst niemanden hast. Aber warte, du wirst bald merken, daß ich mehr als eine bin. Ist es nicht besser, mehr als eine zu haben?

STIMME DES JUNGEN Du willst mich absichtlich verletzen.

STIMME DER FRAU Ich will dich vorbereiten. Du willst dich darauf versteifen, daß ich die einzige war und daß es nur ein einziges Mal gab. Aber das ist nicht wahr, und du wirst damit unglücklich sein. Das möchte ich nicht.

STIMME DES JUNGEN Ich nehme dich mit.

STIMME DER FRAU Wohin?

STIMME DES JUNGEN In die Welt.

STIMME DER FRAU Es gibt keinen solchen Ort.

STIMME DES JUNGEN Ich nehme dich mit.

STIMME DER FRAU Früher hast du gesagt: »Nimm mich mit.« Und jetzt: »Ich nehme dich mit.« Früher hast du wie ein Kind gesprochen, jetzt redest du wie ein Mann.

STIMME DES JUNGEN Wirklich?

STIMME DER FRAU Es macht nichts. Nichts für ungut. So oder so sprichst du mit einer Frau.

Der Junge hebt einen Stein auf und wirft ihn ins Wasser, mitten in sein Spiegelbild. Kleine Wellen gehen in Kreisen nach außen und verzerren sein Bild.

92. Szene

Das Gesicht der Frau in Nahaufnahme. Ein Bild ohne Hintergrund. Die Augen weit offen. Finger berühren ihre Wangen, Haare, Stirn, Mundwinkel. Die Augen der Frau schließen sich langsam.

93. Szene

Auf offenem Meer. Eine Landungsbarke in vollem Tempo, die sich bei hohem Wellengang hebt und senkt. Das Schiff ist voller Soldaten in Kampfanzügen. Ihre Helme sind so dicht aneinander, daß ihre Augen darunter nicht zu sehen sind. Anonyme Gesichter. Über dem Gewühl ragen Maschinenpistolen heraus. Noch höher ein Radarschirm, der sich ununterbrochen dreht. Dieses Bild des Antennennetzes, das sich in der manischen Hartnäckigkeit und Dumpfheit einer Maschine dreht, ist die letzte Einstellung.

Deutsch von Christa Vogel

Die Uraufführung des Fernsehspiels wurde erstmals 1976 im Süddeutschen Rundfunk ausgestrahlt.

Fuchsquartett

Fuchsjagd
Kandidat Fuchs
Der Fuchs als Philosoph
Serenade

Fuchsjagd

Personen

Der Fuchs
Der Hahn
Der Gelähmte
Der Rollstuhlschieber
Der Jagdführer
Jagdhund 1
Jagdhund 2
Ex-König
Ex-Graf

Erste Szene

Die Bühne sieht fast wie eine Müllkippe aus. Fetzen von alten Zeitungen, Apfelsinenschalen, Konservendosen. Im Hintergrund etwas weiter links ein unbelaubter Baum. Etwas weiter rechts eine Holzbank, wie in einem öffentlichen Park, abbröckelnder und zerkratzter grüner Anstrich.

Von rechts kommen der Fuchs und der Hahn auf die Bühne. Der Fuchs ist ein großgewachsener Mann mit einem dünnen, roten, gezwirbelten Schnurrbart. Rote Haare. Er hat einen langen, weiten Fuchspelz um, der bis auf den Boden reicht. Der Hahn ist ein eher zierlicher, nervöser Mann. Er trägt einen exotischen bestickten Brokatschlafrock japanischen Schnitts. Hauspantoffeln an bloßen Füßen.

HAHN Weiter geh ich nicht.
FUCHS Ist auch nicht nötig. Wir sind im Wald.

Der Hahn sieht sich um.

Gefällt es dir?
HAHN Nein.

FUCHS Es ist zwar nicht mehr der Wald meiner Jugend …

HAHN Ich will nach Hause.

FUCHS Wenn ich nicht wäre, würdest du nicht einmal den Schnabel aus deinem Hof stecken.

Der Hahn setzt sich auf die Bank.

HAHN Mein Hof …

FUCHS Deine kleine beschränkte Geflügelwelt.

HAHN Der Hof kann ohne mich nicht auskommen.

FUCHS Körner aufpicken kann ja wohl jeder.

HAHN Aber die Sonne! Wer weckt die Sonne? Ohne mich wird ewig Nacht sein.

FUCHS Ich beneide dich um diesen Größenwahn.

HAHN Ich wecke die Sonne jeden Morgen.

FUCHS Gesegnete Enge des Horizonts. Nur in einer kleinen Welt sind wir groß.

HAHN Ohne mich gibt es kein Morgengrauen. Wenn ich die Sonne nicht wecke, weckt die Sonne auch niemanden. Der Bauer geht nicht aufs Feld, die Bäuerin beschäftigt sich nicht mit dem Vieh, und das Vieh wacht auch nicht auf. Ewige Nacht, ewiger Schlaf.

FUCHS Was kann es Besseres geben.

HAHN Niemand wacht auf.

FUCHS Wenn es so ist, dann bemerkt auch niemand deine Abwesenheit. Die im Schlaf Abwesenden wissen ja nicht, daß du abwesend bist.

HAHN Ich kann sie nicht wecken, weil ich nicht anwesend bin.

FUCHS Weder anwesend noch abwesend, von ihrem Standpunkt aus. Sie haben überhaupt keinen Standpunkt, weil sie schlafen.

HAHN *erhebt sich von der Bank.* Glaubst du?

FUCHS Für sie bist du außerhalb von Sein und Nichtsein.

HAHN Dazu hast du sie gebracht.

FUCHS Sie? Eher mich.

HAHN Die Unglücklichen.

FUCHS Verstell dich nicht. Du willst sie nur wecken, damit sie dich beachten. Darüber hinaus interessiert dich doch nichts.

HAHN Kikiriki!

Der Hahn springt auf die Bank. Krähend schwenkt er die Arme und flattert mit den Ärmeln seines Kimonos.

FUCHS Hühnermentalität!

HAHN *springt von der Bank.* Was willst du mit mir machen?

FUCHS Ich? Mit dir?

HAHN Ich bin in deiner Macht.

FUCHS Wenn du unbedingt willst…

HAHN Als du dich in den Hühnerstall geschlichen hast, war mir alles klar. Aber als du, statt dich wie ein normaler Fuchs zu benehmen, sagtest: »Pscht… Guten Abend. Bitte höflichst, mir zu folgen«, war mir nur noch klar, daß du kein normaler Fuchs bist. Ich konnte mich noch nicht einmal richtig anziehen…

FUCHS Hättest du es lieber gehabt, wenn ich…

HAHN Nein! Aber ich wüßte gern, wie es um mich steht.

FUCHS Ich kann mich nie genug über die Natur der Lebewesen wundern. Du bist kaum dem Schlimmsten entkommen und schon wieder unzufrieden.

HAHN Weil ich nicht weiß, was mich erwartet.

FUCHS Und du bist sicher, daß du es gerne wissen möchtest...

HAHN Wenn es nicht allzu schlimm ist...

FUCHS Also wieder der Natur entsprechend. Und trotzdem merkwürdig, merkwürdig...

HAHN Ich verstehe dein Verhalten nicht.

FUCHS Ich bin ein normaler Fuchs, aber in einer anormalen Situation.

HAHN Ein Fuchs, der sich in den Hühnerstall schleicht... Das scheint mir ganz normal, leider.

FUCHS Du immer mit deinem Hühnerstall. Glaube mir, die Welt ist größer. Ich meine nicht diese fragmentarische Situation im Hühnerstall, sondern meine Situation überhaupt, meine existentielle Situation...

HAHN Und was geht mich...

FUCHS Oh, Hühnerblindheit! Ohne meine existentielle Situation, ohne ihre besondere Eigenheit, würdest du längst nicht mehr leben. Mit Verlaub.

HAHN Oh, wenn's so steht, bitte ich um Verzeihung.

FUCHS Bitte, bitte. Kurz gesagt, ich bin der letzte Fuchs.

HAHN Na schön, aber warum mußt du dann gleich einen Minderwertigkeitskomplex bekommen.

FUCHS Nicht der letzte Fuchs im Hinblick auf Qualität, du Huhn, sondern auf Quantität. Ich bin der einzige Fuchs, der in diesem Wald übriggeblieben ist. Meine Gattung wurde ausgerottet. Ich bin der letzte Vertreter meiner Gattung.

HAHN Oh, wirklich? Das ist eine traurige Nachricht.

FUCHS Mich ärgert deine Heuchelei, aber lassen wir das. Schlimmer ist, daß ich nicht nur der letzte Fuchs, sondern auch das letzte Tier in diesem Wald bin. Alle anderen Gattungen sind ausgerottet.

HAHN Darf man fragen, wie du dich am Leben halten konntest, mit Verlaub...

FUCHS Außergewöhnliche Fähigkeiten. Die Besten überleben.

HAHN Aha.

FUCHS Du bist dir doch bewußt, wie schwer die Situation des letzten Tieres im Walde ist. Das eben nenne ich eine anormale Situation.

HAHN Schrecklich!

FUCHS Traurig. Ich habe niemanden, mit dem ich reden kann. Deshalb habe ich beschlossen, dich zur Gesellschaft einzuladen.

HAHN Es war eine Entführung.

FUCHS Ich habe mich, den Umständen entsprechend, so gut wie möglich benommen.

HAHN Das heißt, du willst dich nur unterhalten? Nichts weiter?

FUCHS Unterhalten wir uns denn nicht?

HAHN Vorläufig schon...

FUCHS Stell dir vor, du wärst als einziger in deinem Hühnerstall übriggeblieben, ganz allein auf dem großen Hof.

HAHN Das habe ich nicht zu befürchten.

FUCHS O nein. Sklaven vermehren sich, nur die wilden und freien Tiere sterben aus.

HAHN Das ist die Zivilisation.

FUCHS So kann man es auch nennen.

HAHN Dieser sarkastische Ton ist fehl am Platz. Die Zivilisation schafft höhere Werte.

HAHN Demnächst sollen wir alle Futterautomaten bekommen. Es genügt, auf einen Hebel zu treten, und das Korn schüttet sich von selber in den Schnabel. In unbeschränkter Menge.

FUCHS Sehr schön. Und was weiter?

HAHN Du kannst nicht leugnen, daß wir damit einen großen Fortschritt errungen haben. Die Zeiten sind vorbei, in denen man stundenlang nach einem Wurm scharren mußte.

FUCHS Das ist wahr. Du bist ziemlich fett. Dein Großvater selig hat nicht so gut ausgesehen. Obwohl ich ihn in lieber Erinnerung habe…

HAHN Kanntest du meinen Großvater?

FUCHS Flüchtig.

HAHN Du leugnest also nicht, daß es einen Fortschritt gibt?

FUCHS Das wäre unehrlich von mir.

HAHN Auch moralisch ist unser System besser als eures.

FUCHS Moralisch?

HAHN Ihr Wilden freßt euch gegenseitig auf.

FUCHS Wir – die Mehrzahl gehört bereits der Geschichte an. Habe ich dir nicht gesagt, daß ich der letzte bin?

HAHN Aber du lebst vom Raub.

FUCHS Außerdem hieße »gegenseitig«, daß die Chancen wenigstens eins zu eins stünden, jemanden zu verspeisen oder verspeist zu werden. Während bei euch…

HAHN Wir verspeisen niemanden.
FUCHS Und euch verspeist auch niemand? *Pause.* Na erzähl mal, wie das bei euch ist.
HAHN Kikiriki...

Der Hahn kräht und flattert mit den Ärmeln des Kimonos.

FUCHS Eine ausweichende Antwort.

Man hört die königliche Jagdfanfare.

Die Treibjagd kommt näher. Entfernen wir uns.
HAHN Ich bleibe.
FUCHS Du vergißt, daß du mein Gast bist.

Der Fuchs packt den sich sträubenden Hahn an der Hand und zieht ihn nach links.

Zweite Szene

Unter Fanfarenstößen fährt ein Rollstuhl mit einem Gelähmten herein, geschoben von einem Mann in Jägerkleidung. Der Gelähmte im Rollstuhl ist ebenfalls in Jagdkleidung. Beide haben eine Flinte. Die Beine des Gelähmten sind in eine Decke gehüllt. Außer der Fanfare hört man auch entferntes Hundegebell. Die Fanfare und das Gebell werden leiser.

GELÄHMTER Weiter fahre ich nicht.

ROLLSTUHLSCHIEBER Ruhe! Still sitzen und jagen. Und Ausschau nach dem Fuchs halten.

GELÄHMTER Nach was für einem Fuchs? Es gibt keine Füchse mehr. Ich will nach Hause.

ROLLSTUHLSCHIEBER Wer sagt, daß es keine Füchse mehr gibt?

GELÄHMTER Alle wissen das.

ROLLSTUHLSCHIEBER Die Neo-Malthusianer, irgendwelche Reaktionäre wohl. Wenn du auf Reaktionäre hörst, dann nehme ich dich nie wieder mit auf die Jagd, Onkel.

GELÄHMTER Und wozu soll ich auf die Jagd fahren? Ich habe keine Lust mehr. *Er greift in seine Tasche.* Hier, nimm … *Er gibt dem Rollstuhlschieber ein Geldstück.*

ROLLSTUHLSCHIEBER Und was ist das …

GELÄHMTER Na, für ein Bier. Nur laß uns umkehren. Nach Hause, ja? Ins stille, traute Heim …

Der Rollstuhlschieber sieht sich um, steckt das Geldstück in die Tasche.

Wir kehren um!

ROLLSTUHLSCHIEBER Leiser … Willst du mich ins Unglück stürzen?

GELÄHMTER Aber wir kehren um, wie?

ROLLSTUHLSCHIEBER Onkel, versteh doch. Glaubst du, mir macht das Vergnügen? Jeder würde gern nach Hause.

GELÄHMTER Warum kehren wir dann nicht um?

ROLLSTUHLSCHIEBER So schnell kann man das nicht. Wir

müssen wenigstens ein- oder zweimal auf den Fuchs schießen.

GELÄHMTER Aber Füchse gibt es doch gar nicht...

Der Rollstuhlschieber hält ihm den Mund zu und sieht sich ängstlich um.

ROLLSTUHLSCHIEBER Fängst du schon wieder an? *Er zieht seine Hand zurück.*

GELÄHMTER Ich sag nichts mehr. Nur laß uns nach Hause...

ROLLSTUHLSCHIEBER Du bist wie ein kleines Kind, Onkel. Nach Hause, nach Hause... Ich hab dir doch gesagt, jeder würde das gern. Schieß schon, Onkel.

GELÄHMTER Worauf?

ROLLSTUHLSCHIEBER Schieß vor dich hin, einfach so, als wenn du ein Ziel hättest. So als ob, scheinbar auf den Fuchs, verstehst du... Dann kann ich sagen, daß der Fuchs aufgetaucht ist, der Onkel geschossen, aber nicht getroffen hat, und danach können wir ruhig nach Hause gehen.

Der Gelähmte schießt. Von links kommt der Jagdführer angelaufen, ebenfalls im Jagdanzug, mit einer Flinte.

JAGDFÜHRER Getroffen?!

ROLLSTUHLSCHIEBER Nein, er ist entkommen.

Der Rollstuhlschieber nimmt dem Gelähmten die Flinte fort, öffnet sie, entfernt die leere Patronenhülse, lädt die

Waffe neu, schließt die Flinte und gibt sie dem Gelähmten zurück.

JAGDFÜHRER Pech! *Argwöhnisch* Habt ihr ihn gesehen?
ROLLSTUHLSCHIEBER Na klar. Sonst hätte der Onkel doch nicht geschossen.

Der Jagdführer nähert sich dem Gelähmten.

JAGDFÜHRER Er jagt gerne, was?
ROLLSTUHLSCHIEBER Er ist ganz verrückt danach.
JAGDFÜHRER Und gesund ist es auch, nicht?
GELÄHMTER Ja sehr, nur die Feuchtigkeit...
JAGDFÜHRER *zum Rollstuhlschieber* Was hat er gesagt?
ROLLSTUHLSCHIEBER Er hat gesagt, daß zu Hause so viel Feuchtigkeit ist. Der Wald ist gut gegen Rheuma.
JAGDFÜHRER Sehr richtig. Und jetzt mir nach! Der frischen Spur nach!

Er dreht sich um und läuft nach links ab. Der Rollstuhlschieber ihm hinterher, er schiebt den Rollstuhl.

GELÄHMTER Dann gehen wir nicht nach Hause?!
ROLLSTUHLSCHIEBER Du siehst doch selber, daß sich hier nichts machen läßt.
GELÄHMTER O mein Gott!

Sie verschwinden nach links.

Dritte Szene

Von rechts kommen Jagdhund 1 und Jagdhund 2. Sie sind wie niedere Beamte gekleidet, Anzüge, Krawatten. Einer von ihnen, Jagdhund 1, trägt eine Aktentasche. Jagdhund 1 setzt sich, Jagdhund 2 legt sich auf die Bank. Von links kommt der Jagdführer, hinter ihm der Rollstuhlschieber, der den Rollstuhl mit dem Gelähmten vor sich her schiebt. Der Jagdführer verfolgt, zur Erde gebeugt, eine Spur.

JAGDFÜHRER Die Hunde sind gar nicht zu hören.
ROLLSTUHLSCHIEBER Sie haben wahrscheinlich die Spur verloren.
JAGDFÜHRER *entdeckt die Hunde* Ah, da sind sie ja. Was tut ihr Hunde hier?

Jagdhund 1 zuckt die Schultern. Jagdhund 2 reagiert überhaupt nicht.

Warum spürt ihr den Fuchs nicht auf?
JAGDHUND 1 *zu Jagdhund 2* Soll ich bellen?
JAGDHUND 2 Sag's ihm.

Jagdhund 1 holt Papiere aus der Aktentasche und breitet sie auf den Knien aus.

JAGDHUND 1 Nach unserem Vertrag...
JAGDFÜHRER Ich frage, weshalb ihr den Fuchs nicht jagt.
JAGDHUND 1 Nach unserem Vertrag müßten wir eine Prämie bekommen.

JAGDFÜHRER Die bekommt ihr.

JAGDHUND 1 Aber wir haben keine bekommen.

JAGDFÜHRER Darüber reden wir später. Jetzt heißt es bellen und die Spur aufnehmen. Der Fuchs ist in der Nähe.

JAGDHUND 1 Wir arbeiten nicht für Stundenlohn, sondern im Akkord. Ich habe schon gebellt, ich habe *er setzt sich die Brille auf* heute schon zweitausendachthundertundsechsunddreißigmal gebellt, das heißt dreihundertsechsunddreißigmal über der Norm, von der letzten Abrechnung an gerechnet, und der Kollege …

JAGDFÜHRER *sieht ihm in die Aktentasche* Was ist das?

JAGDHUND 1 Ein Wauwaumesser. Hier wird das tägliche Wauwauquantum aufgezeichnet. Und der Kollege hat zweitausendsechshundertzwanzigmal gebellt.

JAGDHUND 2 Sechsundzwanzig.

JAGDHUND 1 Das steht hier nicht.

JAGDHUND 2 Dann schreib es dazu.

JAGDHUND 1 *schreibt dazu* … sechsundzwanzig.

JAGDFÜHRER Meine Herren, und inzwischen entkommt uns der Fuchs!

JAGDHUND 1 Fuchs ist Fuchs und Prämie ist Prämie.

JAGDFÜHRER Wir rechnen später ab, ich versprech es euch. Jetzt dem Fuchs hinterher!

JAGDHUND 2 *zu Jagdhund 1* Was sagst du dazu?

JAGDHUND 1 Und du?

JAGDHUND 2 Was weiß ich … Rechnen wir es als Überstunden.

JAGDHUND 1 Überstunden haben wir schon.

JAGDHUND 2 Na dann als Extraüberstunden. Plus Familienzuschlag.

JAGDHUND 1 Das geht nicht.

JAGDHUND 2 Weshalb nicht?

JAGDHUND 1 Weil wir nicht verheiratet sind.

JAGDHUND 2 Jeder hatte mal einen Vater und eine Mutter.

JAGDHUND 1 Das ist klar.

JAGDHUND 2 Und Feiertagszulage.

JAGDHUND 1 Heute ist kein Feiertag.

JAGDHUND 2 Für mich schon. Ich habe heute Namenstag.

JAGDHUND 1 *zum Jagdführer* Einverstanden. Aber das kostet Extraüberstundenzuschlag plus Familien- und Feiertagszulage.

JAGDFÜHRER Meine Herren, Sie ruinieren mich.

JAGDHUND 1 *zu Jagdhund 2* Ruinieren wir ihn?

JAGDHUND 2 Wenn er nicht will, dann soll er selber bellen.

JAGDHUND 1 *zum Jagdführer* Der Kollege sagt...

JAGDFÜHRER Gut, einverstanden, nur laßt uns aufbrechen.

JAGDHUND 1 Unterschreiben!

Er gibt dem Jagdführer eine Feder. Der Jagdführer unterschreibt das Dokument. Jagdhund 1 steckt die Papiere in die Aktentasche. Er nimmt die Brille ab und steht auf, Jagdhund 2 steht ebenfalls auf, streckt sich und gähnt. Dann stellen sich die beiden Jagdhunde nebeneinander auf.

Drei... vier!

JAGDHUND 1 UND JAGDHUND 2 *zusammen* Wauwauwauwauwau, Wauwauwauwau...

Sie laufen nach links ab und bellen ohne Überzeugung. Sie rezitieren eher ein »Wau-wau«, als daß sie Hundegebell imitieren.

ROLLSTUHLSCHIEBER Berechnen die das nicht zu hoch?
JAGDFÜHRER Das hat keine Bedeutung. Bei uns ist alles auf Kredit.
ROLLSTUHLSCHIEBER Ach so, na dann ist es in Ordnung.
JAGDFÜHRER Weiter! Jetzt kriegen wir ihn.
ROLLSTUHLSCHIEBER Ganz sicher, ganz sicher.

Alle gehen nach links ab.

Vierte Szene

Der Fuchs und der Hahn kommen von rechts. Der Fuchs zieht den Hahn hinter sich her.

HAHN Ich verstehe, daß du fliehen mußt. Aber warum ich?
FUCHS Aus Solidarität.
HAHN Das entspricht nicht der Wahrheit.
FUCHS Wenn du es selber weißt, wozu fragst du dann? Wenn du schon mal mit mir zusammen sein mußt, dann sorge wenigstens dafür, daß unsere Beziehungen formell korrekt sind. Die Wahrheit ist nicht süß für dich. Und mir liegt auch nichts daran, sie auf Schritt und Tritt zu unterstreichen.
HAHN Ich hoffe, daß sie dich endlich fangen.
FUCHS Na, na, was soll diese Aufrichtigkeit?

Man hört das leidenschaftslose Bellen der Hunde von rechts.

HAHN Sie sind schon nahe.

FUCHS Dann muß man die Distanz vergrößern. *Er geht nach links, bleibt stehen.* Oh, das ist nicht gut.

HAHN Was?

FUCHS Schlecht.

HAHN Das heißt gut.

FUCHS Sie kommen auch von der Seite.

HAHN Bravo!

FUCHS Verschone mich mit deinen dummen Bemerkungen.

HAHN Heißt das, daß wir verloren sind? *Er summt fröhlich* Wir sind verloren, wir sind verloren...

FUCHS Du Idiot weißt immer noch nicht, was Fuchs heißt. *Er kehrt von der linken Kulisse zurück und geht zum Baum.* Komm hierher...

HAHN *geht unwillig zum Fuchs.* Willst du mich als Geisel benutzen?

FUCHS Du überschätzt dich. Tausend Hähne sind keinen einzigen Fuchs wert. Geflügel haben sie mehr als genug, sie würden, ohne zu zögern, auf dich schießen, nur um mich zu kriegen. Als Geisel bist du völlig unbrauchbar.

HAHN Gott sei Dank!

FUCHS Steig rauf.

HAHN Wo?

FUCHS Auf den Baum. Wir werden uns auf dem Baum verstecken.

HAHN Ein Fuchs auf dem Baum?!

FUCHS Das ist mein Geheimnis. Ich habe überlebt, weil ich gelernt habe, auf Bäume zu klettern. Sie suchen mich unten, und ich bin oben.

HAHN Einfach.

FUCHS Aber genial. Los, nach oben!

HAHN Ich kann das nicht.

FUCHS Als Vogel solltest du das besser können als ich. Vögel leben auf Bäumen.

HAHN Aber ich kann wirklich nicht. Ich bin ein Hausvogel.

FUCHS Degenerierter Krüppel. Aber ich werd es dir schon beibringen.

Der Fuchs zieht ein Messer. Der Hahn läuft gackernd und mit den Ärmeln des Kimono schlagend zum Baum und klettert schnell auf einen Ast.

Steckt das Messer ein Der Selbsterhaltungstrieb vollbringt Wunder. *Er klettert ungeschickt auf den Baum.* Uff, das ist nicht meine Lieblingsbeschäftigung. *Läßt sich auf dem Ast neben dem Hahn nieder.*

HAHN Sie kommen!

FUCHS Kein Wort!

Er holt ein Taschentuch heraus und knebelt den Hahn. Von links kommen der Ex-König und der Ex-Graf. Beide in Jagdkleidung, beide mit Flinten.

EX-KÖNIG Und trotzdem, lieber Graf, bin ich zufrieden, daß wir uns einst satt gejagt haben. Wie anders war doch damals die Jagd.

EX-GRAF Und der Wald war anders.

EX-KÖNIG Erinnerst du dich an den reichen Wildbestand? Rehe, Hirsche, Birkhühner, und sogar Raubmarder.

EX-GRAF Das war ein Wald, in dem es sogar Bäume gab ... *Er stößt ein Stückchen Zeitung weg, das vor seinen Füßen liegt.*

EX-KÖNIG Ich muß gestehen, daß ich heute nur noch aus Höflichkeit jage. Nicht zu jagen, wenn alle jagen, heißt, sich von der Masse abzuheben, Verachtung für unsere geliebten Mitbürger zu zeigen.

EX-GRAF Eure Königliche Hoheit ...

EX-KÖNIG Nenn mich nicht so. Ich bin nur ein Bürger.

EX-GRAF Aber trotzdem hat mich Eure Königliche Hoheit gerade noch Graf genannt.

EX-KÖNIG Eine alte Gewohnheit, die man überwinden sollte. Wir sind nur Bürger unter anderen Bürgern. Freiheit, Gleichheit, Brüderlichkeit.

EX-GRAF Vor allem Gleichheit. Was das andere betrifft ...

EX-KÖNIG Mit irgendwas muß man anfangen. Freiheit und Brüderlichkeit durch Gleichheit.

EX-GRAF Könnte man nicht Gleichheit durch Freiheit? Oder durch Brüderlichkeit?

EX-KÖNIG Offensichtlich geht das nicht. Aber nicht bei uns liegt die Initiative. Wir sind Relikte der Vergangenheit. Uns bleibt höchstens die Rolle der Zeugen.

EX-GRAF Zeugen haben das Recht auf eine eigene Meinung.

EX-KÖNIG Das hängt vom Staatsanwalt ab. Man soll das Schicksal nicht herausfordern und mehr verlangen, als es uns anbietet. Letztlich geht es uns ja nicht schlecht.

Jedenfalls nicht schlechter als den andern. Was sage ich da, genauso gut wie den andern. Ich bin zufrieden, daß mir die Privilegien nicht mehr allein gehören. Das war eine große Last.

EX-GRAF Eure Königliche Hoheit ... Bürger, Sie erlauben, daß ich einen etwas abweichenden Standpunkt vertrete.

EX-KÖNIG Du vergißt, daß deine Privilegien nur ein Teil meiner königlichen Privilegien waren. Sie wurden dir von mir gegeben, du schöpftest aus meiner Schatulle. Ich allein trug die Verantwortung. Zwischen dir und dem Volk habe immer ich gestanden.

EX-GRAF Jawohl, Eure Königliche ...

EX-KÖNIG Nicht Königliche, nicht Königliche.

Man hört Hundegebell.

Um so mehr, als sich unsere geliebten Mitbürger nähern.

Man hört die Königliche Jagdfanfare. Von rechts kommen Jagdhund 1 und Jagdhund 2, sie bellen. Hinter ihnen der Jagdführer sowie der Gelähmte im Rollstuhl und der Rollstuhlschieber. Die Hunde bellen noch einen Augenblick leidenschaftslos, dann lassen sie sich auf der Bank nieder. Jagdhund 1 holt eine Thermosflasche und Butterbrote aus der Aktentasche. Die Hunde machen sich an ihre Mahlzeit. Sie wickeln die Butterbrote aus, teilen sich den Inhalt der Thermosflasche usw. Die Fanfare verstummt.

JAGDFÜHRER Weidmannsheil, Jäger!

EX-KÖNIG Weidmannsdank.

EX-GRAF *unwillig* Weidmannsdank!

DIE JÄGER *hinter der Bühne, wie ein Echo* Weidmannsdank...

JAGDFÜHRER Die Jagd nimmt einen günstigen Verlauf.

EX-KÖNIG *höflich* Natürlich.

JAGDFÜHRER Gibt es noch jemanden, der nicht jagt?

DIE JÄGER Nein...

JAGDFÜHRER Und so muß es auch sein. Die Zeiten sind vorbei, da das Jagdprivileg ausschließlich dem König gehörte. *Zum Ex-König* Sie als Bürger nehmen mir diese Anspielung doch nicht mehr übel...

EX-KÖNIG Aber nein, woher denn, bitte, genieren Sie sich nicht.

JAGDFÜHRER Jeder kann also zur Flinte greifen und den Fuchs jagen. Mehr noch, jeder sollte das tun. Die Nutzung des Privilegs ist die Pflicht eines jeden Bürgers.

GELÄHMTER O mein Gott...

JAGDFÜHRER Was?

ROLLSTUHLSCHIEBER Mein Onkel wollte sagen: »O mein Gott, wie gut«.

JAGDFÜHRER Schaut euch diesen gelähmten alten Mann an. Selbst er nützt fröhlich das Privileg, obwohl er gelähmt und krank ist. Seine Teilnahme an der Jagd ist der beste Beweis für unsere Errungenschaften. Die Jagd gehört nicht mehr nur den Gesunden und Starken. Die allgemeine Jagd, die Jagd für alle ohne jede Ausnahme, das ist, was wir erreicht haben.

DIE JÄGER *hinter den Kulissen* Hurraaah...!

JAGDFÜHRER Erlaubt, daß ich in unser aller Namen unserem Gelähmten die allerbesten Glückwünsche ausspreche. Es lebe der Paralytiker!

DIE JÄGER Er lebe hoch!!!

Der Jagdführer geht zu dem Gelähmten und drückt ihm herzlich die Hand. Dann zieht er eine Medaille aus der Tasche und steckt sie dem Gelähmten an die Brust. Die Jäger hinter den Kulissen applaudieren und singen.

Singen Auf, auf, zum fröhlichen Jagen, auf in die grüne Heid...

GELÄHMTER *zum Rollstuhlschieber* Was ist das?

ROLLSTUHLSCHIEBER Die Medaille des Heiligen Hubertus. Behalte das und mach keinen Unsinn, Onkel.

JAGDFÜHRER Und jetzt auf den Fuchs!

DIE JÄGER Auf den Fuchs!

EX-KÖNIG Ich möchte mich ja nicht einmischen, aber dürfte ich eine Bemerkung machen?

JAGDFÜHRER Aber natürlich, Sie sind zwar der Ex-König, aber auch ein Bürger. Bitte.

EX-KÖNIG Das Prinzip einer allgemeinen Jagd für alle ist natürlich richtig und gerecht. Es gibt nicht den geringsten Grund dafür, daß der eine jagt und der andere nicht.

JAGDFÜHRER Richtig, sehr richtig. *Zu den Jägern* Hört zu!

EX-KÖNIG Es geht nur um das Wild. Der Wildbestand verhält sich umgekehrt proportional zu der Zahl der Jäger.

JAGDFÜHRER Worauf wollen Sie hinaus, Bürger Ex-König...

EX-KÖNIG Je mehr Jäger, desto weniger Tiere. Und mir

scheint, daß in dieser Beziehung ein kritischer Moment gekommen ist.

JAGDFÜHRER Inwiefern?

EX-KÖNIG Wir sind an einem Punkt angelangt, wo zwar alle jagen, aber es nichts mehr gibt, das gejagt werden könnte.

JAGDFÜHRER Das ist eine Bemerkung, die beweist, daß Sie sich immer noch nicht von der Vergangenheit gelöst haben.

EX-KÖNIG Ich verteidige nicht meine Vergangenheit. Ich stelle nur objektiv überprüfbare Tatsachen fest.

JAGDFÜHRER Sie wollen uns einreden, daß eine allgemeine Jagd schädlich ist?

DIE JÄGER *hinter den Kulissen* Buh!!!

EX-KÖNIG Nur in dem Sinn, daß sie sich selber schadet.

DIE JÄGER *hinter den Kulissen* Buh!... Buh!...

JAGDFÜHRER Sie stellen den Grundsatz der allgemeinen Jagd in Frage?

DIE JÄGER *hinter den Kulissen* Buh!... Buh!... Buh!...

EX-KÖNIG Keineswegs. Ich mache nur darauf aufmerksam, daß dieser Grundsatz sich selber in Frage stellt. Von einem Privileg kann man nur dann reden, wenn es eine Ausnahme darstellt. Wenn alle dasselbe Recht haben, dann ist das zwar sehr anerkennenswert, aber man kann dann nicht mehr von einem Privileg sprechen. Dann ist es ein Recht und kein Privileg. Wenn alle ein Privileg haben, hat niemand ein Privileg. Außerdem gibt es kein Wild mehr.

JAGDFÜHRER Wir waren Ihnen gegenüber zu nachsichtig.

EX-KÖNIG So viel, was die Logik betrifft. Wenn es jedoch

um Tatsachen geht ... *Der Ex-Graf zieht ihn am Ärmel.* Was denn?

EX-GRAF Wir wollten uns nicht einmischen.

EX-KÖNIG Aber ich tue es nicht subjektiv, sondern objektiv. *Er wendet sich an die Jäger* Ich rufe jeden von euch zum Zeugen, wer hat irgendein Tier gesehen? *Die Jäger schweigen.* Na bitte, jeder weiß, daß der Wald leer ist. Insofern man das überhaupt noch einen Wald nennen kann.

JAGDFÜHRER *zum Ex-König* Ein Wort unter vier Augen.

Er hakt den Ex-König unter und geht mit ihm zum Baum. Der Ex-Graf setzt sich auf die Bank, vielmehr er versucht, sich auf den Rand der Bank zu quetschen, da die Jagdhunde nicht die Absicht haben, ihm Platz zu machen, obwohl die Bank genügend lang wäre. Nach einigen wirkungslosen Versuchen entscheidet sich der Ex-Graf für einen Konflikt und stößt den Jagdhund 1 in die Mitte der Bank. Jagdhund 1 stößt den Ex-Grafen zurück, das heißt über den Rand der Bank hinaus. Der Ex-Graf setzt sich daraufhin in die Mitte der Bank, zwischen die beiden Hunde. Da setzt sich Jagdhund 2 um, das heißt, er setzt sich zwischen Jagdhund 1 und den Ex-Grafen. Dann stoßen die beiden in gemeinsamer Anstrengung den Ex-Grafen von der Bank. Oder aber Jagdhund 2 setzt sich nicht um, und die beiden Jagdhunde schieben sich von zwei Seiten auf den Ex-Grafen zu, bis sie ihn zwischen sich schließlich so zusammenquetschen, daß der Ex-Graf puterrot wird. Dabei tun die Jagdhunde und der Ex-Graf die ganze Zeit so, als wenn sie sich gegenseitig gar nicht sähen.

Dies ist eine Nebenhandlung im Hintergrund während des Gesprächs des Jagdführers mit dem Ex-König. Auch dem Gelähmten und dem Rollstuhlschieber sollte man irgendeine Beschäftigung geben.

Gewisse Dinge können wir uns ja sagen, aber warum gleich vor allen?

EX-KÖNIG Die Sache geht alle an.

JAGDFÜHRER Man darf sie nicht aufwiegeln. Alle wissen, daß es nicht sehr heiter aussieht.

EX-KÖNIG Um so mehr.

JAGDFÜHRER Wild gibt es nicht mehr. Das ist eine Tatsache. Aber was gibt es für einen Ausweg? Schließlich können wir die Jagd doch nicht verbieten. Das hieße ja, unser gesamtes Programm zu streichen. Das können wir uns nicht erlauben.

EX-KÖNIG Selbstverständlich, das wäre nicht auszudenken.

JAGDFÜHRER Kritisieren ist leicht, aber was Konkretes vorzuschlagen ist schon schwieriger. Wenn du an meiner Stelle wärst…

EX-KÖNIG Ihr seid selber daran schuld. Ihr habt die Leidenschaften angefacht, und nun könnt ihr sie nicht befriedigen.

JAGDFÜHRER Zu Anfang war es noch gar nicht so schlecht…

EX-KÖNIG Zu Anfang gab es ja auch noch Wild.

JAGDFÜHRER Es soll nur noch einen Fuchs geben.

FUCHS Nein!

JAGDFÜHRER Hast du was gesagt?

EX-KÖNIG Ich? Nein. Vielleicht du?

JAGDFÜHRER Mir war so.

Der Fuchs zieht den Fuchspelz aus und linksherum an. Jetzt ist es eine grüne Pelerine, die man auch als Jagdkleidung ansehen könnte. Er zieht einen Jägerhut mit einer Feder aus der Tasche, so einen, wie alle Jäger aufhaben, und drückt ihn sich auf den Kopf. Alle diese Tätigkeiten führt er während des weiteren Gesprächs des Jagdführers mit dem Ex-König aus.

EX-KÖNIG Selbst wenn es noch einen Fuchs geben sollte, so reicht der nicht für alle.

JAGDFÜHRER Also, was für einen Ausweg siehst du? Ich bitte dich sehr, schlag was vor.

EX-KÖNIG Ich sehe keinen Ausweg.

JAGDFÜHRER Dann schweig.

EX-KÖNIG Das ist auch kein Ausweg. Wenn ich nichts sage, dann kommt früher oder später ein anderer damit.

JAGDFÜHRER Oh, keine Angst.

EX-KÖNIG Der Stand der Dinge läßt sich nicht länger verbergen.

JAGDFÜHRER Das heißt nicht, daß man darüber reden muß.

EX-KÖNIG Alle denken dasselbe.

JAGDFÜHRER Aber sie reden nicht.

Der Fuchs klettert vom Baum und steht zwischen dem Ex-König und dem Jagdführer.

FUCHS Die Herren erlauben, daß ich mich dem Gespräch anschließe?

JAGDFÜHRER Wer bist du?

FUCHS Jäger, Kollege, Genosse. Direkt aus den Reihen der Jagdbrüderschaft, bescheiden und unbekannt, aber typisch in seiner Anonymität. Vox populi, hahaha.

JAGDFÜHRER Ein Jäger. Und wo ist die Flinte?

FUCHS In Reparatur. Der Abzug ist kaputt, der Schlagbolzen funktioniert nicht, der Lauf ist verzogen.

JAGDFÜHRER Worum geht es?

FUCHS Zufällig habe ich einen Teil Ihrer Unterhaltung gehört. Ach, nur einen Teil. Sie sprachen über die Entwicklungsprobleme der allgemeinen Jagd.

JAGDFÜHRER Das war ein privates Gespräch.

FUCHS Natürlich, natürlich. Ich habe es ja auch nur rein zufällig gehört. Aber das Thema liegt uns allen am Herzen. Mir als Jäger ebenfalls.

JAGDFÜHRER Sonderbarer Jäger...

FUCHS Ich stimme mit Ihrer Analyse der Situation überein. Wild gibt es schon seit langem nicht mehr, und die Gerüchte, es solle sich in diesem Wald noch ein Fuchs befinden, sind leider aus den Fingern gesogen. Aber ich stimme der These nicht zu, daß es keinen Ausweg aus dieser Situation gibt. Es gibt einen Ausweg, wenn Sie erlauben...

JAGDFÜHRER Ich glaube nicht, daß der erstbeste Jäger hier helfen könnte. Darüber haben sich schon Koryphäen den Kopf zerbrochen.

FUCHS Und trotzdem und trotzdem...

JAGDFÜHRER Die hervorragendsten Kenner des Problems.

EX-KÖNIG Er soll sprechen.

FUCHS Danke, Kollege. Die Lösung ist ganz einfach. Wenn man die Jagd nicht verbieten kann, und davor schütze uns Gott, und die Zahl der Jäger nicht verkleinern kann, wovor er uns auch behüte, dann muß man sich Tiere besorgen.

JAGDFÜHRER Was er nicht sagt.

EX-KÖNIG Das ist nichts Neues. Das ist ja das Unmögliche.

FUCHS Einen Augenblick. Zwar gibt es unwiderruflich und unwiderbringbar keine wilden Tiere mehr, aber das heißt doch nicht, daß es überhaupt keine Tiere mehr gibt.

JAGDFÜHRER Was redet er für einen Unsinn?

EX-KÖNIG Lassen wir ihn ausreden.

FUCHS Wo liegt das Problem? Nicht in der Sache selbst, sondern darin, daß wir nicht in der Lage sind, die Dinge neu zu sehen. Wir stützen uns auf traditionelle Lösungen, die der neuen Situation tatsächlich nicht standhalten. Statt dessen muß man die Mittel den Zielen anpassen, die Aufgaben mit den Bedürfnissen in Einklang bringen, die Reserven mobilisieren, investieren, modernisieren…

JAGDFÜHRER Ich verliere die Geduld.

EX-KÖNIG Könnten Sie nicht etwas klarer…

FUCHS Kurz gesagt: Die wilden Tiere müssen durch Haustiere ersetzt werden. Zum Beispiel durch Geflügel. Dann kommt unser Jagdwesen endlich aus der Sackgasse. Geflügel haben wir jede Menge. Und damit nicht genug – hier gibt es unbeschränkte Entwicklungsmöglichkeiten, weil die Geflügelproduktion unbeschränkt ist. Ich habe erst neulich von Futterautomaten gehört... Das Angebot richtet sich nach der Nachfrage, Masse verlangt nach Masse, jedem das seine nach seiner Façon. Vergessen wir endlich die Füchse, die es nicht mehr gibt, und fangen wir an, aufs Federvieh zu schießen.

Der Hahn auf dem Baum versucht verzweifelt, trotz seines Knebels etwas zu sagen, was ihm aber nicht gelingt.

JAGDFÜHRER Aber das hat doch nichts mehr mit Jagd zu tun.

FUCHS Weshalb nicht? Das sind Tiere, und das sind Tiere.

EX-KÖNIG Vom Jägerstandpunkt aus gibt es einen Unterschied zwischen Fuchs und Federvieh.

FUCHS Ist das ein Unterschied, auf dem man bestehen sollte?

EX-KÖNIG Sie behaupten, Jäger zu sein...?

FUCHS Natürlich!

JAGDFÜHRER Dann gestatten Sie eine kleine Frage: Auf welcher Seite der Flinte befindet sich der Jäger?

FUCHS Haha, ein ausgezeichneter Scherz!

JAGDFÜHRER Ich würde hier nicht scherzen. Bitte zeigen Sie Ihren Ausweis.

Plötzlich scheinen die Hunde eine Spur zu wittern. Sie stehen von der Bank auf, strecken ihre Hälse und schnüffeln. Ex-König legt dem Jagdführer die Hand auf die Schulter und zeigt auf die Hunde. Jagdführer und Ex-König vergessen den Fuchs und verfolgen jetzt aufmerksam das Verhalten der Jagdhunde.

EX-KÖNIG Sie haben Witterung bekommen …
JAGDFÜHRER Aha … *Er überprüft die Patronen im Lauf.*

Inzwischen sind die Jagdhunde sehr aufgeregt. Jagdhund 1 packt eilig das Frühstück in die Aktentasche. Der Ex-Graf betrachtet sie und ist von dieser Wendung der Dinge überrascht. Auch der Rollstuhlschieber betrachtet die Hunde. Nur der Gelähmte bemerkt nichts.

Der Fuchs nutzt den Umstand, daß man ihn allein gelassen hat, und zieht sich auf Zehenspitzen hinter die linke Kulisse zurück.

Die Jagdhunde laufen eilig nach rechts.

Von links hört man, noch sehr von weitem, das unheilbringende Heulen eines Wolfes. Alle wenden sich nach links und horchen.

Nach einem Augenblick Eine Täuschung.

Allgemeine Erleichterung. Das Heulen ist wiederum vernehmbar. Dann heult ein ganzes Rudel.

Das ist nicht möglich …
EX-KÖNIG Und dennoch …
JAGDFÜHRER Aber nicht bei uns! Bei uns gibt es keine!
EX-KÖNIG Dann sind die von woanders gekommen.
JAGDFÜHRER Woher?
EX-KÖNIG Aus fernen, fremden Ländern …
JAGDFÜHRER Bis hierher?
EX-KÖNIG Offensichtlich sind sie hungrig. *Das Heulen eines Rudels.* Sehr hungrig.

Pause.

JAGDFÜHRER Die Kollegen erlauben, daß ich mich eine Zeitlang von der Jagd zurückziehe. Mir ist gerade eingefallen, daß ich etwas Dringendes zu erledigen habe. *Er geht nach rechts ab.*

EX-KÖNIG Wenn es so steht, nutze auch ich die Pause. Wie bereits erwähnt, jage ich nur aus Höflichkeit. Und du, lieber Graf?

EX-GRAF Ich bin ganz Ihrer Meinung, Königliche Hoheit.

Ex-König und Ex-Graf gehen rechts ab. Der Rollstuhlschieber entfernt sich heimlich vom Wagen. Der Gelähmte bemerkt das Manöver.

GELÄHMTER He, wohin gehst du?

ROLLSTUHLSCHIEBER Ich komme gleich wieder.

GELÄHMTER Weshalb läßt du mich zurück?

ROLLSTUHLSCHIEBER Weil ich es eilig habe. *Er geht rechts ab.*

GELÄHMTER Was soll das, weshalb gehen alle ... Hej!

Von links kommt der Fuchs gelaufen. Im Laufen reißt er sich den Jägerhut vom Kopf und wirft ihn zu Boden. Er zieht die Pelerine aus und dreht sie wieder um auf die rote Fuchspelzseite. Er klettert auf den Baum und befreit eilig den Hahn von seinem Kebel.

FUCHS Wölfe!

Der Hahn gerät in Panik, er flattert mit den Ärmeln seines Kimonos, kräht und hüpft auf einem Ast herum.

Leise! Diesmal ist es kein Scherz.
HAHN Und was wird jetzt?
FUCHS Solange wir auf dem Baum sind, kann uns nichts passieren.

Von links, jetzt ganz nah, hört man das Heulen des Rudels. Der Hahn wirft sich dem Fuchs in die Arme, versteckt den Kopf an seiner Brust. Der Fuchs klopft ihm auf die Schulter, spricht ihm Mut zu. Der Gelähmte dreht die Räder seines Rollstuhls und wendet sein Gesicht nach links.

GELÄHMTER Was ist das? *Pause.* Ich frage, was das ist, was das alles bedeuten soll!… Ist denn niemand mehr hier?
FUCHS Wölfe!
GELÄHMTER Was?
FUCHS *hält seine Hände wie eine Trompete vor den Mund* Wööölfe!
GELÄHMTER Ein Wolf! Ein Wolf!

Er schießt in Richtung des Baumes. Der Fuchs greift sich ans Herz und rutscht langsam, den Stamm krampfhaft umklammernd, auf den Boden hinunter. Er liegt unbeweglich.

HAHN Das war kein Wolf, du Idiot!
GELÄHMTER *in Panik* Wolf! Wolf!

Er schießt ein zweites Mal auf den Baum. Der Hahn neigt sich zur Seite. Er greift nach einem Ast. Er gleitet hinab, hängt an einem Ast, läßt ihn los, fällt hinunter. Er liegt neben dem Fuchs.

Na, Gott sei Dank, das hat geklappt. *Er legt die Flinte quer über den Rollstuhl. Er singt* Auf, auf, zum fröhlichen Jagen, auf in die grüne Heid...

Während er das weitere Lied ohne Worte summt, holt er eine Rolle Pfefferminzdrops aus der Tasche, wickelt ein Bonbon aus, wirft das Papier auf die Erde. Er öffnet den Mund, um sich das Bonbon in den Mund zu werfen. Man hört das Heulen ganz nah.

Der Gelähmte erstarrt mit offenem Mund und ausgestreckter Hand, in der er das Bonbon hält. Das Kinn fällt ihm herunter. Er blickt nach links mit dem Profil zum Publikum.

Deutsch von Witold Kośny

Die Uraufführung des Stückes erfolgte 1977 in Zabrze.

Kandidat Fuchs

Person

Der Fuchs

Die Bühne ist dunkel. Aus einer Laterne (einer Kerze in einer Laterne) fällt ein Lichtkreis auf eine Bank, auf der ein Affe (eine Puppe) sitzt, und auf einen Leierkasten. Der Affe ist nicht groß. Es ist ein weiblicher Affe. Die Hinterbeine des Affenweibchens reichen nicht bis auf die Erde, sie stehen von der Bank ab wie die Beine einer Puppe, die man hingesetzt hat. Das Affenweibchen trägt ein rotes Wams mit silbernen Knöpfen und Epauletten an den Schultern. Auf dem Kopf hat es eine rote Kappe, wie sie einst die Narren trugen. An jedem der drei Zipfel der Narrenkappe hängt ein Glöckchen. Das Affenweibchen hat an seinem Halsband eine Kette, mit der es an den Leierkasten gefesselt ist, der aus einer grell angemalten Kiste auf zwei Rädern besteht. Die Kette ist lang genug, der Leierkasten verdeckt weder die Bank noch das Affenweibchen. Die Bank steht frontal zum Publikum, etwas mehr rechts (vom Publikum aus gesehen). Die Laterne steht auf der Bank, rechts neben dem Affenweibchen. Der Leierkasten – schräg links vom Affenweibchen, etwas näher am Proszenium als die Bank.

Von links kommt aus dem Dunkel der Fuchs herein, er ist zunächst kaum erkennbar. Er geht über das Proszenium nach rechts, als ob er wieder durch die rechte Kulisse hinausgehen wollte. Aber dann bleibt er stehen und betrachtet das Affenweibchen. Der Fuchs hat einen langen, bis zur

Erde reichenden Fuchspelz an. Roter Spitzbart, rote, glattgestrichene Haare mit Scheitel.

FUCHS *leise, zögernd* Wen sehe ich da? *Er geht zur Bank.* Um diese Zeit? *Er steht einen Augenblick vor der Bank, betrachtet das Affenweibchen.* Darf ich mich setzen?

Der Fuchs setzt sich auf die Bank, rechts neben das Affenweibchen. Zwischen ihm und dem Affenweibchen ist die Laterne. Er wartet auf eine Reaktion, die natürlich nicht erfolgt. Schließlich wendet sich der Fuchs frontal dem Publikum zu und sitzt einen Augenblick schweigend mit dem Gesicht zum Publikum, genau wie das Affenweibchen, das während der ganzen Vorstellung so verharrt. Dann wendet sich der Fuchs mit einer dezidierten Kehrtwendung des Körpers wieder dem Affenweibchen zu.

Ich weiß wirklich nicht, wie ich mich verhalten soll. Soll ich mich wegen meiner Kühnheit entschuldigen oder wegen meiner Schüchternheit. Das hängt davon ab, wie Sie, mein Herr… meine Dame… unsere Beziehung sehen.

Pause. Das Affenweibchen schweigt.

Ich verstehe. Ich gebe zu, daß es schwer ist, sie klar zu sehen. Oder vielmehr: zu entscheiden, welchen Standpunkt man einnehmen soll. Man kann sie nämlich von zwei Seiten betrachten. Von der einen Seite her sind wir… gehören wir beide… zur Tierwelt. Fuchs und

Affe – das sind warmblütige Säugetiere, Wirbeltiere, Vierbeiner. Wenn aber einer, eins von uns, sagen wir mal, ein Fisch wäre, gäbe es ebenfalls eine Verwandtschaft. Ein Fisch, das ist schließlich keine Pflanze und auch kein Mineral. Aber es wäre eine Verwandtschaft geringeren Grades. So jedoch, wie die Dinge stehen, oder besser, wie wir stehen, oder vielmehr, wie wir sitzen, hier, nebeneinander, könnte ich mich an Sie wenden: Bruder! Eventuell: Schwester! Das hängt von dem Geschlecht ab.

Pause.

Eine kühle Nacht.

Pause.

Na, ziemlich kühl. Ich will nicht übertreiben, aber man darf die trotz allem sehr nahe Verwandtschaft doch nicht übergehen…

Pause.

Im übrigen bestehe ich nicht darauf. Ich stelle die Angelegenheit nur von einer Seite dar, von einer der zwei möglichen Seiten… Aber wenn wir unsere Beziehung von dieser Seite her sehen, was im übrigen nur von unserer Übereinkunft abhängt, dann wäre eine gewisse Schüchternheit, mit der ich mich an dich… an Sie, mein Herr… meine Dame… wende, eine gewisse Zurückhaltung keinesfalls am Platz. Unter Verwandten gehört sich eine solche Zurückhaltung einfach nicht, die bis zur Frostigkeit, geradezu bis zum Schmalz familiärer Gefühle geht... Nicht wahr? Da sollte ich eher rufen: *Er steht auf und streckt seine Arme aus* Grüß dich, Affe! Küßchen! Küßchen! *Er erstarrt, als er bemerkt, daß das Affenweibchen nicht reagiert und er vielleicht eine Taktlosigkeit begangen hat. Er setzt sich.* Also, ich habe nichts gesagt.

Pause. Der Fuchs betrachtet das Affenweibchen.

Schön sind Sie angezogen.

Pause.

Von der anderen Seite her gesehen wäre so eine Vertraulichkeit ganz und gar nicht am Platz. Sie, Sie als Affe, sind sozusagen ein zweideutiges Wesen. Oh, ich meine das nicht etwa abwertend. Bitte entschuldigen Sie, daß ich dieses Wort gebraucht habe, aber es fällt mir schwer, ein anderes zu finden, das die Natur der Dinge besser wiedergäbe. Von der Seite her, von der ich schon sprach, gehören Sie als Dame – ich möchte Sie doch lieber als Dame sehen, da ich nicht wage, Sie nach Ihrem Geschlecht zu fragen, und lieber im Glauben bin, daß ich es mit einem weiblichen Wesen zu tun habe, da kann ich mit einer gewissen Sanftheit und Mütterlichkeit rechnen, was mir die Verständigung erleichtert –, also auf der einen Seite gehören Sie zweifellos zur Tierwelt. Ja, aber auf der anderen Seite, hat nicht gerade Ihre Gattung das Geschlecht der Menschen begründet? Sie sind ein verbindendes Glied zwischen Tier und Mensch. In Ihnen steckt genauso viel Tierisches wie Menschliches. Und wenn wir Ihre Gebundenheit an die Tierwelt beiseite lassen, dann haben wir es nur noch mit Ihrer Menschlichkeit zu tun. Von Ihnen läßt sich das gleiche sagen wie von einem Menschen. Der Mensch hat eine halb äffische, halb engelhafte Natur. Der Affe – eine halb tierische, eine halb menschliche. Also ebenfalls halb und halb, wenn auch auf einer anderen Ebene, der Unterschied liegt nur im Grad der Sublimierung, aber das Prinzip der Halbheit ist das gleiche. Ich hoffe, daß ich Sie durch meinen Vergleich mit dem Menschen nicht beleidigt habe. Ein Vergleich, aus dem sich Ihre Inferiorität dem Menschen gegenüber ergibt. Aber bitte, sehen Sie zurück auf die vielen niederen Gattungen, auf die vielen Entwicklungsstufen, die Sie schon überwunden haben, auf mich zum Beispiel... Dann fühlen Sie sich sofort wieder emporgehoben. Und überdies – was steht denn einer weiteren Evolution im Wege? Wenn Sie einmal hinter das Geheimnis der Veränderung gekommen sind, können Sie sich beliebig höher entwickeln. Ich vermute, daß Sie das im Augenblick aus irgendwelchen persönlichen Gründen nicht tun. Vielleicht sind Sie einfach müde und wollen etwas ausspannen, hier auf dieser Bank, nach der Anstrengung, die es sicherlich gekostet hat, sich von der rein tierischen Kondition zu befreien. Aber schon in Kürze brechen Sie auf zum triumphalen Zug in die höheren Formen des Seins. Von mir kann ich das leider nicht sagen. Ich bin nur ein gewöhnlicher Fuchs, also ein hundertprozentiges Tier, ohne jede Halbheit, also ohne bessere Aussichten für die Zukunft. Deswegen eben, wenn wir diese zweite Seite Ihrer Natur berücksichtigen, diese Ihre bereits gewonnene und bestätigte Überlegenheit mir gegenüber sowie die Aussicht auf noch höhere Regionen des Seins, die Ihnen zugänglich sind, kann ich, ein einfacher und unwiderruflicher Fuchs, nur sagen: Ich küsse Ihre Hand, Madame. *Er erhebt sich von der Bank in einer Verbeugung, die einem Handkuß vorausgeht. Aber die Affendame reagiert natürlich nicht, so fällt der Fuchs wieder auf die Bank zurück.* Übrigens zeugt bereits Ihre Erscheinung davon, daß uns vieles trennt und vieles verbindet. Ihre Kleidung und die Situation, in der Sie sich befinden. Sie sind absolut nicht tierisch. Ich habe nur meinen Fuchspelz, aber Sie haben ein menschliches Gewand an. Und zwar nicht eines, das etwa nur vor Kälte schützte und als eine modische Ergänzung der biologischen Anpassung, als eine kunstvolle Erweiterung der natürlichen Funktion gelten könnte. O nein – Ihr Gewand hat einen symbolischen Charakter, drückt abstrakte, also spezifisch menschliche Begriffe aus. Purpur, das ist die Farbe der Könige und die Farbe der Leidenschaft. Silber – das ist Kostbarkeit, die Epauletten repräsentieren Würde und Ernst. Ihre Kopfbedeckung dagegen symbolisiert Witz, also ein Gefühl für Humor, eine Eigenschaft, die von Menschlichkeit zeugt und uns Tieren verschlossen bleibt. Dies hier *er berührt die Kette, mit der das Affenweibchen an den Leierkasten gebunden ist* ist ebenfalls ein menschliches

Produkt. Es steht für Bindung, für eine Kategorie also, die, obwohl einige Haustiere sie kennen, doch im Geist des Menschen entstanden ist und den Tieren nur angedichtet wird, denn sie kennen sie nur im Passiv. Ketten, Knebel, Gitter und Fesseln sind ein unbestreitbares Zeugnis für den Geist, denn sie drücken bewußte Beschränkung, eine zielstrebige Steuerung, ein vorsätzliches Ausschließen von Beliebigkeit aus. Und woran sind Sie gebunden? Ganz konkret gebunden; und darin liegt ein höherer Sinn, drückt sich eine geistige Bindung aus. Denn Sie sind keineswegs an etwas Utilitaristisches gebunden, wie etwa der Hund an seine Hütte gebunden ist, damit er den Hof bewacht, oder das Pferd an eine Tretmühle. Sie sind an eine Sache gebunden, die jede Nützlichkeit übersteigt, und wie bekannt, vermag sich nur jemand, der kein Tier ist, einer nutzlosen Sache anzunehmen. Sie sind an die Musik gebunden. Verzeihung, darf ich mal? *Der Fuchs steht auf und dreht an der Leierkastenkurbel. Man hört die Sonate A-Dur von Mozart.* Musik, die reinste der Künste, die nichts außer sich selber ausdrückt. Edler als die Literatur, die, obwohl selbst keine Materie, dennoch deren Gesetzen unterworfen ist: dem Existenzkampf, der in sublimer Form im Kampf der Ideen geführt wird. Edler als die Malerei und die Bildhauerei, die sich der Gestalt und des Bildes bedienen müssen, also nicht frei von Körperlichkeit sind. Die Musik, das ist absolute Kunst. Die letzten Spuren der Unfreiheit verschwinden, Musik ist frei von Bild und Wort, von diesen beiden Zerberussen des Bewußtseins, das sie wie Gefängniswächter zwar am Leben erhalten, aber auch daran hindern, ihnen zu entkommen. Wenn ich Musik höre, bin ich mir am meisten bewußt, daß ich nur ein Fuchs bin. Es erwacht in mir die Sehnsucht nach einer mir unzugänglichen Vollkommenheit, mein Blick richtet sich nach oben. Aber leider nur der Blick … *Er hört auf, die Kurbel des Leierkastens zu drehen. Die Sonate verstummt.* … Und ich weine.

Er setzt sich wieder auf die Bank. Pause.

Verzeihung. Aber Sie haben ja keine Ahnung, was es heißt, auf einer niedrigeren Entwicklungsstufe stehengeblieben zu sein. Die Musik macht mir den Abgrund zwischen mir und den höher entwickelten Geschöpfen bewußt. Jetzt zweifle ich nicht mehr daran, daß uns mehr trennt als verbindet. Ja, zwischen mir und Ihnen klafft ein Abgrund. Sie sind bereits auf der anderen Seite des evolutionären Sprunges. Und ich bin nur ein Tier.

Pause.

Ist Ihnen nicht zu kalt?

Pause.

Sie erinnern sich schon nicht mehr daran, was es heißt, nur ein Tier zu sein. Außerdem konnte man es in der Zeit, in der Sie's waren, ja auch noch aushalten, ein Tier zu sein. Moralisch und materiell. Die Natur war noch die einzige Wirklichkeit, die einzige Alternative. Damals ein Tier zu sein war weder eine Schande, noch machte es das Überleben schwierig. Der Homo sapiens stach uns mit seiner Überlegenheit noch nicht in die Augen und nannte sich noch nicht Krone der Schöpfung, es gab damals sein Reich noch nicht, das die Vorräte der Natur schmälert. Heute hat sich für uns Tiere alles zum Schlechteren verändert. Die Zivilisation verdrängt die Natur und engt unsere Überlebenschancen immer mehr ein. Die Kultur belastet uns mit einem Minderwertigkeitskomplex. Einst hatten wir alle den gleichen Ausgangspunkt, weshalb sind dann einige so weit gekommen und andere am gleichen Platz geblieben wie vor Milliarden von Jahren? Warum haben Sie bereits menschliche Gestalt und ich nicht? Das ist die Frage, auf die es keine Antwort gibt. Ich irre nachts herum, gejagt und selbst auf der Jagd nach Nahrung, und im Kopf tönt es unaufhörlich: warum, warum, warum...

Man hört das Krähen eines Hahns.

Es fängt bald an zu tagen, aber für mich ist die Nacht nicht zu Ende. Die Nacht des organischen Seins, die Vorhölle des biologischen Dauerns, die blinde Tyrannei der Instinkte, der Teufelskreis von Angst und Hunger, von Fliehen und Jagen. Nicht für mich leuchtet die Morgenröte des Geistes, der göttliche Funke des Intellekts, das Licht des aufsteigenden Bewußtseins, des Überbewußtseins und des Super-Überbewußtseins. Nicht für mich existiert Seele. Seele! Warum kann ich keine Seele haben? *Der Fuchs erhebt sich von der Bank. Einen*

Augenblick lang steht er mit dem Gesicht zum Publikum. Dann wendet er sich an das Affenweibchen. Sie kennen das Geheimnis. Sie sind auf halbem Wege zwischen uns, dem Proletariat der Schöpfung und dem Menschen, dem Beherrscher der Erde. Sie wissen, wie man es macht, um nicht immer unten zu bleiben. Ich flehe Sie an, verraten Sie es mir, dieses Geheimnis. Um der Erinnerung an unsere gemeinsame Vergangenheit willen, aus Mitleid für den armen Verwandten und auch wegen der Evolution an sich. Ist nicht die Evolution das einzige Gesetz, die einzige wahre Religion, der einzige Sinn des Universums? Sind nicht der Fortschritt, der Weg zur Vollkommenheit, der immer höhere Aufschwung das einzige Ziel, der einzige Grund des Lebens? Und wenn es so ist, dann haben Sie kein Recht, mir das abzuschlagen. Gehen wir zusammen! Sie werden ein Mensch und ich ein Affe. Später, wenn der Mensch ein Engel wird, dann nehme ich den Platz des Menschen ein. Und schließlich ist das noch nicht das Ende. Es sind sehr wohl weitere, bis jetzt noch nicht bekannte Entwicklungsstufen möglich. Erzengel, Erzerzengel und so weiter, hinauf in schwindelerregende Höhen. Vorneweg der Mensch, dann Sie, dann ich. Ein unaufhörlicher Aufstieg. Sehen Sie das nicht auch? Freuen Sie sich nicht darüber? Nur ein Wort, und Sie werden mehr sein als ein gewöhnlicher Affe. Sie werden ein Messias, ein Befreier aller Wesen, die bis jetzt von dem Aufstieg in den Himmel ausgeschlossen waren. Sagen Sie es mir?

Zum zweiten Mal kräht der Hahn. Der Fuchs beugt sich über das Affenweibchen. Er senkt die Stimme:

Noch ist es Nacht, aber bald geht die Sonne auf. Gibt es eine bessere Gelegenheit, einen geeigneteren Augenblick, um mir das Geheimnis zu verraten? Das Licht, das Sie mir zukommen lassen, verbindet sich mit dem Schein der aufgehenden Sonne.

Der Fuchs nimmt die Laterne und löscht sie aus, die Bühne ist jetzt völlig dunkel.

Die Dunkelheit ist den Geständnissen günstig, und der frühe Morgen wird der Zustand der Offenbarung. Wir sind allein, aber gleich erscheint der Mensch, Ihr Vetter, Ihr Impresario, Ihr Beschützer. Der Mensch hütet eifersüchtig sein Geheimnis. Er will der Herrscher der Welt bleiben, der Verheißung gemäß, die in der Genesis steht: »... und macht sie euch untertan und herrschet über die Fische im Meer und über die Vögel unter dem Himmel und über alles Getier, das auf Erden kreucht.« Der Mensch will nicht, daß die Fische, die Vögel und alles Getier das Geheimnis des Menschseins erfahren. Aber Sie, Sie kennen dieses Geheimnis. Noch ist Zeit, es mir zu enthüllen, bevor der Mensch kommt und uns stört. Der Mensch, der sein Menschsein so geflissentlich abschirmt. Der Mensch – die Krone der Schöpfung, die höchste Form des Seins auf dieser Erde. Reden Sie! Ich will ein Mensch werden!

Zum dritten Mal kräht der Hahn. Die Bühne wird heller und ist jetzt deutlich erkennbar. Am Boden Zeitungsfetzen, leere Flaschen und Konservendosen. Hinten und etwas weiter links – vom Publikum aus gesehen – ein blattloser Baum. Am Baum hängt der Leierkastenmann. – Selbstverständlich darf das Publikum vorher auf keinen Fall die Gegenwart des Erhängten im Hintergrund erraten können. – Ein Hut mit einer breiten Krempe ist über die Stirn gezogen und verdeckt sein Gesicht. Ein ärmlicher, zerrissener, farbloser Gehrock. Ein langer Schal von etwas lebhafterer Farbe verhüllt den Hals und hängt lose am leblosen Körper herunter. Der Fuchs steht vor dem Affenweibchen, mit dem Gesicht zum Erhängten. Einen Augenblick lang betrachtet er ihn. Das Licht hat inzwischen die volle Stärke erreicht und wird sich nicht mehr ändern.

Na ja, dann werd ich mal gehen.

Er geht nach rechts ab.

Deutsch von Witold Kośny

Die Uraufführung des Stückes erfolgte 1979 in Łódź.

Der Fuchs als Philosoph

Personen

Der Fuchs
Frau-Bischof, stumm
Der Hahn

Die Bühne sieht fast wie eine Müllkippe aus. Fetzen von alten Zeitungen, Apfelsinenschalen, Konservendosen. Im Hintergrund etwas weiter links ein blattloser Raum. Etwas weiter rechts eine Holzbank wie in einem öffentlichen Park, abbröckelnder und zerkratzter grüner Anstrich. Auf der Bank sitzt aufrecht in majestätischer Pose der Bischof im Ornat, eine Mitra auf dem Kopf und einen Hirtenstab in der Hand. Im Hintergrund der Bühne ein Kinderwagen auf hohen Rädern mit aufgestelltem Verdeck.

Von rechts kommt der Fuchs, ein Mann in einem Fuchspelz. Er trägt einen großen, schweren Sack. Er überquert die Bühne von rechts nach links, bleibt stehen, sieht sich nach dem Bischof um und kehrt zur Bank zurück. Er legt den Sack auf die Erde, zwischen die Bank und das Proszenium, und richtet sich erleichtert auf. Er setzt sich auf die Bank neben den Bischof. Er sitzt dort eine Weile schweigend. Dann beginnt er zu reden.

FUCHS Schönes Wetter heute…

Der Bischof reagiert nicht.

Relativ schön. Normalerweise ist es im Herbst kühler.

Der Bischof reagiert nicht. Pause.

Das ist meine Meinung, ich stelle sie zur Diskussion. *Pause.* Was meinen Eminenz dazu?

Der Bischof reagiert nicht. Der Fuchs zieht ein Zigarrenetui aus seiner Tasche.

Rauchen Eminenz?

Der Bischof reagiert nicht.

Ich auch nicht.

Der Fuchs steckt das Etui wieder in seine Tasche. Eine längere Zeit sitzt er schweigend da. Dann entschließt er sich, steht auf.

Eminenz erlauben, daß ich mich vorstelle. Fuchs ist mein Name.

Der Bischof reagiert nicht. Der Fuchs steht eine Weile mit ausgestreckter Hand da, und setzt sich dann wieder, als der Bischof seine ausgestreckte Hand nicht zur Kenntnis nimmt.

Ich freue mich sehr, daß wir uns kennengelernt haben. Hier kann man mit niemandem reden, ich meine natürlich, man kann keine anregenden Gespräche mit Menschen von Niveau führen … Hier ist alles krepiert, selbst die Vierbeiner... Nur noch Würmer. Sind Eminenz oft im Wald? Schön hier, nicht wahr?

Pause.

Und was hört man in der großen, weiten Welt? Es soll ja überall Veränderungen gegeben haben, Reformen, neue Strömungen bahnen sich an, neue Wege... Selbst im Schoß der Kirche, man hört ja so einiges darüber... daß es auch im kirchlichen Bereich gärt, Lockerung der strengen Vorschriften, abweichende Lehrmeinungen, laizistische Tendenzen... Ich wiederhole nur, was ich gehört habe. Ist das wahr, daß der weltliche Fortschritt die geistige Tradition bedroht? Darüber hätte ich gern etwas Maßgebliches gehört, und Eminenz sitzen ja sozusagen an der Quelle...

Pause. Der Fuchs seufzt.

Ich verstehe. Sie müssen sich einer Stellungnahme enthalten... Da Sie nicht widersprechen, muß an der Sache wohl was dran sein. Ich kenne mich in der Politik nicht aus, aber ich will aufrichtig sein. Was mich betrifft, so bin ich mit ganzem Herzen auf seiten der Tradition, und ich vermute, Sie auch, Eminenz. Bitte, verzeihen Sie mir meine Kühnheit, aber ich sehe das schon am Äußeren, an diesen pontifikalen Gewändern. Reformisten kleiden sich nicht so. Sie verwerfen die alten Gewänder, wie sie die alten Symbole und Werte verwerfen. Das geht Hand in Hand. Zu ihnen gehören Eminenz sicher nicht.

Wie könnten Sie auch, da die ja die Hierarchie bekämpfen, also auch Sie, Eminenz. Sie gehören zur Tradition. Was sage ich da – Eminenz sind die Tradition selbst.

Pause. Der Fuchs beugt sich vor und betrachtet den Bischofsring.

Ein schöner Ring.

Pause.

Eminenz erlauben, daß ich Ihnen meine Gedanken darlege... Danke, das ist für mich eine einzigartige Gelegenheit. Ich denke gar nicht selten über ernsthafte Dinge nach, aber hier gibt es niemanden, mit dem es sich zu reden lohnte, von einer geistlichen Person ganz zu schweigen. Ich denke zum Beispiel über das Märtyrertum und die Märtyrer nach. Natürlich sind das nur einfache Gedanken eines Dilettanten. Trotzdem bewegen sie mich. Es ist mir etwas peinlich, vor so einer Autorität, wie Sie es sind, Eminenz. Aber Eminenz werden mir sicher nicht böse sein... Mir ist also aufgefallen, daß das Märtyrertum eine große Rolle in unserer Geschichte gespielt hat. Zuerst wurden die Christen wegen ihres Glaubens gemartert, dann marterten die Christen andere wegen ihres Glaubens. Ob so oder so, ob in die eine oder die andere Richtung, ohne Märtyrertum kein Schritt vorwärts. Den Wert der Überzeugungen maß man am Leiden. Und welches Maß gibt es heute? Heute kosten Überzeugungen nichts, weil Toleranz herrscht. Naja, vielleicht nicht überall, aber zumindest hier bei uns – und nur, was hier bei uns passiert, zählt. Heute interessiert es niemanden, ob der andere an etwas glaubt oder nicht, es herrscht Gewissensfreiheit. Aber womit mißt man das Gewissen? Heute will niemand mehr den anderen martern, und selbst wenn jemand für seinen Glauben gern gemartert werden wollte, fehlt ihm die Gelegenheit dazu. Leiden ist heute, dem Trend der Zeit entsprechend, eine Form des Genusses. Das Leiden, das früher dem Geist diente, dient jetzt den körperlichen Exzessen perverser Leute. Jawohl, man hat das Leiden aus dem Königreich der Ideen verjagt und den Sadomasochisten überlassen. Kann man angesichts dessen überhaupt noch von Leiden sprechen? Dieser edle Gefühlswert ist so in den Dreck gezogen worden, daß er aufgehört hat, er selber zu sein, weil er aufgehört hat, edel zu sein. Der Geist adelt ihn nicht mehr. Was ist also Glaube ohne Leiden, und Leiden ohne Glauben?

Pause.

Eminenz werden mir natürlich erwidern, daß es noch viel Leiden auf der Erde gibt, selbst wenn wir jenen Anteil abziehen, der den Perversen zum Lustgewinn dient. Einverstanden. Es gibt noch viel, wie soll ich sagen, herrenloses Leiden. Wer wüßte besser als ich, wieviel Leiden es noch gibt, natürlich, aber Leiden ohne höheren Sinn, ohne Richtung, ohne geistigen Nutzen. Leider begegne ich als Fuchs diesem Leiden täglich. Sie wissen sicher, Eminenz, daß ich ein blutsaugendes Tier bin.

Zum erstenmal wendet der Bischof ihm seinen Kopf zu.

Oh, ich bin ganz in Ordnung. So bin ich geschaffen. Genauer gesagt, nicht als blutsaugendes, sondern als fleischfressendes Tier, das sich vom Fleisch anderer Tiere ernähren muß, um zu leben; und das, um zu leben, töten muß.

Der Bischof erhebt sich ein wenig von seiner Bank, er starrt immer noch den Fuchs an. Der Fuchs weist mit dem Finger zum Himmel:

Richten Eminenz lieber Ihren Blick dorthin, nach oben und nicht auf mich. Auf den Herrn, nicht auf den Diener. Auf den, der mich schuf, nicht auf das Geschöpf. Ich habe mich nicht erdacht, ich war nicht mein Projekt. Wenn es von mir abhinge, zöge ich es vor, mich von Milchprodukten und Gemüse zu ernähren, obwohl der Genuß von Eiern unter dem Gesichtspunkt, daß man ungeborenes Leben achten und schützen sollte, ebenfalls suspekt ist. Neueste Untersuchungen beweisen übrigens, daß selbst Pflanzen keineswegs so unempfindlich sind wie bisher angenommen.

Der Bischof setzt sich und sieht wieder vor sich hin.

Es ist nicht meine Schuld, daß ich ab und zu ein Kaninchen fangen muß oder ein Huhn oder eine Gans und… Eminenz erlauben, daß ich nicht in Einzelheiten gehe. Jaja, die blinde Notwendigkeit der Natur.

Pause.

Eminenz, Sie sind dagegen? Ich auch. Faktisch bin ich in Ordnung, aber moralisch bin ich im Zwiespalt. Leben muß man, aber kann das bloße biologische Überleben meiner Seele Frieden bringen? Oftmals sage ich zu mir selber: »Was machst du, du böser Fuchs? Wieder hast du ein unschuldiges Geschöpf zu Tode gemartert, nur um dem blinden Instinkt Genüge zu tun. Dir ist befohlen zu töten, das ist wahr, aber könntest du dem nicht ein Ideal unterschieben? Mußt du denn ewig ohne jeden geistigen Sinn, ohne eine höhere Idee töten, und müssen deine Opfer, statt für eine edle Sache zu sterben, nur ewig deinen primitiven Hunger stillen?« Eminenz, ich habe das satt. Und als ich Sie hier sah, dachte ich mir: »Der ist mir vom Himmel gefallen.« Ich glaube, ich darf das nicht nur, sondern ich muß das so sagen … Ich zeige Ihnen mal was, Eminenz.

Der Fuchs steht auf, geht zu dem Sack, knüpft ihn auf. Der Hahn, der im Sack gesessen hat, kommt zum Vorschein. Er hat einen Kamm und kämmt sich seine Haare.

Bitte, hier ist gerade eins meiner Opfer. Ein Hahn, das blühende Leben, die Vitalität und Zeugungskraft in Person. Sehen Sie ihn sich gut an, Eminenz: dieser markante Kopf, diese prachtvolle Gestalt, dieses blitzende Auge … *Zum Hahn* Begrüße Seine Eminenz.

Der Hahn reagiert nicht.

Und trotzdem muß er zugrunde gehen. So viel Schönheit und Kraft, so viel Lebensfreude, das alles wird vernichtet. Brutal, mit einem Mal, wie ein Faden, der abgeschnitten wird... *Er wischt sich eine Träne ab.* Und wofür, weshalb, fragt er sich, in wessen Namen? *Zum Hahn* Das fragst du dich doch, oder? Und es gibt keine Antwort. Und ich muß ihn mit meinen eigenen Händen umbringen. Weshalb, wo liegt der geistige Sinn dieser grausamen Tat, das frage wiederum ich mich. Und auch ich finde keine Antwort. Henker wie Opfer stellen sich dieselbe Frage: »Warum, warum sterbe ich? Warum töte ich?« Und dasselbe Schweigen ist die Antwort für uns beide. War es ursprünglich so gemeint? Ist das rechtens? Kann man so leben? *Der Fuchs wischt sich gerührt wiederum eine Träne weg. Dann holt er mit der erhobenen Faust nach dem Hahn aus.* Verbeug dich vor der Eminenz, hörst du?

Unter dieser Drohung verbeugt sich der Hahn vor dem Bischof.

Und was sagen Sie dazu, Eminenz?

Pause.

Komm raus! *Er hilft dem Hahn, aus dem Sack herauszukriechen, und stößt ihn zur Bank. Auf dem Wege dorthin steckt der Hahn den Kamm in die Tasche. Beide stehen vor dem Bischof.* Eminenz, von wem sollen wir Rat und Hilfe erhoffen, wenn nicht von Ihnen, Eminenz. Sie sind ein geistiger Mentor par excellence. Ich verstehe, daß Sie sich hier sozusagen privat befinden, eine Bank am Waldrand, frische Luft... Natürlich. Aber überall gibt es Probleme, selbst an der frischen Luft.

Er wirft sich vor dem Bischof auf die Knie und zwingt den Hahn, das gleiche zu tun. Der Bischof steht auf.

So kann es nicht weitergehn! Sagen Sie, was wir tun, wie wir leben sollen! Oder: wie man töten und wie man sterben muß. Das heißt, nicht wie, sondern wofür! Wofür, Eminenz, wofür.

Der Bischof setzt sich wieder, sieht starr in die Landschaft, unbeweglich und hieratisch. Lange Pause.

Sie schweigen, Eminenz. *Der Fuchs steht auf, der Hahn ebenfalls.* Sie enttäuschen mich. *Er legt seinen Arm um die Schulter des Hahns.* Komm, mein armer Märtyrer ohne Glauben. Dein Henker bringt dich zum Schafott, ohne jede Überzeugung, und du folgst ihm ebenso. Verzeih ihm, denn er weiß zwar, was er tut, aber er weiß nicht, warum. Du weißt nicht, wofür du sterben mußt, und er weiß nicht, wofür er dich tötet. Wir sind Brüder in Unwissenheit.

Der Bischof neigt sich vor, stützt seine Ellbogen auf die Knie, hält eine Hand vor die Augen. In der anderen Hand hält er den Hirtenstab. Der Fuchs packt den Hahn wieder in den Sack, wirft sich den Sack über die Schultern, stöhnt vor Anstrengung.

Adieu, Eminenz. Schade. *Er geht nach links, bleibt stehen.* Nein, ich kann mich damit nicht zufriedengeben! *Er dreht sich um.* Wollen Sie nicht wenigstens ein Wort sagen! Verdiene ich das nicht? Ist es nicht Ihre Pflicht, Eminenz? *Er stellt den Sack auf die Erde.* Eminenz, ich warne Sie. Die Kirche ist nicht die einzige Institution, an die ich mich wenden kann. Ein anderer nimmt mich gern in seine Obhut und versagt mir seine Hilfe nicht. Ein anderer wartet nur darauf. Einer, der mich den Sinn des Lebens und des Sterbens lehrt, aber auf seine Weise. Der gibt mir Ideale, aber es werden nicht Ihre Ideale sein, Eminenz! O nein! Ganz im Gegenteil. Sie ahnen vielleicht, was ich meine?

Pause. Der Fuchs macht ein paar Schritte auf die Bank zu.

Eminenz, entweder reden Sie sofort mit mir, oder ich gehe woandershin. Ich gehe zum Teufel selber, und das wird nicht meine Schuld sein. Ich gebe mich dem Teufel hin, und Gott selber wird mich freisprechen und von Ihnen, Eminenz, Rechenschaft fordern. Eminenz, ich warte!

Pause. Der Fuchs steht und wartet. Dann kommt er zur Bank, neben den Bischof. Er berührt dessen Arm.

Aber, aber, Eminenz, ich wollte Sie nicht verletzen. Ich habe mich etwas scharf ausgedrückt, das ist wahr, aber ist das verwunderlich …

Pause.

Ich verstehe, es ist alles nicht so einfach. Aber wenn Sie mal versuchen wollten... Oder vielleicht versuchen wir es gemeinsam?... Mit vereinten Kräften... Ich habe sogar eine Idee. *Er sieht sich um wie ein Schwarzhändler vor einer illegalen Transaktion. Er senkt seine Stimme und zeigt auf den Sack mit dem Hahn.* Versuchen Sie, ihn zu bekehren. Dabei besteht kein Risiko, und bezahlt macht es sich auf jeden Fall. Entweder willigt er ein, dann stirbt er als ein Christ, oder er willigt nicht ein, und dann erwürge ich ihn als störrischen Heiden, aber im Namen des Glaubens. So oder so stirbt er für höhere Werte, und nicht, wie soll ich sagen, nackt und bloß. Na, was ist? Was sagen Sie dazu, Eminenz?

Pause.

Eminenz, das ist ein sauberes Geschäft. Muß ich die Vorteile aufzählen, die Sie daraus gewinnen können? Entweder gibt es einen Heiden weniger oder einen Märtyrer mehr. Und Sie wissen doch selber, Eminenz, daß einem die Märtyrer heute nicht täglich über den Weg laufen. Ihr braucht doch Märtyrer. Muß ich Ihnen das alles erst erklären?

Pause.

Eminenz, ich biete Eminenz eine so wunderschöne Gelegenheit... ganz umsonst. Sie müssen sie einfach wahrnehmen, Eminenz. Ihre Vorgänger hätten viel für eine solche Gelegenheit gegeben. Um einen einzigen zu bekehren, mußten sie weite Reisen unternehmen, sie fuhren zu wilden Völkern, unter Mühen und Anstrengungen, selbst unter Lebensgefahr. Hier dagegen ist der reine Luxus. Sie, Eminenz, sitzen bequem da, genießen die frische Luft, ruhen sich aus, und der Heide bietet sich von selber an. Sie brauchen nur die Hand auszustrecken, und alles ist bereit.

Pause.

Ich verstehe. Das ist so günstig, daß Eminenz daran kaum glauben können und deshalb zögern. Sie überlegen argwöhnisch, welchen Vorteil ich davon haben könnte, da ich Ihnen so zurede. Aber habe ich nicht schon erwähnt, daß ich genug habe von dieser sinnlosen Grausamkeit der Natur, der Ideenlosigkeit, der moralischen Leere...

Der Bischof läßt seine Hand von den Augen sinken und schaut den Fuchs an.

Na schön, ich höre schon auf. Das ist zwar die reine Wahrheit, aber ich sehe, daß Sie mir immer noch nicht glauben. Nun gut... Dann können Sie mir den Ring schenken, den Sie an Ihrem Finger tragen... Ich würde ihn annehmen, um Sie zu beruhigen. Es wäre ein Beweis für meine Eigennützigkeit, wenn Sie unbedingt so einen Beweis brauchen. Dann könnten Sie beruhigt sein, daß sich hinter meinem Vorschlag nichts verbirgt, meine Motive wären Ihnen ganz verständlich. Mir fällt das zwar schwer, aber für Eminenz tue ich alles. Ich nehme ihn sogar unbesehen, ich vertraue, daß er echt ist.

Man hört das Weinen eines Säuglings. Der Bischof steht auf und geht zu dem Kinderwagen. Er wiegt den Wagen, um das Kind zu beruhigen. Der Fuchs steht von der Bank auf.

Eminenz!

Das Kind beruhigt sich nicht, es weint immer lauter. Der Bischof lehnt seinen Hirtenstab an den Wagen, beugt sich über den Wagen und hebt mit beiden Händen das Kind heraus. Er wiegt es auf den Armen, aber der Säugling brüllt. Der Fuchs nähert sich dem Bischof.

Eminenz, hören Sie mich?

Der Bischof geht zur Bank, setzt sich, knöpft seine Bischofssoutane auf und nimmt eine ansehnliche weibliche Brust heraus, die er dem Säugling gibt, um ihn zu stillen. Denn der Bischof ist eine Frau. Der Fuchs hält sich die Hände mit einer Geste zwischen Schamhaftigkeit und Verzweiflung vors Gesicht. Das Kind saugt und hört auf zu weinen. Der Fuchs wagt wieder einen Blick in der Hoffnung, es sei alles nur eine Halluzination, aber als er das gleiche Bild sieht, verhüllt er sofort wieder seine Augen. Schließlich nimmt er die Hände definitiv vom Ge-

sicht, aber er sieht jetzt nicht mehr die Frau-Bischof an, sondern seitwärts auf den Boden.

Eminenz ... Madame ... Ich nehme alles zurück, was ich vorhin über Fortschritt und Tradition gesagt habe. Ich wollte sagen, daß ich immer auf seiten des Fortschritts und gegen die Tradition war, ja, immer, und besonders heute. Und trotzdem ... *Er verheddert sich, verschluckt sich, faßt sich mit der Hand an die Kehle, schluckt.* Madame, bitte verzeihen Sie meine Rührung. Die Geschwindigkeit des Fortschritts hat meine kühnsten Erwartungen übertroffen.

Er zieht ein Taschentuch aus der Tasche und wischt sich den Schweiß von der Stirn. Inzwischen steckt die Frau-Bischof, nachdem das Kind gestillt und beruhigt ist, ihre Brust in die Soutane, steht auf, geht zum Wagen, legt das Kind wieder hinein und nimmt den Hirtenstab in die Hand. Der Fuchs steckt das Taschentuch ein und wendet sich an die Frau-Bischof:

Das bedeutet keineswegs, daß wir nicht fortfahren können. Mein Angebot bleibt weiterhin bestehen, ich halte es aufrecht. Ja, es hat sich nichts geändert. Ich gehöre nicht zu denen, die die Vergangenheit um jeden Preis verteidigen und nichts Neues akzeptieren. O nein! Alles bleibt beim alten! Das heißt, ich wollte sagen, beim neuen, aber irgendwie auf die alte Weise. So ist es. Das Neue auf die alte Weise, oder das Alte auf neue Art ... Ich kann mich nicht richtig ausdrücken, aber hier geht es um grundsätzliche Probleme. Wie ich schon Gelegenheit hatte zu bemerken …

Die Frau-Bischof schiebt den Kinderwagen nach links. Der Fuchs schreit, um ihn aufzuhalten:

Madame Eminenz!

Kurzes Weinen des Kindes. Die Frau-Bischof bleibt stehen, dreht sich zum Fuchs um und legt einen Finger an den Mund, um ihm zu bedeuten, er möge leise sein. Dann zeigt sie mit dem Finger auf das Kind und deutet auf diese Weise an, daß man es nicht wecken dürfe. Sie entfernt sich nun endgültig nach links, schiebt den Kinderwagen und hält majestätisch den Hirtenstab. Der Fuchs steht eine Weile dumm da, dann geht er zur Bank und setzt sich, in der Haltung eines niedergeschmetterten Menschen. Der Hahn streckt seinen Kopf aus dem Sack heraus.

HAHN Was ist denn?
FUCHS Ende.

Deutsch von Witold Kośny

Die Uraufführung des Stückes erfolgte 1977 in Zabrze.

Serenade

Personen

Der Fuchs
Der Hahn
Blonda, Bruna, Rougea – Hühner

Die Fassade eines Hühnerhauses auf einem Laufsteg. (Der Laufsteg auf Pfählen.) Unten nebeneinander drei Fenster. Oben nur ein Fenster, genau über dem mittleren. Der Umriß der Fassade sollte wie ein Dreieck, eine halbe Ellipse oder ein Halbkreis auf einem Rechteck aussehen. Das obere Fenster befindet sich in diesem Dreieck/der Ellipse bzw. dem Halbkreis. Die unteren Fenster sind in dem Rechteck. Alle Fenster haben hölzerne Läden, die zunächst geschlossen sind. Von dem Laufsteg führen primitive, schmale, hölzerne Treppchen hinunter, so steil, daß sie fast wie eine Leiter am Laufsteg wirken. Der Steg geht über die ganze Fassade ohne Geländer. Er umgibt das Hühnerhaus ebenfalls von den Seiten, falls diese sichtbar sind. Falls sie hinter den Kulissen liegen (wenn die Bühne für die erste Variante zu klein ist), geht der Laufsteg zu beiden Seiten in die Kulisse über. Es ist Nacht, aber hell. Der Mond scheint, aber man sieht ihn nicht. Vor dem Hühnerhaus sitzt der Fuchs – mit dem Rücken zum Publikum – in einem Fuchspelz und einer gigantischen Afro-Perücke. Er sitzt auf einem kleinen Hocker und spielt Cello. Der offene Cellokasten liegt in der Nähe auf der Erde. Der Fuchs spielt eine Weile lang ein ruhiges, schönes Stück. Nach einem Augenblick öffnet sich das obere Fenster. Es erscheint der Hahn in einem japanischen Kimono und einer Schlafmütze.

HAHN He du, Rotkopf, Gauner, Galgenstrick, Hinkepfote! Mach, daß du fortkommst!

Der Fuchs spielt weiter, ohne den Hahn zur Kenntnis zu nehmen.

Hast du gehört? Ich gebe dir zwei Minuten, um deine Sachen zu packen und zu verschwinden. Und laß dich hier nie wieder blicken!

Der Fuchs spielt ungerührt weiter.

Fort! Ab in deinen Bau! In den Wald!

Das erste Fenster von rechts – vom Zuschauerraum aus gesehen, so wie im weiteren Verlauf »rechts«, »links« immer heißt: vom Zuschauerraum aus gesehen – öffnet sich, und Blonda erscheint. Eine junge Frau, ihr Haar hat sie mit einer breiten, roten Schleife zusammengebunden.

BLONDA Weshalb schreist du?
HAHN Und du, weshalb schläfst du noch nicht?
BLONDA Das ist vielleicht eine Frage! Wie soll man schlafen können, wenn du so einen Krach machst?
HAHN Ich mache Krach? Ich? Das ist dieser Landstreicher, dieser Hochstapler, dieser Nichtsnutz!

Der Fuchs unterbricht einen Augenblick lang. Nur, um aufzustehen und sich vor der Dame zu verneigen. Dann setzt er sich wieder und spielt weiter.

BLONDA Zu hören bist nur du. Kannst du das nicht sein lassen? Wenigstens einen Augenblick? Zumindest um Mitternacht? Ich habe genug von deinem Geschrei. Den ganzen Tag lang krähst und scharwenzelst du herum, da hat man doch nachts seine Ruhe verdient. Mach das Fenster zu, und geh sofort ins Bett!

HAHN Ich kämpfe für die öffentliche Ruhe!

Das erste Fenster öffnet sich. Es erscheint Bruna, eine brünette Dame.

BRUNA Was ist denn hier los? Man kann ja nicht schlafen. *Zu Blonda.* Weshalb schreist du?

BLONDA Ich schreie? Das ist der Hahn.

BRUNA Du! Anständige Hühner schlafen nachts und machen kein Spektakel.

HAHN Eben!

BRUNA Misch dich nicht ein! *Wieder zu Blonda.* Denkst du vielleicht, du wärst allein im Hühnerhaus? *Sie entdeckt den Fuchs.* Wer ist dieser Gentleman?

Der Fuchs unterbricht seine Serenade, steht auf, verbeugt sich, dann setzt er sich wieder an sein Cello.

HAHN Das soll ein Gentleman sein? Ein Galgenstrick ist das!

BLONDA Alte Hexe!

BRUNA Wer ist alt?

BLONDA Du!

Das mittlere Fenster öffnet sich. Rougea erscheint.

ROUGEA Fangt ihr wieder an?

HAHN Nein! Misch du dich nicht auch noch ein!

ROUGEA Ich misch mich ein? Ich? Wegen dieser Weiber kann man kein Auge zumachen, und du sagst, ich misch mich ein.

BRUNA Weswegen?

BLONDA Wegen welcher Weiber?

HAHN Ich wollte sagen, reg dich nicht auf.

ROUGEA Na bitte, nun bin ich wieder schuld, ich störe dich, ich reg dich auf.

BLONDA Oje, oje…

HAHN Nicht mich, sondern dich! Dich selber… Du regst dich selber auf.

BRUNA Mich auch.

ROUGEA Quäl mich, foltere mich, bitte sehr, wenn es dir Spaß macht…

HAHN Geht schlafen! Alle!

ROUGEA *weint, oder vielmehr: Sie heult hysterisch. Plötzlich hört sie auf. Sie betrachtet mit Interesse den Fuchs.* Wer ist das?

Der Fuchs steht auf, verbeugt sich, dann kehrt er zu seinem Cello zurück.

HAHN Beachte ihn nicht.

ROUGEA Dein Kollege?

HAHN Kollege? Sehe ich so aus wie sein Kollege?

ROUGEA Nein. Er sieht wie ein Künstler aus.

HAHN Ein Künstler? Ein Bandit, ein Betrüger, ein Schuft!

ROUGEA Also kennst du ihn?

HAHN Nicht erst seit heute. Ich kenne ihn viel zu gut. Ich kenne ihn wie einen falschen Fünfziger. Und wie ich den kenne, auch wenn ich ihn lieber nicht kennen würde.

ROUGEA Und ich sehe ihn zum ersten Mal.

HAHN Einmal zuviel.

ROUGEA Er ist anscheinend Ausländer.

BLONDA Ein brünetter Typ.

HAHN Er gibt sich als Italiener aus, aber mich legt er nicht rein. Ich habe ihn gleich erkannt.

BRUNA Er ist häßlich.

BLONDA Er gefällt mir nicht.

HAHN Richtig. Wenn ihr nun noch wüßtet, wer er in Wirklichkeit ist…

BLONDA Zu klein.

BRUNA Zu groß.

ROUGEA Weder noch.

HAHN Das ist alles gar nichts. Wenn ihr wüßtet, mit wem ihr es zu tun habt…

BLONDA Junggeselle?

BRUNA Verheiratet?

ROUGEA Witwer?

HAHN Alles zu wenig. Das ist der Fuchs!?

BLONDA Der Fuchs?

BRUNA Der echte Fuchs?

ROUGEA Bestimmt der Fuchs?

HAHN Ich wollte euch nicht erschrecken, aber es ist besser, daß ihr es wißt und euch in acht nehmt.

BLONDA Ich habe Angst!

BRUNA Ich glaube, mir wird schlecht.

ROUGEA Mir läuft es kalt den Rücken runter.

HAHN Habt keine Angst, ihr steht unter meinem Schutz.

BLONDA Ich dachte, ein Fuchs ist rot.

HAHN Der hier ist gefärbt.

BRUNA Ich dachte, er hat einen Bart.

HAHN Woher denn!

ROUGEA Naja, so ein Fuchs ...

HAHN Und nun, nachdem ich euch gewarnt habe, gehen wir schlafen. Bei mir hier im Hühnerstall seid ihr in Sicherheit. Nur nicht hinausgehen, wenigstens nicht bis morgen früh. Tagsüber wagt der Fuchs es nicht, sich auf dem Hof herumzutreiben. Also schlafen! Schlafen!

ROUGEA Gute Nacht, Schwesterchen.

BLONDA Tschüs, Liebes.

BRUNA Gute Nacht, mein Herz.

Rougea macht ihren Fensterladen zu.

BLONDA Gute Nacht, mein Täubchen.

BRUNA Tschüs, mein Würmchen.

Blonda und Bruna machen ihre Fensterläden zu. Der Hahn streckt sich und gähnt, zieht den Wecker auf.

HAHN Hat nicht geklappt, was?

Der Fuchs reagiert nicht.

Gute Nacht, Hofmusikant.

Der Hahn schließt den Fensterladen. Der Fuchs spielt weiter Cello. Wie vorher, wie die ganze Zeit. Der Mond geht auf. Nachtvögel, Nachtigallen, eine laue Frühlingsnacht. Hinter dem Fensterladen ertönt das Schnarchen des Hahns.

Das erste Fenster rechts öffnet sich einen Spaltbreit, und die Haarschleife fliegt heraus. Der Fuchs hört auf zu spielen. Er steht auf und hebt die Schleife auf. Das Fenster geht ganz auf. Blonda erscheint mit offenen Haaren. Sie tut so, als sähe sie den Fuchs nicht.

FUCHS Haben Sie etwas verloren?

BLONDA *Tut so, als sei sie überrascht und erschrocken.* Ach!…

FUCHS Vielleicht diese Schleife?

Blonda macht das Fenster zu.

Gehen Sie bitte nicht weg!

Das Fenster öffnet sich wieder.

BLONDA Ich werde mich mit Ihnen nicht unterhalten. Sie sind ein Bandit.

FUCHS Selbst ein Bandit hat die Einsamkeit nicht verdient.

BLONDA Bandit, Räuber, Verbrecher. Schämen Sie sich nicht?

FUCHS Es ist leicht, jemanden zu beschuldigen. Aber wenn Sie die Umstände kennen würden…

BLONDA Ich kenne sie nicht und will sie nicht kennenlernen.

FUCHS Natürlich, immer dasselbe, Verachtung, Verdammung, Haß… Was für ein Wahnsinn, etwas anderes zu erhoffen.

BLONDA Sie sind selber daran schuld.

FUCHS Das kenne ich auswendig. Ich sollte mich eigentlich daran gewöhnt haben, aber es tut trotzdem weh… Mir bleibt nur die Musik, und meine Einsamkeit…

BLONDA Lieben Sie Musik?

FUCHS Wenn ich niemanden lieben darf… Wenn sich alle von mir abwenden… Musik ist das einzige, was mir in meiner Einsamkeit bleibt.

BLONDA Und das Rauben!

FUCHS Wer sagt denn, daß ich zum Rauben geboren bin?

BLONDA Mein Mann.

FUCHS Ich dachte, Frauen hätten mehr Verständnis.

BLONDA Das ist wahr. Wer Musik liebt, kann nicht ganz schlecht sein.

FUCHS Reden wir nicht mehr davon. Niemand versteht mich.

BLONDA Warum? Reden können wir ja.

Man hört den Hahn lauter schnarchen.

Nur nicht zu laut.

FUCHS Vielleicht kommen Sie auf den Balkon?

BLONDA Um nichts in der Welt!

FUCHS Vom Balkon aus wäre es näher…

BLONDA Ausgeschlossen. Also Ansätze zum Guten sind bei Ihnen vorhanden.

FUCHS Zertreten und vernichtet durch die Gesellschaft.

BLONDA Die Gesellschaft muß sich vor Individuen, wie Sie es sind, schützen.

FUCHS Umgekehrt. Die Gesellschaft hat mich zu dem gemacht, was ich bin. Aber selbst jetzt... Wenn nur eine einzige mitfühlende Seele, eine einzige ausgestreckte Hand, wenigstens ein kleines bißchen Gefühl... Aber nein, das sind Hirngespinste. Ich muß schlecht sein, also bin ich schlecht. Ich erfülle die Rolle, die man mir auferlegt hat.

BLONDA Man darf nie die Hoffnung aufgeben.

FUCHS Zu spät.

BLONDA Es ist nie zu spät.

FUCHS Vielleicht kommen Sie doch auf den Balkon?

Der Hahn hustet im Schlaf.

BLONDA Pscht!...

FUCHS Weshalb?

BLONDA Mein Mann... Ich habe Angst, daß er geweckt wird.

FUCHS Auf Wiedersehen. *Er geht vom Fenster weg.*

BLONDA Wohin?

FUCHS In den Wald.

BLONDA Wir wollen uns doch unterhalten!

FUCHS Nein. Ich darf Sie keiner Gefahr aussetzen.

BLONDA Warum... Wenn wir leiser sprechen.

FUCHS *bedeutend lauter als bisher* Leiser geht es nicht!

BLONDA Pscht!... Warten Sie.

FUCHS Nein. Ich gehe meinen Weg bis zum bitteren Ende. Ich bin verloren.

BLONDA Einen Augenblick.

Sie verschwindet vom Fenster. Der Fuchs bleibt stehen. Blonda erscheint auf dem Laufsteg von rechts. Barfuß, im Nachthemd.

FUCHS Ich hasse Sie.

BLONDA Weshalb? Habe ich Ihnen etwas Böses getan?

FUCHS Ja. Sie tun mir Unrecht.

BLONDA Wie soll ich das verstehen?

FUCHS Erst machen Sie mir Hoffnung, dann kommt die Enttäuschung, und alles wird noch schlimmer, noch einsamer, noch schmerzhafter. Dann ist es schon besser, gar keine Hoffnung zu haben. Sie spielen nur mit mir.

BLONDA Mit so einer Unterstellung tun Sie jetzt aber mir Unrecht.

FUCHS Das ist ein grausames Spiel.

BLONDA Sie trauen mir nicht?

FUCHS Ich hasse Sie zweifach. Sie erwecken eine Hoffnung in mir, die nie erfüllt wird, und wecken damit meinen Haß. Also hasse ich Sie dafür, daß ich sie hassen muß, während... während ich...

BLONDA Was?

FUCHS Lassen wir das.

BLONDA Sagen Sie doch.

FUCHS Während sich mir andere Gefühle aufdrängen.

BLONDA Was für welche?

FUCHS Ich darf sie nicht aussprechen.

BLONDA Weshalb nicht?

FUCHS In jedem Fall sind es dem Haß sehr entgegengesetzte Gefühle.

BLONDA Oh...

Pause.

Sie quälen sich selber. Wenn Sie wenigstens ein bißchen Vertrauen zu mir hätten.

FUCHS Vertrauen... Das hatte ich einst. Ich war ein vertrauensseliger, offenherziger Fuchs. Aber die Welt hat mir das Vertrauen abgewöhnt. Und da habe ich zu mir gesagt: nie wieder.

BLONDA Wieso geben Sie mir die Schuld – was kann denn ich dafür?

FUCHS Um Vertrauen zu haben, braucht man ein Minimum an Beweisen, daß man es haben darf.

BLONDA Dann ist es kein Vertrauen, sondern Gewißheit.

FUCHS Ich rede nicht von Gewißheit. Aber wenigstens ein Zeichen, ein Symbol, eine Kleinigkeit.

BLONDA Zum Beispiel?

FUCHS Wenn Sie vielleicht ein wenig zu mir herunterkommen wollten...

BLONDA O nein, das nicht!

FUCHS Na bitte. Sie trauen mir also nicht.

BLONDA Ich vertraue Ihnen, aber...

FUCHS Und trotzdem zögern Sie.

BLONDA Ich habe wohl auch Gründe...

FUCHS Wo ist also das Vertrauen? Sie fordern Vertrauen. Und Sie selber. Haben Sie Vertrauen zu mir?

BLONDA Sie müssen doch zugeben, daß in meiner Lage...

FUCHS Leb wohl, Hoffnung…
BLONDA Na gut. Aber nicht zu nah.

Blonda steigt auf das Treppchen und einige Stufen hinab. Gleichzeitig nähert sich der Fuchs schnell dem Fußende des Treppchens. Blonda steigt wieder zwei oder drei Stufen hinauf. Pause.

Haben Sie jetzt Vertrauen zu mir?
FUCHS Ein bißchen.
BLONDA Nur ein bißchen?
FUCHS Sie haben Angst vor mir.
BLONDA Sie haben einen so schrecklichen Ruf.
FUCHS Sie haben Angst vor mir. Sie vertrauen mir also immer noch nicht.
BLONDA Stimmt. Aber auch ich brauche ein Zeichen, sogar einen Beweis…
FUCHS Ich gebe Ihnen mehr als ein Zeichen. Ich liefere Ihnen den Beweis, daß Sie mir völlig vertrauen können.
BLONDA Ich bezweifle, daß das möglich ist.
FUCHS Hier ist die Schleife, die Sie verloren haben. Bitte, fesseln Sie mich.
BLONDA Ich soll Sie fesseln?
FUCHS Ja. Bitte fesseln Sie meine Hände. Dann sind Sie nicht nur völlig sicher, sondern ich dazu noch völlig wehrlos. Ich begebe mich ganz in Ihre Gewalt. Kann es einen größeren Vertrauensbeweis geben?
BLONDA Ich weiß nicht recht…
FUCHS Bitte. *Er hält die Schleife hin.*

Pause. Blonda steht unentschlossen auf der Treppe. Dann beginnt sie langsam herunterzusteigen. Der Fuchs steht am Fußende und hält in seiner ausgestreckten Hand die Schleife. Blonda streckt die Hand aus. Zwischen ihren ausgestreckten Händen besteht immer noch ein Abstand. Blonda bleibt stehen.

BLONDA Nein. *Sie zieht ihre Hand zurück.*
FUCHS Sie geben auf?
BLONDA Eine Schleife ist zu wenig. Ich brauche eine größere Garantie.
FUCHS Dann schlage ich vor, zu mir nach Hause zu gehen. Da habe ich Ketten.
BLONDA Wirklich?
FUCHS Ketten, Fesseln, Stricke, sogar Fußeisen.
BLONDA Und Sie wollen sich fesseln lassen?
FUCHS Wie ein Lamm. Sie fesseln mich von oben bis unten und kreuz und quer. Ich werde ganz und gar gefesselt sein.
BLONDA Ist es weit?
FUCHS Gleich hier im Wald.
BLONDA Gut. Ich zieh mir nur schnell etwas an. *Sie steigt die Treppe wieder hoch.*
FUCHS Muß das sein?
BLONDA Es dauert nicht lange.
FUCHS Ich würde lieber nicht so lange warten...
BLONDA Ich bin gleich wieder da.

Blonda geht wieder auf den Laufsteg und lächelt dem Fuchs zu. Sie geht nach rechts ab. Der Fuchs sieht ihr nach, dann entfernt er sich von der Treppe. Er steckt die Schleife in die Tasche. Dann legt er das Cello in den Kasten. Er nimmt Hocker und Cello, geht wieder zur Treppe, wo er stehenbleibt und hoffnungsvoll wartet, daß Blonda gleich wieder herunterkommt. Aber die Wartezeit verlängert sich, also stellt er den Hocker wieder auf den Boden. Es ist ein Klapphocker, dessen Auseinander- und Zusammenklappen also bereits die jeweiligen Absichten des Fuchses anzeigt. Er setzt sich auf den Hocker, aber er ist immer in Bereitschaft; den Kasten mit dem Cello hält er auf den Knien. Man hört das Lachen einer Frau. Der Fuchs sieht sich konsterniert um, er versucht zu erraten, woher das Lachen kommt. Der erste Fensterladen von links öffnet sich. Bruna erscheint lachend.

FUCHS Darf man fragen, was Sie so belustigt?

BRUNA Sie.

FUCHS Ich sehe keinen Grund.

BRUNA Ein naiver Fuchs, das wirkt sehr komisch. *Der Fuchs zuckt mit den Schultern.* Einer, der wartet und wartet und wartet... *Der Fuchs legt den Cellokasten hin, steht auf und läuft ein paar Schritte hin und her...* Er wartet und wartet... *Der Fuchs pfeift.* Er wartet und glaubt, daß sie gleich kommt.

FUCHS *hört auf zu pfeifen.* Kommt sie nicht?

BRUNA Doch, natürlich. Morgen um dieselbe Zeit.

FUCHS Sie hat gesagt, sie zieht sich nur was über.

BRUNA Wenn Sie Glück haben. Früher wird sie sicher nicht fertig.

FUCHS Sich was überzuziehen?

BRUNA Sich zu schminken, du bleicher, einfältiger Romeo...

FUCHS Zu schminken...

BRUNA Vor dem Spiegel zu stehen und ihrer Schönheit nachzuhelfen. Ein hoffnungsloses Unternehmen in ihrem Fall. Was gefällt Ihnen eigentlich an ihr?

Der Fuchs schaut auf die Uhr.

Wahrscheinlich ist die Dunkelheit dran schuld. Wenn Sie sie am Tage sähen... Was wollen Sie mit ihr anfangen?

FUCHS Das ist eine indiskrete Frage.

BRUNA Verzeihung, aber ich bin einfach neugierig, was man mit so was anfängt. Was kann man mit etwas machen, das so eine Haut, Schuhgröße neununddreißig und acht Kilo Übergewicht hat. Frißt man das?

FUCHS Sie haben es erraten.

BRUNA Denn ich kann mir nicht vorstellen, was man sonst mit ihr tun sollte.

FUCHS Aber ich habe gar nichts anderes mit ihr vor. Hat Ihnen Ihr Mann nicht gesagt, wer ich bin?

BRUNA Ein Fuchs, aber...

FUCHS Also was kann es noch für Zweifel geben? Ein Fuchs, also ein Mörder.

Pause.

BRUNA Und dieses Liebeswerben? Ich habe alles gehört.

FUCHS Ich muß eine List anwenden, um meine Opfer anzulocken. Ich kann ja nicht direkt verkünden: Ich will

Sie töten. Ich muß sagen: Ich liebe Sie. Ich täusche meine Partnerinnen eben. Frauen als solche interessieren mich gar nicht.

BRUNA Trotzdem waren Sie ziemlich überzeugend.

FUCHS Übungssache.

BRUNA Und das war alles Verstellung?

FUCHS Von A bis Z. Und damit gar keine Unklarheiten aufkommen, ich bin impotent.

Pause.

BRUNA Ich überlege mir, warum Sie so aufrichtig zu mir sind.

FUCHS Weil Sie mich nicht interessieren.

BRUNA Als Frau?

FUCHS Weder als Frau noch als Opfer.

BRUNA Als Frau – das verstehe ich. Aufgrund Ihrer Invalidität. Aber warum nicht als Opfer?

Der Fuchs schweigt.

Haben Sie nie versucht, sich heilen zu lassen?

FUCHS Ich bin unheilbar.

BRUNA Woher wissen Sie das?

FUCHS Ich ziehe es vor, nicht ins Detail zu gehen.

BRUNA Vielleicht sind Sie nie der richtigen Frau begegnet.

FUCHS Vielleicht. Im übrigen genügt mir das Töten völlig.

BRUNA Sie sind ein klassischer Fall. Sie töten, weil Sie nicht lieben können. Sie töten ersatzweise.

FUCHS Nein. Ich töte gern. Ich fühle mich wohl dabei.

BRUNA Haben Sie einen Augenblick Zeit?

FUCHS Warum?

BRUNA Ich interessiere mich für Psychopathologie. Ich würde mich gern mit Ihnen unterhalten.

FUCHS *schaut auf die Uhr.* Im Prinzip bin ich verabredet. Aber da Sie sagen, daß sie so bald nicht kommen wird...

BRUNA Keine Angst. *Sie verschwindet aus dem Fenster. Sie erscheint von links auf dem Laufsteg im Nachthemd. Beim Herauskommen* Ich interessiere Sie also nicht als Opfer?

FUCHS Es tut mir leid, aber Sie kommen nicht in Frage.

BRUNA Ich bin genau wie alle anderen.

FUCHS Nein.

BRUNA Was sehen Sie anderes in mir? *Der Fuchs schweigt. Bruna betrachtet ihre Arme, ihre Füße, ihre Hände, ihre Hüften... Der Fuchs wendet sich verschämt ab.* Jedenfalls auf den ersten Blick. Genau wie die anderen. Sehen Sie irgendeinen Unterschied? *Der Fuchs schweigt.* Vielleicht sollte man mich näher betrachten. *Sie macht eine Geste, als wenn sie das Nachthemd ausziehen wollte.*

FUCHS Nein!

BRUNA Aha, das gibt zu denken.

FUCHS Wechseln wir das Thema.

BRUNA Sie haben versprochen, sich mit mir zu unterhalten. Waren Sie je bei einem Psychoanalytiker?

FUCHS Ich glaube nicht an die Psychoanalyse.

BRUNA Schade. Die Psychoanalyse könnte Ihnen helfen. Viele Dinge erklären. *Sie geht zur Treppe.*

FUCHS Bitte kommen Sie mir nicht zu nahe.

BRUNA Haben Sie Angst vor mir?

FUCHS Nein, aber bitte kommen Sie nicht näher.

BRUNA Interessant, interessant... *Sie setzt sich auf den Laufsteg und läßt die Beine herunterbaumeln.* Ich habe langsam den Verdacht, daß Sie gar nicht unheilbar sind.

FUCHS Ich gebe Ihnen mein Ehrenwort.

BRUNA Ihr Problem beruht nur darauf, daß Sie sich nicht heilen lassen wollen.

FUCHS Sie kommen auf Ideen!

BRUNA Ja. Sie haben Angst vor der Heilung. Sie haben sich einen Abwehrkomplex zugelegt. Sie reden sich ein, daß Sie so, wie Sie sind, glücklich sind. Und das ist nicht wahr. Sie verteidigen Ihre Illusion, die Sie für Wahrheit halten wollen. Sie verteidigen Ihre Entscheidung, obwohl Sie sich im Grunde genommen danach sehnen, gesund zu werden. Sie sehnen sich danach, aber Sie wollen nichts davon wissen.

FUCHS Woher nehmen Sie diese kühnen Hypothesen?

BRUNA Das ist der typische Mechanismus.

FUCHS Lächerlich. Das sind alles Märchen, pseudowissenschaftliche Theorien.

BRUNA Weshalb haben Sie dann Angst vor mir?

FUCHS Ich habe gar keine Angst.

BRUNA Aha. Das werden wir gleich sehen. *Sie steht auf und steigt die Treppe herunter. Der Fuchs weicht schnell zurück.*

FUCHS Nein, nein, ich bitte Sie sehr!

BRUNA *bleibt auf der Treppe stehen.* Sie leugnen also nicht, daß Sie Angst vor mir haben?

FUCHS Ich leugne es nicht. Nur kommen Sie mir nicht zu nahe. Ich flehe Sie an.

BRUNA Das ist schon besser. Sie leugnen bereits nicht mehr. Sie bitten und flehen. Also geben Sie zu, daß Sie Angst vor mir haben.

FUCHS Ich gebe es zu. Nur nicht zu nahe …

BRUNA Gut. Ich komme Ihnen nicht zu nahe. Aber unter einer Bedingung.

FUCHS Was immer Sie befehlen.

BRUNA Jetzt sagen Sie mir, weshalb Sie Angst vor mir haben.

FUCHS Muß das sein?

BRUNA Sonst komme ich herunter!

FUCHS Sie sind so anders.

BRUNA Anders als diese dumme Henne?

FUCHS Ganz unvergleichlich! Bei der gibt es keinerlei Probleme. In deren Gegenwart empfinde ich gar nichts, während ich bei Ihnen …

BRUNA Also habe ich etwas, was sie nicht hat?

FUCHS Was keine andere Frau hat, die ich bis jetzt getroffen habe. Etwas, was ich zum ersten Mal in meinem Leben empfinde. Und was etwas in mir weckt …

BRUNA Was?

FUCHS Schrecken.

BRUNA Nur Schrecken?

FUCHS Nein.

BRUNA Was noch?

FUCHS Etwas Außergewöhnliches, mir bis jetzt ganz Unbekanntes …

BRUNA Das habe ich geahnt.

FUCHS Etwas, das ich fürchte und gleichzeitig begehre …

BRUNA Sehen Sie, ich hatte recht.

FUCHS Und darum bitte ich Sie, nicht näher zu kommen.
BRUNA Du Armer. *Sie steigt die Treppe hinab.*
FUCHS Sie sollten mir doch nicht zu nahe kommen!
BRUNA Ich tu es nur zu Ihrem Besten.
FUCHS Ich habe Angst!
BRUNA Aber Sie begehren gleichzeitig.
FUCHS Nein, ich halte das nicht aus.
BRUNA Das ist nur ein Augenblick, dann sind Sie gesund.
FUCHS Nein, nein!
BRUNA Ich heile Sie.

Auf dem Laufsteg erscheint von rechts Blonda. Sie ist angezogen, mit Hut und auffälligem Make-up. Gleichzeitig geht mit lautem Krach das mittlere Fenster auf, in dem Rougea erscheint.

ROUGEA Da, da, alle beide!

Blonda und Bruna bleiben stehen, eine auf dem Laufsteg, die andere auf der Treppe. Rougea stößt mit einem Besenstiel an die Decke und alarmiert den Hahn. Ihr Fenster befindet sich unter seinem Fenster. Bruna klettert schnell wieder von der Treppe auf den Laufsteg. Der obere Fensterladen fliegt mit lautem Krach auf. Der Hahn erscheint, mitten aus dem Schlaf gerissen.

HAHN Was, was ist... Was geht hier vor sich? *Er sieht Blonda und Bruna auf dem Laufsteg.* Was macht ihr denn da?
BRUNA Wir?

BLONDA Ich?

HAHN Ihr!

BLONDA Vielleicht sie …

ROUGEA Alle beide!

HAHN Du schläfst auch nicht?!

ROUGEA Alle beide! Die eine und die andere!

HAHN Was soll die eine und die andere … *Er entdeckt, daß Blonda zum Ausgehen angezogen ist.* Wohin wollt ihr denn …

BRUNA Einen Spaziergang machen. *Zu Blonda* Nicht wahr, Liebling?

BLONDA Ja, ein bißchen die Beine vertreten. Wir beide zusammen.

Bruna und Blonda nehmen sich an die Hand.

ROUGEA Das ist nicht wahr! Jede für sich!

HAHN Was jede für sich … *entdeckt den Fuchs* Was? Der ist immer noch da?

Der Fuchs setzt sich auf den Hocker.

BRUNA Wer?

BLONDA Ja eben, wer denn?

HAHN Der Fuchs!

BRUNA Was für ein Fuchs … Aaaaah, der Fuchs! … Tatsächlich.

BLONDA Wo denn … Das ist ein Fuchs?

HAHN Ihr beide einen Spaziergang machen?! … Wenn der Fuchs … Seid ihr denn alle verrückt geworden?

ROUGEA Nicht zusammen, die beiden, jede allein.

HAHN Ja, ich sage ja, die beiden!

ROUGEA Aber beide zusammen! Jede für sich! Allein!

HAHN Allein zusammen?

ROUGEA Nein, beide getrennt!

HAHN Ich verstehe gar nichts, aber ist ja auch egal. Spazierengehen, wenn der Fuchs wartet...

ROUGEA Sie wollten gar nicht spazierengehen!

HAHN Nicht spazierengehen? *Zu Bruna und Blonda* Ich dachte, ihr hättet gesagt, ihr wolltet spazierengehen.

BRUNA Wir? Spazierengehen?

BLONDA Wieso spazierengehen?

BRUNA Hast du gesagt, daß wir spazierengehen wollen?

BLONDA Vielleicht du...

HAHN Also spazierengehen oder nicht spazierengehen.

BRUNA Überhaupt nicht spazierengehen. Sie wollte mir ihren Hut zeigen.

HAHN Jetzt? Mitten in der Nacht?

BRUNA Das ist ein Nachthut.

HAHN Das alles zusammen gefällt mir nicht.

ROUGEA Nicht zusammen!

HAHN Ruhe! Hörst du endlich auf?

BRUNA Das kommt alles durch sie. *Sie zeigt auf Rougea.*

BLONDA Sie ist hysterisch.

BRUNA Warum schläft sie nicht?

BLONDA Warum sitzt sie am Fenster?

BRUNA Wieso guckt sie aus dem Fenster?

HAHN Eben. Warum schläfst du nicht? Warum guckst du aus dem Fenster?

ROUGEA Aber die beiden, aber der Fuchs...

BRUNA Na-na-na, was soll der Fuchs?
BLONDA Warum der Fuchs?
ROUGEA Die beiden und der Fuchs …
BLONDA Hat sie einen Fuchskomplex?
HAHN Ich habe genug davon! Marsch ins Bett! Sofort!
FUCHS Wie du wünschst …
BLONDA Sehr gerne.
BRUNA Bitte sehr.

Bruna geht nach links, Blonda nach rechts.

HAHN *zu Rougea* Du auch!
ROUGEA Weshalb ich!
HAHN Ins Bett! Und zwar sofort!
ROUGEA Wieso?

Sie weint. Bruna und Blonda sind bereits bei den Kulissen angekommen. Bruna bei der linken, Blonda bei der rechten.

BLONDA Und, wie findest du meinen Hut?
BRUNA Entzückend, Liebling.

Bruna verschwindet nach links, Blonda nach rechts. Der Hahn verschwindet vom Fenster. – Bruna und Blonda erscheinen in ihren Fenstern, Bruna im linken, Blonda im rechten. Zur gleichen Zeit schlagen sie die Fensterläden zu. Von rechts kommt der Hahn auf den Laufsteg. Er trägt einen Stuhl.

HAHN *zu Rougea, die immer noch am Fenster sitzt.* Was machst du hier noch?

ROUGEA Ich mach nichts, aber die beiden…

HAHN Wieder im Fenster?

ROUGEA Ich nicht, die beiden!

Der Hahn macht die Fensterläden zu, Rougea schlägt sie wieder auf.

Ich nicht! Ich nicht!

HAHN Schlafen! Wir rechnen später ab.

Er macht die Fensterläden trotz Rougeas Widerstand zu. Ein kurzes Heulen Rougeas hinter dem geschlossenen Fensterladen, dann herrscht Stille. Der Hahn stellt seinen Stuhl schwungvoll mitten auf den Laufsteg, nicht weit von der Treppe entfernt. Er setzt sich auf den Stuhl und schlägt ostentativ die Beine übereinander, als wenn er sagen wollte: »Ich bin Herr der Lage.« Pause.

HAHN Na?

Pause.

Du hast hier nichts mehr zu suchen. Die Serenade ist beendet.

Der Fuchs steht vom Hocker auf.

Adieu, Troubadour.

Der Fuchs steht.

Du wirst hier nichts mehr erreichen, selbst wenn du bis zum frühen Morgen stehst. Geh in deinen Wald zurück.

Der Fuchs zieht die Schleife aus seiner Tasche, der Hahn steht auf.

Woher hast du die Schleife?

Der Fuchs zuckt die Achseln, dreht dem Hahn den Rücken zu, wendet sein Gesicht dem Publikum zu und nimmt die Perücke ab. Unter der Perücke hat er kurzgeschorene rote Haare.

Hast du gehört, was ich gefragt habe?

Der Fuchs bindet die Schleife auf den Cellokasten, dann klappt er den Hocker zusammen und wendet sich mit Perücke, Cellokasten und Hocker dem rechten Ausgang zu. Der Hahn sieht ihm nach.

He, wohin gehst du?
FUCHS Ich kehre in den Wald zurück.
HAHN Weshalb hast du es denn so eilig?
FUCHS Ich habe hier nichts mehr zu suchen.
HAHN Was willst du damit sagen…
FUCHS *bleibt stehen und dreht sich um.* Und du?

Pause.

HAHN Woher hast du die Schleife...

FUCHS Gefunden.

HAHN Gefunden?

FUCHS Wer da findet, der sucht nicht.

HAHN Die Schleife?

FUCHS Du kannst denken, was du willst.

HAHN Antworte mir auf der Stelle.

FUCHS Wieso eigentlich?

HAHN Weil... weil ich frage.

FUCHS Das ist kein Grund für mich...

HAHN Ich bin neugierig.

FUCHS Und was geht mich das an?

HAHN Aber man darf doch wohl fragen.

FUCHS Natürlich, wenn man dabei höflich ist. *Er nähert sich dem Laufsteg.* Also, worum geht's?

HAHN Was ist hier passiert?

FUCHS Wann?

HAHN Als ich geschlafen habe.

FUCHS Ach so... Nichts Besonderes.

HAHN Ich würde es aber trotzdem gerne wissen.

FUCHS Eigentlich war nichts.

HAHN Nichts oder eigentlich?

FUCHS Eigentlich.

HAHN Was?

FUCHS Nichts.

HAHN Entweder erfahre ich es sofort, oder ich werde verrückt.

FUCHS *nähert sich der Treppe.* Ich könnte es dir ja erzählen...

HAHN Ja, aber sag die Wahrheit!

FUCHS Ja, aber nur ins Ohr. Nur unter uns.

HAHN In Ordnung. Bitte!

FUCHS Es schickt sich nicht, das laut zu sagen ... *redet leiser ...* jedenfalls nicht in Anwesenheit von Damen.

HAHN Wieso Damen? Wieso ...

FUCHS Weil ... *Er hält die Hand vor den Mund und flüstert etwas.*

HAHN Was? Wie? Ich höre nichts.

Der Fuchs flüstert wieder etwas.

Ich verstehe überhaupt nichts!

FUCHS Ach, das ist aber schade.

HAHN Wiederhol das noch einmal. *Er kniet auf dem Laufsteg. Er hält eine Hand ans Ohr und beugt sich so weit vor, daß er fast herunterfällt. Der Fuchs flüstert etwas.*

Nein, ich hab es nicht verstanden.

FUCHS Das wird dir leid tun, das war interessant.

HAHN Ich glaub, ich werd verrückt.

FUCHS Insbesondere für dich.

Der Hahn springt auf die Beine, schlägt mit den Armen und kräht.

Aber ich muß zugeben, daß du aus dieser Entfernung nichts verstehen kannst. Nun ja, nichts zu machen.

HAHN Und wenn ich etwas näher käme?

FUCHS Ja, das wäre was anderes.

HAHN *hitzig* Dann erfahre ich es?

FUCHS Dann ganz zweifellos.
HAHN Ich komme schon, ich komme!

Der Hahn läuft die Treppe hinunter. Als er auf der Hälfte angekommen ist, geht das Licht aus. Im Dunkeln der ruhige Klang des Cellos. Sonate…

Nach einem Augenblick wird es wieder hell. In der Mitte der Bühne sitzt der Fuchs mit dem Rücken zum Publikum auf seinem Hocker, er hat die Perücke auf und spielt Cello. Jetzt ist es ganz hell, die ganze Bühne ist gleichmäßig mit grellem Licht ausgeleuchtet. Auf dem Laufsteg – der Stuhl ist weg – stehen Rougea, Blonda und Bruna nebeneinander. Alle sind schwarz gekleidet, mit schwarzen Schleiern, schwarzen Hüten, schwarzen Handschuhen, mit einem Wort: in Trauerkleidung.

Der Fuchs beendet die Sonate. Rougea, Blonda und Bruna klatschen Beifall. Der Applaus ist durch die Handschuhe gedämpft. Der Fuchs steht auf und verbeugt sich. Dann wendet er sich dem Publikum zu und verbeugt sich ebenfalls. – Rougea, Blonda und Bruna applaudieren weiter. – Gesicht und Hände des Fuchses sind blutverschmiert.

Deutsch von Witold Kośny

Die Uraufführung des Stückes erfolgte 1977 in Zabrze.

Der Schneider

Drama in drei Akten

Personen

Der Schneider
Kunde – Exzellenz
           – Mönch
           – Geselle
Carlos
Nana
Socco
Ein Schneidergeselle
Zwei Barbaren

Erster Akt

Am Proszenium ein barocker, goldener, riesiger, leerer Spiegelrahmen, der so aufgestellt ist, daß jeder, der sich in diesem Quasi-Spiegel betrachtet, mit dem Gesicht zum Publikum steht. Über dem Spiegel ein Zeltdach aus kostbaren und prächtigen Geweben, das jenen schweren und teuren Stoffen gleicht, die in früheren Zeiten das Feldlager von Königen und Heerführern schmückten. Dahinter ein großer Prospekt mit den geometrischen Gärten von Versailles.

Neben dem Spiegel eine Schneiderpuppe mit Kopf und Gliedmaßen, aber ohne Gesicht, behängt mit einem goldenen Wams und weißen Kniehosen.

Vor dem Spiegel steht Seine Exzellenz, ein untersetzter Mann von gut fünfzig Jahren, ohne Bart, auf dem Kopf eine silbergraue Lockenperücke, die bis auf die Schultern reicht. Er trägt lediglich ein langes Hemd.

Neben Exzellenz der Schneider, gleichaltrig, vital, mit dem Gesicht eines Direktors. Hemd, Weste und einfache, moderne Hose. Er hat eine kleine Leinenschürze umgebunden, aus deren Tasche eine große Schneiderschere herausragt.

Das Innere des Zeltes ist hell beleuchtet, alles andere liegt im Dunkeln. Im Zelt ein Tischchen, darauf ein Stapel Modejournale.

SCHNEIDER *sich verbeugend* Nun noch die Perücke, Exzellenz.

KUNDE-EXZELLENZ *nimmt die Perücke ab und reicht sie dem Schneider, der sie der Puppe aufsetzt. Dann entrollt der Schneider einen Purpurstoff und wirft ihn dem Kunden-Exzellenz um die Schultern.* Sie sagen also, Meister, die Barbaren sind nicht mehr weit.

SCHNEIDER Sie sind hier. Im Vorzimmer.

KUNDE-EXZELLENZ Seit wann denn? Ich war immer der Meinung, daß uns mindestens ein Jahrhundert und mehrere Ozeane trennen.

SCHNEIDER Die Zeit vergeht schnell, und die Ozeane sind auch nicht mehr das, was sie einmal waren.

KUNDE-EXZELLENZ Eine unangenehme Nachricht. Wie sehen sie aus?

SCHNEIDER Furchtbar. Sie sind fast nackt.

KUNDE-EXZELLENZ Und wie benehmen sie sich?

SCHNEIDER Bemerkenswert manierlich. Sie betrachten die Tapeten, schnuppern mißtrauisch an den Stühlen. Einer hat einen Rosenstrauß verspeist.

KUNDE-EXZELLENZ Samt Dornen?

SCHNEIDER Nein, die hat er vorher mit dem Taschenmesser vom Stiel geschabt.

KUNDE-EXZELLENZ Dann ist er also kein echter Barbar.

SCHNEIDER Doch, natürlich. Exzellenz haben nicht ganz zutreffende Vorstellungen von der Barbarei.

KUNDE-EXZELLENZ Sie nehmen sie wohl in Schutz?

SCHNEIDER Aber woher denn! Sie wissen doch genau, Exzellenz, die Zivilisation, das bin ich.

KUNDE-EXZELLENZ O nein! Die Zivilisation, das bin ich,

und alles, was ich repräsentiere, und alles, was mich geprägt hat: Wissenschaft, Kunst, Humanismus ...

SCHNEIDER Wenn ich nicht irre, Exzellenz, sind Sie weder Wissenschaftler noch Künstler, nicht einmal Volksschullehrer. Exzellenz, Sie sind nur Exzellenz, mit anderen Worten, die Vollkommenheit an sich.

KUNDE-EXZELLENZ So ist es.

SCHNEIDER Ja, aber eine bekleidete Exzellenz. Eine nackte Exzellenz ist keine Exzellenz. Hier, in meinem Atelier ... *weist auf die Puppe* da ist die Vollendung Eurer Exzellenz.

KUNDE-EXZELLENZ Aber mein Wesen ...

SCHNEIDER Das Wesen ist nur Oberfläche, zumindest jenes, das wir begreifen und erkennen können. Der Rest ist nichts oder bestenfalls Dunkelheit. In diesem Augenblick befindet sich das Wesen Eurer Exzellenz neben Eurer Exzellenz.

KUNDE-EXZELLENZ Trotzdem bin ich selber ...

SCHNEIDER Ich muß gestehen, daß ich den Körper Eurer Exzellenz nur mit Widerwillen betrachten kann. Aber was heißt dann eigentlich noch Exzellenz? Diese Waden, dieser Leib ... Barbarei ist nichts anderes als Nacktheit, und augenblicklich unterscheiden sich Euer Exzellenz ... aber sind Sie jetzt überhaupt noch Exzellenz? ... Sie unterscheiden sich in nichts von denen da im Vorzimmer. Wäre diese peinliche Auszieherei nicht beruflich notwendig, würde ich Euer Exzellenz nie entblößen ... Ich hasse Nacktheit. Mit Erleichterung begrüße ich jeweils die Vollendung einer Kreation. Nacktheit ist das Nichts, die rohe Natur, das Chaos, die

Barbarei. Wenn ich dereinst mein Ziel erreicht haben werde, wer weiß, ob ich mich dann nicht daranmache, Kleider für Tiere zu nähen, ja vielleicht sogar für Pflanzen und Mineralien. Alles werde ich verhüllen, allem also einen Sinn geben.

KUNDE-EXZELLENZ Ein imponierendes Vorhaben.

SCHNEIDER Aber noch in weiter, weiter Ferne. Zunächst einmal das Ziel, der Traum meines Lebens …

KUNDE-EXZELLENZ Und wie sieht der aus?

SCHNEIDER Wissen Sie, was der Stein der Weisen ist, Exzellenz?

KUNDE-EXZELLENZ Etwas, das es nicht gibt.

SCHNEIDER Etwas, das alle suchen, das aber nur ich finden werde. Ich bin auf der Suche nach dem großen Geheimnis, der Couture, oder mit anderen Worten, der Zivilisation.

KUNDE-EXZELLENZ Sie versetzen mich in Erstaunen.

SCHNEIDER Ja. Die Mode regiert uns. Aber was ist die Mode? Jeder möchte tragen, was alle tragen, aber zugleich auch das, was niemand sonst trägt. Paradox? Nur scheinbar. Die Mode drückt die Sehnsucht der Zivilisation aus: vollendete Gemeinsamkeit und vollendete Einmaligkeit miteinander zu verbinden. Wem das als erstem gelingt, der wird zum großen Schneider.

KUNDE-EXZELLENZ Ich wünsche viel Erfolg!

Pfeifen- und Trommelklang, undeutliches Stimmengewirr. Vom Scheinwerferlicht begleitet, stürzt der Geselle herein, in einer Weste wie die des Meisters, nur einfacher, und mit der gleichen Schürze. Bleibt vor dem Zelt stehen.

GESELLE Meister!

SCHNEIDER *tritt vor das Zelt.* Was ist das hier für ein Tumult?

GESELLE Das sind die Leute…

SCHNEIDER Was wollen sie?

GESELLE Sie wollen rein!

SCHNEIDER Sie sollen warten.

GESELLE In Ordnung. *Er läuft nach rechts.*

SCHNEIDER *kehrt in das Zelt zurück.* Schlechte Nachrichten.

KUNDE-EXZELLENZ Wer ist da?

SCHNEIDER Die Barbaren.

KUNDE-EXZELLENZ Sie wagen es, während meiner Anprobe Lärm zu machen?

SCHNEIDER Noch schlimmer, sie wollen hier eindringen…

KUNDE-EXZELLENZ Um meinen Kopf zu fordern.

SCHNEIDER Das haben sie nicht gesagt.

KUNDE-EXZELLENZ Wozu denn sonst? Haben sie sich nicht nach mir erkundigt?

SCHNEIDER Mit keinem Wort.

KUNDE-EXZELLENZ Das ist gut. Nein, das ist schlecht! Das ist nicht möglich! Diese Barbarenhorden klettern von den Gebirgen des Nordens herunter, brechen aus den Wäldern hervor und stürzen wie ein Wolkenbruch, wie ein Heuschreckenschwarm, wie eine Lawine auf uns herab, und es kommt diesen Wilden nicht in den Sinn, sich nach mir zu erkundigen? Das kann ich nicht glauben.

SCHNEIDER Es ist auch kaum zu glauben.

KUNDE-EXZELLENZ Sie wollen mich bestimmt umbringen. Es sei denn, es sind unechte Barbaren.

SCHNEIDER Sie sehen aber echt barbarisch aus.

KUNDE-EXZELLENZ Wozu sind sie also gekommen?

SCHNEIDER Wir werden es bald erfahren.

KUNDE-EXZELLENZ Vielleicht wissen sie nicht, daß ich hier bin…

SCHNEIDER Ich werde es ihnen gleich sagen.

KUNDE-EXZELLENZ Nein, auf keinen Fall. Wollen Sie mich ins Verderben stürzen?

SCHNEIDER Gott behüte!

KUNDE-EXZELLENZ Beeilen wir uns lieber. Nehmen Sie Maß.

SCHNEIDER Ja, gern – aber wofür?

KUNDE-EXZELLENZ Für einen Purpurmantel.

SCHNEIDER Schon wieder? Den hatten wir doch schon.

KUNDE-EXZELLENZ Doppelt hält besser.

SCHNEIDER Wir drehen uns im Kreis.

KUNDE-EXZELLENZ Also, was raten Sie dann?

SCHNEIDER Wir haben schon alles geschneidert.

KUNDE-EXZELLENZ Dann fangen wir eben von vorn an.

SCHNEIDER Endlos von vorn – ein lahmes Vergnügen.

KUNDE-EXZELLENZ Dann denken Sie sich was Neues aus.

SCHNEIDER Leichter gesagt als getan. Darf ich offen sein?

KUNDE-EXZELLENZ Sie haben mein Vertrauen, Meister, aber beeilen Sie sich. Ich will hier weg. Diese wilde Nachbarschaft gefällt mir nicht.

SCHNEIDER Offen gesagt: Ich werde nichts schneidern.

KUNDE-EXZELLENZ Was heißt nichts?

SCHNEIDER Überhaupt nichts mehr.

KUNDE-EXZELLENZ Was soll das heißen?

SCHNEIDER Es lohnt sich nicht mehr, irgend etwas für Eure Exzellenz zu schneidern.

KUNDE-EXZELLENZ Höre ich recht?

SCHNEIDER Weil alles mich zu Tode langweilen würde...

KUNDE-EXZELLENZ Frechheit oder Faulheit?

SCHNEIDER ...und Sie sicher auch. Wir sitzen im selben Boot, Exzellenz.

KUNDE-EXZELLENZ Unverschämtheit! Soll ich nach der Wache rufen, du Schneider Meck-Meck-Meck?

SCHNEIDER Nach was für einer Wache? Machen Sie sich nicht lächerlich. Die Wache Euer Exzellenz ist vom Fressen und Nichtstun so fett geworden, daß sie längst nicht mehr aus der Kaserne kommt, weil ihre Bäuche nicht mehr durchs Tor passen.

KUNDE-EXZELLENZ Stimmt. Ich bin machtlos. Vergessen wir das.

SCHNEIDER Ich habe mir erlaubt, mich mit Euer Exzellenz zu vergleichen, weil ein gemeinsames Los uns aneinander kettet. Wie Kopf und Zahl auf einer Münze. Wir können ohne einander nicht leben. Mein Gott, was habe ich alles für Euer Exzellenz geschneidert. Feld- und Extrauniformen, Gala- und Staatsgewänder, Garderobe für Jagd und Bankett – alles! Ich habe die Erhabenheit und den Ruhm unserer Epoche zum Ausdruck gebracht. Und eben deshalb sage ich jetzt: Schluß damit. Auf diesem Gebiet läßt sich nichts mehr machen. Höchstens, wenn... Ich habe eine Idee!

KUNDE-EXZELLENZ Meister, ich beginne, Ihre Ideen zu fürchten.

SCHNEIDER Eine leuchtende Idee! Bitte hören Sie zu, Exzellenz: Ich habe die Symbole der Menschheit auf Eurer Exzellenz aufgebaut, wie auf einem Felsen, auf Ihrem Bauch, auf Ihren Lenden, auf Ihren Gliedmaßen... Ich habe Eure Exzellenz emporgehoben, aber noch nicht in die höchsten Höhen, und das Gebäude wankt in seinen Grundfesten. Warum, wo liegt die Ursache? War die Arbeit nicht solide, fehlt es mir an Fleiß? Nein, der Makel liegt an der Basis selbst.

KUNDE-EXZELLENZ Werden Sie deutlicher, Meister!

SCHNEIDER Seit Jahren versuche ich mit meiner Hände Arbeit die Würde der Ämter, die Erhabenheit der Macht, den Adel der Geburt, die Tiefe des Wissens, die Autorität des Rechts, die Beseeltheit der Kunst, die Metaphysik des Priestertums und den Ruhm der Waffen so vollkommen wie möglich auszudrücken. Aber immer engt mich etwas ein, legt mir Fesseln an. Wissen Sie, Exzellenz, was das ist?

KUNDE-EXZELLENZ Nein.

SCHNEIDER Das Geschlecht! Das Geschlecht, Euer Exzellenz! Wenn ich doch meine Idee nicht an Böcken und Hähnen zu entwickeln brauchte! Die Gerechtigkeit nicht anhand eines Hirsches von Richter, Gott nicht anhand eines Prälaten, die Geschichte nicht anhand eines rammeligen Generals ausdrücken müßte. Diese Hosen erdrosseln mich!

KUNDE-EXZELLENZ Ich bin nun mal aus Fleisch und Blut, da ist nichts zu machen.

SCHNEIDER Doch, Exzellenz. Mindern Sie Ihre Männlichkeit, schwächen Sie sie ab! Ein kleiner Eingriff genügt...

KUNDE-EXZELLENZ *zurückweisend* Du Ungeheuer!

SCHNEIDER *fällt auf die Knie.* Ich flehe Sie an!

KUNDE-EXZELLENZ Du weißt nicht, was du sagst, du wahnwitziger Schneider!

SCHNEIDER Ich und wahnwitzig? Nein, ich tue nur, was ich muß. Exzellenz, Sie ahnen ja nicht, welche Möglichkeiten in mir schlummern, in welch hellem Glanz ich unsere Ideale erstrahlen ließe, wenn nur Ihr Geschlecht nicht wäre! Dieser Rückstand einer längst überwundenen Barbarei, dieser Kern der Nacktheit, diese letzte Bastion der Natur in meiner Kunst. Exzellenz, im Namen der Zivilisation flehe ich Sie an.

KUNDE-EXZELLENZ Ich weigere mich.

SCHNEIDER *steht auf.* Das habe ich erwartet.

KUNDE-EXZELLENZ Wir dürfen an den Gesetzen der Natur nicht rütteln, wir dürfen sie nicht lästern, wir dürfen uns nicht der Revolution in die Arme werfen.

SCHNEIDER Was für eine Revolution? Im Gegenteil. Es geht um die Festigung unserer Ordnung. Und Exzellenz wagen es, sich noch als Bollwerk der Zivilisation zu betrachten? Und wer redet hier von Natur, wer zieht sich auf die Stufe der Tiere zurück? Sie scheuen sich nur, den endgültigen Schritt zu tun.

KUNDE-EXZELLENZ Lassen Sie uns tun, was möglich ist, aber nicht unsere Grenzen überschreiten. Ich glaube an Sie, Meister. Lassen Sie uns neue Stoffe und Muster suchen, aber keine Sakrilege begehen.

SCHNEIDER Sakrilege! Das bißchen Anatomie… Wozu brauchen Sie es?

KUNDE-EXZELLENZ Verstehen Sie mich doch…

SCHNEIDER Mein Gott, dieser Kleinmut!

KUNDE-EXZELLENZ Eine Art Anhänglichkeit.
SCHNEIDER Ausflüchte!
KUNDE-EXZELLENZ Ich bin verliebt.
SCHNEIDER Ah, das ist etwas Neues.

Pfeifen, Trommeln und Stimmengewirr hinter der Bühne. Der Geselle stürzt ins Zelt. Kunde-Exzellenz wickelt sich in Purpur ein.

GESELLE Meister, diese wilden Krieger da...
SCHNEIDER Red langsam. Was wollen sie denn wieder?
GESELLE Ich hab ihnen gesagt, daß Sie keine Zeit haben, aber da fingen sie gleich an zu krakeelen und die Trommeln zu schlagen und ganz fürchterlich mit den Augen zu rollen. Ihr Oberster will unbedingt mit Ihnen reden, Meister. Dann haben sie eine Vase zerschmissen und mit gräßlichem Zähneknirschen die Scherben gefressen. Und ihr Anführer flucht und schwört bei ihren Göttern, daß er das Zimmer kurz und klein schlägt, wenn er noch lange warten muß.
KUNDE-EXZELLENZ Ich bin verloren!
SCHNEIDER Sag ihnen, sie mögen sich gütigst gedulden.
KUNDE-EXZELLENZ Die wollen morden, rauben und huren, und Sie empfehlen ihnen Geduld! Auf sie – mit Feuer und Schwert!
SCHNEIDER *nimmt einen Stoß Modejournale vom Tisch und reicht sie dem Gesellen.* Gib ihnen die Modejournale zum Angucken. Aber daß sie mir keine Flecke reinmachen.
KUNDE-EXZELLENZ Die werden Ihnen gleich einen Fleck

machen, wie ihn die Welt noch nicht gesehen hat. Ich an Ihrer Stelle würde sie fortjagen.

SCHNEIDER Ich bin nur Schneider und keine Exzellenz.

KUNDE-EXZELLENZ Wollen Sie mich beleidigen?

SCHNEIDER Nun lauf schon!

Der Geselle läuft mit den Modejournalen hinaus.

Das dürfte sie eine Weile beschäftigen...

KUNDE-EXZELLENZ Stümperei!

SCHNEIDER Zur Sache. Wer ist die Geliebte Euer Exzellenz?

KUNDE-EXZELLENZ Was geht das Sie an?

SCHNEIDER Ich muß es wissen.

KUNDE-EXZELLENZ Nun gut – ich werde es Ihnen sagen, denn ich sehe in Ihnen so etwas wie meinen Beichtvater.

SCHNEIDER Versteht sich. Aber eine Gnade ist das nicht, sondern pure Notwendigkeit. Ihr armseliger Körper zwingt Sie zu solcher Vertraulichkeit. Selbst ein Buckliger muß sich in eine gewisse Intimität mit mir einlassen, wenn ich seinen Buckel abtaste.

CHOR DER BARBAREN *hinter der Bühne* Oooooohhh!...

SCHNEIDER Hören Sie? Es hat geklappt. Sie gucken sich die Hefte an.

KUNDE-EXZELLENZ Ich kenne ihren Namen nicht, ich habe sie nur einmal gesehen, hier bei Ihnen, als sie in einem neuen Kleid Ihr Atelier verließ.

SCHNEIDER Wie sah sie aus?

KUNDE-EXZELLENZ Ich kann mich nicht erinnern, aber sie war wunderbar. Ihre Schönheit hat mich geblendet.

SCHNEIDER Welch ein Sieg!

KUNDE-EXZELLENZ Für wen?

SCHNEIDER Für mich. Denn es war meine Kunst, die Euer Exzellenz geblendet hat. Ich kenne Ihre Auserwählte gut. Sie stand hier vor dem Spiegel, wie Gott sie geschaffen hat, und, mein Ehrenwort, da war nichts Besonderes dran. Ganz gewöhnliche Schultern...

KUNDE-EXZELLENZ Schultern! Ach – einmal nur diese Schultern berühren!

SCHNEIDER Ein kugelrunder Bauch...

KUNDE-EXZELLENZ Ein Bauch!

SCHNEIDER Gewöhnliche Hüften... wie es Tausende gibt... so sind alle Hüften.

KUNDE-EXZELLENZ Du Glücklicher, du hast sie so gesehen? ...Ich bin eifersüchtig. Ich laß dich einsperren!

SCHNEIDER Immer diese leeren Drohungen...

KUNDE-EXZELLENZ Oh, wenn ich doch mit dem Schneider tauschen könnte. Sag, hat sie einen Geliebten, einen Mann?

SCHNEIDER Sie ist viel zu klug, um sich woanders als bei mir auszuziehen. Sie ist eine Kurtisane.

KUNDE-EXZELLENZ Oh! Dann hat ja ein jeder ein Recht auf ihre Nacktheit?

SCHNEIDER Ganz im Gegenteil. Sie achtet sehr darauf, daß nicht einmal ihr kleiner Finger zu sehen ist. Lange Erfahrung und angeborene Klugheit haben sie gelehrt: Nicht der Körper, sondern die Kunst bringt den Erfolg. Sie läßt sich ansehen, aber nicht ausziehen, geschweige denn anfassen.

CHOR DER BARBAREN Oooooohhh...

SCHNEIDER Die sind ja ganz hingerissen.

KUNDE-EXZELLENZ Und was ist dann noch Sünde an ihr?

SCHNEIDER Die Lüge.

KUNDE-EXZELLENZ Und wann lügt sie?

SCHNEIDER Nicht sie, sondern die anderen lügen, die ihr wie von Sinnen nachlaufen und sich vormachen, daß sie ihre Nacktheit begehren. Und sie bestärkt sie darin mit meiner Hilfe. Ich bin ihr Komplize.

KUNDE-EXZELLENZ Nimmst du Geld von ihr?

SCHNEIDER Ich bin ihr Schneider, der Schöpfer ihrer Lüge. Aber nicht für Geld. Um der Idee willen bekleide ich ihren Körper, verhülle ich ihre Nacktheit. Denn ihre Nacktheit wird von denen nur begehrt, weil sie verhüllt ist. Ich erschaffe eine Begierde, die nie befriedigt wird. Die reine Begierde also, rein wie die Idee. Aus dem Nichts fördere ich Namen zutage und werfe die so benannten Dinge in den Weltenraum. Ich schaffe Kultur.

KUNDE-EXZELLENZ Oder auch Tyrannei. Du bist ein Tyrann.

SCHNEIDER Es gibt keinen anderen Weg.

Wieder Pfeifen- und Trommelklang, Stimmengewirr.

Hören Sie? Das sind die Stimmen der Finsternis!

GESELLE *stürzt atemlos herein.* Länger sind sie nicht mehr aufzuhalten! Gleich sind sie hier! *Läuft hinaus.*

KUNDE-EXZELLENZ Blutrünstige Tiere. Sie wollen in meiner Person den Staat, der seit Jahrhunderten blüht, entehren, die Kirche in Schutt und Asche legen, die Mühlen brandschatzen. Sie wollen meinen Tod.

SCHNEIDER Das werden wir gleich sehen.

KUNDE-EXZELLENZ Nicht so eilig. Ich möchte nicht gern Zeuge meines eigenen Untergangs sein. Ich gehe.

SCHNEIDER Aber wohin?

KUNDE-EXZELLENZ Weg von hier. Zeig mir den Seitenausgang.

SCHNEIDER *zeigt nach links.* Hier entlang!

Kunde-Exzellenz wirft seinen Purpurmantel weg und läuft in die angezeigte Richtung.

Exzellenz, Ihre Uniform!

KUNDE-EXZELLENZ Keine Zeit mehr! Lieber nackt leben, als geschniegelt sterben.

Die ganze Bühne wird jetzt hell. Von links tritt Nana auf, im elisabethanischen Kleid, auf unsichtbaren Kothurnen. Riesiger Reifrock, die Turnüre vermittelt den Eindruck unnatürlich ausladender Hüften. Das Kleid ist ohne Dekolleté, mit Ketten und Halsbändern behängt. Hut, dichter Schleier, Handschuhe, Fächer. Alles kann im Pastellton gehalten sein, hellblau, rosa, oder aber entgegengesetzt in grellen Farben, auf keinen Fall sollte es aber dunkle Kleidung sein.

Hinter Nana schreitet Carlos, ein vergammelter Jüngling, nur im Hemd und Trikot. Schmaler Degen in waagerecht hängender Scheide, Kopfbedeckung, die an einen Tirolerhut erinnert, langes Haar und dünner Bart, seit längerer Zeit nicht gepflegt.

Mein Gott, das ist sie!

SCHNEIDER Wer bitte?

KUNDE-EXZELLENZ Meine Geliebte! *Geht zum Zelt zurück.* Ich kann mich nicht zeigen, ich bin ja nackt.

SCHNEIDER *spöttisch* Wie unlogisch! Wo bleibt Ihre Verachtung für die Kleidung! Sie sollten sie durch Nacktheit bezwingen. Geht es nicht darum, nackt zu leben?

KUNDE-EXZELLENZ Aber nicht allein! *Beugt sich aus dem Zelt.* Sie kommt hierhier!

SCHNEIDER Kein Wunder. Sie hat Anprobe.

KUNDE-EXZELLENZ *reißt die Perücke von der Puppe und stülpt sie sich auf den Kopf.* Hilf mir beim Anziehen!

SCHNEIDER Bravo! Noch ein Sieg für die Schneider! Was nutzt Exzellenz jetzt die Anatomie, die Sie so glühend verteidigt haben? Warum wollen Sie alles mit einem Prunkgewand verhüllen, um Liebe zu erringen? Worauf kommt es denn nun an: auf Ihre Anatomie oder auf meine Kunst?

CHOR DER BARBAREN Aaaaaahhh …

KUNDE-EXZELLENZ *reißt die Perücke vom Kopf.* Nein, ich kann nicht! Sie werden mich töten!

SCHNEIDER Lieben oder Überleben, das ist die Alternative.

KUNDE-EXZELLENZ Rette mich, Schneider, ich werde dich mit Geld aufwiegen.

SCHNEIDER Hier – die Kutte eines Bettelmönchs …

KUNDE-EXZELLENZ Nein, niemals! Dann lieber sterben!

SCHNEIDER Ich habe nichts dagegen.

KUNDE-EXZELLENZ In diesem Bettelfetzen soll ich ihr unter die Augen treten? Damit sie mich verschmäht?

SCHNEIDER Also kommt es doch auf die Kleidung an? Welch ein süßter Triumph!

KUNDE-EXZELLENZ Das wirst du mir büßen! Wo hast du die Lumpen?

SCHNEIDER Hier entlang.

Kunde-Exzellenz verschwindet hinter dem Zelt.

CARLOS Mutter, laß die Maskerade sein, die dich zu einer so nichtswürdigen Kurtisane macht. Fort mit den Taschenspielertricks, die dein wahres Gesicht verdecken. Sei natürlich, dein Sohn bittet dich darum. Laß uns zurückkehren ins Paradies der früheren Glückseligkeit, wo der Mensch noch Mensch war und keine Larve aus Seide und Sekret. Hör auf, dich durch diese Maskerade zu erniedrigen, die das Wesen des Menschen verkehrt, die es ins Verderben stürzt! Gehst du schon wieder zum Schneider, Mutter?

NANA Mein armer Sohn, du bist wahnsinnig.

CARLOS Nein, ich bin gesund, ihr seid die Verrückten, die ohnmächtig jammern im Bann der äußeren Erscheinungen.

NANA Übertreib nicht so. Ich ziehe mich gern an, das ist alles.

CARLOS Seit meiner Kindheit habe ich dein wahres Gesicht nicht mehr gesehen. Ich weiß nicht, was für Falten es hat, was für Augen mich ansehen. Und ich habe doch ein Recht darauf!

NANA Falten! Das ist gut! Du hast dir ein schlechtes Beispiel ausgesucht. Ich habe keine Falten.

CARLOS Das ist schlimm. Falten sagen etwas über die Seele des Menschen, die einzigartig und unverwechselbar ist. Ich glaube dir nicht, bestimmt hast du Falten.

NANA Du eigensinniges Kind. Was willst du von mir?

CARLOS Ich will deine Wahrheit, nicht deinen Schein.

NANA Was ist Wahrheit?

CARLOS Was du in dir trägst, nicht an dir.

NANA Dich habe ich getragen, jetzt trage ich nichts mehr. Ich habe keine Wahrheit. Aber wenn das Wahrheit ist, was du sagst, dann bist du meine Wahrheit. Kümmere dich also um dich selbst und laß mich in Ruhe.

CARLOS Du weichst mir aus.

NANA Warum suchst du die Wahrheit in fremder Gestalt? Such sie in dir selber, wenn du schon so klug bist, und quäle mich nicht länger.

CARLOS Ich tue es für dich.

NANA Das sagst du!

CARLOS Ist es möglich, daß meine arme Mutter so besessen ist? Nein, sie ist unschuldig! Der Teufel steckt woanders. Sie ist das Opfer dieses Betrügers, dieses Modeaffen, der aus reiner Berechnung die Schwäche der Frauen ausnutzt. Wo ist dieser Schneider?

SCHNEIDER *tritt aus dem Zelt.* Hier bin ich, junger Mann.

CARLOS Du Hund, du Scharlatan! *Zieht den Degen.*

NANA Was machst du, Carlos?

CARLOS Ich renne ihm meinen Degen in den Leib und befreie deine Unschuld!

NANA Mein Sohn hat den Verstand verloren. Fliehen Sie, Meister!

SCHNEIDER Nein, ich werde es ihm zeigen.
CARLOS Du? Mir?

Dringt auf den Schneider ein. Trommelwirbel, Pfeifenklang, Schreie... Carlos hält ein.

STIMME DES ANFÜHRERS *hinter der Szene* Vorwärts, ihr Adler des Kaukasus!
GESELLE *stürzt herein.* Sie treten die Tür ein. *Läuft hinaus.*
COHR DER BARBAREN Oooooohhh...

Volles Licht. Socco, der Anführer der Barbaren, stürzt auf die Bühne. Im flachen mittelalterlichen Helm mit breitem Rand. Langes, rotes Haar, roter Bart. Halbnackt, in einem schlecht gegerbten Fell, das von einem breiten Gurt mit Messingschnalle gehalten wird, an den nackten Füßen alte Tennisschuhe, in der Hand ein Schwert. Er bleibt sofort nach dem Auftritt stehen. Hinter ihm erscheinen aus den Kulissen einige Speere. Socco wendet sich ihnen zu und hebt das Schwert in die Höhe.

SOCCO Halt!

Die Speere weichen zurück, Socco geht langsam zur Bühnenmitte, er schaut sich neugierig um. Mit der Schwertspitze hebt er den Purpur auf und läßt ihn wieder fallen. Die übrigen in schweigender Erwartung, unbeweglich. Socco schaut sie sich der Reihe nach an.

So also seht ihr aus.

Pause. Socco geht noch einige Schritte weiter, bleibt dann stehen, stützt die Arme in die Hüften.

Wer von euch ist der Schneider?

CARLOS *zeigt eilfertig auf den Schneider* Der da!

SOCCO *nähert sich dem Schneider.* Ich bin der Stammesführer Socco.

CARLOS Der berühmte Socco!

SCHNEIDER Willkommen, mein Herr.

SOCCO Von nun an regiere ich hier.

SCHNEIDER Aha...

SOCCO Keine Widerrede! Sonst steck ich eure Häuser an, sonst schlag ich eure Köpfe ab.

SCHNEIDER Warum gleich abschlagen?

SOCCO Ruhe! Ich kann tun, was ich will, und damit basta!

SCHNEIDER Man wird doch mal fragen dürfen.

SOCCO Verfaultes Land, morsches System. Du bist am Ende. Jetzt sind wir dran! Wir verscharren deinen stinkenden Kadaver! Gib zu, daß du stinkst!

CARLOS Und wie er stinkt, mein Herr.

SOCCO Dich habe ich nicht gefragt. *Zum Schneider* Was ist, gibst du es zu?

SCHNEIDER Eigentlich rieche ich nichts.

SOCCO Aber ich sage dir, daß du stinkst. Weißt du, was wir jetzt machen?

SCHNEIDER Woher soll ich das wissen?

SOCCO Wir erneuern eure lausige Welt, wir geben ihr das Leben zurück, wir hauchen ihr neue Ideen ein. Was sagst du dazu?

SCHNEIDER Sehr hübsch.

SOCCO Freust du dich nicht?

SCHNEIDER Später vielleicht, wenn ich mich daran gewöhnt habe, jetzt bin ich noch zu verblüfft.

SOCCO Vergiß es aber nicht. Freuen! *Zu den übrigen* Ihr auch!

CARLOS *tritt zu Socco und kniet vor ihm nieder.* Willkommen, Erlöser! Auf dich habe ich gewartet.

NANA Carlos!

SOCCO *überrascht* Wer ist das?

CARLOS Dein Diener.

SCHNEIDER Jetzt ist die Katze aus dem Sack. Dabei war der eben noch so mutig mit seinem Degen!

SOCCO *mißtrauisch* Warum bist du so beflissen?

CARLOS Ich habe mich immer danach gesehnt, daß eine neue Zeit anbricht. Ich ersticke in dieser Welt von Lug und Trug, in der es keine Menschen gibt, sondern Marionetten, keine Seelen, sondern Larven. Keinen Glauben, keinen echten Geist, nur Symbole und äußere Zeichen des Glaubens und des Geistes. Weißt du, wer hier regiert? *Zeigt auf den Schneider* Dieser Wahrheitsverhüller, dieser Autokrat!

SCHNEIDER ... Jetzt denunziert er auch noch.

CARLOS Du bist wie der Sturm, der die Leichentücher fortreißt und die Brust freier atmen läßt. Wie ein gewaltiger Wind, der den Dreck der Jahrmarktsbuden hinwegträgt, der die Felder leerfegt, du mein Idol, du leibhaftiger Zorn der Natur! Deine Gestalt ist Wahrheit, deine blanke Brust Aufrichtigkeit, dein starker Arm ist die Tat. Die Gewänder der anderen sind wurmzerfressene Leichentücher. Reiß sie herunter! Stürme, du Sturm!

SCHNEIDER Eine Schande, diese Lobhudelei! Einen wehrlosen Schneider abstechen, das war heldenhaft! Wo ist denn jetzt dein Degen? Pfui Teufel!

SOCCO Ruhe da!

CARLOS Nein, es ist keine Schande, das Leben zu preisen.

Schnallt den Degen ab und reicht ihn Socco.

Nimm meinen Degen, du bist das Leben selbst.

SOCCO Hmm, schön... gut... ich werde daran denken.

SCHNEIDER Klarer Fall von Kollaboration.

CARLOS Nimm mich ganz.

SOCCO Sicher, gewiß, ja... das ehrt dich. *Schiebt den angebotenen Degen zur Seite.* Steck den Knüppel weg, ich überlege es mir, vorläufig bist du frei.

CARLOS *steht auf.* Aber ich bleibe wachsam. Ich folge jedem Wink. *Vertraulich* Jetzt würde ich raten, alles in Brand zu stecken, alles zu vergewaltigen, was sich vergewaltigen läßt, und den Rest mit Stumpf und Stiel auszurotten. Fangen wir beim Schneider an.

SCHNEIDER Verbindlichsten Dank.

SOCCO *irritiert* Ich brauche keinen Rat, ich weiß selber, was zu tun ist.

CARLOS *steht stramm.* Ich bin immer bereit.

Socco geht zur Schneiderpuppe, auf der die Kleidung des Kunden-Exzellenz hängt. Carlos folgt ihm mit Feuereifer auf Schritt und Tritt.

SOCCO Was ist das?

SCHNEIDER Die Kleidung eines Kunden von mir.

SOCCO Abscheulich.

CARLOS Ich erkenne darin den Tyrannen, den Vertreter verfluchter Kultur! Verschwinde, Vergangenheit! *Zieht den Degen und durchbohrt die Puppe.*

SCHNEIDER Ich protestiere! Er durchlöchert meine Arbeit!

SOCCO Warten, hab ich gesagt! Marsch, in die Ecke!

NANA Komm zu mir, Carlos.

CARLOS Warum, mein Idol? Ich wollte mich nützlich machen... *Er geht betrübt zur Seite.*

SOCCO *gibt dem Schneider ein Zeichen, dieser kommt näher.* Wer ist diese Person? *Er zeigt auf Nana.*

SCHNEIDER Eine Dame von Adel...

Der Vorhang, hinter dem der Kunde-Exzellenz verschwunden ist, bewegt sich unruhig.

SOCCO Wirklich?

SCHNEIDER Ehrenwort. Gefällt sie Ihnen, Fürst?

SOCCO Nix gefallen! Ich frage nur, weil ein Eroberer alles vom eroberten Land wissen muß. Das ist seine Pflicht!... Du sagst, die Dame ist adlig?

SCHNEIDER So adlig wie schön und lieb und klug und raffiniert.

SOCCO Das hab ich mir gedacht. Schön ist sie, was? Stimmt's?

SCHNEIDER Ihre Schönheit ist berühmt.

SOCCO Ich frage, weil mir eure dekadente Ästhetik fremd ist. Ich werde sie ausmerzen.

SCHNEIDER Das ist verständlich.

SOCCO Ich möchte keine Fehler machen.

SCHNEIDER Wenn es darum geht, Fürst, dann liegen Sie richtig. Sie ist die Schönheit in Person. Soll ich sie rufen?

KUNDE-MÖNCH *das heißt, der Kunde-Exzellenz jetzt als Bettelmönch verkleidet. Kapuze ins Gesicht gezogen, am Gürtel einen Geldbeutel. Kommt hinter dem Vorhang hervor.* Er lügt! Die und schön? Ha, ha! Der reine Hohn! Fürst, lasssen Sie sich von diesem dummen Schneider nicht zum Narren halten. Es lohnt sich nicht, sie auch nur anzusehen. *Zum Schneider, leise* Du mieser Kuppler!

SOCCO *hebt sein Schwert.* Wer ist denn das?

KUNDE-MÖNCH Ich bin ein Bettelmönch, eine ganz unbedeutende Person... *streckt die Hand aus* Vielleicht würden Sie die Güte haben, etwas fürs Kloster...

SOCCO *zum Schneider* Stimmt es, was er sagt?

SCHNEIDER Was kann ein Pfaffe von der Schönheit wissen? Fanatiker und Bettler! Der soll uns nicht dazwischenreden!

SOCCO Hast du gehört? Du sollst gehen.

KUNDE-MÖNCH Ich werde nicht dulden, daß man den Fürsten betrügt. Die Adligkeit der Dame... alle wissen, daß sie eine Kurtisane ist, unwürdig eines Fürsten...

NANA Carlos, man beleidigt deine Mutter.

CARLOS Selber schuld. Merkst du nicht, daß dieses schlaue Schneiderlein seine Ware anpreist und nicht deine Seele? Zum Teufel! Dieser Mönch hat recht.

KUNDE-MÖNCH Was der Sohn bezeugt, das sollte genügen...

NANA Fürst, ich bitte um Erlaubnis, mich entfernen zu dürfen. Ich möchte mir weder Lobeshymnen noch Beschimpfungen anhören müssen.

CARLOS Mutter, der Priester nimmt dir die Larve ab – zu deiner Erlösung.

NANA Sei still, du Dummkopf.

KUNDE-MÖNCH Ja, sie soll gehen und dem Fürsten nicht mehr unter die Augen treten.

SCHNEIDER An Ihrer Stelle würde ich diesen frechen Bruder hinauswerfen, Fürst.

SOCCO Ruhe! *Zu Nana* In Ordnung, Sie dürfen gehen, aber nicht zu weit. Wir haben Krieg, und ab jetzt gelten meine Befehle.

NANA Kommst du mit, Carlos?

CARLOS Ich bin gespalten zwischen dem heiligen Dienst und der Liebe zur Mutter. Aber ich darf nicht schwach sein. Wenn ich stark bleibe, diene ich ihr besser, als wenn ich den Versuchungen der Schwachheit nachgebe. Mönch, ich bin auf deiner Seite.

KUNDE-MÖNCH *zur Seite* Mönchlein, Mönchlein, da hast du dir was eingebrockt. *Zu Nana* Erlaube mir, gute Frau, dich zu begleiten, verzeih mir meine harten Worte. Ich werde dir alles erklären, und du wirst erkennen, wie gut ich es mit dir meine.

CARLOS Habe Dank, Pater. Geh mit ihr, und öffne ihr Ohr für die bitteren Worte der Wahrheit. Fürchte nichts, weise ihr den Pfad zur Erlösung, rette ihre Seele. Vielleicht wirft sie dann diese verfluchten Gewänder von sich.

KUNDE-MÖNCH Ich gebe die Hoffnung nicht auf.

SCHNEIDER Amen.

NANA Meister, was ist mit der Anprobe?

SCHNEIDER Es ist alles fertig.

NANA Wir sehen uns noch. *Sie geht nach links, mit ihr der Kunde-Mönch.*

SOCCO Zu diesem Mönch habe ich kein Vertrauen.

CARLOS *zu den Hinausgehenden* Nur Mut, Pater, nur Mut! Ich bleibe hier. *Zu Socco* Verfüge über mich, Fürst!

SOCCO Dieser Bundesgenosse ist mir ein bißchen zu laut. Ich würde gern mit Ihnen in Ruhe reden, Meister…

SCHNEIDER Stets zu Diensten.

SOCCO Nicht hier. Seine Begeisterung stört mich. Gehen wir etwas beiseite, wo wir unter uns sind.

SCHNEIDER Ich verstehe. Hier entlang, bitte. *Sie gehen nach links.*

CARLOS Ha! *Er stürzt zur Puppe und durchbohrt sie mehrfach und ungestüm mit dem Degen.*

Zweiter Akt

Ein hoher, runder Saal, Vorzimmer im Palast des Kunden-Exzellenz. Mit Stuck verzierte Wandpfeiler, dazwischen Nischen, darin Büsten von Denkern und Heerführern, einige beschädigt. An der Wand ein Porträt des Kunden-Exzellenz in Lebensgröße, vor dem Hintergrund einer Landschaft, in der Galakleidung des ersten Aktes, einer Perücke und weißen Strümpfen. Schnurrbart und Bart sind auf primitive Weise mit Kohlestift eingezeichnet. An den Wänden leere Rechtecke von entfernten Bildern, Risse, Flecke.

Über das Parkett verteilt liegt spärlich Stroh, auch vom Kronleuchter hängen Strohhalme und Strohwische. Aufgerollter Teppich, einige an die Wand gelehnte Speere, einige Fackeln in eisernen Haltern, die, vor kurzem eingeschlagen, den Putz beschädigt haben. Ein Sofa, ein Tisch mit einigen Empire-Stühlen, auf einem Stuhl ein Sattel, auf einem anderen Stuhl ein Schild. Eine hingeworfene Trommel.

Im Hintergrund in der Mitte eine große Tür, die ins Schlafzimmer führt, das dem Kunden-Exzellenz gehörte und jetzt Socco. Neben der Tür liegt Carlos, an die Wand gelehnt, in ein Fell gehüllt, das dem ähnelt, das die Barbaren tragen. In der Hand eine Keule.

Der Schneider tritt ein, er trägt ein Bündel.

CARLOS *springt auf* Halt!

SCHNEIDER Mach keinen Unsinn, Carlos, wir kennen uns doch.

CARLOS O ja, wir kennen uns gut. Weitergehen verboten.

SCHNEIDER Mit welchem Recht?

CARLOS Kriegsrecht. Ich stehe Wache vor den Gemächern des Fürsten.

SCHNEIDER Du stehst? Du liegst doch wohl, und zwar auf dem Fußboden. Gut, daß deine Mama das nicht sieht. Sie wäre ungehalten. Du wirst dich noch erkälten. Frierst du nicht? Warum legst du dich nicht aufs Sofa?

CARLOS *verwirrt* Ich härte mich ab.

SCHNEIDER Ich sehe, du hast dich verkleidet. Du hast dir ein Fell umgehängt.

CARLOS Na und? Beleidigt das dein Schneiderauge? Schau gut hin, das ist das Kriegskleid der neuen Zeit.

SCHNEIDER Gehört der Knüppel dazu?

CARLOS Was willst du hier?

SCHNEIDER Ich möchte mit Socco sprechen.

CARLOS Mit dem Fürsten Socco.

SCHNEIDER Meinetwegen.

CARLOS Daraus wird nichts.

SCHNEIDER Ist er nicht zu Hause?

CARLOS Doch, er ist da. Er denkt über die Zukunft der Menschheit nach.

SCHNEIDER Das ist schön von ihm. Laß mich also zu ihm.

CARLOS Er darf nicht gestört werden.

SCHNEIDER Ich habe aber etwas Wichtiges …

CARLOS Er will dich nicht sehen.

SCHNEIDER Schon gut, geh, melde mich an.

CARLOS Du willst mir befehlen?

SCHNEIDER Ach, so ein grüner Junge... *Er geht zur Schlafzimmertür.*

CARLOS *versperrt ihm den Weg.* Keinen Schritt weiter!

SCHNEIDER Ist das dein letztes Wort, du Socco-Satellit, du Söckchen?

CARLOS Du beleidigst den Fürsten? *Er schwingt die Keule gegen den Schneider.*

SCHNEIDER *flieht.* Du Höhlenscout!

Sie jagen sich um den Tisch, der Schneider läßt das Paket fallen.

CARLOS *hebt das Paket auf.* Was ist das?

SCHNEIDER Frag doch Socco.

CARLOS *entnimmt dem Paket die Kleidung des Kunden-Exzellenz aus dem ersten Akt.* Was, schon wieder diese Schweinerei?

Die Tür öffnet sich, Socco kommt herein, in einem bordeauxroten Schlafrock, in der Hand einen Rasierpinsel, das Gesicht ist eingeseift.

SOCCO Was ist denn hier los, zum Teufel!

CARLOS *erstaunt* Der Fürst rasiert sich?

SOCCO Wie siehst du denn aus? Was ist denn das für 'ne Maskerade?

CARLOS Das? Das ist euer Gewand, ihr Helden. Ich will mich nicht von deinen Leuten unterscheiden. Auch um meine Brust soll der wilde Wind wehen.

SOCCO Na schön. Wenn er weht, ist ja alles in Ordnung. Du hättest mich vorher informieren müssen. Was machst du eigentlich hier?

CARLOS Ich stehe auf Wache.

SOCCO Wer hat dir das befohlen?

CARLOS Ich mir selbst, ich tue es freiwillig.

SOCCO Was ist passiert?

CARLOS Dieser Hüllenhersteller ist in den Palast eingedrungen und hat das Hauptquartier dadurch entweiht, daß er den Bazillus der Vergangenheit einschleppte.

SOCCO Was für einen Bazillus?

CARLOS Diesen da. *Er zeigt auf den Anzug.*

SOCCO Ach ja, tatsächlich... Und was meinst du dazu?

CARLOS Ich wollte ihn gerade hinauswerfen.

SOCCO Wachsam bist du, mein Junge. Er soll hereinkommen.

CARLOS Wie, Sie wollen ihn empfangen?

SOCCO Ich werde ihn persönlich bestrafen. Und dir rate ich, mich über alles, was geschieht, auf dem laufenden zu halten, verstanden? Eigenmächtigkeiten pflege ich mit Auspeitschen zu bestrafen. Diesmal lasse ich es dir noch durchgehen.

Socco geht ins Schlafzimmer, der Schneider folgt ihm mit dem Anzug.

SCHNEIDER *im Vorbeigehen zu Carlos* Tschüs!

CARLOS Der Fürst rasiert sich...

Es tritt der Kunde-Exzellenz ein, im Mönchsgewand.

KUNDE-MÖNCH Edler Krieger, hast du vielleicht Nana gesehen, die lasterhafte Kurtisane?... Teufel! Ist das nicht Carlos?

CARLOS Carlos war einmal. Jetzt gibt es nur noch den treuen Diener des Fürsten Socco. Der Fürst rasiert sich ...

KUNDE-MÖNCH Verzeih, ich habe dich nicht erkannt. Man redet manchen Unsinn daher ... Hast du deine Mama gesehen?

CARLOS Seit ich unserer Sache verschrieben bin, habe ich sie nicht mehr gesehen. Ich wüßte selber gern, wo sie jetzt steckt. Sie wollten sich ihrer annehmen, Pater.

KUNDE-MÖNCH Leichter gesagt als getan. Offenbar habe ich sie beleidigt. Ich bin ihr nachgegangen und habe mit ihr über Moral gesprochen. Auf der Straße warteten fünf Verehrer auf sie, richtige Teufelskerle! »Nana kommt«, riefen sie im Chor, und baten sie auf Knien, ihnen wenigstens einen Zipfel ihrer Dessous zu zeigen. Da hetzte sie die Kerle auf mich, und die ließen sich das nicht zweimal sagen.

CARLOS Wie konntest du sie nur im Stich lassen?

KUNDE-MÖNCH Ich erkläre es doch gerade. Der eine stellte mir ein Bein, der andere ... Was soll ich da viel erklären ... niedrigste tierische Instinkte ... Als ich wieder zu mir kam, waren sie schon weit weg. Aber man hörte sie immer noch um den Zipfel flehen.

CARLOS Na und, hat sie nachgegeben?

KUNDE-MÖNCH Ach wo. Die Kerle bettelten weiter, verführerisch lockte auch sie.

CARLOS Das macht sie immer so. Noch keiner hat ihr Gesicht gesehen. Nicht einmal ich.

KUNDE-MÖNCH Gesicht wäre nicht so schlimm, aber Unterarm und Kniescheibe...

CARLOS Wenn sie es doch täte! Da würde sie sich in den Naturzustand zurückversetzen. Bis jetzt ist sie noch wie die Künstlichkeit in Person.

KUNDE-MÖNCH Hmm, für einen Sohn hast du seltsame Wünsche. Aber das geht mich nichts an. In mir hast du auf jeden Fall einen Verbündeten. Du kennst sie doch gut: Ist es wahr, daß sie sogar die Handschuhe nie auszieht?

CARLOS Leider ist das wahr.

KUNDE-MÖNCH *zu sich selber* Ein Glück für mich, denn sonst wäre ich eifersüchtig. Aber natürlich auch schade... Ach, wenn ich doch die Kapuze nicht getragen hätte! Sie hielten mich für einen Mönch und haben mich windelweich geschlagen.

Zwei Barbaren in Fellen, mit Bärten, auf dem Kopf Kappen, die mit Büffelhörnern verziert sind, tragen den großen Spiegel aus dem Ersten Akt herein.

CARLOS Willkommen, Brüder.

Die Barbaren murmeln unzufrieden, sie haben ihre liebe Not mit dem Spiegel.

Ein wunderschöner Tag heute. Eine Freude zu leben... was?

Die Barbaren brummen, Carlos fährt jetzt viel weniger selbstbewußt fort.

Ich sehe, daß ihr etwas tragt, das ist sehr gut. Wir arbeiten alle für den Sieg. Stimmt's?

Die Barbaren brummen.

KUNDE-MÖNCH Gesprächig sind die nicht gerade.
CARLOS Ihre Sprache ist die Tat.
KUNDE-MÖNCH Dann versuche es einmal mit Händen und Füßen.
CARLOS Was ist das, ein Spiegel?
KUNDE-MÖNCH Tatsächlich, der kommt mir irgendwie bekannt vor.
CARLOS Was soll denn das ... *Zu den Barbaren* Hört mal, Kollegen, wozu bringt ihr das Ding da her?
BARBAR I Warum – wozu?
CARLOS Ist das nicht ein Versehen?
BARBAR I Befehl von Socke.
CARLOS Das kann nicht sein, hier ist das Hauptquartier und kein Puff.
BARBAR I Wenn ich dir sage, von Socke, dann stimmt's. Schieb mal ein bißchen mehr zur Mitte.
BARBAR II Hau ruck!
BARBAR I In Ordnung.

Sie gehen hinaus.

KUNDE-MÖNCH Na, was ist, du bist wohl mit ihnen nicht klargekommen?
CARLOS Ein rauhes Volk, Söhne der Steppe ...
KUNDE-MÖNCH Nur der Papa ist unbekannt.

CARLOS Ich verbiete dir, so zu sprechen. Der Fürst weiß, was er tut.

KUNDE-MÖNCH Er soll lieber tun, was er weiß. *Steht vor dem Spiegel.* Ein trauriges Bild...

CARLOS Ich rate dir, dich nicht so anzuschauen. Das führt zu nichts Gutem, ich hab das an meiner Mutter gesehen.

KUNDE-MÖNCH Ein schmerzlicher Sturz in die Tiefe...

CARLOS Wovon redest du?

KUNDE-MÖNCH Wer könnte vermuten, daß unter dieser mönchischen Hülle... Oder sollte der Schneider recht haben? Bin ich noch Exzellenz?

CARLOS Geh vom Spiegel weg!

KUNDE-MÖNCH Wer bin ich jetzt?

CARLOS Geh vom Spiegel weg! *Er drängt den Kunden-Mönch ab.*

KUNDE-MÖNCH *schaut sich um.* Was für eine Zerstörung...

CARLOS Du gefällst mir nicht mehr. Das ist keine Zerstörung, sondern der Anfang eines neuen Lebens.

KUNDE-MÖNCH Und wo ist das alte?

CARLOS Das gibt es nicht mehr.

KUNDE-MÖNCH So einfach ist das nicht. *Schaut auf sein Porträt.*

SOCCO *hinter der Bühne* He, ist da wer?

CARLOS Ich komme, mein Fürst! *Er versucht vergeblich, die Tür zu öffnen.* Die ist zu...

SOCCO Ist der Spiegel schon da?

CARLOS Ja, soll ich ihn kaputtschlagen?

Pause.

SOCCO Laß das sein.

CARLOS Warum?

SOCCO Laß das sein, verstanden?

CARLOS Jawohl.

KUNDE-MÖNCH Komisch, einen Bart habe ich mir nie wachsen lassen…

Carlos antwortet nicht.

Warum bist du so einsilbig?

CARLOS Der Fürst rasiert sich…

KUNDE-MÖNCH Na und? Hast du keine anderen Sorgen?

CARLOS Nein.

KUNDE-MÖNCH Alle rasieren sich.

CARLOS Was heißt: alle?

KUNDE-MÖNCH Was ist denn daran so seltsam?

CARLOS Was heißt: »Alle rasieren sich…«, halt, Moment mal, du weißt was, Mönch!

KUNDE-MÖNCH Ist das ein Geheimnis?

CARLOS *packt ihn an der Kutte und schüttelt ihn.* Rede: wer, wo, wann… hast du etwas gesehen? Antworte sofort!

KUNDE-MÖNCH Aber herzlich gern. Als ich hierher unterwegs war, bin ich am Laden eines Barbiers vorbeigekommen. Der Glückliche hat wohl in seinem ganzen Leben noch nie so viele Kunden gehabt. Und soviel Arbeit, denn alle haben sie Bärte wie die Urwaldmenschen. Alles Soldaten übrigens!

CARLOS Du lügst!

KUNDE-MÖNCH Warum sollte ich lügen? Die einen werden geschoren, die anderen warten geduldig, bis sie an der Reihe sind.

CARLOS *läßt den Kunden-Mönch los.* Das kann nicht sein.

KUNDE-MÖNCH Wie du meinst, Jungchen. Hör auf, mich zu schütteln.

CARLOS *nach kurzem Nachdenken* Hast du etwas Zeit?

KUNDE-MÖNCH Soviel du willst. Ich habe Nana verloren, ich habe nichts zu tun.

CARLOS Würdest du für mich mal kurz die Wache übernehmen?

KUNDE-MÖNCH Ich weiß nicht, ob ich das kann.

CARLOS Das ist ganz einfach: Du stellst dich neben den Eingang, und wenn jemand kommt, ziehst du ihm den Knüppel über den Kopf.

KUNDE-MÖNCH Und wenn er zurückschlägt?

CARLOS Dann läßt du dein Leben für den Fürsten. Für ihn zu sterben ist eine große Ehre.

KUNDE-MÖNCH Ich bin ein einfacher Mönch, es kommt mir nicht zu, nach solchen Ehren zu streben…

CARLOS *ungeduldig, gibt ihm die Keule* Ich bin gleich wieder da. *Er geht hinaus.*

KUNDE-MÖNCH Armer Irrer. *Er betrachtet pikiert die Keule und wirft sie weg. Geht auf der Bühne auf und ab.* Hier in diesem Palast habe ich einmal gewohnt. Keine Spur mehr von den alten Tapeten. Ich bin ein Unbehauster.

Die Tür öffnet sich, der Schneider blickt vorsichtig herein.

SCHNEIDER Ist er weg?

KUNDE-MÖNCH Sie hier, Meister?

SCHNEIDER *kommt herein, schließt die Tür hinter sich.* Grüß Gott, Pater.

KUNDE-MÖNCH Erkennen Sie mich nicht, Meister?

SCHNEIDER Nein.

KUNDE-MÖNCH Spaß beiseite. Ich bin es!

SCHNEIDER Ich, das heißt, wer, bitte?

KUNDE-MÖNCH *bestimmt, aber mit gesenkter Stimme* Die Exzellenz.

SCHNEIDER Wo sind die Beweise?

KUNDE-MÖNCH *weist auf seine Brust* Hier!

SCHNEIDER Was heißt wo? Im Herzen, in der Leber, in der Lunge? Die Lunge ist bei allen gleich.

KUNDE-MÖNCH *zeigt auf seine Stirn* Hier!

SCHNEIDER Hinterm Stirnknochen? Selbst wenn du dich nackt ausziehen und in Stücke schneiden lassen würdest, könntest du nichts erkennen. Ausgezogen bist du nichts als nackt, zerstückelt nichts als tot. Da ich dich als Mönch sehe, bist du nichts als ein Mönch.

KUNDE-MÖNCH Nein, eine Exzellenz.

SCHNEIDER In deinem Kopf sicher, aber das ist kein Beweis. Für dich vielleicht, aber für keinen anderen. Im Kopf können alle alles sein, und nur ein Schneider kann da ein bißchen Ordnung schaffen.

KUNDE-MÖNCH Der Schneider ist ein Verräter. Du hast mich verraten.

SCHNEIDER Ich? Dich?

KUNDE-MÖNCH Und sogar doppelt. Erst bist du zu Socco übergelaufen, und dann hast du ihm Nana untergeschoben.

SCHNEIDER Er hat sie selbst gesehen.

KUNDE-MÖNCH Aber du hast sie ihm angepriesen. Und ich mußte sie ihm verekeln. Jetzt will sie nichts von mir wissen.

SCHNEIDER Ich verfolge damit bestimmte Absichten. Der wilde Socco ist für uns alle gefährlich. Aber wenn er sich verliebt, wird er sich verändern. Rasiert hat er sich schon.

KUNDE-MÖNCH Du hast die Herrschaft gewechselt.

SCHNEIDER Nein, den Dienst.

KUNDE-MÖNCH Du dienst einem anderen.

SCHNEIDER Ich kleide einen anderen an.

KUNDE-MÖNCH Kommt das nicht auf dasselbe hinaus?

SCHNEIDER Ankleiden heißt erschaffen. Früher hast du mir dazu gedient, Eure Exzellenz zu erschaffen. Heute dient er mir dazu, für mich ist da kein Unterschied.

KUNDE-MÖNCH Du stellst mich auf eine Stufe mit ihm?

SCHNEIDER Die Anatomie ist dieselbe. Der einzige, der zählt, bin ich.

KUNDE-MÖNCH Dann erschaffe mich noch einmal. Ich möchte vor Nana als Exzellenz stehen, und nicht als Bettler...

SCHNEIDER Sag Socco, er soll dir dein Wams und deine Hosen wiedergeben.

KUNDE-MÖNCH Spotte nicht, du weißt genau, was er mit mir machen würde.

SCHNEIDER Was willst du also von mir? Sei still und stör mich nicht. Du kannst mir dankbar sein, daß ich ihn im Zaum halte. Das Schlimmste ist vorbei.

KUNDE-MÖNCH Vorbei? *Er zeigt auf die Wände* Und dieses Chaos hier? Ich soll mich wohl darüber freuen, daß sie aus meinem Palast einen Pferdestall gemacht haben? Wollen Sie etwa sagen, das sei fortschrittlich, edel, kultiviert? Bald wächst hier nur noch Unkraut. Was wird dann aus Ihrer geliebten Zivilisation?

SCHNEIDER Nur Geduld.

KUNDE-MÖNCH Zu meiner Zeit waren nicht nur die Menschen bekleidet, sondern auch die Welt. Ich erinnere mich gut an Ihr Geständnis, Sie wollten bis zur letzten Konsequenz gehen und auch die Nacktheit der Bäume und der Tiere bedecken. Große, kühne Pläne. Heute ist alles zerlumpt, und Sie sagen: »Macht nichts.« Sie haben dreifach verraten, sich selbst nämlich auch.

SCHNEIDER Wer sagt das? Lege ich meine Hände in den Schoß? Ich habe nichts aufgegeben. Warten muß man allerdings können. Schon gibt es erste Zeichen...

KUNDE-MÖNCH Das sehe ich. Man braucht uns nur anzuschauen...

SCHNEIDER Wissen Eure Ex-Exzellenz eigentlich, warum die gekommen sind?

KUNDE-MÖNCH Um zu entblößen, zu zertreten, gleichzumachen.

SCHNEIDER Eure Ex-Exzellenz reden so naiv daher wie der nicht ganz ausgebackene Carlos. Warum sind die denn zuerst in meine Werkstatt gekommen und nicht in Ihren Palast? Die wissen, wo Barthel den Most holt.

KUNDE-MÖNCH Glauben Sie...

SCHNEIDER Ich glaube es nicht, ich bin mir dessen sicher. Vom ersten Augenblick an hat Socco das Gespräch mit mir begonnen. Er redete um den Brei herum, die Wahrheit kam trotzdem heraus. Und wenn sie noch so fürchterliche, bedrohliche Gesichter machen – mich können sie nicht täuschen. Sie sind ganz einfach gekommen, um sich anständig anzuziehen. Wie alle. Wie immer.

KUNDE-MÖNCH Mit meinen Sachen!

SCHNEIDER Nein, mit meinen, denn ich habe sie geschaffen.

KUNDE-MÖNCH *weist auf die Wände* Und das?

SCHNEIDER Sie zerstören nur aus Höflichkeit, weil es sich nicht gehört, gleich die Karten auf den Tisch zu legen. Schon fangen sie an, sich im Spiegel zu betrachten, und bald darauf werden sie sich die Zähne putzen. Und so peu à peu kommt alles wieder ins Lot. Dann fange ich von vorn an. Jeder von denen ist ebenso eitel wie Sie, Ex-Exzellenz.

KUNDE-MÖNCH Ich war niemals eitel.

SCHNEIDER Das können Sie doch Ihrem Schneider nicht erzählen.

KUNDE-MÖNCH Ich darf also hoffen?

SCHNEIDER Worauf? Daß Eure Ex-Exzellenz wieder Exzellenz werden? Nein. Die dulden keine Konkurrenzen von früher. Sie möchten selber schön sein und nicht nur bewundern müssen. Hoffnung haben kann nur ich. Wer weiß, vielleicht erreiche ich mit denen ein höheres Niveau als mit Ex-Exzellenz? Die sind anders als Sie, die scheuen vor nichts zurück.

KUNDE-MÖNCH Sie ärgern sich wohl immer noch, daß ich mich nicht habe kastrieren lassen. Das machen die auch nicht.

SCHNEIDER Darum geht es mir gar nicht mehr. Ich habe jetzt andere Pläne: meine Erfindung.

KUNDE-MÖNCH Und was wird aus mir?

SCHNEIDER Auch daran habe ich gedacht: Ich könnte Eure Ex-Exzellenz als zweiten Gesellen einstellen.

KUNDE-MÖNCH So tief möchte ich nicht sinken.

SCHNEIDER Denken Sie lieber mal nach. Für Eure Ex-Exzellenz ist das der einzig sichere Platz in der Welt von morgen.

KUNDE-MÖNCH Soll ich vielleicht Hermelinpelze steppen für diese Neandertaler?

SCHNEIDER Warum nicht? Gemeinsam werden wir etwas aus ihnen machen. Aus jemandem etwas zu machen ist besser, als jemand zu sein. Ich biete Eurer Ex-Exzellenz die einzigartige Chance zum Avancement und zur Revanche.

KUNDE-MÖNCH Aber ich kann nicht nähen.

SCHNEIDER Das kann man lernen.

KUNDE-MÖNCH Warum eigentlich nicht? So wenig wie ich Exzellenz ein Mönch bin, brauche ich als Geselle ein Geselle zu sein. Was soll's also?

SCHNEIDER Bravo!

KUNDE-MÖNCH Außerdem habe ich mich als Mönch vor Nana völlig kompromittiert. Als einfacher Geselle sind meine Chancen bei ihr auch nicht sehr groß, aber ich bin wenigstens in ihrer Nähe. Meister, ich nehme an.

SCHNEIDER Das gefällt mir. Fangen wir gleich an. Ex-Exzellenz, laufen Sie in meine Werkstatt, und bringen Sie den Purpur, Sie wissen schon, welchen. Ich brauche ihn.

KUNDE-MÖNCH Willkommen, neues Leben. Ich laufe, Meister. *Ab.*

SOCCO *hinter der Tür* He Schneider!

SCHNEIDER Kommen Sie, Exzellenz, die Luft ist rein.

Socco tritt ein in der Kleidung der Exzellenz. Die Hosen hat er über den Kopf gestülpt, die Arme stecken in den Hosenbeinen, er hält mit den Händen die Jacke fest, in deren Ärmel die Beine stecken. Weiße Strümpfe und schwarze Lackschuhe mit Silberschnallen.

SOCCO Na?

SCHNEIDER Schön.

SOCCO Gut?

SCHNEIDER Ausgezeichnet. Ich erlaube mir jedoch die Bemerkung...

SOCCO Na los...

SCHNEIDER ...daß Exzellenz es verkehrt herum angezogen haben.

SOCCO Was verkehrt, wie verkehrt?

SCHNEIDER Was oben ist, gehört nach unten. Darf ich behilflich sein?

SOCCO Nicht nötig, das kann ich selbst.

Er verschwindet hinter der Schlafzimmertür. Unterdessen putzt der Schneider den Spiegel blank. Socco kommt zurück, jetzt mit den Kleidungsstücken an der richtigen Stelle, aber er hat Schwierigkeiten mit den Haken und Ösen. Er trägt keine Perücke, das rötliche Haar hängt lang und ungekämmt herunter, aber er ist rasiert.

Was guckst du mich so an?

SCHNEIDER Aber, Exzellenz.

SOCCO Paß bloß auf. Ich dachte schon, du guckst.

SCHNEIDER Ich werde aufpassen, Exzellenz.

SOCCO Findest du vielleicht, ich sehe komisch aus?

SCHNEIDER Gott bewahre! In meiner Hände Arbeit sieht keiner komisch aus.

SOCCO Andere Leute gehen mich nichts an. Irgendwas drückt mich.

SCHNEIDER Wir messen neu aus, wir korrigieren, und dann sitzt es wie angegossen.

SOCCO Und diese … wie heißt das noch?

SCHNEIDER Hosen, Exzellenz.

SOCCO Stehen sie mir?

SCHNEIDER Ausgezeichnet! Wie darin geboren!

SOCCO Soll das eine Anspielung sein?

SCHNEIDER Worauf? In Hosen wird keiner geboren.

SOCCO Bei uns schon. Verstanden? Kulturarbeit.

SCHNEIDER Jawohl, Exzellenz. Das habe ich nicht gewußt.

SOCCO Na, dann merk es dir. Ihr denkt wohl, wir kennen nur Bast und Hanfstricke. Wie wird das zugemacht?

SCHNEIDER Mit Knöpfen, Exzellenz.

SOCCO Fremdwörter kenne ich auch. Sogar auswendig. Und sag nicht mehr … Exzellenz zu mir.

SCHNEIDER Warum nicht? Exzellenz heißt Vollkommenheit. Sind Eure Exzellenz nicht die Vollkommenheit selbst? Ist Eure Vollkommenheit keine Exzellenz?

SOCCO Meinst du? Natürlich, du hast recht. Aber meine Jungs sind das nicht gewohnt. Sie könnten noch Gott weiß was denken. Sie nennen mich Socke.

SCHNEIDER Hübsch.

SOCCO Nein, das ist nicht dasselbe. Die sind ungebildet.

SCHNEIDER Aber sehr liebe Leute.

SOCCO Mit einem goldenen Herzen, ja, aber ohne Verstand. Marschieren, von einer Schlacht in die andere... Warum lachst du?

SCHNEIDER Exzellenz, ich lache nicht, ganz im Gegenteil.

SOCCO Führ mich zum Spiegel. *Bleibt vor dem Spiegel stehen.* Nicht übel, gar nicht übel... Was meinst du?

SCHNEIDER Ganz ohne Zweifel schön. Man müßte es nur etwas aufbügeln.

SOCCO Wie hast du mich genannt?

SCHNEIDER Exzellenz.

SOCCO Exzellenz... Exzellenz...

Es tritt der Kunde-Geselle ein, im Kostüm des Gesellen aus dem ersten Akt, also der Kunde-Mönch oder der gewesene Kunde-Exzellenz. Er bringt einen Ballen Purpurstoff. Socco ergreift blitzschnell die am Boden liegende Keule und holt aus.

Wer da?

KUNDE-GESELLE Gut Freund.

SCHNEIDER Das ist nur mein Geselle, Exzellenz.

SOCCO Den hätte ich glatt umgelegt. Ich mag nicht, wenn sich einer von hinten heranschleicht. *Legt die Keule weg.*

SCHNEIDER Er hat den Purpur gebracht.

SOCCO *mißtrauisch* Was für Purpur?

SCHNEIDER Den, der Eurer Exzellenz noch fehlt. Daraus werden die prächtigsten Gewänder geschneidert.

SOCCO Das heißt also, was?

SCHNEIDER Der Königsmantel oder das Henkersgewand.

SOCCO Ich ziehe den Mantel vor. Das andere erledigen meine Leute ohne Federlesens, soldatisch kurz und knapp.

SCHNEIDER Jetzt, da Sie vom Fürsten zur Exzellenz aufgestiegen sind, dürfen Urteile nicht ohne entsprechende Zeremonie so mir nichts, dir nichts vollstreckt werden. Es geht nicht mehr so wie früher, wir sind nicht mehr im Wald. Das Henkersgewand ist der Mantel Eurer Exzellenz, nur auf dem Gebiet der Gerechtigkeit. Ich rate zu dieser Verkleidung. Sie könnte bald von Nutzen sein.

SOCCO Zum Teufel, ich glaubte, ich könnte mich ein wenig erholen, und da fängst du vom Vierteilen an. Ist dir etwas aufgefallen? Eine Verschwörung etwa?

SCHNEIDER Erst mal nichts Konkretes, aber man muß mit allem rechnen.

SOCCO Sie sollen es nur versuchen, dann werden sie Socco kennenlernen. Gut, nähen wir für den Henker.

SCHNEIDER Ein weiser Ratschluß.

Von rechts kommt ein Barbar, mit Spieß, aber ohne Bart.

BARBAR Ist Socke hier?... O Gott. *Schaut auf Socco.*

SOCCO *verwirrt* Was stierst du mich so an, du Trottel? Hast du noch keine Exzellenzen gesehen?

BARBAR *bewundernd* Sie sind aber schön...

SOCCO Klar bin ich schön. Was gibt's?

BARBAR Wir haben diese Frau da gefunden.

SOCCO Sofort vorführen!

BARBAR Zu Befehl. Also, Sachen gibt's ... *Geht kopfschüttelnd hinaus.*
SOCCO Knöpf mir den Rock zu.

Schneider und Kunde-Geselle schließen die Haken und Ösen.

SCHNEIDER Jetzt noch die Perücke, Euer Exzellenz, ich bringe sie sofort.
SOCCO *zum Kunden-Gesellen* Was stehst du herum? Los, räum hier ein bißchen auf!
KUNDE-GESELLE *räumt das Stroh auf, während Socco sich im Spiegel betrachtet.* Stinkendes Wildschwein. Wie sich das in meinem Wams breitmacht, wie es sich mit mir schmückt ... *Er räumt die Speere zusammen.* Eigentlich könnte ich ihn jetzt aufspießen. Er ist so mit sich selbst beschäftigt, daß er es gar nicht merken würde. Vor wem fürchte ich mich, vor dem Schneider etwa? Der Schneider müßte zu mir zurückkommen, für mich schneidern, er muß immer für jemanden schneidern. Also los, es reicht ein Stoß ... *Er nimmt einen Speer.*
SOCCO Zieh mir mal das Wams stramm. Der Kragen scheint etwas zu sehr abzustehen.
KUNDE-GESELLE Zu Diensten, Exzellenz. *Er legt den Speer weg und faßt mit beiden Händen an Soccos Kragen.*
SOCCO Ist gut.
KUNDE-GESELLE Ein bißchen noch.
SOCCO Genug, sag ich.
KUNDE-GESELLE Augenblick mal ...

SOCCO Laß los, sonst ersticke ich!

KUNDE-GESELLE Ach, iwo…

SOCCO Ich kriege keine Luft, laß los!

KUNDE-GESELLE *geht beiseite.* Ich habe den Kerl losgelassen. Jetzt versteh ich gar nichts mehr. Bin ich denn tatsächlich ein Schneidergeselle?

Der Schneider kommt mit der Perücke.

SCHNEIDER Fertig. *Er setzt sie Socco auf.*

Ein Barbar führt Nana herein.

KUNDE-GESELLE Was sehe ich!

SOCCO Näher kommen! *Zum Barbaren* Geh zurück auf deine Wache. *Zum Schneider und zum Kunden-Gesellen* Ihr geht jetzt auch.

Der Barbar geht ab.

KUNDE-GESELLE Jetzt soll ich weggehen? Wo ich sie gerade erst wiedersehe?

SOCCO *ungeduldig, ohne sie anzusehen* Habt ihr nicht gehört?

SCHNEIDER Wir gehen ja schon. *Zum Kunden-Gesellen* Hast du nicht gehört, was der Herr gesagt hat?

KUNDE-GESELLE *leise zum Schneider, unsicher* Was raten Sie mir, Meister?

SCHNEIDER Komm mit mir. Oder willst du dich unglücklich machen? Wir gehen schon, mein Herr.

KUNDE-GESELLE Vielleicht sollte ich wirklich …

SCHNEIDER Ich erwarte weitere Befehle.

KUNDE-GESELLE Habe die Ehre … *Beide gehen mit Verbeugungen hinaus.*

NANA Sie haben mich gerufen, Herr.

SOCCO Treten Sie näher.

NANA Ich habe gerade den Schneider hier gesehen …

SOCCO Reden wir nicht von ihm. Ich habe Sie in einer offiziellen Angelegenheit zu mir gebeten.

NANA Überall habe ich ihn gesucht. Nach dem Regierungswechsel bin ich ihm noch nicht wiederbegegnet. In der Werkstatt ist er nicht, überall wimmelt es von Soldaten.

SOCCO Ich schicke ihn zu Ihnen, sooft Sie es befehlen.

NANA Ich bin Ihnen dafür sehr dankbar.

SOCCO *nimmt den Sattel vom Stuhl.* Bitte, nehmen Sie doch Platz.

NANA Danke. *Sie setzt sich. Socco setzt sich ihr gegenüber. Schweigen.*

SOCCO Heiß ist es heute …

NANA In der Tat, sehr warm.

SOCCO Bestimmt zieht ein Gewitter auf …

NANA Sicher.

Schweigen.

SOCCO *wischt sich den Schweiß von der Stirn.* Na, merken Sie was?

NANA Was soll ich merken?

SOCCO *zu sich* Warten wir noch ein wenig ab. *Zu Nana* Wie steht es mit der Gesundheit?

NANA Danke für die Nachfrage.

SOCCO Und zu Hause?

NANA Auch alles gesund.

SOCCO Wie geht es sonst?

NANA So lala.

Schweigen.

SOCCO *zu sich* Jetzt. *Zu Nana* Nun, kommt's allmählich?

NANA Was soll kommen?

SOCCO Sie können ehrlich mit mir …

NANA Ich verstehe nicht …

SOCCO Seien Sie ganz offen: Funkt es schon bei Ihnen?

NANA Worum geht es eigentlich?

SOCCO Ich bin ein einfacher Mann! Was sollen diese Schliche.

NANA Aber Exzellenz …

SOCCO Geben Sie es doch zu! Es hat gefunkt, nicht wahr?

NANA Aber was, um Himmels willen?

SOCCO Tun Sie nicht so, es muß ja funken!

NANA Ich verstehe gar nichts.

SOCCO *steht auf, dreht sich vor Nana hin und her.* Sehen Sie mich?

NANA Sehr gut sogar.

SOCCO Was sehen Sie?

NANA Ich sehe Exzellenz.

SOCCO Aber was für eine?

NANA Was soll ich dazu sagen?

SOCCO Was habe ich an mir?

NANA Die Kleidung der Exzellenz.

SOCCO Und das ist alles?

NANA Ein bißchen zu eng, vor allem an den Schultern…

SOCCO *schlägt mit der Faust auf den Tisch.* Keine Ausflüchte! Ich gefalle Ihnen!

NANA Vielleicht…

SOCCO *erstaunt* Was heißt hier »vielleicht«… Ich weiß es genau!

NANA Warum fragen Sie dann?

SOCCO Es ist nicht zu glauben. *Er stellt sich vor den Spiegel.* Die lügt doch, so ein schöner Anblick… *Schreit* Ja oder nein?!

NANA Und wenn nein?

SOCCO *geht auf der Bühne schnell auf und ab, mehr traurig als zornig* »Nein… nein… nein…« Einfach »nein« und Schluß. Das genügt ihr. Aber was ich empfinde, das läßt sie gleichgültig. Ich hab mich zum Narren gemacht. Ich hätte gleich auf unsere Art vorgehen sollen. Socco, Socco, was ist mit dir nur los? Bist du noch der gute alte Socco? Hast du denn das nötig! So 'ne beschissene Lage!

NANA Mein Herr…

SOCCO Weder Fisch noch Fleisch.

NANA Socco, schau mich mal an!

SOCCO *hält in seiner Wanderung über die Bühne inne.* Sie nennt mich beim Namen? Was soll das heißen… Laß mich in Ruhe, du interessierst mich nicht.

NANA Komm einmal her!

SOCCO Nein, ich will nicht. Geh weg.

NANA Mein armer Krieger.

SOCCO Jawohl, ich bin ein Krieger. Und für mich gibt's

nur die Sehne des Bogens und das Fell der Trommel. Und so soll es auch bleiben.

NANA Gut, wie du willst, dann gehe ich…

SOCCO Nein, bleib!

NANA Warum?

SOCCO Bitte mich um Verzeihung.

NANA Ich? Dich?

SOCCO Auf die Knie mit dir!

NANA Aber, mein Herr!

SOCCO Vielleicht verzeihe ich dir, daß du mich nicht gleich in aller Demut gebeten hast, dir gefallen zu wollen. Ihr habt wohl gedacht, ich gebe auf? Noch bin ich stark, ich bin wieder der alte Socco.

NANA Also darum geht es: Ich soll dich anbeten. Weißt du eigentlich, mit wem du sprichst? Viel eher müßtest du mich anflehen, und vielleicht ließe ich dir ein wenig Hoffnung, daß ich einen Handschuh abstreife und dir die Fingerspitzen zum Kuß reiche. Auf die Knie, Exzellenz!

SOCCO Was, ich vor dir?

NANA Knie nieder, solange die Zeit noch günstig ist und ich es mir nicht anders überlege.

SOCCO Aber du zuerst.

NANA Hörst du nicht, was ich sage?

SOCCO Na, dann knien wir eben gemeinsam nieder.

NANA Nein, du sollst bitten.

SOCCO Ich lasse die Wachen rufen und dir nicht nur den Handschuh, sondern alles der Reihe nach vom Körper reißen. Und dann laß ich dich nackt hier stehen. Bei Gott, das mache ich!

NANA Und was hättest du davon?
SOCCO Hier hilft nur Gewalt, Carlos hatte recht.
NANA Ich muß mich sehr wundern, daß ein erwachsener Mensch einem derart kindischen Rat folgt.
SOCCO Du hast also Angst? Genau das wollte ich! Wache! Hierher, Jungs!

Zwei Barbaren treten ein, mit Spießen, aber bereits ohne Bart, mit einem Jackett auf nackter Haut, Hut auf dem Kopf. Dafür ohne Hosen. In Tennisschuhen.

Ergreift diese Dame.
NANA Untersteht euch!
SOCCO Schrei du nur! Zieht sie aus bis aufs Hemd!
BARBAR I Wen sollen wir ausziehen?
SOCCO Das fragt ihr noch?
BARBAR I Wenn wir es doch nicht wissen …
SOCCO Erkennt ihr mich denn nicht?
BARBAR II Er sieht wie Socke aus, aber irgendwie anders.
BARBAR I Wie 'ne Art Zivilist. Ist der Bart ab?
SOCCO Hunde, wollt ihr endlich gehorchen?
BARBAR II *kratzt sich am Kopf.* Socke oder nicht Socke …
BARBAR I Eine unsichere Kiste.
SOCCO Was, Rebellion in meiner Armee?!
BARBAR II Wenn wir ihn ausziehen, wissen wir Bescheid …
SOCCO *stampft mit den Füßen.* Ich bin Socco, Socco, hört ihr?!
BARBAR I In diesem Aufzug kann man das nicht erkennen …

BARBAR II Ziehen wir ihn nun aus? *Sie nähern sich Socco.*
SOCCO *weicht zurück.* Hände weg, ihr Dummköpfe!
BARBAR I Es ist immer besser, sich selber zu überzeugen ...
BARBAR II Ob es kein andrer ist ...

Socco stößt den Barbaren I zurück und entkommt ihm.

BARBAR I *hält sich den Kopf.* Ich glaub, ich seh Sterne ...
BARBAR II Und was sagst du nun?
BARBAR I Der Schlag war von Sockes Kaliber.
SOCCO *nimmt aus einer Ecke einen Speer und steht abwehrbereit.* Kommt nur, ich werde euch schon beibringen, wer ich bin. Kommt nur näher, ihr Täubchen.
BARBAR II Geh du von hinten ran.
BARBAR I Du nimm ihn von vorn.

Sie kreisen Socco ein und nähern sich ihm. Carlos stürzt herein.

CARLOS Fürst, du mußt sofort kommen! Deine treuen Männer ... *Sieht, was geschieht* Brüder, was macht ihr denn da?
BARBAR II Hilf uns lieber, der wehrt sich ganz schön.
CARLOS Was, ihr erhebt eure Hand gegen den Fürsten?
SOCCO Hört ihr, Idioten? Er hat mich erkannt, er kann bezeugen ...
CARLOS Ich sollte meinen Fürsten nicht erkennen? *Bemerkt die Verkleidung Soccos* Mein Gott! *Nähert sich Socco.* Ist das möglich, sehe ich recht? Täuschen mich meine Augen?

SOCCO Worauf wartest du noch? Befiehl ihnen, die Speere zu senken.

NANA Misch dich da nicht ein, Carlos!

CARLOS Der Fürst in diesem Aufzug!

BARBAR I Verstehst du was?

BARBAR II Nicht die Bohne.

SOCCO Habt ihr denn nicht gehört, daß ich Socco bin?

CARLOS Socco zwar, aber was für einer! Total verändert! Diese Wandlung bricht mir das Herz. Fürst, sag, daß es nicht wahr ist, daß ich mich täusche.

BARBAR II Täuscht er sich, oder täuscht er sich nicht?

BARBAR I Er drückt sich etwas unklar aus.

NANA Socco hat sich umgezogen, was gibt es da zu staunen?

CARLOS Eher hätte ich damit gerechnet, dich nackt zu sehen, als ihn in dieser Kleidung, die ich so hasse.

NANA Alle reden von Nacktheit!

SOCCO Ich werde es dir erklären!

CARLOS Meine Ideale!

SOCCO Hol sie der Teufel! Du siehst ja, was los ist! Erkläre den Dummköpfen erst einmal, daß sie sich irren.

BARBAR I Ja eben.

BARBAR II Aber ohne Schmus.

CARLOS *zu den Barbaren* Wo habt ihr eure Bärte gelassen?

BARBAR I Was geht das dich an?

CARLOS Alle rasieren sie sich. Überall lauert Verrat. Ob oben oder unten, dieselbe Krankheit zerstört die gesunde Basis. Heiligen wart ihr einst ähnlich, und was seid ihr jetzt? Vom Aussatz seid ihr befallen, und als ersten hat es den Fürsten erwischt. Alles stürzt in sich zusammen.

SOCCO *zu den Barbaren* Laßt mich mit diesem Menschen unter vier Augen reden. Ich laufe euch nicht weg.

BARBAR I Lassen wir sie quatschen?

BARBAR II Schaden kann es ja nicht.

BARBAR I Du bewachst den Ausgang da hinten, und ich stelle mich am anderen auf.

Sie stellen sich an den Ausgängen links und rechts auf. Socco geht mit Carlos beiseite. Doch Nana folgt ihnen und bleibt unbemerkt in ihrer Nähe stehen.

SOCCO Und jetzt, mein Junge, reden wir mal vernünftig miteinander. Ich verstehe deine Empörung. Ich war selber mal jung und weiß, daß die Jugend, aufrichtig und heißblütig, wie sie ist, nur ihren Vorstellungen folgt und die Augen vor der Wirklichkeit dieser Welt verschließt. Ich respektiere deine Absichten, sie sind anständig. Ich billige deine Motive, denn es sind auch die meinen. Trotzdem…

CARLOS Wozu die großen Worte. Ich möchte lieber tot sein, als dem Fürsten… *Schluchzt.*

SOCCO Hmm. So wichtig nimmst du diese Veränderung an mir?

CARLOS *schluchzend* Ich habe mich in dir getäuscht…

SOCCO Scheinbar, nur scheinbar. Hör mal, glaubst du etwa, daß ich mich zu meinem Vergnügen so angezogen habe? Mich in diese Hülle zwänge, nur weil es mir gefällt? Nein, das ist alles fürs Volk.

CARLOS *schniefend* Wieso … fürs … Volk?

SOCCO Mein Volk soll wissen, wie dieses unwürdige Kleid unter den Achseln zwickt, es soll wissen, womit es zu kämpfen hat.

CARLOS Aber wo ist das Volk …

SOCCO *deutet auf seine Brust* Hier in mir ist es. Bin ich nicht sein Fürst und sein Inbild, Fleisch von seinem Fleisch und Blut von seinem Blut? Wenn es mich zwickt, dann zwickt es auch das Volk.

CARLOS Diese Verkleidung also …

SOCCO Gehört zu meinen Pflichten.

NANA Glaub ihm das nicht, Carlos.

SOCCO Verzeihen Sie, aber ich habe mit Ihrem tapferen Sohn unter vier Augen zu sprechen. Ich bitte, mich dabei nicht zu stören.

CARLOS Er soll reden, ich will die Wahrheit hören!

NANA Er hat sich für mich in Gala geworfen.

SOCCO Schweigen Sie!

CARLOS Sprich, Mutter.

NANA Er redet von Staatsräson und Pflicht, und dabei will er dich hinters Licht führen.

CARLOS Also doch …

SOCCO Weiberintrigen!

NANA Laß dich nicht täuschen.

SOCCO *zu Nana* Ich flehe Sie an …

NANA Also bittest du doch.

SOCCO Ich bitte nicht, ich fordere … Nein, nicht fordern, ich möchte … Jetzt bin ich ganz durcheinander.

NANA Das kann man wohl sagen.

CARLOS Und ich begreife jetzt alles. Lebt wohl, ihr

Träume meiner Jugend. Ich habe dich geliebt, mein Fürst, denn du warst meine Hoffnung.

SOCCO Bin ich es nicht mehr?

CARLOS Du hast meinen Glauben in den Dreck gezogen.

SOCCO Nimm es nicht so tragisch, wir werden uns schon einigen.

CARLOS Ich wollte mein Leben für dich hingeben. Du hast mich enttäuscht, jetzt gilt nur noch die Sache.

NANA Was hast du vor, Carlos?

CARLOS *wendet sich an die Barbaren* Brüder Barbaren...

BARBAR I Redet er mit uns?

BARBAR II Es kommt mir fast so vor.

CARLOS Leider ist das, was ich euch mitzuteilen habe, traurig, auch für mich. Hört es tapferen Herzens an: Der Fürst ist ein Verräter.

Die Barbaren nähern sich Carlos.

BARBAR I Worauf will er hinaus?

BARBAR II Gleich werden wir es wissen.

CARLOS In dieser schweren Stunde wende ich mich an euch: Laßt den Mut nicht sinken, verzweifelt nicht.

SOCCO Du wiegelst meine Leute auf! Du hetzt sie auf mich?!

BARBAR I Kann er das nicht kürzer sagen?

CARLOS Verraten hat er, das stimmt. Ich teile euren Schmerz. Aber kann ein einziger Verrat unsere Ideale zerstören? Ha, ha! Nie und nimmer!

BARBAR I Warum lacht er?

BARBAR II Er wird etwas Lustiges gesagt haben.

SOCCO Laßt ihn reden. Wir wollen sehen, was sein krankes Hirn noch alles ausgebrütet hat. Weiter!

CARLOS Wir nehmen unser heiliges Werk selber in die Hand, wir schreiten vorwärts!

SOCCO Jetzt dämmert's mir.

CARLOS Ich rufe euch auf, Brüder, den Renegaten zu stürzen.

NANA Carlos!

CARLOS Er soll seine Strafe bekommen! Ich werde euch vorangehen, auf mich könnt ihr rechnen.

NANA Carlos, hör auf!

CARLOS Wählt mich zu eurem Fürsten.

SOCCO Da liegt der Hase im Pfeffer.

CARLOS Gebt mir Macht, und ich will euer heiliges Werk in kürzester Zeit vollenden. *Zeigt auf Socco* Ergreift ihn!

BARBAR I Wen?

CARLOS Ihn, Socco, legt ihn in Ketten.

BARBAR I *zu Barbar II* Hast du gehört? Das ist Socke!

BARBAR II Endlich weiß man's.

CARLOS Worauf wartet ihr noch?

BARBAR I Jetzt braucht man nicht mehr zu spekulieren.

BARBAR II Jetzt ist alles klar.

SOCCO Kinderchen, ich hab euch doch gleich gesagt, daß ich es bin.

BARBAR I Sei uns nicht böse, Socke.

BARBAR II Wir wollten nur das Beste.

CARLOS Nehmt ihn fest, sage ich …

BARBAR I Wen, Socke?

CARLOS Socke, den Verräter.

BARBAR II Moment mal: Ist es nun Socke oder nicht?

CARLOS Socco.

SOCCO Na endlich!

BARBAR II Was willst du von uns?

CARLOS Ihr sollt Socco in Fesseln legen!

Die Barbaren lachen.

BARBAR I Das ist gut!

BARBAR II *klopft Carlos auf die Schultern.* Du bist ein ulkiger Kerl!

CARLOS Begreift ihr denn nicht? Schaut ihn doch an!

SOCCO Schluß der Vorstellung, ins Loch mit ihm. Und paßt gut auf ihn auf, damit er uns nicht entwischt. Er wird mir dafür auf Heller und Pfennig zahlen.

BARBAR I UND BARBAR II *im Chor* Zu Befehl!

Sie überwältigen Carlos.

NANA Nein, Carlos, wirklich, warum hast du nicht auf mich gehört? Warum mußtest du dich da einmischen?

SOCCO Jetzt ist mir klar, was der Schneider gemeint hat. Hier wird eine Verschwörung angezettelt.

CARLOS *zu den Barbaren* Also auch ihr, meine Brüder? Auch ihr auf seiner Seite? Auch ihr rasiert?

SOCCO Abführen! Er wollte Fürst sein, ich werde ihm das schon austreiben.

CARLOS Du Lump! Alles Verräter! Weg! Loslassen! Um Himmels willen, laßt mich los!

Sie führen ihn ab.

NANA Was wirst du mit ihm machen?

SOCCO Darüber entscheidet das Gericht.

NANA Tu ihm nichts an, er ist noch ein Kind.

SOCCO Ein ziemlich ausgewachsenes.

NANA Socco...

SOCCO Was soll diese Vertraulichkeit? Habe ich die Erlaubnis gegeben, mich mit Namen anzusprechen? Ich bin Exzellenz.

NANA Exzellenz...

SOCCO Später. Jetzt habe ich keine Zeit. Ich muß diese Verschwörung mit Stumpf und Stiel ausrotten.

NANA Nur auf ein Wort...

SOCCO Ich bin beschäftigt.

NANA Exzellenz, Schatz...

SOCCO Leben Sie wohl!

Er geht ins Schlafzimmer. Vor dem Spiegel richtet Nana mechanisch ihr Haar. Der Schneider kommt herein, er bringt ein schwarzes Kleid.

NANA Ein Unglück, Meister...

SCHNEIDER Zur Anprobe, bitte.

Dritter Akt

Dieselbe Dekoration wie im ersten Akt, aber gleichmäßige Ausleuchtung. Auf der Schneiderpuppe ein purpurnes Henkersgewand mit Kapuze. Es tritt der Kunde-Geselle ein, er hat eine Laterne bei sich, Notizblock, Schneiderelle und ein dicker Schlüsselbund. Völlige Dunkelheit, und als er die Laterne anzündet, sieht man in der Ecke einen Käfig stehen; darin sitzt auf einem Schemel Carlos, wie im zweiten Akt mit Tierfellen bekleidet. Der Kunde-Geselle sucht den entsprechenden Schlüssel heraus, öffnet den Käfig und tritt ein.

Carlos beachtet ihn nicht. Nach einer Weile rüttelt ihn der Kunde-Geselle an der Schulter.

CARLOS Was willst du?

KUNDE-GESELLE Der Schneider schickt mich.

CARLOS Dann geh zum Teufel!

KUNDE-GESELLE Tut mir leid, ich muß dir Maß nehmen.

CARLOS Wozu denn?

KUNDE-GESELLE Ich weiß es nicht. Ich soll nur Maß nehmen.

CARLOS Ich will aber nicht.

KUNDE-GESELLE Ich kann nichts dafür, ich arbeite für ihn.

CARLOS Dann arbeite eben nicht.

KUNDE-GESELLE Du hast leicht reden. Deine Existenz ist

ja gesichert, auch wenn sie vielleicht ein bißchen unbequem ist. Ich dagegen muß sehen, wie ich zurechtkomme.

CARLOS Hab keine Angst, du kommst schon zurecht. Bei mir sieht es anders aus. Was wird man mit mir machen?

KUNDE-GESELLE Keine Ahnung.

CARLOS Hat Socco nichts gesagt?

KUNDE-GESELLE Nein. Oder warte... angeblich...

CARLOS Was hat er angeblich gesagt?

KUNDE-GESELLE Ich habe zu ihm keinen Zugang. Der Meister bedient ihn persönlich.

CARLOS Da hat er den richtigen Freund gefunden.

KUNDE-GESELLE Sie sind unzertrennlich.

CARLOS Ein Gaunerpaar, beide von gleichem Kaliber.

KUNDE-GESELLE Leise, sonst hört man uns noch.

CARLOS Ich sage es jedem offen ins Gesicht.

KUNDE-GESELLE Dir kann es ja egal sein, mir aber steigt man aufs Dach.

CARLOS Irgendwo habe ich dich schon gesehen.

KUNDE-GESELLE Das ist unmöglich.

CARLOS Irgendwann, noch nicht einmal so lange her...

KUNDE-GESELLE Das kommt dir nur so vor.

CARLOS Kann sein.

KUNDE-GESELLE Laß uns mit dem Maßnehmen anfangen.

CARLOS Laß mich in Ruhe.

KUNDE-GESELLE Nur einen Augenblick.

CARLOS Nein.

KUNDE-GESELLE Bitte, mir zuliebe.

CARLOS *steht auf.* Also tu, was man dir gesagt hat. Hauptsache, du verschwindest dann.

Der Kunde-Geselle mißt den Bauchumfang, notiert die Maße.

Kennst du meine Mutter?
KUNDE-GESELLE Was? Nein. Doch ... vom Sehen ...
CARLOS Alle kennen sie.
KUNDE-GESELLE Die Arme nach oben, bitte. *Er mißt den Brustumfang.*
CARLOS Und was gibt es Neues über sie?
KUNDE-GESELLE Sie probiert Trauerkleidung an.
CARLOS Trauer? Wer ist denn gestorben?
KUNDE-GESELLE Ach nein, Trauer nicht, ich habe mich geirrt, es ist nur was Schwarzes.
CARLOS Sie putzt sich also wie zuvor. Schau, schau, die Welt geht ihren alten Gang.
KUNDE-GESELLE Schwarz steht ihr ausgezeichnet.
CARLOS Sprich nicht davon!
KUNDE-GESELLE Sie ist schöner als je zuvor ...
CARLOS Wenn du dich mit mir nicht anlegen willst, dann schweig.
KUNDE-GESELLE Soll ich ihr etwas ausrichten?
CARLOS Du ihr?
KUNDE-GESELLE Von dir. Grüße, ein Schlüsselwort, geheime Informationen, alles kann ich ausrichten ...
CARLOS Nein, ich will sie nicht mehr kennen.
KUNDE-GESELLE Schade. Jetzt den Rücken, bitte schön. *Carlos dreht ihm den Rücken zu, der Kunde-Geselle mißt ihm die Schulter.* Carlos ...
CARLOS Du kennst meinen Namen?
KUNDE-GESELLE Du hast recht, wir kennen uns.

CARLOS *dreht sich zu ihm um.* Du bist ein Geselle.

KUNDE-GESELLE Nein. Denk einmal nach.

CARLOS Ich kann mich an nichts erinnern.

KUNDE-GESELLE Schau mich genau an. Du hast mich schon gesehen.

CARLOS Nein, ich kann mich nicht erinnern.

KUNDE-GESELLE Streng deine Phantasie ein wenig an. Goldene Tresse, Seide wie Schnee so weiß, ein majestätisches Gewand.

CARLOS *schaut ihn eindringlich an.* Socco?

KUNDE-GESELLE Nein, vorher.

CARLOS Jetzt weiß ich: Du warst der Mönch.

KUNDE-GESELLE Nur zufällig. *Er geht ein paar Schritte zurück.* Ich bin Exzellenz.

Pause.

CARLOS Ich erkenne dich nicht.

KUNDE-GESELLE Und was sagst du dazu?

CARLOS Was soll ich dazu sagen, das ist deine Angelegenheit.

KUNDE-GESELLE Du willst mich nicht durchbohren?

CARLOS Womit denn, um Gottes willen? Ich habe doch keinen Degen.

KUNDE-GESELLE Auch nicht erwürgen?

CARLOS Erwürg dich selber.

KUNDE-GESELLE Nicht einmal schlagen?

CARLOS Wenn du unbedingt willst... *Er hebt langsam und unwillig die Hand.*

KUNDE-GESELLE Nicht so gleichgültig. Schlag mich von

Herzen, mit deiner ganzen Seele, aufrichtig und mit Begeisterung!

CARLOS Oh, das ist etwas anderes. Es fällt mir nicht im Traum ein. *Geht weg.*

KUNDE-GESELLE *folgt Carlos.* Überleg es dir noch mal.

CARLOS Was willst du eigentlich von mir?

KUNDE-GESELLE Du haßt mich.

CARLOS Ich dich hassen? *Er lacht.*

KUNDE-GESELLE Erinnere dich.

CARLOS Es ist so lange her.

KUNDE-GESELLE Hast du mir schon verziehen?

CARLOS Nein. Ich habe es vergessen.

Pause.

Bist du bald fertig mit dem Maßnehmen?

KUNDE-GESELLE Ich habe das Spiel verloren.

CARLOS Warum ist dir daran gelegen, daß ich dich hasse?

KUNDE-GESELLE *zu sich* Ich bin nicht mehr Exzellenz.

CARLOS Wie du meinst.

KUNDE-GESELLE Ich will, aber ich kann nicht. Ich bin nicht mehr ich selber.

CARLOS Warum nicht?

KUNDE-GESELLE Ich hab viel verloren, aber ich war mir sicher, daß mir dein Haß erhalten blieb. Das hat mich aufrechterhalten. Immer wieder habe ich mir gesagt: Solange mich Carlos aufrichtig haßt, bin ich Exzellenz. Bin ich, was ich war. Wenn du mich liebtest, dächte ich genauso: Er liebt mich noch immer, ergo existiere ich.

CARLOS Nimm dir ein Beispiel an mir. Sei, wie ich, du selber, für dich und durch dich allein.

KUNDE-GESELLE Nein, so geht es nicht. Es sind die Gefühle der anderen, die uns bestimmen. Du hast es gut, dich haßt Socco aufrichtig.

CARLOS Möchtest du mit mir tauschen?

KUNDE-GESELLE Sooft mein Ich in den verschiedenen Gestalten aufging und ich ganz deprimiert war, daß ich nicht mehr als Exzellenz existierte, dachte ich: Was bedeuten schon Verkleidungen, jetzt bist du ein Mönch, jetzt ein Geselle, aber Carlos haßt dich immer. Das heißt, etwas ganz Bestimmtes mußt du an dir haben, etwas Bleibendes, sonst würden sich seine Gefühle verändern. Daran konnte ich meine eigene Substanz erkennen.

CARLOS Ich würde dir gern helfen. Ich wünsche dir nichts Böses.

KUNDE-GESELLE Wünsche mir das Allerschlimmste, wenn du mir was Gutes tun willst. Hasse mich so wie früher, wenn du mir helfen willst.

CARLOS Ich kann nicht. Ich hasse von Herzen, jede Sekunde, aber nicht mehr dich.

KUNDE-GESELLE Darin liegt eben der Widerspruch. Weil du mir wohlgesonnen bist, wünschst du mir nichts Böses, aber nur wenn du's tätest, würdest du mir helfen. Wer ist mein Rivale?

CARLOS Gib mir Socco her, und ich zeig dir, wozu ich fähig bin. Warum bist du hier und nicht er? Ihn würde ich auf der Stelle in Stücke reißen.

KUNDE-GESELLE Glücklicher Socco! Alles hat er mir genommen, selbst deinen Haß. So ein unverschämter Dieb.

CARLOS Jetzt redest du vernünftig. Ein hinterhältiger Tyrann, ein Verräter, ein Heuchler!

KUNDE-GESELLE Ein Barbar!

CARLOS Ein feiger Schwindler.

KUNDE-GESELLE Ein Schwein und ein Pavian. Aber davon hab ich nichts. Fluchen macht zwar Spaß, aber es löst meine Probleme nicht. Läßt sich da wirklich nichts machen, Carlos?

CARLOS Leider nein.

KUNDE-GESELLE Und das ist endgültig?

CARLOS Du siehst es ja selber.

KUNDE-GESELLE Dann muß ich mir meine Selbstbestätigung woanders herholen.

CARLOS Viel Erfolg.

KUNDE-GESELLE Und schließlich, wer weiß, vielleicht gelingt es mir einmal, deinen Haß wiederzugewinnen.

CARLOS Ich kann dir nichts versprechen.

KUNDE-GESELLE Bist du so sicher? Und wenn ich so richtig gemein zu dir wäre? Ich warne dich! Zwing mich nicht zu irgendwas, Carlos, hasse mich lieber im Guten wieder.

CARLOS Ich weigere mich.

STIMME DES SCHNEIDERS He, warum dauert das so lange?

KUNDE-GESELLE Ich komme schon!

CARLOS Lauf, lauf, Knöpfchen, der Fingerhuft ruft.

STIMME DES SCHNEIDERS Beeil dich, trödle nicht rum, ein bißchen dalli.

KUNDE-GESELLE Ich komme, ich bin fertig.

Er sucht seine Utensilien zusammen, öffnet den Käfig, geht hinaus, schließt den Käfig von außen ab.

CARLOS *an den Gitterstäben, äfft ihn nach* Dalli, dalli, beeil dich, ich komme schon … Eine Null bist du, hörst du? Es lohnt sich nicht mal, dich zu hassen, du Null.

KUNDE-GESELLE Paß auf, was du sagst.

CARLOS Aber diese Null greift nach den Sternen und möchte sich von mir hassen lassen.

KUNDE-GESELLE Schweig, oder du wirst es bereuen.

CARLOS Die Null will mir drohen? Und dabei mag ich dich irgendwie. Nein, eigentlich nicht, du bist mir gleichgültig.

KUNDE-GESELLE Das wird sich noch zeigen.

Ein kleiner Innenvorhang fällt. Der Kunde-Geselle geht nach rechts ab.

Von links kommen Socco und Nana. Socco im Kostüm des zweiten Aktes. Nana in einer Kleidung, die sich von der des ersten und zweiten Aktes nur durch die Farbe unterscheidet. Jetzt geht sie ganz und gar in Schwarz.

SOCCO Nein und nochmals nein. Meine Befehle sind schon heraus.

NANA Er ist noch ein Kind.

SOCCO Er hat einen Staatsstreich vorbereitet. Er wollte mich stürzen.

NANA Eine Schnapsidee, ein Dummejungenstreich.

SOCCO Dann sollte er im Sandkasten herumspielen und nicht in der Politik.

NANA Er hat sich geirrt.

SOCCO Das heißt, wäre es ihm gelungen, hätte er recht. Ich schätze diese Ehrlichkeit.

NANA Zeig, daß du Kraft hast. Wenn du ihn verurteilst, heißt das, du fürchtest seine Schwäche. Dann bist du auch selber schwach.

SOCCO Ein hinterhältiges Argument.

NANA Schwach und damit auch nicht schön.

SOCCO Dann ist Ihr Sohn ebenfalls nicht schön.

NANA Wäre es nicht besser, die unschöne Schwäche meines Sohnes zur Stärkung Ihrer eigenen Schönheit zu nutzen?

SOCCO Die reinste Kosmetik.

NANA Das Kleid einer Exzellenz zu tragen bedeutet noch nicht viel. Es gehört wenig dazu, um die Exzellenz im unwiderstehlichen Charme erstrahlen zu lassen.

SOCCO Wollen Sie damit sagen, daß ich keinen habe?

NANA Wie gern würde ich von Ihnen sagen: Das ist die Vollkommenheit selbst.

SOCCO Das hätten Sie sagen sollen, als es Zeit dafür war.

NANA Ich konnte nicht lügen. Gern würde ich Ihnen die Ehre erweisen ... wenn Sie es verdienten.

SOCCO Zu spät. Und außerdem nicht wahr. Denn schön war ich immer.

NANA Und dennoch haben Sie mich damals rufen lassen, um meine Meinung zu hören. Sie wollten eine Bestätigung.

SOCCO Ein Augenblick der Schwäche.

NANA Ist er schon vorbei? Sind Sie sicher, Exzellenz, daß Sie meine Anerkennung nicht mehr brauchen?

SOCCO Gut, nehmen wir einmal an, es fehlt mir an Schönheit. Nicht allzu viel, aber doch ein bißchen. Wenn es aber in meiner Macht steht, Carlos freizulassen und dadurch schön zu werden, dann folgt daraus, daß ich Macht über meine eigene Schönheit habe. Bin ich dann nicht in jedem Fall schön, wenn es doch in meiner Hand liegt, schön zu sein? Die Schönheit ist mir angeboren.

NANA Dann zeigen Sie sie, Exzellenz.

SOCCO Das ist nicht nötig.

NANA Wenn etwas möglich ist, heißt das noch lange nicht, daß es auch Tatsache ist.

SOCCO Aber es liegt in meiner Macht.

NANA Das genügt nicht. Man muß es auch tun.

SOCCO Und dann wären Sie geneigt, mir Schönheit zuzugestehen?

NANA Ich würde mich für dich begeistern.

SOCCO Das heißt?

NANA Du würdest mich so sehen, wie mich noch keiner gesehen hat, obwohl viele darum gefleht haben.

SOCCO Das ist noch nicht deutlich genug.

NANA Ich werde mich dir enthüllen.

SOCCO Bestimmt?

NANA Ich schwöre es.

Pause.

SOCCO Gut. Ich möchte eine Anzahlung.

NANA Du traust meinem Wort nicht?

SOCCO Ich verlange nicht viel. Zieh deinen Handschuh aus.

NANA Wozu – du hast mein Wort.

SOCCO Eine Anzahlung, oder es wird nichts aus unserer Abmachung.

NANA Willst du mich beleidigen?

SOCCO Ich warte.

NANA Es gehört sich nicht, daß ein Fürst schachert wie ein Krämer.

SOCCO Ich nehme diese Ungehörigkeit auf mich.

NANA Liebster Socco, was soll diese Handelei?

SOCCO Los, schade um die Zeit.

NANA Nur einen Handschuh, also. Wenn du darauf bestehst… *Zieht langsam einen Handschuh von den Fingern, hält jedoch inne.* Nein!

SOCCO Warum?

NANA Du bist noch nicht schön.

SOCCO Ist das der einzige Grund?

NANA Vollbringe erst, was du versprochen hast. Werde vollkommen schön!

SOCCO Zuerst den Handschuh.

NANA Das kann ich nicht, solange ich deiner Schönheit nicht sicher bin.

SOCCO Und ich nicht der deinen.

NANA Was soll das heißen?

SOCCO Genau das, was es sagt.

NANA Ich will diese Grobheit übersehen. Du kannst gewiß sein: Ich bin schön.

SOCCO Nur wenn du mir einen Beweis lieferst. Ich verlange wirklich nicht viel… Eine Kleinigkeit, nicht mehr.

NANA Das ist doch überflüssig.

SOCCO Warum zögerst du?

NANA Ich zögere doch nicht.

SOCCO Also warum?

NANA Socco, ich bitte dich…

SOCCO Ich durchschau dich doch, du Frauenzimmer. Nicht einmal deinen Handrücken wirst du je enthüllen. Weder jetzt noch später!

NANA Das ist nicht wahr.

SOCCO Dein ganzes Geheimnis ist: Du hast Angst, du bist nicht schön.

NANA Unglaublich!

SOCCO Du verbirgst deine Reize lieber unter Hüllen. Und du weißt, du wirst nie den Mut finden, dich ohne Kleider zu zeigen. Vor niemandem und niemals.

NANA Du suchst eine Ausrede vor Carlos, um deine männliche Würde zu retten!

SOCCO Und du willst deine Legende retten, darum willst du mir das einreden. Aber es gelingt dir nicht!

NANA Wo bleibt dein Ehrgeiz?

SOCCO Mach dir darum keine Sorgen!

NANA Und dein Mut?

SOCCO Der ist da, wo er hingehört.

NANA Und dein Adel?

SOCCO Und deine Schönheit?

NANA Ich verachte dich.

SOCCO Natürlich. Dir bleibt nur noch übrig, so zu tun, als sei dir an mir nichts gelegen.

NANA Nimm das zurück, nimm das sofort zurück! Dein Größenwahn und dein Mangel an Kinderstube bringen dich zu solchen Kränkungen, gib das nur zu! Deine Ungeduld, deine Eifersucht…

SOCCO Eifersucht auf wen? Du bist doch nicht imstande, irgend jemandem irgend etwas zu versprechen. Du bist einsam.

NANA Ich habe Verehrer.

SOCCO Dieses Pack, das dir nachläuft und dabei nicht merkt, daß es seiner eigenen Dummheit nachrennt. Die werden sich vielleicht freuen, wenn ich ihnen dein Geheimnis verrate. Das gibt eine Menge zu lachen.

NANA Das wirst du nicht tun.

SOCCO Wer sollte mich daran hindern?

NANA Wenn du mich liebst...

SOCCO Da hat sie sich was gedacht!

NANA Ich weiß es, leugne es nicht.

SOCCO Zum Trost willst du dir einreden, daß ich dich liebe. Alles würdest du mir verzeihen, selbst den Tod von Carlos, wenn ich dir nur diese Illusion lasse.

NANA Warum wehrst du dich so – es ist die Wahrheit.

SOCCO Du widerwärtige Kreatur! Ein so niedriger Preis, für den du mir deinen Sohn abtrittst und meine Beleidigungen erträgst! Du möchtest nur überzeugt sein, daß ich dich aus lauter Liebe malträtiere. Alles andere ist dir unwichtig!

NANA Ich verstehe und verzeihe.

SOCCO Wie soll ich dir beweisen, daß du dich irrst, wirklich irrst!

NANA Das liegt nicht in deiner Macht.

SOCCO Ich erlaube nicht, daß man sich etwas nimmt, was ich nicht selber gebe. Ich verbitte es mir.

NANA Du kannst es nicht verbieten.

SOCCO Glaubst du, man kann mich so einfach einverleiben? Ich weigere mich.

NANA Du hast nichts zu sagen.

SOCCO Ich gehöre mir selbst.

NANA Du bist hilflos.

SOCCO Ich will nicht wie ein Gespenst von mir in dir leben, als ein Geschöpf deiner Einbildung.

NANA Ich will dich, Socco.

SOCCO Ich liebe dich nicht. *Pause.* Also deshalb bist du gekommen. Jetzt verstehe ich. Die Rolle der unglücklichen Mutter wolltest du nur benutzen. Dein Carlos ist dir völlig gleichgültig. Du wußtest, daß er sterben muß.

NANA Ich habe getan, was ich konnte.

SOCCO Um mich zu fangen.

NANA Um ihn zu retten.

SOCCO Und bist in Trauerkleidung gekommen.

Pause. Der Schneider tritt ein.

SCHNEIDER Seien Sie gegrüßt, Exzellenz. Zur Hinrichtung ist alles bereit.

NANA Du bleibst also bei deinem grausamen Vorhaben. Ich gehe, Socco, aber ich sage nicht Lebewohl. Von jetzt an wirst du mit mir verbunden sein in alle Ewigkeit.

SOCCO Warte noch!

SCHNEIDER Exzellenz!... Er hört nicht... Exzellenz!... Was ist denn passiert...

SOCCO Halt! So darfst du nicht – ohne meine Erlaubnis... Das muß geklärt werden.

NANA Für mich ist alles klar. Ich gehe – ich bin mir deiner sicher.

SOCCO Also gut, einverstanden! Ich gebe dir Carlos zurück, aber du gibst mir deine Sicherheit. Leben gegen Existenz.

NANA Was für eine Existenz?

SOCCO Meine unabhängige, meine eigene Existenz, die nur mir allein gehört.

NANA Ich gehe. Auf Wiedersehen, wenn für dich »zusammen« nicht deutlich genug heißt, daß du mit mir gehst, selbst wenn wir uns trennen.

SOCCO Wie, du schlägst diesen Tausch aus?

NANA Mit diesem Angebot hast du endlich zugegeben, daß ich mich nicht geirrt habe. Du gehörst mir.

SOCCO O Gott!

NANA *betont »mein«* Mein lieber Socco!

SOCCO Ich bin nicht dein!

NANA Da hilft dir gar nichts. *Sie geht nach links ab.*

SOCCO Niemals, verstehst du?!... Sie ist weg. Sie wollte nicht einmal, daß ich ihren Sohn freilasse. Ich habe doch nicht viel verlangt: Sie sollte nur auf ihre Illusion verzichten, und ich hätte ihn freigegeben. Was für eine besitzergreifende Eitelkeit!

SCHNEIDER Exzellenz sind bereit, ihm das Leben zu schenken, jetzt, nachdem ich so ein schönes Henkersgewand geschneidert habe?

SOCCO Wir werden es bald brauchen. Wir schneiden den jungen Sproß ab, wenn es ihr Weiberstarrsinn nicht anders will.

SCHNEIDER *geleitet Socco zur Schneiderpuppe.* Hier der komplette Anzug in herrlichem Rot.

SOCCO Das paßt sogar sehr gut. Nicht ich habe ihn verurteilt, sondern ihre Eitelkeit. Ich hätte ihn freigelassen, aber da sie nicht will... Nicht über mich kommt sein Blut.

SCHNEIDER Gefällt es Ihnen, Exzellenz?

SOCCO Meine Anerkennung, wirklich. Sie haben sich brav getummelt. Nur das Beil fehlt noch.

SCHNEIDER Ein Beil? Nicht unbedingt, eine Schere genügt auch.

SOCCO Enthauptet wird mit dem Beil.

SCHNEIDER Mit der Schere wird geschnitten.

SOCCO Offenbar fehlt es Ihnen etwas an Verstand. Der Schneider hat seine Schuldigkeit getan, ich brauche einen Henker.

SCHNEIDER Es kommt manchmal vor, daß diese beiden Handwerke sich an einem Kunststück bewähren.

SOCCO Ich brauche jemanden, der mit einem Hieb die Rübe vom Körper trennt. Ich mag keine Pfuscherei.

SCHNEIDER Den Kopf abtrennen?

SOCCO So daß er extra zu liegen kommt. Denn darin besteht seine ganze Kraft, daß er eins mit dem Körper ist.

SCHNEIDER Abtrennen und wegwerfen?

SOCCO So weit wie möglich.

SCHNEIDER Die reinste Verschwendung.

SOCCO Mein lieber Meister, wissen Sie etwa nicht, warum ich das rote Käppchen in Auftrag gegeben habe?

SCHNEIDER Mir tut der Mensch leid.

SOCCO Paß bloß auf, Meister, sonst komme ich noch auf den Gedanken, daß du auf seiner Seite bist. Das möchte ich dir nicht wünschen.

SCHNEIDER So habe ich das nicht gemeint. Ich würde es nie wagen...

SOCCO Eigentlich schade. Niemand tritt für den armen Verurteilten ein. Die Mutter nicht aus Eitelkeit, der

Schneider nicht aus Feigheit. Was ist das nur für eine Welt heute!

SCHNEIDER Wenn schon von Begnadigung die Rede ist, dann möchte ich eine andere Lösung vorschlagen, die brauchbarer und unschuldiger ist.

SOCCO Also doch! Sie sind ziemlich lange um den heißen Brei herumgegangen. Was schlagen Sie vor?

SCHNEIDER Ihm die Haut über die Ohren zu ziehen.

SOCCO Und das soll eine Gnade sein?

SCHNEIDER Zweifellos. Jeder wird gern seine Haut hergeben, wenn er den Kopf behält. Denn wozu braucht er schon die Haut?

SOCCO Aber es tut mehr weh.

SCHNEIDER Wie üblich im Leben. Tut es weh, dann heißt das: Man lebt noch. Für den Verurteilten ein offensichtlicher Beweis, daß er noch nicht gestorben ist. Er wird uns dankbar sein.

SOCCO Vielleicht ist das für ihn wirklich besser. Aber warum soll ich mich eigentlich auf so etwas einlassen?

SCHNEIDER Der Vorteil liegt auf der Hand. Er erhält seine Strafe, und Exzellenz erwirbt den Ruf, großmütig zu sein. Alle gewinnen dabei.

SOCCO Du bist ein listiger Bursche.

SCHNEIDER Eine ganz einfache Rechnung.

SOCCO Und… was wird Nana dazu sagen?

SCHNEIDER Es wird ganz in ihrem Sinne sein. Sie hat doch nur um das Leben des Verurteilten gebeten? Die Haut gehört keinem.

SOCCO Na, ganz so ist das wohl nicht. Es ist die Haut von Carlos.

SCHNEIDER Und danach gehört sie uns.

SOCCO Laß mich erst mal überlegen. Ein bißchen erschreckt mich eine solche Operation.

SCHNEIDER Schwierig ist so was nicht.

SOCCO Woher nehme ich einen Henker, der Erfahrung damit hat? Hacken, vierteilen, ausweiden… darauf verstehen sich meine Leute. Aber abhäuten? Das ist eine Kunst für sich.

SCHNEIDER Das lassen Sie meine Sorge sein. Es gibt verschiedene Arten des kunstgerechten Zuschneidens. In unserem Handwerk wird ständig etwas zugeschnitten, gewendet, zerteilt – wir haben da unsere Methoden.

SOCCO Na, dann ist es ja gut. Wenn Sie an dieser Lösung festhalten, will ich Sie nicht hindern. Mir ist alles egal.

Der Schneider klatscht in die Hände, der Kunde-Geselle tritt ein.

SCHNEIDER Bring die Laterne, einen Stuhl und Stricke.

Der Kunde-Geselle geht hinaus.

Fangen wir gleich an, es hat keinen Sinn, so was auf die lange Bank zu schieben.

Socco allein auf der Bühne, geht auf und ab.

Nicht wahr, Exzellenz?

Socco antwortet nicht.

Exzellenz?

SOCCO Was ist?

SCHNEIDER Exzellenz sind zerstreut? Warum?

SOCCO Ich hab die Lust an der ganzen Sache verloren.

SCHNEIDER Exzellenz sind traurig? Nach einem so glänzenden Sieg, in dieser herrlichen Kleidung…

SOCCO Was für ein Sieg? Es hat genügt, Beine zu haben, um durch alle diese Länder zu marschieren, die sich nicht verteidigt haben. Keine einzige Narbe hab ich, aber lauter Hühneraugen. Und was die Kleidung angeht…

SCHNEIDER Nur das Ergebnis zählt. Wir sind besiegt.

SOCCO Und ich bin ein Gefangener. Ich kann mich nicht einmal gegen die Anmaßung einer Frau zur Wehr setzen. Sie betrachtet mich als ihr Eigentum. Wohin ist sie gegangen? Wissen Sie das nicht…?

SCHNEIDER Aber die Errungenschaften der Zivilisation…

SOCCO Wenn ich doch nie den Wald verlassen hätte! Kaum war ich draßen, da ging der Tanz schon los. Angeblich liebe ich die eine, tatsächlich haßt mich der andere, der da schmeichelt und der speichelt… na ja, Zivilisation eben. Man braucht nur unter Leute zu gehen, und schon ist alles verloren, schon ist unklar, wo ich bin und wo die anderen. Im Wald war ich frei.

SCHNEIDER Aber was für neue und vielfältige Möglichkeiten! Im Wald ist nur Freiheit und weiter nichts.

SOCCO Als ich nackt herumlief, konnte ich keinen verstecken, es sei denn mich selbst. Denn es gab kein Darüber und kein Darunter. Jetzt ist weiß der Teufel was oben oder unten, innen oder außen. Exzellenz darüber, ich darunter, oder vielleicht umgekehrt?

SCHNEIDER Wenn ich mir ein Wort erlauben darf: Nur das Darüber zählt. Ein Darunter gibt es nicht. Hat es nie gegeben.

SOCCO Du hast gut reden. Ich bin ja schon für mich selber mehr als einer, was passiert erst, wenn ein anderer daherkommt, der auch angezogen ist? Soll sich mein Darunter-Sein an sein Darüber-Kostüm wenden, oder mein Darüber an sein Darunter? Oder vielleicht könnten die beiden Kostüme miteinander plaudern? Oder die beiden Darunter? Wessen was tritt mit wessen wem in Kontakt, wer mit wem, zu wem, welcher mit diesem, welcher mit jenem? Das vollendete Chaos.

SCHNEIDER Nein, nur Täuschung. Tatsächlich gibt es uns gar nicht. Wir sind nur Möglichkeit.

SOCCO Besten Dank. Mich, Socco, gibt es nicht?

SCHNEIDER Sicher, es gibt Socco, zu dem Ihre Socco-ität strebt, und der einzige Weg dahin führt über mich, über meine Schneiderkunst.

SOCCO Willst du mehr sein als mein Schneider?

SCHNEIDER Nein, das genügt mir.

SOCCO Gib nur acht, euer Tohuwabohu hat mich noch nicht kleingekriegt. Ich bin der, der ich bin.

SCHNEIDER Ich glaube Ihnen aufs Wort.

Socco geht zum Ausgang links.

Wohin, Exzellenz?

SOCCO Ich bin gleich wieder da.

SCHNEIDER Aber die Hinrichtung!

SOCCO Wartet auf mich, es brennt ja nicht.

SCHNEIDER Es ist höchste Zeit.

SOCCO Einen Augenblick noch. Sie glaubt wohl, sie hat mich in der Falle. Pah! Darauf kann sie lange warten! So leicht bin ich nicht unterzukriegen.

SCHNEIDER Exzellenz, seien Sie vorsichtig!

Socco geht nach links ab.

Ich hab schon mal einen gekannt, der sich meiner Schneiderkunst widersetzt hatte. Da kommt er gerade.

Der Kunde-Geselle bringt Stuhl, Laterne und Stricke. Die Stricke wirft er auf den Boden, die Laterne stellt er ab und den Stuhl rückt er vor den Spiegel.

Hast du gehört?

KUNDE-GESELLE Ja.

SCHNEIDER Und was meinst du dazu?

KUNDE-GESELLE Wenn es darum geht, dem Bengel eins auszuwischen, dann schnippele ich gern an ihm herum. Wollen doch sehen, ob er mich dann liebgewinnt.

SCHNEIDER Schnippeln genügt nicht. Das muß ganz kunstgerecht zugeschnitten werden, damit man nichts verdirbt. Hast du behalten, was ich dir beigebracht habe?

KUNDE-GESELLE Keine Sorge, Meister. Mit dem Schneiderhandwerk bin ich jetzt vertraut.

SCHNEIDER Gib mir die Schlüssel. *Der Kunde-Geselle überreicht ihm den Schlüsselbund.* Geh dich jetzt umziehen und die Schere schleifen.

Der Kunde-Geselle trägt die Schneiderpuppe mit dem Henkersgewand nach rechts. Der Schneider nimmt – während das Licht langsam eingezogen wird – die Laterne vom Boden auf und zündet sie an. Er geht mit der Laterne nach hinten zum Käfig mit Carlos, der jetzt wieder sichtbar wird. Er öffnet den Käfig. Es ist sehr dunkel, man erkennt nur zwei schwach von der Laterne beleuchtete Silhouetten: den Schneider und Carlos, der auf einem Schemel sitzt.

CARLOS Bist du's, Gesell? Kommst du wieder um ein bißchen Haß betteln? Ich gebe keine Almosen.

Der Schneider beleuchtet mit der Laterne sein Gesicht.

Was sehe ich, der Schneider persönlich!

SCHNEIDER Wundert dich mein Besuch?

CARLOS Ich habe nie was bei dir bestellt. Nicht einmal ein Paar Hosen.

SCHNEIDER Ich nehme dir das nicht übel.

CARLOS Nicht einmal Shorts.

SCHNEIDER Begraben wir das Kriegsbeil.

CARLOS Nicht einmal einen Lendenschurz.

SCHNEIDER Ausdauer hast du. Alle Achtung! Ich komme, um mich mit dir auszusöhnen.

CARLOS Das ist was Neues! Hast du etwa die Schneiderei aufgegeben?

SCHNEIDER Und du etwa die Barbarei?

CARLOS Wenn du damit meine Ergebenheit dem Verräter Socco gegenüber meinst, hast du recht. Falls du allerdings dabei an meinen Körper, an meine Natur denkst, dann bist du im Irrtum. Ich bin ein Barbar.

SCHNEIDER Nur das wollte ich. Sei du selber, Carlos.

CARLOS *verwundert* Du gibst mir recht? Das ist verdächtig.

SCHNEIDER Vielleicht zeigt es sich, daß unsere Prinzipien sich in Einklang bringen lassen.

CARLOS Daran zweifle ich sehr.

SCHNEIDER Gehen wir in ein Zimmer. Hier ist nicht der Ort für solche Gespräche.

CARLOS Ich bin ein Gefangener.

SCHNEIDER Ich nehme es auf meine Kappe.

CARLOS Wenn du mich einlädst... *Reckt sich, gähnt.* Ich vertrete mir gern etwas die Füße. Ich bin hier von des Fürsten Gnaden ganz schön steif geworden. Wo ist er jetzt? Erfreuen sich Exzellenz bester Gesundheit? Rasiert er sich noch immer? *Er tritt aus dem Käfig.* Wohin geht's denn?

SCHNEIDER Mir nach.

Er geht aus dem Käfig. Noch tieferes Dunkel, nur von der Laterne schwaches Licht. Der Käfig verschwindet.

CARLOS Warum ist es so dunkel... Was, schon wieder ein Spiegel?

SCHNEIDER *stellt die Laterne auf den Boden.* Setz dich.

CARLOS Danke, ich habe genug gesessen. *Der Schneider schubst ihn auf den Stuhl.* Wenn du unbedingt willst... *Der Schneider fesselt ihn mit Stricken an einen Stuhl.* Eh, was soll das?

SCHNEIDER Für den Fall, daß du fliehen wolltest.

CARLOS Vor dir fliehen? Du bist ja ein ganz gefährlicher Meister Zwirn. Mir fällt das doch nicht im Traum ein.

SCHNEIDER Man kann nie wissen. Wenn ich dich überzeuge, heißt das noch nicht, daß du mir zustimmst. Ich muß sicher sein, daß du nicht gegen deine Überzeugung fliehst.

CARLOS Hast du kein Vertrauen in deine Argumente?

SCHNEIDER In deinen Mut.

CARLOS Komm zur Sache.

SCHNEIDER Ich werde aus dir ein Wams schneidern.

CARLOS Mach keine Witze.

SCHNEIDER Ich mache keine Witze.

Pause.

CARLOS Eine geschmacklose Metapher. Man kann etwas aus Seide, Leinen oder Samt schneidern, aber nicht aus Carlos. Was bin ich schon für ein Gewebe?

SCHNEIDER Tatsächlich, ein ziemlich mittelmäßiges.

CARLOS Na also.

SCHNEIDER ... aber ein unersetzliches. Ein Gewand aus der Identität eines Menschen zu schneidern bedeutet den Triumph meiner Kunst. Ein Wams bekomm ich bestimmt aus dir heraus, und vielleicht reicht's auch noch zu Hosen.

CARLOS Was soll reichen?

SCHNEIDER Deine Haut.

Pause.

CARLOS *gibt jetzt den ironisch ungezwungenen Redeton auf* Ich verstehe, du willst dich rächen.

SCHNEIDER Was hat das mit Rächen zu tun? Wenn es nötig wäre, würde ich auch aus meiner eigenen Haut was schneidern. Ich habe schon immer davon geträumt, etwas zu schneidern, was alle haben, aber niemand besitzt. Ich löse das ewige Dilemma der Schneiderkunst zwischen Anderssein und Gleichsein. Was besitzt niemand? Des anderen Haut. Darin liegt das Geheimnis, wie diese sekundären Gegensätze in einer schönen Synthese zu vereinen sind. In dieser Synthese lösen sie sich auf. Weißt du, welche Zukunft sich der Zivilisation durch meine Pläne eröffnet?

CARLOS Menschenzerschneiden und Menschenschneiderei.

SCHNEIDER Das ist eine moralische Bewertung. Damit trifft man nicht den Kern des Problems: die absolute Befriedigung meiner Kunden. Jeder will anders sein als der andere, verlangt aber nach Gleichheit. Wenn der Mensch die Haut eines anderen trägt, dann trägt er das, was jeder hat, aber jeder hat es anders, weil die hilfreichen Schneider jedes Kleidungsstück aus der Haut einer anderen Person zuschneiden werden.

CARLOS Deshalb kann ich dir noch lange nicht deine widerwärtige Kunst verzeihen, die darin besteht, die Wahrheit zu verdecken. Kleidung ist Schein, die Wahrheit liegt in der Nacktheit.

SCHNEIDER Auf diesen neuen Bahnen der Schneiderkunst hebe ich diesen Widerspruch doch gerade auf, da meine Kunden, in fremde Identitäten gekleidet, mit ihrer eigenen Kleidung identisch werden. Was sagst du dazu?

CARLOS Ich muß erst nachdenken. Vermutlich ist das eine Falle.

SCHNEIDER Wolltest du nicht, daß die Menschen ihre herrliche Identität zurückgewinnen?

CARLOS Und was ist mit denen, die an der Oberseite sind, die getragen werden?

SCHNEIDER Als Kleidung geschickt verewigt, werden sie noch mehr als die anderen vor der Zweideutigkeit oder, wie du es nennst, vor der Lüge sicher sein. Sie werden zu Wahrheit, rein wie Kristall, zu Wahrheit und zu nichts anderem. Du wirst dich selber davon überzeugen können.

CARLOS Was liegt mir an der Wahrheit, wenn ich zur Wahrheit geworden bin?

SCHNEIDER Was willst du mehr?

CARLOS Ich will nicht sterben.

SCHNEIDER Du willst also nicht diesem winzigen Rest deiner Lüge entsagen?

CARLOS Ich ziehe es vor, am Leben zu bleiben.

SCHNEIDER Wenn du so weitermachst, Carlos, beginne ich an deiner Aufrichtigkeit zu zweifeln. Ich habe deine Ansichten immer geschätzt.

CARLOS Nimm sie dir, und laß mich in Ruhe.

SCHNEIDER So weit ist es also gekommen, daß ich sie vor deiner Feigheit, deinem armseligen Willen um Leben verteidigen muß...

CARLOS Laß mich nach Hause!

SCHNEIDER Was? Du möchtest deine Ideen verraten und dann heimlich wieder in die Windeln zurückkehren? Zu spät, mein Lieber. Für seine Überzeugungen muß man einstehen. Ich bin ein erwachsener Mann und kann nicht zulassen, daß unsere Jugend ihren Glauben verrät.

CARLOS Es ist mein Glaube! Ich kann mit ihm machen, was ich will.

SCHNEIDER Du hast deine Ideen zu laut in die Welt hinausposaunt. Andere haben sie gehört.

CARLOS Was gehen mich die anderen an?

SCHNEIDER Erst kannst du gar nicht genug davon reden, und dann sollen die anderen glauben, daß sie für dich gar nicht existieren? Wie stellst du dir das vor?

CARLOS *flehend* Ich werde es nicht mehr tun.

SCHNEIDER Was wirst du nicht mehr tun? Leben?

CARLOS Mein Gott, nur das nicht! Ich werde keine Idee mehr verkünden oder bekennen, wenn du mich freiläßt. Ich verschwinde für immer. Ehrenwort, ich werde es dann nicht mehr tun, wirklich nicht!

SCHNEIDER Törichte Jugend, du glaubst, daß nur die Zukunft dich rechtfertigt. Erwachsen willst du sein, aber gratis. Wenn die Zeit kommt, dafür mit der Vergangenheit zu zahlen, fängst du an, zu lamentieren und dich listig hinter Rechten zu verschanzen, die höchstens einem Säugling zustehen. Es hilft nichts, Carlos, du bist erwachsen. Aus dir wird ein Wams.

CARLOS Warum gerade aus mir, warum nicht aus einem anderen?

SCHNEIDER Du warst schon verurteilt.

Man hört das Schleifen von Eisen auf Stein.

CARLOS Was ist das?

SCHNEIDER Das ist mein Geselle, er schärft die Schere.

CARLOS Dashalb hast du ihn also bei mir Maß nehmen lassen?

SCHNEIDER Wie üblich. Wer zuschneiden will, muß wissen, wieviel.

CARLOS Mama, Mama!

Hinter der Bühne ist ein langanhaltendes und durchdringendes Geräusch zu vernehmen, als würden Kochtöpfe und Geschirr auf den Boden aufschlagen und einzelne Kasserollen, Scherben und eiserne Herdringe noch eine Weile herumhüpfen und in verschiedene Richtungen trudeln, bis endlich Ruhe eintritt. Auch das Scherenschleifen hört auf. Völlige Stille. Der Schneider und Carlos lauschen.

SCHNEIDER Was ist denn das nun wieder?

CARLOS War das nicht dein Geselle?

SCHNEIDER Nein, das war woanders.

Pause. Es wird etwas heller. Von links kommt Socco, langsam, stark hinkend. Der Schneider läuft zu ihm.

Mein Gott, Exzellenz! Ist was passiert?

SOCCO Was? Ach, nichts Besonderes… ich bin auf der Treppe gestolpert… Weiter nichts, eine Lappalie.

SCHNEIDER *zu Carlos* Mach Platz für Exzellenz. Siehst du nicht, daß Exzellenz steht?

Carlos versucht aufzustehen, weil er aber angebunden ist, steht er mit dem Stuhl auf. Der Schneider befreit ihn von den Fesseln. Socco setzt sich mühsam auf den Stuhl und streckt ein Bein aus.

Soll ich Wasser holen?

SOCCO Nein, nein, nicht nötig.

SCHNEIDER Sind Sie sicher, Exzellenz, daß Sie keine Hilfe brauchen?

SOCCO Ich fühle mich ausgezeichnet. Ich bin nur gekommen, um zu sagen... *Bemerkt Carlos, der etwas abseits steht.* Komm näher zu mir, mein Sohn.

Carlos tritt näher.

Deine Mutter lebt nicht mehr.

CARLOS Sie lebt nicht mehr? Warum nicht?

SOCCO Es hat sich so ergeben...

CARLOS Ich weiß schon: Du hast sie getötet! *Er stürzt auf Socco los.*

SOCCO Ich kann nichts dafür, sie selber wollte... warte, ich sage dir alles... es war ihr Eigensinn...

Carlos schlägt sich mit Socco, der Schneider versucht, Socco von Carlos zu befreien. Volles Licht. Nana tritt im zerrissenen schwarzen Kleid auf, erstmals ohne Schleier, mit unverhülltem Gesicht. Sie ist eine attraktive Frau mittleren Alters.

NANA *ruhig, steht am Eingang, mit Nachdruck auf »mein«* Mein lieber Socco.

Die Kämpfenden trennen sich. Socco steht ungeschickt vom Stuhl auf, flieht hinkend in den entlegendsten Bühnenwinkel.

SOCCO Weg! Ein Gespenst! Haltet es fest!

NANA Ich bin kein Gespenst. Hast du geglaubt, du, ein paar Hiebe bringen mich um? Wo ist deine berühmte Schlagkraft geblieben, Socco?

CARLOS Mutter, du bist ohne Schleier.

SCHNEIDER Das kann ich nicht gutheißen. Sie sollten sich sofort verhüllen.

Der Kunde-Geselle im Henkersgewand mit Kapuze tritt ein, schneidet mit der Schere in der Luft, sieht Nana ohne Schleier.

KUNDE-GESELLE Pah, nichts Besonderes. Und dafür wollte ich alles geben, was ich habe. Ein Königreich für ein Weib!

SCHNEIDER Sehen Sie denn nicht, gnädige Frau, daß Sie mein Lebenswerk zerstören? Verschleiern Sie sich auf der Stelle!

Er bindet seine Schneiderschürze ab und nähert sich Nana, um ihr Gesicht zu verhüllen. Nana stößt ihn zurück.

NANA Die Zeiten sind vorbei. Ich brauche jetzt überhaupt keine Verhüllung mehr. *Geht quer über die Bühne zu Socco, nah.* Stimmt's, Socco?

SOCCO Ich verstehe selber nicht, wie das passiert ist.

NANA Du hast mir in die Augen geschaut.

SOCCO Was nun?

Nana streckt ihm ihre Hand entgegen. Socco kniet nieder und küßt ihre Hand.

NANA *zu den übrigen* Meine Herren, Sie haben hier nichts mehr verloren.

SCHNEIDER Ich möchte darauf aufmerksam machen, daß entgegen allen Gesetzen der Zivilisation und des Fortschritts…

CARLOS Papperlapapperlapapp! Meister Zwirn, du bist jetzt am Ende mit deinem Schwindel.

SCHNEIDER Das wird sich noch zeigen.

NANA Auf Wiedersehen.

Der Schneider, Carlos und der Kunde-Geselle gehen zum Ausgang rechts.

KUNDE-GESELLE Da kann ich mir endlich das Ding vom Kopf ziehen. Ich komme mir vor wie ein Hampelmann, und stickig ist es darin auch.

Er nimmt die Kapuze ab, wendet sich Nana und Socco zu und verneigt sich tief vor ihnen.

Meine Verehrung!

Nana winkt ihm zu. Der Kunde-Geselle trocknet seine Stirn mit der Kapuze und fächert sich Luft zu.

SCHNEIDER *dreht sich um und verneigt sich tief.* Dem hochverehrten Paar stets zu Diensten.

Nana winkt ihm lässig zu.

CARLOS *zum Kunden-Gesellen* Wie nett du aussiehst ohne diese Kapuze.

Alle drei sind bereits am Ausgang. Carlos geht etwas voran. Der Schneider und der Kunde-Geselle drehen sich nach Nana und Socco um, und als sie sehen, daß diese sich bei der Hand nehmen und sich, ohne auf die Gruppe der drei Männer zu achten, langsam über die Bühne in entgegengesetzter Richtung entfernen, greifen sie plötzlich Carlos unter die Arme und halten ihm dabei den Mund zu. Sie schleppen ihn im Laufschritt hinaus, seine Beine schleifen über den Boden.

NANA *ohne den Kopf zu wenden* Bevor ich es vergesse: Du bist frei, Carlos.

Deutsch von Witold Kośny

Die Uraufführung des Stückes erfolgte 1978 in Szczecin.

Amor

Fernsehspiel

Personen

Die Tante
Der Junge
Ein Offizier
Der Hauptmann
Die Nachbarin
Willi
Der Gastwirt
Ein Radfahrer
Rosemarie
Ein Wachsoldat

Zeit
Spätsommer/Frühherbst
1944

Ort
Eine Kleinstadt
in einem osteuropäischen
Land

1. Szene

Kleinbürgerliche ›gute Stube‹. Ein vierzehnjähriger Junge und eine fünfzigjährige Frau sitzen am Tisch. Auf dem Tisch Hefte und Schulbücher. Der Junge hat einen der damaligen Mode entsprechenden Haarschnitt. Kurzärmeliges Hemd, Strickweste, kurze Hosen, barfuß in Sandalen.

Geöffnetes Fenster, Blick auf den Garten. Der Junge sitzt mit dem Gesicht zum Fenster, die Frau im Profil.

Es findet eine Unterrichtsstunde statt. Der Junge dekliniert lateinische Substantive.

JUNGE Exercitus – exercitus …

2. Szene

Vor dem Fenster erscheint ein junges, stämmiges Dienstmädchen vom Land. Sie trägt einen Korb mit gewaschenen Laken. Sie stellt den Korb auf die Erde, beugt sich hinunter, nimmt die Laken und hängt sie auf die Leine. Der Rock rutscht am strammen Hinterteil hoch und gibt den Blick frei auf dicke Schenkel. Die Deklination des lateinischen Substantivs bricht plötzlich ab.

3. Szene

Die ältere Frau (die Tante) sieht nicht, was der Junge sieht. Bis jetzt hatte sie den Rhythmus der Deklination mit einem Bleistift in ihrer Hand geklopft, jetzt bleibt der Bleistift in der Luft stehen. Sie wartet, dann sagt sie vor, aber vergebens. Sie wartet noch ein bißchen, dann sagt sie vorwurfsvoll:

TANTE Du kannst es noch nicht.

JUNGE Doch.

TANTE Widersprich mir nicht. Nicht nur, daß du es nicht kannst, du willst auch noch streiten.

4. Szene

Nahaufnahme des Mädchens, das die Laken aufhängt. Mehrere Male beugt sie sich vor und richtet sich auf. Sie steht breitbeinig. Gleichzeitig hört man die Stimme der Tante.

TANTE Gerade heute ist es deine patriotische Pflicht, zu lernen. Weiter verlangt man nichts von dir. Zu deinem eigenen Besten und fürs Vaterland. Wenn der Krieg zu Ende ist, wird unser Land gebildete Menschen brauchen. Das ganze Land ist in Trauer gehüllt, und du willst nicht einmal lernen, nicht einmal deine Pflicht erfüllen. Alle anderen erfüllen ihre Pflicht, nur du nicht. Schämst du dich nicht? Denk an deinen Vater, an alle, die für das Vaterland kämpfen.

5. Szene

Das Dienstmädchen nimmt den leeren Korb und geht weg.

6. Szene

TANTE Noch einmal von vorn.
JUNGE Exercitus – exercitus ... *usw., trägt es fließend vor.*
TANTE Siehst du, wenn du willst, kannst du.

Man hört das Brummen eines Motorrads. Die Stimme des Dienstmädchens aus dem Innern des Hauses.

STIMME DES DIENSTMÄDCHENS Gnä' Frau, gnä' Frau!
TANTE Was willst du?
STIMME DES DIENSTMÄDCHENS Die Deutschen sind da!
TANTE Jesus Maria!

Die Tante steht auf. Der Junge ebenfalls.

Du bleibst hier. Laß dich nicht blicken.

Die Tante geht hinaus. Der Junge packt die Bücher und Hefte zusammen und verläßt die ›gute Stube‹.

7. Szene

Der Junge steht im Flur. Die Flurtür ist zum Hof hin geöffnet. Vom Hof her hört man wütendes Hundegebell und Stimmen.

MÄNNLICHE STIMME Es ist nicht meine Schuld, gnädige Frau. Ich mußte ihnen den Weg zeigen.

STIMME DER TANTE Der schießt mir noch den Hund tot. Ruhe, Hektor!

MÄNNLICHE STIMME Sie brauchen keine Angst zu haben. Die wollen nur Quartier nehmen.

STIMME DER TANTE In meinem Haus?!

MÄNNLICHE STIMME Es ist ein Hauptmann. Und für den mußte ich ihnen das beste Haus zeigen. Sie kriegen einen Offizier!

STIMME DER TANTE Deutsche in meinem Haus? Er beißt nicht, Herr Offizier, er ist friedlich.

Man hört das breite, gutmütige Lachen eines Mannes. Der Hund ist ganz heiser vor Wut.

STIMME DES OFFIZIERS Ja, ja, friedlich, das sehe ich.

MÄNNLICHE STIMME Schaffen Sie den Hund weg. Die macht man besser nicht nervös.

STIMME DER TANTE Hektor, marsch an deinen Platz!

STIMME DES OFFIZIERS Gutes Hundchen, ganz guter Hund, verteufelt guter Hund.

STIMME DER TANTE Er bellt nur so, ohne bestimmte Absicht. Hektor, Platz!

STIMME DES OFFIZIERS Machen Sie keine Witze, gnä' Frau.
STIMME DER TANTE Nein, nein, er hört sofort auf. Hektor, jetzt aber marsch in die Hütte! Herrgott im Himmel, was für ein Hund... Bitte, Herr Offizier, treten Sie ein.

Der Junge läuft die Treppe nach oben in sein Zimmer.

8. Szene

Der Junge oben in seinem Zimmer. Man hört Stimmen vom Flur.

STIMME DER TANTE Hier ist die Küche.

Schritte von vier Personen.

Hier ist der Salon.

Schritte. Geräusche vom Öffnen und Schließen der Türen.

Mein und meines verstorbenen Mannes Zimmer...
STIMME DES OFFIZIERS Ist das alles?
STIMME DER TANTE Oben ist noch ein Zimmer.

Man hört Schritte die hölzernen Stufen hinaufgehen. Der Junge weicht von der Tür zurück. Die Tür öffnet sich, und es erscheint ein Mann in der Uniform eines Hauptmanns der Wehrmacht. Hinter ihm die Tante. Der Hauptmann betrachtet den Jungen aufmerksam.

HAUPTMANN Wer ist das?
TANTE Mein Neffe, er ist noch ein Kind.
HAUPTMANN Wie alt bist du?
TANTE Er versteht kein Deutsch.
JUNGE Vierzehn.
TANTE Dreizehneinhalb. Er versteht schlecht Deutsch.

Der Hauptmann tritt ins Zimmer. Er sieht sich Bücher und Hefte an, eine auf dem Tisch liegende Schleuder. Ferner eine gerahmte Photographie, die einen Mann in (nicht deutscher) Uniform zeigt. Bleistift, Papierblätter. An der Wand ein Bild, das einen Schutzengel darstellt, der ein Kind am Abgrund vorbeiführt. Der Hauptmann nimmt die Schleuder, spannt das Gummiband, läßt es los, legt sie zurück auf den Tisch. Schaut auf die Photographie.

HAUPTMANN *geht im Zimmer umher.* Schön, sehr schön. *Wendet sich an den Jungen* Ist das dein Zimmer?
JUNGE Ja.

Der Hauptmann geht zur Tür, ruft in Richtung Treppe.

HAUPTMANN Willi!
MÄNNLICHE STIMME Jawohl, Herr Hauptmann!
HAUPTMANN Hierher!

Man hört Schritte die Treppe hinaufkommen. Ein Soldat mit Koffern tritt ein.

9. Szene

Der Junge kniet auf dem Boden seines Zimmers. Er zieht aus. Vor ihm eine ausgebreitete Decke, er legt seinen Besitz darauf. Bücher, Bleistifte, Papierblätter, die Schleuder und die eingerahmte Photographie. Er macht daraus ein Bündel, steht auf und wirft sich das Bündel über die Schulter.

10. Szene

Küche. Die Tante, der Junge und die Nachbarin, eine schwatzhafte, verschlagene Frau um die Vierzig. Der Junge mahlt Kaffee in einer altmodischen Kaffeemühle. Lebensmittel auf dem Tisch. Konservenbüchsen und Kaffee. Die Nachbarin sieht sich alles äußerst interessiert an.

NACHBARIN Richtiger Kaffee!

TANTE Wundern Sie sich? Wir schinden uns hier ab, und die haben alles.

NACHBARIN Bekommt er bei Ihnen auch zu essen?

TANTE Nur Frühstück. Stellen Sie sich vor, so weit ist es mit mir gekommen, einen Deutschen zu bedienen.

Die Nachbarin schnüffelt in den Sachen auf dem Tisch. Buchstabiert ein Etikett:

NACHBARIN Sar-di-nes...

TANTE *verbessert sie* Sardinen.

NACHBARIN Geben Sie mir doch ein bißchen Kaffee ab.

TANTE Wo denken Sie hin, der gehört mir doch nicht.

NACHBARIN Ist doch deutscher. Ist er Ihnen zu schade?

TANTE Ich jedenfalls rühre das nicht an. Ich brauche keinen deutschen Kaffee.

NACHBARIN Aber, was reden Sie da. Die haben's doch auch nur jemandem weggenommen.

TANTE Sie sollten sich schämen.

NACHBARIN Gut, dann geh ich. *Geht zur Tür, bleibt stehen.* Brauchen Sie noch Eier?

TANTE Was nehmen Sie denn pro Stück?

NACHBARIN Am liebsten hätte ich Kaffee dafür.

11. Szene

Die Tante steigt die Treppe mit einem Frühstückstablett hinauf. Sie bleibt vor der Tür stehen. Hinter der Tür summt und trällert eine männliche Stimme. Die Tante klopft an die Tür.

MÄNNLICHE STIMME Herein!

Die Tante tritt ein. Der Hauptmann steht am Waschtisch, vor einem Spiegel, rasiert sich sein eingeseiftes Gesicht. Mit freiem Oberkörper. Die Tante ist überrascht und über diesen ›unanständigen‹ Anblick entrüstet.

TANTE Oh, Verzeihung. *Sie kehrt um und geht hinaus.*

12. Szene

Die ›gute Stube‹, die jetzt auch Zimmer des Jungen ist. Der Junge macht Gymnastik, er hat die Hände auf den Boden gestützt, bewegt sich auf und nieder, wobei er die Arme in den Ellbogen streckt und beugt. Die Tante kommt mit dem Frühstückstablett für den Hauptmann herein.

TANTE Bring ihm das Frühstück.

Der Junge steht auf und nimmt der Tante das Tablett ab. Die Tante sieht sich im Zimmer um, blättert in den Papieren auf dem Tisch. Sie findet eine Zeichnung, die eine nackte Frau zeigt.

13. Szene

Der Junge, mit dem Frühstückstablett in der Hand, klopft an die Tür.

STIMME DES HAUPTMANNS Herein!

Der Junge tritt ein. Der Hauptmann ist noch immer beim Rasieren, jetzt aber nicht mehr mit freiem Oberkörper, sondern im Morgenrock. Der Junge geht zum Tisch. Auf dem Tisch liegt eine Maschinenpistole. Es ist kein Platz, um das Tablett abstellen zu können. Der Junge starrt die Maschinenpistole an.

HAUPTMANN *noch immer mit dem Rücken zum Jungen, sich vor dem Spiegel rasierend* Guten Tag.
JUNGE Guten Tag.

Nach einem Augenblick dreht sich der Hauptmann um und sieht, daß der Junge, noch immer bewegungslos, die Pistole anstarrt. Er legt das Rasiermesser beiseite, geht zum Tisch, nimmt die Pistole und wirft sie auf das ungemachte Bett. Der Junge stellt das Frühstückstablett auf den Tisch.

Der Hauptmann bietet ihm aus einer eleganten Schachtel eine gute Markenzigarette an.

Ich rauche nicht.

Der Hauptmann zwinkert ihm vertraulich zu, da er die Weigerung für eine konventionelle Ausrede eines höflichen Jungen hält. Er streckt ihm noch immer die Schachtel hin.

Nein, wirklich nicht.

Der Hauptmann zieht die Hand zurück. Der Junge geht zur Tür.

HAUPTMANN *hinter dem Rücken des Jungen* Auf Wiedersehen.
JUNGE Auf Wiedersehen.
HAUPTMANN Smatschnégo!

Der Junge verläßt wortlos das Zimmer.

14. Szene

Der Junge geht die Treppe hinunter. Ein Schlosser hantiert unter Aufsicht des Offiziersburschen Willi an der Eingangstür. Der Junge bleibt stehen und sieht dem Schlosser bei der Arbeit zu.

SCHLOSSER Das wär's.

Willi schließt die Tür, überprüft, wie die vom Schlosser angebrachten Schlösser und Schließvorrichtungen funktionieren.

WILLI Na ja, dobsche.

Der Schlosser packt sein Werkzeug zusammen.

15. Szene

Die ›gute Stube‹. Der Junge sitzt am Tisch und zeichnet. Durch die geöffnete Tür zum Flur hört man Stimmen aus der Küche.

NACHBARIN Dem Prior der Dominikaner ist der heilige Antonius erschienen. Er hat ihm gesagt, daß der Krieg bald aus ist.

TANTE Wäre ja auch höchste Zeit. Vielleicht erbarmt sich Gott unser.

NACHBARIN Was wird denn nun mit dem Kaffee?

TANTE Ich habe Ihnen doch schon gesagt, mit deutschem Kaffee mache ich keine Geschäfte.

NACHBARIN Warum regen Sie sich so auf?

TANTE Paul! Paul! Du mußt den Kuchen noch wegbringen!

JUNGE Ich gehe schon.

Er steht vom Tisch auf. Die Zeichnung auf dem Tisch stellt den Hauptmann dar, der mit erhobenen Händen vor einer Maschinenpistole steht. Die Geschosse kommen aus dem Lauf und zielen direkt auf die Bauchgegend des Hauptmanns.

16. Szene

In der Kleinstadt. Der Eingang zu einer kleinen, düsteren Gastwirtschaft. Auf der leeren Straße geht eine Gruppe: Ein Soldat mit Gewehr unter dem Arm eskortiert eine Bäuerin mit einem Kopftuch und einem Bündel auf dem Rücken. Die Frau führt ein Kind an der Hand. Der Junge nähert sich der Gastwirtschaft. Er trägt einen Pappkarton.

Neben dem Eingang zur Gastwirtschaft ist ein Fahrrad an die Wand gelehnt. Der Junge stößt die Tür auf und tritt ein, die Türglocke klingelt.

Der Raum ist nicht groß, ein Schanktisch (Theke) und nur wenige Tische. Hinter dem Schanktisch eine Tür, die in die Hinterzimmer des Lokals führt. Am Ecktisch sitzt ein magerer Mann mit Schirmmütze. Eng beieinander liegende Augen, ein dünnes, kurz geschnittenes Lippenbärtchen. Vor ihm ein Seidel Bier. Hinter der Theke der Gastwirt.

JUNGE Guten Tag.
GASTWIRT Seien Sie gegrüßt, junger Mann.
JUNGE Meine Tante schickt die Torte.
GASTWIRT Fabelhaft. Sie war für gestern bestellt.
JUNGE Meine Tante hat jetzt viel zu tun.
GASTWIRT Wer hat jetzt nicht viel zu tun?

Er nimmt dem Jungen den Karton ab, nimmt die Torte aus dem Karton und stellt sie auf die Theke unter eine Glasglocke. Der Mann mit Schirmmütze schaut mit unbewegten Augen auf den Jungen. Der Junge wendet seinen Blick ab.

Sag deiner Tante, sie soll weniger Margarine hineintun. Ich zahle für Butter, nicht für Margarine.
JUNGE Sie nimmt Butter.
GASTWIRT Niemand nimmt heute Butter. *Er gibt dem Jungen den leeren Karton zurück.*
GASTWIRT Bestellung wie gehabt.
JUNGE Ich sag's ihr.
GASTWIRT Warte. *Er wirft in den Karton eine Handvoll eingewickelter Bonbons, Sahnebonbons.*
JUNGE Danke.
GASTWIRT Und einen schönen Gruß.

17. Szene

Landstraße, zu beiden Seiten Bäume, eine Art Allee. Der Junge geht mit dem Pappkarton die Landstraße entlang und blickt sich um. Er sieht von weitem einen Radfahrer näher kommen. Als der Radfahrer ihn eingeholt hat, steigt er vom Fahrrad.

RADFAHRER Tach.
JUNGE Tach.

Der Radfahrer bietet ihm aus einer zerknüllten Schachtel eine billige und krümelnde Zigarette an.

Ich rauche nicht.

Der Radfahrer zündet sich eine Zigarette an, mit einem aus einer Gewehrpatronenhülse gebastelten Feuerzeug.

RADFAHRER Was gibt's Neues bei der Tante?
JUNGE Gut... nichts Besonderes.
RADFAHRER Der Hauptmann wohnt bei euch?
JUNGE Ja.
RADFAHRER Wie alt bist du?
JUNGE Sechzehn.
RADFAHRER Siehst älter aus.
JUNGE Sechzehneinhalb.
RADFAHRER So alt und raucht nicht. Wo bist du denn eigentlich zur Schule gegangen?
JUNGE Ich rauche... manchmal.
RADFAHRER Wie ist er?
JUNGE Wer?
RADFAHRER Dieser Hauptmann.
JUNGE Ganz normal.
RADFAHRER Was macht er?

JUNGE Weiß ich nicht. Geht morgens weg, kommt abends zurück.

RADFAHRER Kommt er spät zurück?

JUNGE Nicht so spät.

RADFAHRER Was macht er, wenn er zurückkommt?

JUNGE Er trinkt.

RADFAHRER Allein?

JUNGE Allein.

RADFAHRER Ohne jeden Kumpel?

JUNGE Ja.

RADFAHRER Der muß ganz schön ulkig sein. Warum ist er so allein?

JUNGE Vielleicht will er es so.

RADFAHRER Allein sein? Dann dürfte er eigentlich nicht beim Militär sein. Hat er einen Burschen?

JUNGE Ja, aber der kommt nur, um ihn mit dem Motorrad abzuholen.

RADFAHRER Gibt's Telefon?

JUNGE Sie haben ihm eins gelegt.

RADFAHRER Ist ein Hund da?

JUNGE Nein, jetzt nicht mehr. Meine Tante hat ihn zu den Nachbarn gegeben, weil er immer bellt und sie Angst hatte, daß sie ihn erschießen.

RADFAHRER Das war sehr vernünftig. Läßt sich die Tür abschließen?

JUNGE Er hat neue Schlösser anbringen lassen.

RADFAHRER Sind Läden an den Fenstern?

JUNGE Ja.

RADFAHRER Na, dann mach's gut.

Er steigt aufs Fahrrad und fährt los. Der Junge sieht ihm nach, ohne sich von der Stelle zu rühren. Der Radfahrer ist noch nicht weit weg, da kehrt er um. Er hält neben dem Jungen an, ohne vom Rad abzusteigen. Er stützt sich mit einem Bein am Boden auf.

Wie heißt du?

JUNGE Paul.

RADFAHRER Ich heiße Robert. Sag deiner Tante nicht, daß du mich gesehen hast. Überhaupt keinem. Kapiert?

JUNGE Ja.

Der Radfahrer steigt vom Fahrrad ab. Er legt das Rad auf die Erde und geht auf den Jungen zu.

RADFAHRER Ehrenwort?

JUNGE Ehrenwort.

RADFAHRER Hand drauf.

Er streckt dem Jungen seine Hand entgegen. Der reicht ihm seine. Der Radfahrer zieht plötzlich den Jungen nach vorn und stellt ihm gleichzeitig ein Bein. Der Junge stürzt und läßt den Karton fallen. Die Bonbons rollen auf die Erde. Die verstreuten Bonbons, die sich im schlammigen Boden abstützenden Hände des Jungen, die Stiefel des Radfahrers, der über dem Jungen steht.

Steh auf.

Der Junge steht auf.

Das war nur, damit du weißt, wer stärker ist. Ich kann noch mehr. Soll ich's dir zeigen?

JUNGE Nein.

RADFAHRER Reicht's?

JUNGE Ja.

RADFAHRER Na, dann Hand drauf.

Er streckt dem Jungen seine Hand entgegen. Der Junge verweigert seine Hand und schweigt.

Hab keine Angst. Wir wollen uns vertragen.

Der Junge gibt ihm die Hand.

Friede?

JUNGE Friede.

RADFAHRER Du kannst Robert zu mir sagen.

Der Radfahrer steigt aufs Rad und fährt weg. Der Junge sieht ihm nach. Dann hebt er den Karton auf, sammelt die Bonbons ein und legt sie in den Karton.

18. Szene

Die ›gute Stube‹. Der Junge liegt auf dem Fußboden, auf dem Bauch, das Kinn in die Hände gestützt, die Ellbogen auf dem Boden. Er schaut dem Dienstmädchen zu, das im Flur den Fußboden scheuert. Das Dienstmädchen kriecht auf allen vieren, mit dem Hinterteil zum Zuschauer.

Man hört Schritte die Treppe herunterkommen. Im Blickfeld erscheint der Hauptmann, oder vielmehr seine Beine in Stiefeln und Breeches, die zwischen dem Dienstmädchen und dem ihm zuschauenden Jungen zum Stillstand kommen. Einen Augenblick lang genießt auch der Hauptmann das Schauspiel.

19. Szene

Die Tante steht in der Küchentür und beobachtet die auf der anderen Seite liegende Toilettentür. Der Hauptmann eilt mit einer Illustrierten unterm Arm die Treppe hinunter. Nur in Hemd, Breeches und Pantoffeln. Er stürzt zur Toilettentür und greift nach der Klinke. Die Tür ist jedoch von innen verschlossen, und die Klinke gibt nicht nach.

HAUPTMANN Himmel, Arsch und Zwirn!

Er läuft nach oben zurück, man hört die Tür seines Zimmers zuschlagen. Die Tante beobachtet immer noch die Toilettentür. Nach einer Weile hört man das Geräusch der Wasserspülung. Die Toilettentür öffnet sich, der Junge kommt mit einem Buch unterm Arm heraus.

TANTE Was hast du dort so lange gemacht?
JUNGE Ich habe Bauchschmerzen.
TANTE Wovon? Was hast du gegessen?
JUNGE Weiß ich nicht.

TANTE Ach was, wovon soll dir schlecht sein.

JUNGE Ich habe aber Bauchschmerzen.

TANTE Krank siehst du aber nicht aus.

Der Junge zuckt die Achseln, geht in die ›gute Stube‹. Die Tante folgt ihm.

Paul…

Der Junge wirft die Tür hinter sich zu. Die Tante bleibt noch einen Moment vor der Tür stehen. Von oben kommt der Hauptmann sehr schnell, offensichtlich eilig herunter, stürzt in die Toilette und wirft die Tür hinter sich zu.

20. Szene

Am Abend desselben Tages. Die Tante, der Junge und die Nachbarin sitzen am Küchentisch und trinken Tee.

NACHBARIN *trinkt genußvoll und geräuschvoll Tee.* Auf der Bahnstation haben sie einen Deutschen umgebracht.

TANTE Jesus Maria! Dann werden sie wieder Geiseln erschießen.

NACHBARIN Einen vom Bahnschutz. Es ist eine Frau aus dem Osten gekommen, sie will hier mit Tabak handeln. Sie hat erzählt, daß man bei ihnen schon die Front hört.

TANTE *bekreuzigt sich.* Gott, erbarme dich unser.

NACHBARIN Die Deutschen schnappen sich Leute zum Ausheben von Schützengräben.

TANTE Paul ist noch zu jung. Den werden sie nicht nehmen.

NACHBARIN Andere in seinem Alter sind schon bei den Partisanen.

21. Szene

Der Junge nähert sich mit einem Tortenkarton der Gastwirtschaft. An der Wand, neben dem Eingang, lehnt ein Fahrrad, gerade so, wie es der Junge befürchtet hatte. Zögernd stößt er die Tür zur Gastwirtschaft auf.

Aber der Radfahrer ist nicht da. An seiner Stelle sitzt am selben Platz eine junge Frau im Mantel. Eine nach damaliger Mode sorgfältig frisierte Blondine. Vor ihr auf dem Tisch liegt eine große Handtasche.

Der Junge sieht sie an, er kann noch nicht glauben, daß er sie und nicht den Radfahrer sieht. Außer den beiden ist niemand im Lokal. Sie sieht ihn ebenfalls an, dann lächelt sie. Erst da wendet der Junge seinen Blick ab. Er geht zum Schanktisch. Er steht an der Theke und tut so, als ob er ihre Anwesenheit nicht bemerkt hat, aber er kann der Versuchung nicht widerstehen, ab und zu einen heimlichen Blick nach ihr zu werfen. Nicht immer gelingt ihm dieses ›heimlich‹, sein Blick wird von ihrem eingefangen (sie sieht ihn die ganze Zeit hindurch direkt und natürlich an), jedesmal lächelt sie ihn an, und dann wendet der Junge schnell wieder sein Gesicht erschrocken ab. Endlich kommt der Gastwirt durch die Tür herein, die in die Hinterräume führt. Er trägt auf einem Untersatz ein Glas Tee, bringt es an ihren

Tisch und kehrt zum Schanktisch zurück. Er sagt halblaut zum Jungen:

GASTWIRT Eine Deutsche.

In der Kleinstadt hat noch niemand eine Deutsche gesehen. Deutsche – das waren immer Soldaten. Rosemarie (so hieß sie) ist eine Sensation. Der Gastwirt nimmt die Torte aus dem Karton.

ROSEMARIE Herr Ober!
GASTWIRT *entfernt sich vom Schanktisch, geht zu ihr.* Bitte, gnädige Frau.
ROSEMARIE *zeigt auf die Torte.* Was ist das?
GASTWIRT Schokoladentorte, bitte schön, beste Qualität.
ROSEMARIE Ich hätte gern ein Stück.
GASTWIRT Sehr wohl, meine Dame. *Er führt die Bestellung aus, steht dann wieder am Schanktisch.* Hast du sie dir angesehen? Nicht übel.

Der Junge stimmt mit Kennermiene zu.

Ich bin neugierig, was sie hier macht. Ich habe sie vorher noch nie gesehen. Wahrscheinlich die Frau eines Offiziers. Oder auch nicht die Frau. *Zwinkert dem Jungen vertraulich zu.*
ROSEMARIE Pan Kellner!
GASTWIRT Ja, bitte?
ROSEMARIE Verkaufen Sie die Torte auch außer Haus?
GASTWIRT Ganz wie Sie wünschen…

ROSEMARIE Dann packen Sie sie bitte ein.

GASTWIRT Wieviel Stück?

ROSEMARIE Die ganze Torte.

GASTWIRT Sehr wohl, meine Dame, selbstverständlich. Ich sagte Ihnen ja schon, erstklassige Qualität, garantiert mit reiner Butter, picobello. *Zum Jungen* Sag der Tante, daß ich zwei bestelle.

22. Szene

In der Küche. Die Tante, der Junge und die Nachbarin. Die Tante hört gerade auf, die Eier zu zählen, die die Nachbarin gebracht hat.

TANTE Nur ein Dutzend? Was soll ich denn damit…

NACHBARIN Die Hühner legen schlecht.

TANTE Ich habe Ihnen doch gesagt, daß ich jetzt eine große Bestellung habe.

NACHBARIN Da kann ich Ihnen auch nicht helfen.

TANTE Ich bezahle es Ihnen.

NACHBARIN Geld, was ist das heute schon? Kaffee, das wär was anderes.

TANTE *seufzt resigniert* Ist ja Ihr Gewissen, nicht meins.

NACHBARIN Mein Gewissen, Ihre Eier. *Macht sich am Kaffee zu schaffen, der auf dem Tisch liegt.* Das werden ungefährt hundert Gramm sein. Wieviel soll ich Ihnen bringen?

TANTE Ein Schock.

NACHBARIN Ein Schock Eier für hundert Gramm Kaffee?

Sie machen wohl Spaß ... Das hier sind nicht einmal hundert Gramm ...

TANTE Was heißt hier hundert, Sie haben sich mindestens zweihundert Gramm genommen. Bohnenkaffee! Richtiger, wie vor dem Krieg. So einen bekommen Sie heute nirgends mehr.

NACHBARIN *seufzt resigniert* Na gut, zahl ich eben drauf.

TANTE Paul, bring die Eier in die Speisekammer.

Der Junge stellt einen Korb auf den Tisch. Er legt die Eier nacheinander in den Korb.

NACHBARIN Haben Sie die Deutsche gesehen?

TANTE Was für eine Deutsche?

NACHBARIN Dann wissen Sie noch gar nichts? Ein Fronttheater ist angekommen. Ein komplettes Orchester und eine Schauspielerin.

Der Junge hört auf, die Eier in den Korb zu legen, und hört zu. Ein Ei rollt langsam über den Tisch.

TANTE Eine Schauspielerin?

NACHBARIN Hat hier was und hier was ... *Schlägt sich auf das Gesäß und zeigt auf ihre Brüste.* Und mit Dauerwellen ...

Das Ei rollt an den Tischrand und fällt hinunter.

TANTE Paul, paß doch auf! Der Junge ist eine Strafe Gottes!

Der Junge bückt sich und kriecht unter den Tisch.

Ein Theater, sagen Sie?

NACHBARIN Für die Soldaten.

TANTE Wieso, für die Soldaten! Was erzählen Sie da. Das sind doch alles nur Männer.

NACHBARIN Was dachten Sie denn?

TANTE Die schämt sich wohl gar nicht.

NACHBARIN Wieso soll sie sich schämen?

TANTE Ich würde mich für so was nie hergeben.

NACHBARIN Sie würde ja auch keiner nehmen, nicht wahr?

TANTE Daß der Herrgott so etwas zuläßt...

Der Junge taucht unter dem Tisch auf und hält auf seiner Handfläche das zerschlagene Ei, die kaputte Schale, das zerflossene Eigelb und das schleimige Eiweiß.

23. Szene

Leere Landstraße, die man schon von der Begegnung des Jungen mit dem Radfahrer her kennt. Die Tante und der Junge gehen die Landstraße entlang, von links nach rechts durch das Bild, beide im Sonntagsstaat. In der Ferne hört man Kirchenglocken. Die Tante bleibt stehen, hält den Jungen fest, richtet ihm die Krawatte und kämmt ihn. Sie setzen ihren Weg fort.

24. Szene

In der Kirche. Eine alte Frau kniet im Beichtstuhl und beichtet. Daneben sitzen der Junge und die Tante auf einer Bank und warten, bis sie an die Reihe kommen. Beide halten aufgeschlagene Gebetbücher in ihren Händen. Die alte Frau beendet ihre Beichte, steht auf, küßt die Stola des Priesters, die dieser ihr reicht, und geht fort. Die Tante gibt dem Jungen einen leichten Schubs. Der Junge kniet im Beichtstuhl nieder. Die Tante rutscht ans Bankende und beugt sich so stark zum Jungen und zum Beichtstuhl vor, daß sie fast von der Bank fällt. Ganz offensichtlich will sie lauschen. Der Junge schaut sich um und bemerkt ihr Manöver. Er steht auf, will um den Beichtstuhl herumgehen und auf der anderen Seite in einiger Entfernung von der Tante niederknien. In dem Augenblick aber, als er niederknien will, entdeckt er Rosemarie in der Kirche. Er starrt sie an und vergißt darüber die Beichte. Man hört ein drängendes Klopfen aus dem Beichtstuhl. Als das nicht hilft, beugt sich der Priester aus dem Beichtstuhl, um zu sehen, was los ist. Der Junge kniet nieder und beginnt mit der Beichte.

25. Szene

Dieselbe Landstraße wie in der 23. Szene, die Tante und der Junge gehen von links nach rechts durch das Bild. Sie werden von einem Landauer eingeholt, vor den zwei temperamentvolle, rassige Pferde gespannt sind. Der Hauptmann kutschiert, neben ihm sitzt Rosemarie. Beide lachen und unterhalten sich lebhaft. Sie sind mit sich beschäftigt und achten nicht auf ihre Umgebung. Der Landauer fährt an dem Paar vorbei, das, ohne bemerkt zu werden, auf den Randstreifen ausweicht. Als der Wagen vorbei ist, geht die Tante auf die Straße zurück, sieht ihnen nach und spuckt, als Zeichen ihrer Empörung und Verachtung, aus.

26. Szene

Spätabends im Zimmer des Jungen. Der Junge sitzt am Tisch, der von einer Petroleumlampe beleuchtet wird. Er hat gerade die Zeichnung eines Frauenprofils mit der charakteristischen Frisur beendet, das im großen und ganzen Rosemarie ähnelt. Dann zerreißt er die Zeichnung in immer kleinere Stücke. Er steht auf, geht vom Tisch weg, kniet am Bett nieder und beginnt sein Gebet.

27. Szene

Der Junge ist auf dem Weg zur Gastwirtschaft, er trägt zwei Tortenkartons. Als er noch ziemlich weit von seinem Ziel entfernt ist, tritt Rosemarie mit Mantel und Handtasche in sein Blickfeld. Sie geht schnell, sieht ihn nicht, durchschneidet seine Marschrichtung ungefähr im rechten Winkel und geht aus dem Bild nach rechts ab. Der Junge bleibt stehen und sieht ihr nach. Dann ändert er seine Richtung, und anstatt geradeaus auf den Eingang der Gastwirtschaft zuzugehen, biegt er ab und geht nach rechts.

28. Szene

Der Junge folgt Rosemarie in einiger Entfernung. Rosemarie betritt ein langgezogenes Gebäude, eine Art Vereinshaus, das als öffentlicher Versammlungsort dient. Der Junge bleibt draußen stehen.

29. Szene

Nach kurzem Zögern betritt der Junge das Gebäude. Ein Korridor, an dessen Ende eine Tür ein wenig geöffnet ist. Der Junge schleicht sich zur Tür und guckt nach, was sich dahinter befindet: ein großer Saal. Reihen von primitiven, aus Brettern gezimmerten Bänken, am anderen Ende ein Podium, eine Art Bühne. Auf dem Podium Stühle, Notenständer und verschiedene Musikinstrumente. Eine an die Wand gelehnte Leiter. Auf der Leiter ein Soldat, mit einem Hammer in der Hand, der eine Girlande an die Wand nagelt. Der übrige Saal ist bereits mit Papiergirlanden und Tannengrün geschmückt.

Der Soldat ist mit dem Annageln fertig und verläßt den Saal durch die Tür neben dem Podium. Der Junge sieht, daß auf einem Stuhl der ihm bekannte Mantel und die Handtasche abgelegt sind. Der Junge geht quer durch den Saal und besteigt das Podium. Neben dem Stuhl, auf dem ein Saxophon liegt, döst ein Deutscher Schäferhund. Der Hund hebt den Kopf, betrachtet den Jungen. Obwohl er vor dem Hund Angst hat, geht der Junge zum Stuhl, auf dem Mantel und Handtasche liegen, und stellt die beiden

Tortenkartons dazu. Der Hund beobachtet ihn die ganze Zeit, tut ihm aber nichts. Der Junge verläßt das Podium, geht wieder quer durch den Saal und kehrt an seine Position hinter die angelehnte Tür zurück.

Ein Mann in Uniform, mit Brille, betritt den Saal durch die Tür neben dem Podium. Er streichelt den Hund, nimmt das Saxophon vom Stuhl, setzt sich und beginnt, Saxophon zu spielen. (Spielt einige Übungen, Passagen, Noten.)

STIMME Was machst du hier?

Der Junge sieht sich erschrocken um. Hinter ihm steht ein dicker Unterfeldwebel, mit einem Stoß Papier unterm Arm, er blickt den Jungen mißtrauisch und unfreundlich an. Der duckt sich schnell und läuft unter dessen Arm zum Ausgang. Hinter ihm brüllt es:

Raus!

30. Szene

Der Junge betritt mit einem Eimer heißen Wassers das Zimmer des Hauptmanns. In der Mitte des Zimmers steht eine Sitzbadewanne. Der Hauptmann, bis zum Gürtel im Wasser, seift sich singend und pfeifend seine Arme und Schultern ein. Der Junge gießt aus dem Eimer Wasser in die Wanne.

31. Szene

Der Hauptmann vor dem Spiegel, bereits in Uniform. Weiterhin singend und pfeifend, kämmt er sich und glättet sein Haar mit Brillantine. Im Hintergrund schöpft der Junge das Wasser aus der Sitzbadewanne in den Eimer.

32. Szene

Der Hauptmann hat sich gerade die frisch geputzten, glänzenden Stiefel angezogen und gibt dem Fuß durch Aufstampfen den richtigen Sitz. Er bückt sich (er sitzt während dieser ganzen Prozedur) und beseitigt die letzten Staubkörnchen vom glänzenden Schaft.

33. Szene

Der Junge zieht sich alte, schmutzige, verschlissene Tennisschuhe an. Einen hat er bereits an, den anderen hält er in der Hand, betrachtet die Stelle, an der der Schuh ›gähnt‹, an der sich das Leinen von der Sohle gelöst hat. Man hört die schnellen Schritte des Hauptmanns, der die Treppe hinunterläuft, einen Augenblick lang sieht ihn der Junge durch die zum Flur geöffnete Tür hinunterlaufen. Der Hauptmann singt vor sich hin. Danach hört man das Zuschlagen der Eingangstür, einen Moment später das Anspringen eines Motorrads, das sich entfernende Motorrad. Der Junge zieht sich eilig den anderen Schuh an.

34. Szene

Leere Landstraße, die wir bereits aus früheren Szenen kennen. Der Junge läuft von rechts nach links durch das Bild. Es ist kurz vor der Dämmerung.

35. Szene

Der Eingang zum Gebäude, vom Jungen aus gesehen, der mit dem Rücken zur Kamera steht. Am Eingang drängt sich eine Gruppe Soldaten. Der Eingang ist erleuchtet, Umrisse von Köpfen und Schultern auf dem Hintergrund eines hellen Rechtecks. Aufblitzende Scheinwerfer von ankommenden Lastwagen. Schreie, Stimmen, Gesang, Kommandos, Stiefelgetrampel (Soldaten springen von den Lastwagen) und das Gebrumme der Lastwagen. Feststimmung.

36. Szene

Vor einem Bretterzaun ein Baum. Oberhalb des Baums ein Lichtschimmer (die Lichtquelle ist hinter dem Zaun). Der Junge geht am Zaun entlang und klettert auf den Baum. Dieselben Stimmen und Geräusche wie in der vorigen Szene, nur gedämpfter, dazu das Stimmen von Instrumenten.

37. Szene

Derselbe Zaun von der anderen Seite, dahinter der Baum. Ein Lichtstreifen beleuchtet ein Stück Erde vor dem Zaun, einen Teil des Zauns und den Baum. Der Junge erscheint auf dem Baum.

38. Szene

Ein hell erleuchtetes, offenes Fenster im Erdgeschoß des Gebäudes, vom Jungen aus gesehen. Das Innere einer improvisierten Künstlergarderobe. An der Wand ein Tischchen, darauf ein an die Wand gelehnter Spiegel, Näpfe, Döschen und andere Utensilien zum Schminken. Vor dem Spiegel (im linken Profil zum Fenster) sitzt Rosemarie im Ballkleid, eine Rose im Dekolleté. Sie erneuert ihr Make-up. Im Aschenbecher auf dem Tischchen eine Zigarette mit langer Spitze. Ohne den Blick vom Spiegel zu wenden, greift Rosemarie nach der Zigarette und inhaliert tief.

39. Szene

Mitten im Laub und Geäst sitzt der Junge auf dem Baum, Nahaufnahme seiner Augen, die vom Widerschein des Fensters erleuchtet werden.

40. Szene

Wieder der Zaun, von der Innenseite der Einfriedung. Ein Wachsoldat kommt mit Stahlhelm und geschultertem Gewehr. Er bleibt im hellen Lichtstreifen stehen und wendet sich mit dem Gesicht zur Kamera und zur Lichtquelle. Es ist ein nicht mehr junger Mann mit einem gutmütigen Gesicht, das sich in einem breiten Lächeln verklärt. Das Orchester hört mit dem Stimmen der Instrumente auf und spielt einen Tusch. Der Wachsoldat beobachtet etwas und wird dabei immer fröhlicher. Schließlich ruft er:

WACHSOLDAT Fräulein, verzeihen Sie, die Fenster müssen verdunkelt werden. Das ist Vorschrift!

41. Szene

Das Fenster, Rosemarie mit der Zigarette zwischen den Lippen. Ein Bein auf dem Stuhl, das Kleid ist hochgezogen, sie rückt sich ihr Strumpfband zurecht. Sie schaut zum Fenster (in Richtung Zuschauer). Sie stellt ihr Bein auf die Erde, nimmt die Zigarette aus dem Mund und legt sie in den Aschenbecher. Sie geht zum Fenster.

WACHSOLDAT Ich bedaure es selber am meisten. So ein schöner Anblick …

ROSEMARIE Hast du mich heimlich beobachtet?

WACHSOLDAT Nicht mit Absicht. Herrgott, was für ein Anblick! Schade, daß man so wenig sehen kann.

Rosemarie dreht ihm den Rücken zu, hebt ihr Kleid hoch und zeigt ihre Dessous. Von der Absicht her nicht pornographisch, sondern beleidigend. Der Soldat aber ist überhaupt nicht beleidigt.

Jaa! Ist das schön!

Rosemarie läßt ihr Kleid wieder fallen, lehnt sich aus dem Fenster und greift nach den Fensterläden.

Warten Sie doch!
ROSEMARIE Idiot!

Verärgert schließt sie krachend die Fensterläden.

WACHSOLDAT Wozu die Aufregung!? Danke schön, Fräuleinchen, vielen Dank. Das war wunderbar.

42. Szene

Nach der Verdunkelung des Fensters fällt nun auf die Augen des Jungen, die bisher vom Widerschein des Fensters beleuchtet wurden, wie auf das ganze Bild ein Schatten. Die Schatten werden dunkler, die Umrisse des Baumes verschwinden. Gleichzeitig verklingt der Tusch des Orchesters. Wenn ein besimmter Dunkelheitsgrad erreicht ist und das Orchester völlig verstummt ist, beginnt das nunmehr eintönige und konturlose Bild, sich wieder aufzuhellen, bis es den Grad eines nebligen Perlgrau erreicht.

43. Szene

Aus dieser grauen Helligkeit oder auch hellen Grauheit taucht in größter Entfernung ein Walzer tanzendes Paar auf. Gleichzeitig Aufblenden des Orchesters, das »An der schönen blauen Donau« spielt. Nach einer Weile können wir erkennen, daß es der Junge und Rosemarie sind. Der Junge trägt einen Frack, Rosemarie ein Ballkleid, eine Rose im Dekolleté. Den vom Orchester gespielten Walzer singt zugleich eine großartige Sängerin (aber nicht Rosemarie, so wie wir sie sehen). Das Paar kommt im Walzerschritt näher, bis es fast das ganze Bild ausfüllt. Dann wird langsam das Bild, wie auch die »Schöne blaue Donau«, ausgeblendet.

44. Szene

Nach totaler Tonausblendung (keine Sekunde Pause) schnelles Aufblenden bis zur vollen Lautstärke des Tangos »Adios, pampa mia« mit Orchester und Sängerin. Gleichzeitig schnelles Aufblenden (aus dem Nichts, schnell zur vollen Schärfe) eines Bildes: Im Schaukelstuhl sitzt lässig der Junge in einem Gauchokostüm. Sombrero, Schnurrbärtchen, mit breit übereinandergeschlagenen Beinen, Schuhe mit hohen Absätzen und Sporen. In der einen Hand hält er eine Zigarre, in der anderen eine Peitsche. Rosemarie, als Señorita, nähert sich ihm tanzend, umwirbt ihn, lacht ihn hinter einem Fächer verführerisch an. Der Junge stößt eine riesige Rauchwolke aus und knallt mit der Peitsche.

45. Szene

Das Orchester spielt den einst beliebten Schlager »Karawane«. Der Junge steht in voller Ausrüstung und Uniform eines Fremdenlegionärs, so wie wir ihn aus vielen Filmen vor dem Zweiten Weltkrieg her kennen – er hält in der einen Hand ein Gewehr mit aufgepflanztem Bajonett, in der anderen ein Signalhorn, das er sehr energisch bläst. Der am Horn befestigte Stander flattert im starken Wüstenwind. Rosemarie als Odaliske, als Araberin und Haremstochter, kniet zu seinen Füßen, umschlingt seine Knie, drückt ihre Wange an die Hosenbeine des Helden und schaut nach oben, als ob sie ihn um etwas anflehen würde.

46. Szene

»La Paloma«. Der Junge als Kapitän eines Überseepassagierdampfers. In weißem, enganliegendem Feldhemd mit goldenen Epauletten und ebensolchen Knöpfen, weiße Mütze mit goldener Tresse. Rosemarie als Lady, Kleidung der zwanziger Jahre. Unter einem Sternenhimmel stehen sie nah beieinander, im Profil, in der Pose »kurz vor dem Kuß«, die aus den damaligen Kitschfilmen bekannt ist. Doch bevor sich ihre Profile endgültig begegnen, stört eine andere Musik »La Paloma«. Ein aus dem Zweiten Weltkrieg bekannter Militärmarsch, nicht vom Orchester gespielt, sondern von einem großen Männerchor gesungen. Das Bild bleibt stehen, die Silhouetten des Jungen-Ka-

pitäns und von Rosemarie-Lady frieren einen Moment ein, dann verschwimmen sie.

47. Szene

Auf dem Baum hinter dem Bretterzaun der Junge. Am Zaun entlang geht langsam der Wachsoldat. Man hört einen donnernden Gesang.

48. Szene

Spätnachts, die leere Landstraße. Der Junge geht von links nach rechts durch das Bild, er kehrt nach Hause zurück. Hinter ihm ist das Knattern eines Motorrads zu hören. Nicht sehr schnell und im Zickzackkurs kommt das Motorrad näher, das Scheinwerferlicht ist abgedunkelt. Der Junge weicht auf den Straßenrand aus, aber das Motorrad, das sich in Schlangenlinien nähert, überfährt ihn fast. Es hält im letzten Augenblick abrupt und unter Flüchen des Fahrers an. Der Fahrer leuchtet dem Jungen mit einer Taschenlampe ins Gesicht. Der Junge verdeckt, halb geblendet, sein Gesicht mit dem Arm.

Der Fahrer ist der Hauptmann, und sein Beifahrer im Seitenwagen ist Rosemarie. Beide sind betrunken, was der Grund für die schwankende Fahrt war. Als sich das Motorrad näherte, konnte man sie lachen, rufen und den »Stern von Rio« im Duett singen hören, zwar nicht ganz im Takt und etwas falsch, aber fröhlich.

HAUPTMANN *erkennt den Jungen* Wen sehe ich denn da! Rosemarie, ich stelle dir meinen Freund vor. Amor, den Gott der Liebe.

Rosemarie kichert. Sie trägt ein enganliegendes Kleid aus Goldlamé und eine Boa aus Straußenfedern.

Amor, begrüße die Dame.

Der Junge verbeugt sich ungeschickt.

Sieh sie dir gut an, Amor. Das ist die schönste Frau der Welt.

Er richtet das Licht der Taschenlampe nun auf Rosemarie. Rosemarie kichert und wirft dem Jungen Kußhände zu.

Steig auf, Liebesgott.

Der Junge setzt sich auf den Rücksitz. Das Motorrad wird in Gang gebracht, fährt ab. Man hört den Hauptmann und Rosemarie im Duett ein Lied mit dem Refrain »Amor-amor-amor« singen und dazu Rosemaries Lachen.

49. Szene

Küche, auf dem Tisch eine Petroleumlampe mit heruntergedrehtem Docht, am Tisch die Tante mit einem Schal auf den Schultern, sie schläft mit dem Kopf auf dem Tisch.

Motorradgebrumm, das Motorrad hält vor dem Haus. Geschrei und Gesang auf dem Hof. Die Tante wacht auf, dreht die Lampe auf, nimmt sie vom Tisch und geht gerade in dem Moment in den Flur, als der Hauptmann eintritt, der Rosemarie in den Armen trägt. Hinter ihnen der Junge.

HAUPTMANN Aaa, da ist ja die Frau Wirtin. Frau Wirtin – das ist mein kleines Schwesterchen.

ROSEMARIE *lacht und strampelt mit den Beinen.* Nein!

HAUPTMANN Mein kleines Töchterchen.

ROSEMARIE Nein! Nein!

HAUPTMANN Meine Tante?

ROSEMARIE Nein! Nein! Nein!

HAUPTMANN Jetzt weiß ich's. Frau Wirtin – das ist mein Onkel.

ROSEMARIE Neiein, neiein! *Sie schlägt ihm aus Spaß mit den Fäusten auf die Schultern.*

HAUPTMANN Beruhige dich, Onkel. *Zur Tante* Pardon, Madame. Mein Onkel ist schlecht erzogen. Das schwarze Schaf unserer Familie.

ROSEMARIE Neiein, neiein, ich bin kein Onkel!

HAUPTMANN Herrgott! Dann schau doch selber.

Er trägt sie vor den Spiegel und bleibt dort mit ihr stehen.

Also kein Onkel?

ROSEMARIE Nein.

HAUPTMANN Was dann?

Rosemarie umarmt ihn und flüstert ihm etwas ins Ohr.

Phantastisch! Wirklich?

Rosemarie nickt mit dem Kopf und kichert.

Amor, führe uns nach oben!

Der Junge geht die Treppe hinauf. Er geht voran, hinter ihm der Hauptmann, der Rosemarie trägt. Sie bleiben vor der Tür stehen.

Die Tür!

Der Junge öffnet die Tür. Der Hauptmann trägt Rosemarie hinein, Rosemarie tut so, als ob sie sich wehrt, sie streckt ihre Beine aus, um mit den Füßen am Türrahmen Halt zu finden. Dabei lacht sie und zieht ihn an den Haaren. (Von Beginn der Szene an trägt Rosemarie seine Mütze auf dem Kopf. Der Hauptmann ist also barhäuptig.)

Im Zimmer stößt der Hauptmann, der wegen Rosemarie keine Hand frei hat, mit seinem Bein heftig die Tür zu. Die Tür schlägt dem Jungen vor der Nase zu.

Der Junge kehrt um und schaut nach unten. Dort wartet die Tante mit der Lampe in der Hand. Langsam geht der Junge die Treppe hinunter.

TANTE Wo warst du?

Ohne zu antworten, geht der Junge an ihr vorbei in sein Zimmer.

50. Szene

Der Junge sitzt im Dunkeln auf dem Sofa. Die Tante kommt mit der Lampe herein, stellt sie auf den Tisch und tritt zum Jungen.

TANTE Wo warst du?

Der Junge antwortet nicht.

Schreit Was hast du die ganze Nacht da draußen gemacht? Antworte!

Der Junge schweigt. Die Tante wird ratlos. Sie setzt sich neben ihn aufs Sofa. Sie spricht in klagendem Ton, währenddessen hört man oben Schritte und Lachen.

Ich ersetze dir Vater und Mutter, ich kümmere mich um dich, so gut ich nur kann, und so dankst du es mir…

Die Tante wischt eine Träne weg. Der Junge sitzt ungerührt da. Oben fällt ein Stuhl um, schallendes Gelächter. Die Tante wischt sich ihre Tränen ab.

Oder hast du etwa was mit dem Widerstand zu tun? Bist du in so was reingeraten?

Oben plötzliche Stille. Die Tante steht auf.

Willst du mir deshalb nichts sagen?

Die Tante atmet erleichtert auf. Die Vermutung, daß der Junge in keine Liebesaffäre, sondern nur in die Aktivitäten des Widerstandes verwickelt ist, bringt ihr Erleichterung.

Ich habe es geahnt. Heutzutage kämpft ja das ganze Land, selbst Kinder wie du... *Legt ihm ihre Hand auf den Kopf.* Mein Gott, ich habe dich schon im Verdacht gehabt... Nein, Gott sei Dank, du bist ja noch ein Kind. *Streichelt ihm den Kopf.* Ich verstehe, du darfst mir nichts sagen. Du bist Soldat, du hast dein Ehrenwort gegeben, nicht darüber zu sprechen. Aber misch dich da nicht rein, du bist noch zu jung. Der Kampf gegen die Besatzung ist Pflicht der Erwachsenen, nicht deine. Es genügt, daß dein Vater sein Leben aufs Spiel setzt. Du mußt lernen, an dir zu arbeiten, deinen Charakter festigen. Mehr velangt dein Vaterland nicht von dir. Versprich mir, daß du dich da nicht hineinziehen läßt. Versprichst du es? *Blickt zur Decke, feierlich.* Bete und arbeite, dann wird der barmherzige Gott, der über uns ist, dort oben, und alles sieht...

In diesem Augenblick beginnt oben das Bett rhythmisch zu quietschen. Die Tante verstummt und erstarrt, ihr Blick ist auf die Decke geheftet. Dann beginnt sie, immer schneller und lauter zu sprechen, um das sündige, teuflische Quietschen zu übertönen.

Er wird uns nicht verlassen und uns alle vom Übel erlösen und uns vor der Todsünde bewahren, führe uns nicht in Versuchung, wie im Himmel, also auch auf Erden, wie auch wir vergeben…

Sie verliert den Faden und vermischt Bruchstücke verschiedener Gebete. Das Bett oben kommt in Schwung. Die Tante gerät in Panik.

Auf die Knie!

Die Tante fällt auf die Knie. Der Junge steht auf und schaut zur Decke. Die Tante zwingt den Jungen, neben ihr niederzuknien.

Beginnt zu singen »Maaariiaa braaheit den Maahantel aus…« Sing mit! »Maach Schirm und Schild für uuhuunns daraus…«

Das Bett oben bewegt sich schneller. Die Tante schüttelt den Jungen am Arm.

Los, singen!

Der Junge schweigt störrisch. Da beginnt die Tante, Katzenköpfe zu verteilen. Der Junge fällt in den Gesang der Tante ein. Nach einer Weile wird er von ihrer Hysterie angesteckt. Oben quietscht das Bett immer lauter und schneller, die Tante singt immer lauter und immer hysterischer. Jetzt singt der Junge nicht mehr notgedrungen, sondern aufrichtig überzeugt mit. Auch er will das Quietschen übertönen. Der Wettlauf zwischen Bett und frommem Lied hält an.

51. Szene

Am Morgen des nächsten Tages. In der Küche. Der Junge sitzt am Frühstückstisch. Er ißt ohne Appetit. Ihm gegenüber am Tisch richtet die Tante das Frühstück auf dem Tablett. Die Tante ist sehr schlechter Laune. Sie hantiert geräuschvoll mit Untertassen, Kaffeetassen, Teelöffeln.

Schnelle Schritte auf der Treppe. Der Hauptmann kommt in voller Uniform, mit einer Aktentasche unterm Arm, herein. Er ist glänzender Laune.

HAUPTMANN Guten Morgen, Frau Wirtin.

Der Junge steht auf, aber der Hauptmann gibt ihm ein Zeichen, sitzen zu bleiben. Die Tante erwidert den Gruß des Hauptmanns nicht.

Der Hauptmann legt seine Aktentasche auf den Tisch, sieht in die Kaffeekanne, zieht mit Wohlgefallen den Kaffeeduft durch die Nase ein, gießt sich selbst Kaffee in die Tasse, nimmt sich Zucker. Aber er setzt sich nicht an den Tisch. Er ist offensichtlich in Eile und trinkt den Kaffee in hastigen Schlucken.

TANTE Sie gehen ohne Frühstück aus dem Haus?

HAUPTMANN Dienst ist Dienst.

TANTE Allein?

HAUPTMANN Selbstverständlich, Frau Wirtin. Die Männer ziehen in den Krieg, und die Frauen bleiben zu Hause. Haben Sie gut geschlafen?

Er setzt die Tasse an die Lippen und zwinkert gleichzeitig dem Jungen vertraulich zu. Er stellt die Tasse ab und sieht auf die Armbanduhr.

Oh, es ist schon spät.

Er nimmt ein Blatt Papier aus der Aktentasche, schreibt etwas auf, faltet das Blatt und legt es aufs Tablett.

Bitte, bringen Sie es mit dem Frühstück nach oben.

Er nimmt die Aktentasche vom Tisch, greift sich eine Scheibe Brot vom Teller, beißt gierig hinein und geht hinaus.

52. Szene

Der Junge steht auf, um das Frühstückstablett zu nehmen. Die Tante drängt ihn mit dem Ellbogen weg.

TANTE Laß das! Ich bringe es selbst hoch. *Sie nimmt das Tablett vom Tisch. Man hört die Stimme des Dienstmädchens.*
DIENSTMÄDCHEN Gnädige Frau, gnä' Frau!
TANTE Sofort!

Sie stellt das Tablett auf den Tisch und verläßt die Küche. Der Junge zögert einen Augenblick, nimmt dann das Tablett und geht aus der Küche.

53. Szene

Der Junge bleibt auf halber Höhe der Treppe stehen, stellt das Tablett auf eine Stufe, nimmt das Blatt vom Tablett, faltet es auseinander und liest: »Guten Morgen, süßer Onkel.« Der Junge zerknüllt das Papier und steckt es in die Tasche. Er nimmt das Tablett auf und geht die Treppe weiter hinauf.

54. Szene

Der Junge klopft an die Tür. Keine Antwort. Der Junge geht hinein. Das Zimmer ist in Unordnung. Im zerwühlten Bett schläft Rosemarie im Hemd des Hauptmanns. Der Junge trägt das Frühstückstablett zum Tisch. Auf dem Tisch liegt ein Büstenhalter. Rosemarie murmelt im Schlaf. Der Junge steht mit dem Tablett da, starrt den Büstenhalter an, wagt ihn nicht wegzulegen. Rosemarie murmelt ungehalten, streckt ihren Arm zur Seite aus. Sie weiß noch nicht, daß sie allein im Bett ist, und sucht ihren Begleiter. Sie schlägt die Augen auf und sieht den Jungen.

ROSEMARIE *überrascht* Du, Amor?

Jetzt erst begreift sie, daß der Junge das Frühstück gebracht hat. Sie ist hungrig. Sie richtet sich erfreut im Bett auf und streckt die Arme aus. Der Junge tritt näher und reicht ihr das Frühstückstablett. Rosemarie schaut gierig in das Kännchen und betrachtet mit Freude, was sie in Kürze mit

Appetit verzehren wird. Sie ist jung, gesund und hat eine außergewöhnliche Nacht hinter sich. Der Junge dreht sich um und geht weg.

Warte. *Der Junge bleibt stehen.* Komm mal her.

Der Junge dreht sich um und geht wieder zum Bett.

Augen zu. *Der Junge schließt die Augen.* Mund auf.

Rosemarie steckt ihm ein Stück Würfelzucker in den Mund. Der Junge zerbeißt hastig den Würfel, ohne die Augen zu öffnen. Vom Flur hört man die Tante rufen.

TANTE Paul! Paul!

Der Junge öffnet die Augen. Ohne den Würfelzucker zu Ende zu kauen, wendet er sich von Rosemarie ab und geht schnell aus dem Zimmer.

55. Szene

Die Tante erwartet ihn unten an der Treppe. Der Junge geht langsam die Treppe hinab. Als er unten ankommt, gibt ihm die Tante eine Ohrfeige.

56. Szene

Ein Soldat schleppt einen Koffer die Treppe hinauf. Weitere Koffer sind am Fuß der Treppe abgestellt, darauf liegen ein Mantel und eine Pierrot-Puppe, das heißt, ein Marionetten-Maskottchen, ein häßliches, expressionistisches Ding. Man hört den »Stern von Rio«, gesungen von einer Schlagersängerin mit Orchesterbegleitung.

Am Fuß der Treppe, auf dem Boden, steht ein Grammophon mit hochgeklapptem Deckel und einer rotierenden Schallplatte: »Der Stern von Rio.«

Der Junge geht über den Flur an Koffern und dem Grammophon vorbei in sein Zimmer.

57. Szene

Weiterhin, wenn auch leiser, »Der Stern von Rio«. Im Zimmer des Jungen sitzt Rosemarie, hopst vielmehr auf dem Sofa und überprüft Elastizität, Bequemlichkeit und Akustik des Sofas. Sie trägt das enganliegende Kleid aus Goldlamé vom vorigen Abend.

Sie wendet sich, als wäre es das Natürlichste auf der Welt, an den Jungen, als wäre auch er daran interessiert, was ihre Untersuchung des Sofas ergibt.

ROSEMARIE Schlecht.

Sie steht auf, schaut sich um und nimmt die Photographie eines Mannes in Uniform in die Hand.

Wer ist das?

JUNGE Mein Vater.

Rosemarie legt das Bild weg, spitzt die Lippen und sagt, als wenn man sie nach ihrer Meinung gefragt hätte, verächtlich und schnippisch:

ROSEMARIE Überhaupt keine Ähnlichkeit.

In der Tür steht die Tante wie ein Denkmal. Rosemarie geht geradewegs auf sie zu und bleibt so stehen, daß sie der Tante direkt ins Gesicht blickt. Die Tante gibt den Weg frei. Ohne sie zu beachten und ohne sich umzusehen, geht Rosemarie über den Flur gleich ins Schlafzimmer der Tante. »Der Stern von Rio« jetzt lauter. Vor der Tür verstellt die Tante ihr den Weg.

TANTE Das ist mein Zimmer!

ROSEMARIE *ruft den Soldaten, der gerade die Treppe hinunterkommt* Willi!

WILLI Ja?

Die Tante macht Platz. Rosemarie geht ins Zimmer der Tante. »Der Stern von Rio« leiser. Sie geht direkt auf das große Ehebett zu. Hinter ihr tritt die Tante ins Zimmer, dahinter der Junge. Rosemarie setzt sich, dann legt sie sich aufs Bett und überprüft es in gleicher Weise wie vorher das Sofa.

ROSEMARIE Ja! Das ist gut! Willi!

SOLDAT *zeigt sich in der Tür.* Ja?

ROSEMARIE Dieses Bett kommt nach oben.
SOLDAT Jawohl.

Rosemarie steht auf und schaut sich im Schlafzimmer um, nimmt verschiedene Gegenstände in die Hand, wie eine Touristin, die in einem exotischen Land einen Laden aufsucht, weniger mit der Absicht, einen bestimmten Gegenstand zu kaufen, als vielmehr aus Interesse für exotische Dinge und mit der Erwartung, bei dieser Gelegenheit etwas aufzustöbern, was ihr gefallen könnte. Der Soldat nimmt ohne große Umschweife Bettdecke und Bettzeug vom Bett.

TANTE Das ist mein Bett.

Rosemarie beachtet sie nicht. Der Soldat ruft dem Jungen zu:

SOLDAT Eh, du, faß mit an.
TANTE Nein!
SOLDAT Los, schnell, schnell.

Der Junge hilft dem Soldaten, das Bett auseinanderzunehmen. Rosemarie findet ein Photoalbum mit Familienbildern, blättert ohne Interesse darin herum, legt dann das Album achtlos weg, auf jeden Fall nicht mehr auf die Stelle, von wo sie es genommen hat. »Der Stern von Rio.«

58. Szene

Eine leere Flasche. Gleich darauf platzt die Flasche und zerspringt in kleine Stücke. Jetzt sehen wir den Jungen, der die Schleuder gespannt hat, das Geschoß hat die Schleuder noch nicht verlassen. Der Junge läßt die Schleuder sinken und sieht sich verwundert um. Man hört das Lachen einer Frau sowie Händeklatschen. Nun sehen wir den Hauptmann und Rosemarie, beide sonnen sich in Liegestühlen, Rosemarie im Badeanzug. Der Hauptmann hält die Pistole noch in der Hand. Er hat auf die Flasche geschossen, ehe der Junge mit seiner Schleuder darauf schießen konnte. Der Hauptmann und Rosemarie sind amüsiert. Rosemarie winkt dem Jungen freundschaftlich zu.

59. Szene

Abend. Der Junge liegt auf dem Sofa, die Arme unter dem Kopf verschränkt. Die Lampe ist gelöscht, die Fensterläden sind geöffnet. Von weitem hört man das Gebell der Dorfhunde. Von oben hört man das Grammophon: »Nachts ging das Telephon.«

60. Szene

Landstraße. Durch das Bild geht von links nach rechts der Junge. Von hinten holt ihn der Radfahrer ein, er steigt vom Fahrrad.

RADFAHRER Tach!
JUNGE Tach!

Der Radfahrer zieht Zigaretten heraus, streckt seine Hand mit den Zigaretten dem Jungen entgegen.

RADFAHRER Ach, du rauchst ja nicht, hab ich vergessen.

Er zieht die Hand zurück und zündet sich eine Zigarette an.

Ich hab gehört, daß der Hauptmann jetzt mit einem Frauenzimmer zusammenwohnt. *Der Junge nickt.* Klasse?
JUNGE Leidlich.
RADFAHRER Sie pimpern, was?

Der Junge stößt mit seinem Fuß einen Stein aus dem Weg, der Radfahrer betrachtet ihn eingehend.

Oder bist du vielleicht noch Jungfrau?
JUNGE Nein.
RADFAHRER Handarbeiter, was?
JUNGE Nein, nein.
RADFAHRER Flinkes Händchen. Gib's zu.

Der Junge macht einen Satz, um den Radfahrer einen Fußtritt zu verpassen. Dieser sucht schnell und geschickt hinter dem Fahrrad Deckung, und der Junge stößt mit seinem Tennisschuh hart auf den Fahrradrahmen. Er krümmt sich vor Schmerzen.

ruhig, kühl Paß bloß auf, mit wem du dich anlegst, du Hosenscheißer.

Er schaut den Jungen mit eisigem Blick an. Dann lächelt er.

Du gefällst mir. Du hast Ehre im Leib.

Er zieht ein Springmesser aus der Tasche und zeigt es dem Jungen.

Willst du das haben?

Er drückt auf die Feder. Die Klinge springt aus dem Griff. Der Radfahrer blickt sich um. In einiger Entfernung steht ein Baum. Der Radfahrer wirft das Messer nach dem Baum, die Klinge dringt tief in die Rinde ein.

Geh, hol es.

Der Junge läuft zum Baum, zerrt das Messer aus dem Stamm. Er geht zum Radfahrer zurück und betrachtet dabei aufmerksam das Messer.

Gefällt dir, was?

Der Junge nickt zustimmend. Der Radfahrer streckt die Hand nach dem Messer aus. Der Junge gibt ihm das Messer. Der Radfahrer drückt auf die Feder, die Klinge verschwindet im Griff. Der Radfahrer steckt das Messer in die Tasche.

Prima Messer. Du bekommst es beim nächsten Mal.
JUNGE Wann?
RADFAHRER Wenn wir uns treffen.
JUNGE Geschenkt?
RADFAHRER Ja. Na, dann mach's gut.

Er steigt aufs Fahrrad und fährt weg. Der Junge läuft ihm hinkend nach. Er ruft:

JUNGE Wann?
RADFAHRER *entfernt sich.* Bald!

Der Junge geht langsamer, er hinkt. Sein Fuß ist verletzt.

61. Szene

Rosemarie beugt sich über das Geländer. Sie ruft:

ROSEMARIE Amor! Amor!

Der Junge kommt unten aus seinem Zimmer.

Komm, hilf mir!

Ohne seine Antwort abzuwarten, geht Rosemarie ins Zimmer zurück. Hinter ihr kommt der Junge herein. Kleider und verschiedene Accessoires weiblicher Garderobe sind im Zimmer verstreut. Auf dem Bett, auf einem Kissen, das

Pierrot-Maskottchen. Eine angebrochene Kognakflasche auf dem Tisch, Gläser. Große Photographien von Rosemarie in verschiedenen Kostümen, das heißt Standphotos von Revuen und Varieté-Nummern. Rosemarie steht, ohne sich umzusehen, in der Mitte des Zimmers, mit dem Rücken zur Tür. Ihr Kleid ist aufgeknöpft und läßt den Rücken frei.

Ich krieg's nicht zu. Hilf mal.

Der Junge knöpft ungeschickt das Kleid zu.

Au! Du kneifst.

Rosemarie geht zum Spiegel, der, vom Waschtisch heruntergenommen, auf einem Stuhl steht. Sie betrachtet sich im Spiegel. Sie geht zum Jungen zurück und dreht ihm den Rücken zu.

Mach mal auf.

Der Junge knöpft auf. Rosemarie beginnt, sich das Kleid auszuziehen.

Dreh dich um.

Der Junge dreht sich um. Er betrachtet ihre Photos, die sich jetzt in seinem Blickfeld befinden.

Kannst wieder gucken.

Der Junge dreht sich zu ihr um. Rosemarie steht in einem anderen Kleid vor dem Spiegel. Sie ist sichtlich unzufrieden mit ihrem Spiegelbild.

Scheiße!

Sie geht zum Stuhl, auf dem unordentlich hingeworfene Kleider liegen. Sie wirft die Kleider mit Schwung auf den Boden und setzt sich nach vorn gebeugt, mit herunterhängenden Schultern. Sie hat das Anprobieren satt und wahrscheinlich auch das Leben.

Ich hasse das alles.

Sie tritt nach den Kleidern auf dem Fußboden. Dann räkelt sie sich und gähnt.

Mein Gott, wie ich mich langweile.

Sie steht auf und stellt das Grammophon an. »Amor, amor« – eine Schlagersängerin mit Orchesterbegleitung. Sie geht ans Fenster.

Was ist das nur für ein Land... Was habe ich hier eigentlich verloren.

Sie sieht sich um und bemerkt, daß der Junge sich für eine Photographie besonders interessiert. Sie geht zu ihm und nimmt die Photographie in die Hand.

Gefällt sie dir? Das war mein erster Auftritt, schon lange her... Bestimmt drei Jahre. Findest du, daß ich alt bin?

Der Junge schaut nicht sie, sondern die Photographie an.

JUNGE Sie sind sehr schön.
ROSEMARIE *lebhaft* Wirklich? Findest du? Du magst mich, nicht wahr? *Streichelt ihm die Wange.* Du hast so eine zarte Haut... *Berührt ihre Wange.* Ganz wie ich. Wie gut, daß du nicht erwachsen bist. Männer schreien immer. Sie sind furchtbar laut. Und immer müssen sie Soldaten sein. Als ob man ein Mann wäre, nur weil man Soldat ist.

Sie nimmt sich eine Zigarette.

Du rauchst nicht, nicht wahr?
JUNGE Doch, ich rauche.
ROSEMARIE Was, in deinem Alter?

Der Junge greift nach einer Zigarette.

Kinder sollten nicht rauchen.

Sie schlägt ihm leicht auf die Hand. Der Junge zieht seine Hand zurück, als ob er tatsächlich ein gescholtenes Kind wäre.

Aber wenn du unbedingt willst.

Sie gibt ihm eine Zigarette. Ungeschickt macht sich der Junge ans Rauchen. Es ist eine Filterzigarette, und der Junge steckt sie sich mit dem verkehrten Ende in den Mund.

Nicht so rum.

Sie nimmt ihm die Zigarette aus dem Mund, dreht sie richtig rum und gibt ihm Feuer. Der Junge inhaliert und beginnt sofort zu husten. Rosemarie klopft ihm auf den Rücken und nötigt ihn, sich zu setzen.

Setz dich.

Der Junge setzt sich, sie ebenso. Beide rauchen, Rosemarie betrachtet ihn nachdenklich.

Ich hoffe, daß du wenigstens nicht trinkst.
JUNGE Doch … ein bißchen.
ROSEMARIE Glaube ich nicht.

Der Junge gießt sich ein volles Glas ein. Er geht sehr ungeschickt mit Flasche und Glas um.

Und ich? Benimmt sich so ein Kavalier?

Der Junge gießt ein zweites Glas ein. Rosemarie hebt das Glas.

Prosit.
JUNGE Prosit.

Sie trinken aus. Sie gekonnt, er verzieht unwillkürlich das Gesicht. Um sich Mut zu machen, zieht er wieder an der Zigarette.

ROSEMARIE Erzähl mir was von dir. Wie alt bist du?
JUNGE Achtzehn.
ROSEMARIE Achtzehn?
JUNGE Siebzehn.
ROSEMARIE Na schön! Wo sind deine Eltern?
JUNGE Meine Mutter ist tot, und mein Vater … *Kommt ins Stocken.*
ROSEMARIE Ist sicher Soldat.

Der Junge schweigt.

Lassen wir das. Hast du Freunde?
JUNGE Nein.
ROSEMARIE Freundinnen?
JUNGE Na ja, schon …
ROSEMARIE Du hast sicher eine Braut.
JUNGE Hab ich.
ROSEMARIE Ist sie schön?
JUNGE Sehr schön.
ROSEMARIE Schöner als ich?
JUNGE Ja.
ROSEMARIE Oh, und was ist so viel schöner an ihr?
JUNGE *bereits unter Alkoholeinfluß* Alles.
ROSEMARIE Aha, vielleicht der kleine Finger? *Zeigt ihm ihren kleinen Finger.*
JUNGE Nein. *Zieht den Rauch ein.*

ROSEMARIE Vielleicht das? *Zieht ihr Kleid von der Schulter, zeigt ihre Schulter.*

JUNGE Nein. *Raucht jetzt wie ein Schlot.*

ROSEMARIE Die Beine? *Hebt ihr Kleid auf halbe Höhe des Schenkels, aber nur für eine Sekunde, dann läßt sie das Kleid zurückfallen.*

JUNGE Nein. *Ist immer stärker berauscht.*

ROSEMARIE Mehr weiß ich nicht. Zeig's mir doch, bitte. *Der Junge reagiert nicht.* Zeig es mir selbst, los, hab keine Angst.

Sie nimmt seine Hand und legt sie an ihre Brust.

Das?

Der Junge war schon eine Zeitlang blaß, jetzt aber ist er sehr blaß. Kalter Schweiß tritt ihm auf die Stirn. Sie bemerkt diese Veränderung.

Was hast du?

JUNGE Nn... nichts.

ROSEMARIE Ist dir schlecht?

JUNGE Nn... nein.

Der Junge sieht wie vergiftet aus, und das ist er wirklich. Rosemarie stellt das Grammophon ab. Sie legt ihre Hand auf seine Stirn, nimmt die Zigarette aus seinem Mund, steht auf und versucht, ihn zum Aufstehen zu bewegen.

ROSEMARIE Komm, leg dich hin.

Sie führt ihn zum Bett. Der Junge stöhnt.

Das ist nicht schlimm, das sind nur die Zigaretten.

Sie legt ihn aufs Bett.

So ist gut. Gleich wird dir besser.

Sie geht zum Waschtisch, taucht ein Handtuch ins kalte Wasser, setzt sich neben den Jungen aufs Bett und legt ihm das nasse Handtuch auf seine Stirn.

Schon besser?

Der Junge bestätigt das durch Kopfnicken, aber ihm ist gar nicht besser.

Soll ich dir vielleicht ein Märchen erzählen?

Der Junge antwortet nicht. Der Kampf gegen das Unwohlsein nimmt ihn völlig in Anspruch.

Es war einmal ein … Nein. Es war einmal eine …

Der Junge nimmt ihre Hand. Es ist eine kindliche Geste, aber sie faßt es anders auf. Sie entzieht ihm ihre Hand. Sie spricht zu ihm wie zu einem zudringlichen Mann, dessen Annäherungsversuchen sie sich aus Koketterie scheinbar widersetzt.

Schön brav sein, sonst erzähle ich nicht.

Der Junge wendet sein Gesicht ab. Direkt vor seinen Augen ist der im Lachen verzerrte Mund der Pierrot-Puppe. Er hört Rosemaries Stimme.

Es war einmal eine kleine Kröte... Nein, keine Kröte. Es war einmal eine kleine Katze... Nein, keine Katze... Es war einmal eine Königstochter, die war sehr unglücklich, und keiner hatte Mitleid mit ihr, weil alle glaubten, sie sei glücklich, aber sie war unglücklich. Und sie war einsam, und alle waren schlecht zu ihr und quälten sie, aber sie konnte keinem ihr Leid klagen, und niemand verstand sie, und sie war sehr traurig, und sie war arm, so arm...

Sie bricht ab. Der Junge wendet sein Gesicht von der Pierrot-Puppe ab und sieht, daß Rosemarie weint.

So arm...

Tränen laufen ihr über die Wangen. Aber der Junge ist genug mit sich selbst beschäftigt. Er muß gegen seine Übelkeit ankämpfen. Jeder ist mit seinem Unglück allein. Rosemarie beugt sich über ihn und umarmt ihn.

Aber du wirst gut zu ihr sein, nicht wahr? Wirst gut sein zu der armen, kleinen, unglücklichen Königstochter...

Der Junge versucht, sich vom Bett zu erheben, weil er etwas bemerkt hat, was Rosemarie noch nicht sieht. Der Hauptmann ist nämlich ins Zimmer gekommen. Der Hauptmann steht an der Tür und schaut beiden zu. Schließlich begreift Rosemarie, daß eine neue Situation entstanden ist. Sie dreht sich zur Tür.

Der Hauptmann schließt die Tür, geht zum Tisch und wirft seine Aktentasche darauf. Rosemarie steht auf, der Hauptmann setzt sich. Auch der Junge möchte aufstehen, aber er ist dazu nicht in der Lage. Er liegt auf dem Bett, etwas auf die Ellbogen gestützt.

HAUPTMANN Und wie geht's weiter?

Pause.

Ich höre. Was weiter?

ROSEMARIE Hör zu …

HAUPTMANN Ich höre ja.

ROSEMARIE Er ist krank.

HAUPTMANN Ich mag die alten deutschen Märchen besonders gern.

ROSEMARIE Du glaubst doch nicht, daß …

HAUPTMANN Daß was?

ROSEMARIE Er ist noch ein Kind.

HAUPTMANN Schade, daß ich kein Kind bin. Mir erzählt keiner Märchen im Bett. Aber ich kenne auch verschiedene Geschichten. Kennt ihr die? Es war einmal eine kleine Nutte …

ROSEMARIE Hör auf!

HAUPTMANN Warum? Gefällt sie dir nicht?
ROSEMARIE Du bist ekelhaft!
HAUPTMANN Wirklich? Dann werde ich dir was zeigen.

Der Hauptmann steht auf und geht zum Bett.

Aufstehen!

Der Junge steht auf, schwankt und stützt sich am hohen hölzernen Betteil ab, um nicht hinzufallen. Rosemarie eilt hinzu, um ihn zu stützen, aber sie wird vom Hauptmann beiseite gestoßen. Der Hauptmann spricht sehr sanft, als ob er ein poetisches Werk analysieren würde.

Amor, du geflügelter Liebesgott. Du kannst doch fliegen, nicht wahr?
ROSEMARIE Laß ihn in Ruhe!
HAUPTMANN Du kannst es, ganz sicher, Amor kann fliegen. Amor ist geflügelt. *Zu Rosemarie* Er hat Flügel. Das ist so eine Art Engel, verstehst du?

Er geht zum Fenster und öffnet es ganz weit.

Zeig uns, wie du fliegen kannst.

Pause.

Flieg!

Pause, dann schreit der Hauptmann:

Flieg!

Der Junge geht zum Fenster, Rosemarie läuft zum Hauptmann, aber dieser überwältigt sie sofort durch einen Griff um die Handgelenke. Rosemarie geht langsam in die Knie, um sich aus den Händen des Hauptmanns zu befreien. Sie ringen kurz miteinander, der Hauptmann verliert das Gleichgewicht. Rosemarie fällt auf den Fußboden, der Hauptmann fällt auf sie. Der Junge schaut ihnen zu. Das Ringen am Boden beginnt erotischen Charakter anzunehmen, ohne an Gewalttätigkeit zu verlieren. Rosemaries Kleid zerreißt und enthüllt die Beine bis über die Knie. Von diesem Augenblick an und auf Grund dieses Umstands werden die Absichten des Hauptmanns eindeutig.

ROSEMARIE Nein, nein, nein!

Rosemarie wehrt sich, aber der Mann ist stärker. Rosemarie wird schwächer. Wir sehen die weit aufgerissenen Augen des Jungen, während wir ihre letzten Proteste hören. Der Junge hält sich mit der Hand den Mund zu und läuft zum Fenster. Er lehnt sich aus dem Fenster. Er wird von krampfhaften Bewegungen geschüttelt. Er muß sich übergeben.

62. Szene

Der Junge liegt halb sitzend im Bett, von der Tante gestützt, die ihn mit einem Löffel füttert. Nach einigen Löffeln wendet der Junge sein Gesicht ab.

JUNGE Ich bin nicht mehr krank.

TANTE Doch. Du mußt essen, liegenbleiben und darfst dich nicht rühren.

Sie füttert ihn weiter. Dann legt sie den Löffel aufs Tablett neben das Geschirr, steht auf und nimmt das Tablett hoch.

Ich verstehe nicht, was dir nicht bekommen ist.

63. Szene

Dämmerung. Der Junge liegt in seinem Bett, mit unter dem Kopf verschränkten Armen. Er ist schon fast gesund. Stille. Geöffnetes Fenster.

Plötzlich hört man entferntes, weit entferntes dumpfes Grollen: Man könnte meinen, daß es in der Ferne donnert, wenn dieses Grollen nicht so gleichmäßig und ununterbrochen anhielte. Der Junge richtet sich im Bett auf und lauscht. Dann schlägt er die Bettdecke zurück und springt aus dem Bett. Er läuft zum Fenster. Das Grollen schwillt an. Der Junge läuft eilig zurück und zieht sich über seinem Nachthemd Hosen an. Er schlüpft in die Tennisschuhe und verläßt das Zimmer.

64. Szene

Rosemarie kommt die Treppe hinunter, als der Junge sein Zimmer verläßt. Sie sehen sich und bleiben stehen. Rose-

marie trägt einen weit ausgeschnittenen Morgenrock. Nach einer Weile zieht sie mit einer schamhaften Geste die Aufschläge zusammen und verdeckt den Ausschnitt. Sie dreht sich um und geht nach oben zurück. Der Junge schaut ihr eine Weile nach, dann läuft er über den Flur auf den Hof.

65. Szene

Niedriger (Staketen-)Zaun, der den Hof vom Weg trennt. Auf dem Weg, auf der anderen Seite des Zauns, stehen die Nachbarin und zwei Männer mittleren Alters. Auf dem Hof, ganz dicht am Zaun, stehen die Tante und das Dienstmädchen. Alle schweigen, sehen in eine Richtung und hören gespannt auf das ferne Grollen. Sie haben konzentrierte, ernste Gesichter. Der Junge nähert sich der Tante und dem Dienstmädchen.

Nach einer Weile fährt ein Motorrad vor und bleibt an der Eingangspforte stehen. Der Hauptmann springt aus dem Seitenwagen und läuft zur Pforte, während das Motorrad ohne Aufenthalt sofort wendet und schnell wegfährt. Die auf dem Weg stehende Gruppe macht dem Hauptmann Platz. Für eine Sekunde begegnen sich die Blicke des Jungen und des Hauptmanns. Der Hauptmann geht schnell zum Haus.

66. Szene

Der Junge steuert auf die Gastwirtschaft zu. Am Eingang ein an die Wand gelehntes Fahrrad. Etwas weiter ein Lieferwagen. Zwei Soldaten laden auf den Lastwagen Musikinstrumente in Futteralen. Der Junge geht an ihnen vorbei und betritt die Gastwirtschaft.

67. Szene

Der Gastwirt am Schanktisch, er spült Bierseidel. Drei Soldaten in voller Ausrüstung, mit Tornistern, trinken Bier.

JUNGE Ich möchte Robert sprechen.
GASTWIRT Was für einen Robert?
JUNGE Robert eben.
GASTWIRT Du kennst ihn?
JUNGE Ich hab ihm was Wichtiges zu sagen.

Der Gastwirt wischt sich seine Hände an einem Lappen ab und gibt dem Jungen ein Zeichen. Er führt den Jungen durch die Tür hinter dem Schanktisch in einen engen Korridor. Er bleibt vor einer anderen Tür stehen und klopft ein verabredetes Zeichen. Er zeigt dem Jungen die Tür und geht weg. Der Junge steht eine Weile vor der Tür; als sich niemand meldet, drückt er die Klinke hinunter und geht hinein.

Eine enge, düstere Kammer mit nur einem kleinen, vergitterten Fenster hoch oben. Eine Art Warenlager. In der Ecke ein Strohsack ohne Bettzeug. Auf ihm liegt der Radfahrer auf dem Rücken. Die Schirmmütze ist auf die Nase gerutscht. Sein Jackett dient ihm als Kissen. Er schläft.

Der Junge berührt seine Schulter. Der Radfahrer hebt schnell den Kopf, die Schirmmütze fällt hinunter und gibt das Gesicht frei. Gleichzeitig und sehr flink greift er unter das zusammengerollte Jackett-Kissen. Er erkennt den Jungen und erstarrt in seiner Bewegung.

RADFAHRER Ach du bist es … *Er zieht seine Hand unterm Kissen hervor, wird ruhiger.* Was ist los?
JUNGE Sie fahren weg.
RADFAHRER Wer?
JUNGE Der Hauptmann. Und diese Deutsche.

Der Radfahrer setzt sich auf sein Strohlager.

RADFAHRER Wann?
JUNGE Morgen.

Der Radfahrer holt aus seiner Hosentasche eine Dropsrolle. Er steckt sich einen Drops in den Mund, ohne dem Jungen einen anzubieten.

RADFAHRER Und was geht mich das an?
JUNGE Ich dachte …
RADFAHRER Was hast du gedacht?
JUNGE Na dann geh ich. *Er geht zur Tür.*
RADFAHRER Warte mal.

Der Junge kehrt um.

Woher weißt du das?

JUNGE Sie haben es der Tante gesagt. Die Deutsche hat sich für morgen eine Torte backen lassen.

Der Radfahrer legt sich wieder hin. Er legt seine Hände unter den Kopf, blickt an die Decke.

Sie sind schon beim Packen.

Pause. Der Radfahrer blickt immer noch zur Decke.

RADFAHRER Hast du eine Uhr?

JUNGE Es ist halb zwölf.

RADFAHRER Idiot. Ich meine nicht, wie spät es ist, sondern, ob du eine Uhr hast.

JUNGE Ich hab keine.

RADFAHRER Ich meine nicht so 'ne Uhr... *er zeigt auf die Armbanduhr an seinem Handgelenk...* sondern einen Wecker. Hast du zu Hause einen Wecker?

JUNGE Die Tante hat einen.

RADFAHRER Gut. Heute abend nimmst du den Wecker und stellst ihn auf halb drei. Paß auf, daß er geht.

JUNGE Jawohl.

RADFAHRER Nein, das ist zu früh. Du stellst den Wecker auf vier. Verstanden? Genau auf vier.

JUNGE Jawohl.

RADFAHRER Du steckst ihn dir unters Kopfkissen, damit keiner außer dir wach wird, wenn er klingelt. Klar?

JUNGE Klar.

RADFAHRER Um vier wirst du geweckt, stehst auf, gehst in den Flur, öffnest die Eingangstür. Ohne Krach.

JUNGE Klar.

RADFAHRER Du drehst den Schlüssel herum und machst die Schließen auf. Kein Laut, verstanden?

JUNGE Verstanden.

RADFAHRER Dann gehst du ins Bett zurück, legst dich hin und schläfst.

JUNGE Und wenn ich nicht schlafen kann?

RADFAHRER *nicht mehr auf die Decke, sondern auf den Jungen blickend.* Und ich sage dir, daß du schlafen kannst. Du steckst dir was in die Ohren, krauchst unters Federbett und schläfst. Wiederhole.

JUNGE Klar, ich werde schlafen.

RADFAHRER Fest.

JUNGE Fest.

RADFAHRER Die schlafen oben?

JUNGE Ja.

RADFAHRER Hat die Tante einen festen Schlaf?

JUNGE Sie hört ein bißchen schwer.

RADFAHRER Gut. Du kannst jetzt gehen.

Der Junge geht zur Tür, dreht sich um und bleibt stehen.

Worauf wartest du denn noch?

JUNGE Und … mein Messer?

RADFAHRER Du kriegst es morgen.

Der Junge geht.

68. Szene

Beim Schein der Petroleumlampe stellt der Junge einen altmodischen Wecker. Die Zeiger stehen auf 10.30 Uhr. Die Tür wird geöffnet. In der Tür steht der Hauptmann.

Der Hauptmann winkt den Jungen zu sich. Der Junge stellt den Wecker auf den Tisch, steht auf und geht zur Tür. Der Hauptmann macht Platz und läßt den Jungen an sich vorbei. Der Junge steht im Flur. Der Hauptmann schubst ihn leicht zur Treppe. Der Junge bleibt auf der dritten Stufe stehen, blickt sich um. Der Hauptmann befiehlt ihm mit einer Kopfbewegung, weiterzugehen. Der Junge geht hoch, hinter ihm der Hauptmann. Der Junge bleibt oben vor der Tür stehen. Der Hauptmann öffnet ihm die Tür. Der Junge tritt ins Zimmer.

Auf dem Tisch eine Petroleumlampe, eine Flasche und Gläser. Rosemarie sitzt am Tisch, den Kopf auf die Arme gestützt, die Hände vor dem Gesicht. Auf dem Fußboden stehen Koffer.

HAUPTMANN Die Dame möchte sich von dir verabschieden.

Rosemarie rührt sich nicht. Sie spricht, das Gesicht in den Händen, müde, tonlos.

ROSEMARIE Das ist nicht wahr.

HAUPTMANN *zu Rosemarie* Ich dachte, ich würde dir eine Freude machen. *Zum Jungen* Ich habe mich geirrt. Die Dame möchte dich nicht sehen.

ROSEMARIE *die Hände noch vor dem Gesicht* Das ist nicht wahr.

HAUPTMANN Die Dame weiß selbst nicht, was sie will, bleib noch, vielleicht klärt es sich auf.

Er legt dem Jungen die Hände auf die Schultern und schiebt ihn auf einen Stuhl. Der Junge setzt sich, der Hauptmann ebenfalls. Rosemarie immer noch stumm und unbewegt.

Zum Jungen, im berichtenden Ton Die Dame ist mit mir böse. Sie spricht nicht mit mir.

Er sieht auf seine Uhr. Der Junge wirft einen verstohlenen Blick auf das Zifferblatt am Handgelenk des Hauptmanns. Seit der Junge den Wecker gestellt hat, ist so viel Zeit vergangen, wie es die Handlung erfordert.

Schon seit zwanzig Minuten.

Pause. Der Hauptmann gießt sich ein Glas Kognak ein.

Reden wir über Frauen. Merk dir, eine Frau ist nur aus zwei Gründen böse. *Trinkt den Kognak aus und stellt das Glas weg.* Weil du etwas gemacht hast, oder weil du etwas nicht gemacht hast. Verstanden?

JUNGE Nein.

HAUPTMANN Ausgezeichnet. Vor allem, versuche nie, was zu begreifen. Sie warten nur darauf, daß du begreifst. Wenn du es begriffen hast, dann tun sie nur das, was du nicht begreifst, und du bist verloren.

Pause. Das Grollen von der Front deutlicher.

Zu sich. Zum Beispiel ich.

Rosemarie läßt ihre Hände fallen und wendet sich an den Hauptmann.

ROSEMARIE Laß uns heiraten.
HAUPTMANN *erstaunt* Was?!
ROSEMARIE Heirate mich.
HAUPTMANN *wendet sich jetzt nur an den Jungen* Hast du gehört? Es wird immer schöner. Die Russen haben die Front durchbrochen, bei Tagesanbruch müssen wir uns trennen, und sie schlägt mir vor, sie zu heiraten. Begreifst du das?

Stärkeres Grollen von der Front. Der Hauptmann gibt mit der Hand ein Zeichen zu schweigen, obwohl niemand spricht. Eine theatralische Geste. Horcht einen Augenblick in die Stille hinein, auf deren Hintergrund das Grollen von der Front noch deutlicher zu hören ist. Dann intoniert er mit Emphase die ersten Takte des Hochzeitsmarsches: »Ta-ra-tata, ta-ra-tata.«

Ich begreif's auch nicht. Natürlich nicht. Aber es ist besser so, bedeutend besser. *Parodiert den konventionellen Satz* »Und von da an lebten sie lange und glücklich zusammen.«
ROSEMARIE Nicht jetzt, nach dem Krieg.
HAUPTMANN Noch besser! Ausgezeichnet! Fabelhaft! *Er*

steht auf und beginnt, im Zimmer auf und ab zu gehen.

ROSEMARIE Warum willst du denn nicht mehr hoffen?

Der Hauptmann bleibt stehen.

HAUPTMANN Hoffen? *Er geht wieder auf und ab.* Ich bin der fünfundzwanzigste Hauptmann in ihrem Leben, die Leutnants nicht einmal mitgerechnet, und der Krieg ist noch nicht zu Ende. Selbst wenn wir die unvermeidlichen Verluste auf dem Felde der Ehre in Betracht ziehen, wird unsere Wehrmacht nie weniger als fünfzigtausend Offiziere haben. Sagen wir, zehntausend, einige Tausend. Und seien es nur tausend. Aber tausend müßten dir doch, hoffe ich, reichen. *Zu Rosemarie* Reichen sie dir, oder? *Bleibt stehen, schreit* Sogar ohne mich!

ROSEMARIE *springt auf.* Ja! Es reicht!

Der Hauptmann nähert sich ihr in drohender Haltung.

HAUPTMANN Was hast du gesagt?

ROSEMARIE *schreit* Es reicht, es reicht, es reicht!

In Erwartung eines Schlages schützt Rosemarie ihr Gesicht mit dem Unterarm. Der Schlag bleibt jedoch aus, der Hauptmann wendet sich von ihr ab.

HAUPTMANN *zum Jungen* Hab ich's nicht gesagt?

ROSEMARIE Och! *Nimmt ein Glas und wirft es auf den Boden. Das Glas zerspringt.*

HAUPTMANN *zum Jungen* Eine typische Szene zwischen Verlobten. Nimm dir's nicht zu Herzen.

Rosemarie gewinnt ihre Selbstbeherrschung wieder. Setzt sich, lächelt.

ROSEMARIE Reden wir über Männer.
HAUPTMANN Das wird interessant. Hör gut zu, sie kennt sich da aus.
ROSEMARIE Vor allen Dingen über einen.
HAUPTMANN Warum nicht über andere?
ROSEMARIE Die anderen sind genauso.

Der Hauptmann gibt einem Stuhl, der im Wege steht, einen Fußtritt.

Weißt du, warum er wütend ist? Weil er dachte, er wäre einzigartig, außergewöhnlich, unersetzbar.
HAUPTMANN Das habe ich keinen Augenblick lang geglaubt.
ROSEMARIE Schade. Wenn du es geglaubt hättest, dann wäre es wahr.
HAUPTMANN Dunkel ist der Rede Sinn.
ROSEMARIE Und jetzt ist er eifersüchtig.
HAUPTMANN *zum Jungen* Die Dame beliebt zu scherzen. Ich sage es dir nur für den Fall, daß du es ernst nehmen solltest.
ROSEMARIE Und weißt du, warum er eifersüchtig ist?
HAUPTMANN Schluß damit.
ROSEMARIE Soll ich es sagen?

HAUPTMANN Nein, du weißt gar nichts!

ROSEMARIE Na, dann sag es ihm selber.

HAUPTMANN Gut, ich sage es, aber du verstehst es sowieso nicht, weil du nur eine Frau bist.

ROSEMARIE Vielen Dank für das Kompliment.

HAUPTMANN Immer und überall, ganz gleich in welcher Lage, bist du nur eine Frau. Was bildest du dir eigentlich ein, wo wir überhaupt sind?

ROSEMARIE Wir sind zusammen.

HAUPTMANN Herr im Himmel! Hast du denn noch nicht gemerkt, daß Krieg ist, Front, Zerstörung, Unheil… *Er nähert sich ihr.* Krieg, Madame…

ROSEMARIE *zuckt mit den Schultern.* Wirklich? Und was macht das schon…

HAUPTMANN Eben. Dir macht das natürlich nichts aus. Aber hast du schon einmal an mich gedacht?

ROSEMARIE Wenn du den Krieg lieber hast als mich…

HAUPTMANN Lieber hast… Nein! Verstehst du denn wirklich nicht, daß es keine andere Möglichkeit mehr gibt?!

ROSEMARIE Für mich schon.

HAUPTMANN Aber nicht für mich. Und ich bin ein anständiger Mensch…

Rosemarie weint leise und ruhig. Tränen auf ihren Wangen. Der Hauptmann schlägt mit der Faust auf den Tisch, schreit.

Weil ich nichts kann, deshalb will ich auch nichts! Verstehst du? Nichts!

Rosemarie weint weiterhin lautlos. Der Hauptmann sinkt auf einen Stuhl, ratlos, gebückt.

So ist es besser.

Rosemarie steht auf, geht zu ihm, streichelt ihm übers Haar. Der Hauptmann lehnt seinen Kopf an ihre Hüfte. Rosemarie bemerkt den Blick des Jungen.

ROSEMARIE Geh schon.

Der Junge steht auf, öffnet die Tür, und als er sich umdreht, sieht er, wie Rosemarie, den Arm um ihn gelegt, den willenlosen, erschöpften Hauptmann zum Bett führt. Unterwegs beugt sie sich über die Lampe auf dem Tisch. Sie dreht den Docht hinunter und bläst in die brennende Lampe. Die Lampe erlischt. Jetzt sieht der Junge nur noch Dunkelheit.

Der Junge schließt hinter sich die Tür.

69. Szene

Der Junge liegt auf seinem Bett, ohne Schuhe, aber angezogen. Er liegt auf der Seite, eine Wange in die Hand gestützt. Er beobachtet das Zifferblatt des Weckers. Die Zeiger stehen auf ein Uhr. Auf dem Tisch eine Lampe. Das Ticken des Weckers. Der Lauf des Sekundenzeigers.

70. Szene

Die gleiche Situation, der Junge liegt jetzt anders, und der Wecker zeigt eine spätere Uhrzeit an.

71. Szene

Wie oben.

72. Szene

Im Vordergrund der Wecker auf dem Tisch. Es ist fünf vor vier. Im Hintergrund die halb geöffnete Tür. Der Junge kommt auf Zehenspitzen herein. Vorsichtig schließt er die Tür hinter sich. Er legt sich ins Bett, dreht sich mit dem Gesicht zur Wand und zieht sich die Decke über den Kopf. Das Zifferblatt des Weckers füllt das ganze Bild aus; sehr lautes Ticken der Uhr.

73. Szene

Der Walzer »An der schönen blauen Donau«, Gesang der Sängerin, und ein tanzendes Paar taucht aus der Ferne auf, wie in der 43. Szene. Wenn das tanzende Paar heran ist, friert das Bild ein. Gleichzeitig bricht die Musik ab. Stille, eingefrorenes Bild. Nach einer Weile hört man das vorsichtige Rufen der Tante (wie jemand, der zögert).

STIMME DER TANTE Paul... Paul?

74. Szene

Die Tante steht im Flur, im Nachthemd, mit Lockenwicklern im Haar, in der Hand hält sie eine Lampe. Die Eingangstür ist weit geöffnet.

TANTE Paul, hörst du?

Da sie keine Antwort erhält, sieht sie nach oben, geht dann langsam die Treppe hinauf. Oben ist die Tür ebenfalls weit offen. Einen Moment zögert sie, dann geht sie hinein. Sie ist jetzt oben im Zimmer, und das flackernde, schwache und sanfte Licht der Petroleumlampe, das mehr Schatten als Helligkeit spendet, fällt jetzt aus der geöffneten Tür auf das Treppenpodest. Dann hört man ihren durchdringenden Schrei.

Die Tante erscheint wieder, vom Licht der Lampe angekündigt. Sie geht langsam die Treppe hinunter, hält sich mit der Hand an der Wand fest, die Beine versagen ihr. Als sie sich auf der untersten Stufe befindet, setzt sie sich auf die Treppe, stellt die Lampe auf den Fußboden, dreht ihr Gesicht zur Wand, lehnt ihre Stirn an die Wand. Da erst tritt der Junge ins Bild. Wir sehen seinen Hinterkopf und die Schultern. Er steht vor der Tante.

Die Tante dreht sich zu ihm um. Ihr Gesicht ist jetzt blaß, leblos. Leerer Blick.

Wir müssen fliehen.

75. Szene

Graue Morgendämmerung, wolkig, das ferne Grollen der Front. In der Ferne eine Hügelkette. Die scharfe, klare Linie des Horizonts teilt das Bild waagerecht, halb Himmel, halb Erde.

Auf dem Hintergrund des Himmels erscheint auf der linken Seite die Silhouette eines einspännigen Wagens, zwei Figuren auf dem Wagen. Der Fahrt des Wagens entsprechend taucht auf der rechten Seite die Silhouette eines blattlosen Baumes und die eines Radfahrers unter dem Baum auf. Der Radfahrer steht, hält das Fahrrad am Lenker, wartet auf den Wagen.

Als der Wagen näher kommt, geht der Radfahrer ihm entgegen, er führt das Rad. Begegnung. Der Wagen hält an.

Eine der Silhouetten auf dem Wagen beugt sich zur Silhouette des Radfahrers hinab. Ein kurzer Kontakt zwischen beiden. Dann fährt der Wagen weiter im Bild nach rechts, der Radfahrer führt sein Rad nach links. Er besteigt das Fahrrad. Wagen und Radfahrer fahren in entgegengesetzter Richtung.

76. Szene

Die Tante und der Junge auf dem Wagen, in Großeinstellung. Der Junge hält die Zügel. Beide in Mänteln, die Tante hat dazu noch ein Kopftuch umgebunden. Beide blicken vor sich hin.

Die Tante nimmt aus einer Tasche einen Apfel. Sie wischt ihn mit einem Ende des Kopftuches ab. Ohne den Kopf zu bewegen, legt der Junge die Zügel in seine linke Hand. Er holt aus seiner Hosentasche ein Springmesser. Er drückt auf die Feder, die Klinge springt heraus. Wortlos reicht er das Messer seiner Tante. Die Tante nimmt das Messer und schält den Apfel.

77. Szene

Die Wagenräder drehen sich in schlammigen Fahrspuren, sie lassen das Wasser in den Pfützen aufspritzen.

78. Szene

Der Weg in der Perspektive. In dieser Perspektive der sich entfernende Wagen.

Deutsch von Witold Kośny

Die Uraufführung des Fernsehspiels erfolgte 1978 im Süddeutschen Rundfunk.

Zu Fuß

Schauspiel
in zwei Akten

Personen

Sohn
Vater
Dame
Superiusz
Marktweib
Mädchen
Drab
Leutnant Zielinski
Lehrer
Geiger

Erster Akt

Die Bühne stellt ein Himmelsgewölbe dar, einen Horizont und ein leeres Feld, es liegen nur zahlreiche Kanonenhülsen mittleren und kleinen Kalibers auf der ganzen Bühne herum. Der Vater, ein Vierzigjähriger in einem abgewetzten Mantel und einem alten Hut, steht in der Mitte, zur rechten Kulisse gewandt. Der Hut und Mantel waren einst »Sonntagskleidung«, jetzt sind sie schon seit langem zu Alltagsgebrauch degradiert. Ein hausgeschneiderter Rucksack aus grauem Leinen. Verschmutzte Schuhe.

Alle Kostüme und Requisiten in dieser Vorstellung stammen aus den Jahren 1939–1945. Die Bühnenanweisungen ›rechts‹, ›links‹ sind immer vom Zuschauer aus gesehen.

Erste Szene

VATER Es ist eine Strafe Gottes mit dir. Hat irgend jemand schon mal gesehen, daß jemand so pißt und pißt?

Von rechts kommt schnell der Sohn herein, er ist vierzehn Jahre alt. Er trägt einen blauen, ihm zu engen Mantel; er ist längst aus ihm herausgewachsen. Eine Kappe, eine so-

genannte ›Skimütze‹. Einen ähnlichen Rucksack wie der Vater. Der Sohn knöpft sich eilig und schamhaft die Hosen zu.

Das ist sicher aus Angst. Hast du Angst?
SOHN Nein.
VATER Am schlimmsten ist es, die Chaussee zu überqueren. Auf der Chaussee sind die Transporte. Und es kann ein Bombardement kommen.
SOHN Müssen wir denn über die Chaussee?
VATER Anders geht es nicht.

Pause.

Oder Minen. Jetzt sind überall Minen. Alles ist vermint.
SOHN Warten wir bis zur Nacht.
VATER Unsinn. In der Nacht ist es noch schlimmer. Banditen.

Der Sohn geht nach links.

Augenblick, wieso hast du es so eilig? *Er geht nach rechts.* Warte hier auf mich.

Der Vater geht nach rechts. Der Sohn sieht sich unruhig um, entdeckt auf dem Boden eine Patronenhülse, hockt sich hin, betrachtet sie. Er nimmt die Hülse in die Hand, steht wieder auf, entfernt sich von der Stelle, an der er die Hülse gefunden hat, bleibt stehen und betrachtet sie wieder. Von rechts kommt der Vater, sich die Hosen zuknöpfend.

Wirf das weg!

Der Sohn nimmt einen Anlauf, um die Empfehlung des Vaters auszuführen und die Hülse wegzuwerfen.

Nicht werfen! Das könnte ein Blindgänger sein!

SOHN Was soll ich dann tun ...

VATER Leg sie vorsichtig hin, sage ich. Hast du nicht gehört? Möchtest du, daß dir die Hand oder das Bein abgerissen wird?

Der Sohn sieht die Hülse entsetzt an.

Leg sie zurück auf ihren Platz.

Der Sohn bückt sich, um die Hülse auf den Boden zu legen.

Hat sie hier gelegen?

SOHN Nein, da. *Er zeigt auf die Stelle, wo er sie gefunden hat.*

VATER Ich habe doch gesagt, du sollst sie an die Stelle zurücklegen, wo du sie gefunden hast.

Der Sohn geht zu der Stelle, auf die er vorher gezeigt hat, und bückt sich.

Paß auf, paß auf ...

Der Sohn legt die Hülse auf den Boden. Gleichzeitig hört

man von weitem eine vom Echo verdoppelte Explosion. Beide horchen.

Hast du gehört?
SOHN Ja, Papa.
VATER Verdammt!

Pause.

Na und was sagst du dazu?
SOHN Sie schießen.
VATER Verdammt. Wir hätten zu Haus bleiben sollen.
SOHN Sind das die anderen oder unsere?
VATER Unsere.

Pause.

Oder die anderen.

Pause.

Na, komm, gehen wir.

Sie gehen nach links. Es wird dunkel, währenddessen schwillt die entfernte Kanonade an. Das ist die Zeit, die man braucht, um die Hülsen zu entfernen.

2. Szene

Die Kanonenhülsen sind verschwunden. Von rechts kommen Superiusz und eine Dame. Superiusz ist knapp über fünfzig, ein großer, stattlicher Mann mit einem ungewöhnlichen Gesicht. Sogenannte ›hypnotische‹ Augen. Er trägt einen Pelz mit einem Biberpelzkragen, einen Borsalino. An einem Fuß einen eleganten, gelben, bis an die Knie geschnürten Schuh (in solchen Stiefeln gingen die Europäer in den zwanziger Jahren dieses Jahrhunderts nach Afrika oder nahmen an Autorennen teil), der zweite Fuß ist mit dicken Lumpen umwickelt. Superiusz stützt sich auf die Schulter der Dame. Die Dame ist schlank und kleiner als Superiusz, sie ist zwischen dreißig und vierzig Jahre alt. In einem Mantel mit einem weichen roten Fuchspelz um den Hals. Gummischuhe, vielmehr sogenannte ›Schneeschuhe‹. Sie stützt nicht nur Superiusz, sondern trägt auch einen ziemlich großen Koffer und ein Necessaire mit Toilettenartikeln. Die Doppelrolle einer Krankenschwester und eines Lastenträgers übersteigt fast ihre Kräfte, aber sie erfüllt sie.

DAME Es ist nicht mehr weit.

SUPERIUSZ *bleibt stehen und zwingt damit auch seine Begleiterin zum Stehenbleiben.* Wohin?

Pause.

Wohin ist es eigentlich nicht mehr weit? Kannst du mir das sagen?

DAME Vielleicht ruhst du dich ein bißchen aus?
SUPERIUSZ Ist das ein Vorschlag oder eine Voraussetzung?

Die Dame stellt den Koffer auf die Erde.

DAME Setz dich.

Superiusz setzt sich auf den Koffer.

Tut es weh?

Superiusz streckt das mit Lumpen umwickelte Bein aus und betrachtet es angeekelt.

SUPERIUSZ Wieviel mag das Drecksding wiegen?
DAME Beachte es einfach nicht.
SUPERIUSZ Hast du jemals daran gedacht, wieviel ein menschliches Bein wiegt. So für sich, abgetrennt? Fünf, sechs, zehn Kilo? Warum hast du dich nie dafür interessiert?
DAME *müde, mechanisch* Vielleicht möchtest du was essen?
SUPERIUSZ Ich habe mich auch nie dafür interessiert. Jetzt tut es mir leid. Denn schließlich hatte ich Gelegenheiten, es gab so viele, überall lagen sie herum, in den Gräben, zwischen den Gräben, Arme, Köpfe, Beine – alle einzeln. Ich hätte die Glieder sammeln und wiegen können... Als Offizier hatte ich das Recht dazu... Vielleicht sogar die Pflicht. Warum habe ich das damals nicht getan?... Offensichtlich war ich zu jung, ich hatte Stroh im Kopf... Ich habe Fieber, was?

DAME Nein.

SUPERIUSZ *mit der Irritiertheit eines Hypochonders* Wieso nein, weißt du denn, wie ich mich fühle? Sicher habe ich Fieber.

DAME Na ja, vielleicht ein bißchen.

SUPERIUSZ Nicht ein bißchen. Ich habe hohes Fieber. Herrliches, ungewöhnliches Fieber, Renaissance-Fieber. Aus der frühen Renaissance.

DAME Ja, du hast Renaissance-Fieber.

SUPERIUSZ Glaubst du, daß ich verrückt bin?

Man hört eine Detonation und das Echo.

DAME Vielleicht gehen wir lieber.

SUPERIUSZ Bin ich oder bin ich nicht?

Man hört eine zweite Detonation.

DAME Gehen wir.

SUPERIUSZ Gehen wir. Zunächst mal.

Er steht auf, die Dame hilft ihm. Man hört eine dritte Detonation. Die Dame hebt den Koffer hoch. Sie gehen nach links.

Zehn Kilo mindestens.

Dunkel. Man hört das Heulen einer Alarmsirene.

3. Szene

In der Mitte der Bühne sitzt mit dem Rücken zum Publikum eine Gestalt mit rasiertem Kopf, wie ihn Rekruten oder Häftlinge haben, in einem verstaubten, abgewetzten Militärmantel ohne Rangabzeichen. Den Kragen des Mantels hat er hochgeschlagen. Von rechts kommen der Vater und der Sohn.

VATER ...Und ich sag ihm darauf: Sie werden mir gar nichts erzählen. Sie wissen nicht, wer ich bin.

SOHN Und er?

VATER Er fing an, mich um Entschuldigung zu bitten, aber ich reagierte nicht. Dann sagte ich zu ihm: Zeigen Sie mir Ihren Ausweis. Ohne Ausweis werde ich mit Ihnen nicht reden! Den Ausweis her! Ich werde Sie ausweisen! Aber schnell!

Der Vater ereifert sich und gestikuliert herum.

SOHN *redet leise* Wer ist da?

VATER Leise, was schreist du so?

SOHN *noch leiser* Was macht er hier?

VATER Weiß der Teufel.

SOHN Hat er eine Waffe?

VATER Kann sein.

SOHN Ein Russe?

VATER Weiß man nicht.

SOHN Ein Deutscher?

VATER Weiß man nicht.

SOHN Ein Bandit?
VATER Woher soll ich das denn wissen?

Pause.

SOHN Er sieht uns nicht.
VATER Vielleicht tut er nur so.
SOHN Er bewegt sich nicht.
VATER Und was folgt daraus?
SOHN Was machen wir?
VATER Gehen wir.

Der Vater bekreuzigt sich und geht los, der Sohn folgt ihm. Als sie eine gewisse Distanz von dem sitzenden Mann trennt, bleibt der Vater stehen und wendet sich an den Sohn.

Wenn er dich was fragen sollte, weißt du von nichts.

Der Sohn stimmt ihm nickend zu. Sie gehen an dem sitzenden Mann hinter dessen Schultern, also zwischen ihm und den Zuschauern, vorüber. Als sie ein paar Schritte weiter sind, bleibt der Sohn stehen.

SOHN *flüsternd* Papa...
VATER *bleibt stehen, dreht sich um, flüsternd* Was ist?
SOHN Er fragt nichts.
VATER Nein?
SOHN Kein Wort.
VATER Vielleicht sollten wir ihn lieber ansprechen.

SOHN Müssen wir?

VATER Damit er nicht denkt, daß wir fliehen.

SOHN Was machen wir also?

VATER Wir reden ihn lieber an. Wenn er denkt, daß wir fliehen, fängt er an zu schießen.

SOHN Was soll ich sagen?

VATER Du sag gar nichts, ich werde reden.

Der Vater nähert sich dem Sitzenden.

Mein Herr…

SOHN Vielleicht auf deutsch?

VATER Und wenn es ein Russe ist? Dann denkt er, wir sind Deutsche, und schießt.

SOHN Dann auf russisch.

VATER Dummkopf! Das kann ein Deutscher sein. Mein Herr…

Der Sitzende reagiert weiter nicht. Der Vater zieht ein Zigarettenetui aus der Tasche, öffnet es, hält das Etui vor sich hin.

Möchten Sie eine Zigarette?

Pause.

Außerordentlich liebenswürdig Ein Zigarettchen, na?

Er berührt die Schulter des Sitzenden. Der neigt sich langsam nach hinten und fällt um. Sein Gesicht ist scharlachrot vor Blut, unkenntlich.

Der Vater weicht zurück, er hat immer noch das offene Zigarettenetui in der Hand. Der Sohn steht unbeweglich da, starrt gebannt auf die Leiche. Der Vater bleibt stehen, schließt das Zigarettenetui und steckt es in die Tasche. Er dreht sich um und geht nach links. Als er nah an der Kulisse ist, bleibt er stehen und dreht sich um. Er sieht, daß der Sohn weiter regungslos dasteht und den Toten anstarrt.

Komm.

Der Sohn starrt wie hypnotisiert auf den Toten, als wenn er nicht gehört hätte, daß der Vater ihn gerufen hat. Der Vater geht zu ihm, nimmt ihn am Arm und führt ihn nach links. Dunkel. Man hört das Weinen eines Babys.

4. Szene

Von rechts rollt ein Kinderwagen auf die Bühne, von einem Marktweib geschoben. Der Kinderwagen ist vollbepackt mit Waren, aber man sieht nicht, mit welchen, weil der Wagen mit einer Plane zugedeckt ist. Das Marktweib ist eine mittelalte, dicke, vulgäre Frau vom Lande. Kopf und Schultern stecken in einem Kopftuch, ein Rock und Soldatenschaftschuhe. Auf der Schulter trägt sie ein Bündel. Hinter dem Marktweib geht ein Mädchen, ebenfalls mit einem Bündel auf der Schulter. Das Mädchen ist schwanger, in so fortgeschrittenem Zustand, daß es sichtbar ist.

MARKTWEIB Jesses, hab ich nicht gesagt, keine Mark mitnehmen, jetzt ist die Mark soviel wert wie Vorkriegsgeld. Kriegsgeld ist auch einen Scheiß wert. Hab ich nicht gesagt, du sollst Speck dafür nehmen.

MÄDCHEN Er wollte keinen Speck rausrücken.

MARKTWEIB Dann hätte man Machorka nehmen müssen.

MÄDCHEN Er wollte kein Machorka geben.

MARKTWEIB Wollte nicht, wollte nicht, aber Schnaps wollte er. Blöd bist du. Wozu habe ich dich denn losgeschickt, wozu habe ich dich geboren. O Jesus von Nazareth, warum muß ich das alles ertragen, wozu diese Qual, du einziger Herrgott, du siehst das alles und schickst keinen Donner...

Man hört eine Detonation und ihr Echo. Das Marktweib bleibt stehen.

Gott im Himmel, erbarme dich unser. Gehen wir durch das Wäldchen?

MÄDCHEN Das Wäldchen ist abgebrannt.

MARKTWEIB Dann über Lackowo.

MÄDCHEN Das ist so weit...

MARKTWEIB Jammer nicht, jammer nicht, sonst werde ich dir das Jammern beibringen.

MÄDCHEN Ich gehe ja schon, ich gehe...

MARKTWEIB *zeigt auf den Bauch des Mädchens* Mit der Ware?

MÄDCHEN Was willst du von mir, Mama?

MARKTWEIB Wer kauft dir das ab?

MÄDCHEN Ich hab es umsonst bekommen.
MARKTWEIB Von der Militärfabrik.

Dunkel. Man hört das lauter werdende Hufgetrappel eines galoppierenden Pferdewagens.

5. Szene

In der Mitte der Bühne eine kleine Kapelle am Wegesrand. Von rechts kommen Vater und Sohn.

VATER 1920 sind wir in die Bajonette gelaufen. Ich bin auf einen Jungen von zwei Meter Größe geflogen, ich sah, ich schaffe es nicht. Fliehen war nicht erlaubt. Er wollte mich schon durchbohren, aber dann hat er mir nur eine in die Fresse gehauen und mich auf die Erde geworfen. Dabei hat er meine Mutter verflucht. Ich war damals fast noch ein Kind, wenig älter als du und Freiwilliger.
SOHN Wie war es nach dem Krieg?
VATER Nach dem Krieg war es schwer.

Der Vater bleibt stehen und holt aus seiner Brusttasche ein Viertelliterfläschchen, das schon ziemlich leer ist.

Was guckst du so? Es reißt mir in den Knochen… Das ist gut, um sich zu wärmen. Medizin, verstehst du? *Er nimmt einen Schluck aus der Flasche und schüttelt sich.* Aber ein Fusel. Nötig für die Courage. *Er legt seine Hand an die Seite.* Hier sticht was. *Er dreht dem Sohn den Rücken zu und nimmt noch einen Schluck aus der Flasche.* Aah… es geht mir schon besser. Ich mag das nicht. *Er korkt die Flasche zu und steckt sie wieder in die Brusttasche.* Nach diesem Krieg wird es anders sein, du wirst es sehen. Amerika wird sich um uns kümmern.

SOHN Gehe ich aufs Gymnasium?

VATER Na und wie, in ein erstklassiges Gymnasium, nur Söhne von Ärzten, Rechtsanwälten, Ingenieuren… Erinnerst du dich an Doktor Uziemblo?

SOHN Nein.

VATER Das war ein eleganter Mann. Und sein Vater stammte vom Land.

SOHN Und wird es Wasser geben?

VATER Was für Wasser?

SOHN Im Badezimmer, damit man es nicht vom Brunnen holen muß, und warmes Wasser, damit man es nicht heiß machen muß. Werden wir ein Badezimmer haben?

VATER Selbstverständlich. Und auf der Straße kannst du herumlaufen, wie du willst. Keine Polizei, keine Gendarmerie, keine Kontrollen, keine Razzien, weder Zwangsarbeit noch Lager. Du gehst die Straße entlang und gehst einfach so. Wenn du willst, kehrst du um, wenn du willst, gehst du weiter. Und wenn dir was nicht gefällt, dann sagst du es gleich laut, so, daß die anderen Leute es hören. Niemand wird dir dafür was tun. Niemand wird abhören, niemand denunzieren.

SOHN Und man wird alles kaufen können?

VATER Absolut.

SOHN Und ich werde Fußball spielen können?

VATER Clubs werden wieder zugelassen. Alle Sportarten. Das Theater auch.

SOHN Gehen wir ins Theater?

VATER Wenn du gut lernst, warum nicht? Am Sonntag, oder an Feiertagen … Ich gehe auch. Wir ziehen uns fein an und gehen hin. Ich war schon mal im Theater.

SOHN Sind im Theater Künstler?

VATER Nur Künstler. Und Künstlerinnen.

SOHN Und was gibt es noch nach dem Krieg?

VATER Nach dem Krieg wird alles gut werden.

STIMME Halt!!

Der Vater und der Sohn bleiben stehen und drehen sich um. Hinter der Kapelle hervor kommt ein junger Mann mit einem kurzgeschnittenen blonden Schnurrbart. Er ist schlank, gut aussehend, von primitiver Stattlichkeit. Er trägt einen kurzen Schafspelzmantel, der mit einem Gürtel in der Taille zusammengehalten wird. Grüne Breeches und Schuhe mit Stiefelschäften. Auf dem Kopf ein grünes Käppi. Am Gürtel eine Pistole im Halfter. Er winkt die beiden zu sich her. Der Vater und der Sohn gehen langsam zu ihm und bleiben stehen. Der junge Mann winkt nochmals. Der Vater und der Sohn gehen näher heran.

JUNGER MANN Leutnant Zielinski bin ich. Und wer seid ihr?

VATER Wir gehören zu den eigenen Leuten.

JUNGER MANN bzw. LEUTNANT ZIELINSKI Ihr kennt den Leutnant Zielinski nicht?

VATER Nein.

Leutnant Zielinski pfeift auf den Fingern. Hinter der Kapelle kommt Drab hervor, in einem weiten Wehrmachtsmantel, ohne Gürtel und Rangabzeichen. Auf dem Kopf eine zivile Schirmmütze. Er hat eine Axt in der Hand.

LEUTNANT ZIELINSKI Sie kennen den Leutnant Zielinski nicht.

DRAB Das kann nicht sein.

LEUTNANT ZIELINSKI Dann frag sie selber.

DRAB Ihr kennt den Leutnant Zielinski nicht?

VATER N... nein.

DRAB Und wer sind Sie?

LEUTNANT ZIELINSKI Sie behaupten, unsere Leute zu sein.

DRAB Und kennen den Leutnant Zielinski nicht?

LEUTNANT ZIELINSKI Na eben.

DRAB Das ist Leutnant Zielinski. Und ihr kennt ihn nicht?

VATER Wir haben ihn schon kennengelernt.

LEUTNANT ZIELINSKI Nein, ihr kennt mich noch nicht.

DRAB Soll ich sie bekannt machen?

Der Leutnant Zielinski geht ein Stückchen weg und sieht sich Vater und Sohn genau an.

LEUTNANT ZIELINSKI Ich kenne sie von irgendwoher.

Sie umkreisen sie, Vater und Sohn stehen ängstlich in der Mitte. Leutnant Zielinski kehrt zu seinem Ausgangspunkt zurück.

Wir kennen sie von irgendwoher, nicht wahr?

DRAB Ja so, als wenn…

VATER Wir haben…

LEUTNANT ZIELINSKI *unterbricht ihn* Abtreten.

Vater und Sohn gehen nach links.

Halt!

Vater und Sohn bleiben stehen.

Seid ihr Juden?

VATER Was? Wir?!

LEUTNANT ZIELINSKI Denn vielleicht seid ihr ja Juden.

VATER Herr Leutnant.

LEUTNANT ZIELINSKI Denn wenn ihr Juden seid…

VATER Herr Leutnant… Was wollen Sie, Herr Leutnant… Herr Leutnant. Sie erkennen Ihre eigenen Leute nicht?

LEUTNANT ZIELINSKI Na gut, ihr könnt abtreten. Nur paßt auf. Denn wenn ihr doch….

Vater und Sohn gehen nach links ab. Der Leutnant Zielinski und Drab sehen ihnen nach. Dunkel. Geräusch von vorüberfahrenden Lastwagen und Raupenfahrzeugen, zyklisch auf- und abklingend, als würden sie auf der Chaussee registriert. Das dauert so lange, wie man zur Vorbereitung der nächsten Szene braucht.

6. Szene

Im Hintergrund der Bühne über die ganze Breite ein Eisenbahngleis auf ebener Erde, ohne Aufschüttungen. Abgerissene Drähte zwischen Telegrafenmasten. Nahe am Proszenium links eine Bank, auf der bequem vier Personen sitzen können und unbequem fünf. Rechts von der Mitte der Bühne ein Blechbenzinkanister. Zwei, drei ähnliche Kanister, oder auch kleinere, zerbeult und zerlöchert, achtlos weggeworfen, sowie zerschlagene hölzerne Munitionskisten, Bretter, Konservenbüchsen. Die Mitte der Bühne ist mit Stroh, Heu, alten Lumpen und Papier oder überhaupt Kriegsabfall bedeckt.

Auf der Bank sitzen mit dem Gesicht zum Zuschauer von rechts: das Mädchen, das Marktweib und ein Lehrer von ungefähr vierzig Jahren in einem erbärmlichen Mantel, mit Hut und gestrickten Ohrenschützern. Der Koffer des Lehrers steht rechts neben der Bank. Zwischen dem Marktweib und dem Mädchen ist eine Zeitung ausgebreitet, auf der Zeitung liegt ein angeschnittener Brotlaib und ein Stückchen Speck. Das Marktweib schneidet Brot und Speck und ißt. Zwischen dem Marktweib und dem Lehrer liegt das Bündel des Marktweibs. Das Bündel des Mädchens steht auf der Erde neben der Bank zu ihrer linken Hand. Der Kinderwagen, dessen Inhalt mit der Plane zugedeckt ist, steht in der Mitte nah am Proszenium.

Auf einem Benzinkanister, mit dem Rücken zum Publikum und dem Gesicht nach rechts gewandt, sitzt Superiusz mit bloßem Haupt. Vor ihm steht die Dame und seift sein Gesicht mit einem Rasierpinsel ein. In der anderen Hand hat sie eine Wasserschale mit Schaum. Auf der Erde steht das offene Reisenecessaire.

SUPERIUSZ Ich muß baden.

DAME In kaltem Wasser?

SUPERIUSZ Ich bin voller Bakterien. Die Bakterien spazieren nur so auf mir herum.

DAME Wir könnten ein Feuer machen. Wir könnten...

SUPERIUSZ *unterbricht sie* Wir, wir, wir. Du vergißt, daß wir kein Ehepaar sind, mein Ich existiert getrennt. Ich habe den Eindruck, daß es verlaust ist.

DAME Denk das nicht. Du hast zu viel Fantasie.

SUPERIUSZ Die Fantasie ist der Zugang zur Transzendenz. Ich sage nicht, daß es ein Wert an sich ist, aber als fakultative...

MARKTWEIB Zwei Liter für drei Kilo. Wieviel ist es dann für ein Kilo? *Sie überlegt* Anderthalb Kilo für den Liter... ein Liter anderthalb Kilo... für ein Kilo... *Zum Mädchen* Weißt du das nicht?

Das Mädchen gibt keine Antwort.

Na klar, daß du das nicht weißt. Du bist zu dumm. Augenblick. Ich gebe drei Kilo für zwei Liter... Wieviel macht es dann für ein Kilo...

LEHRER Nullkommasechs Millionen sechshundertsechzig sechstausend sechshundertsechzig sechzehn Millionen. Natürlich nur, wenn wir bei dem achtziffrigen Ergebnis haltmachen, weil die Zahl ins Unendliche weitergeht.

Das Marktweib starrt den Lehrer mit vor Erstaunen offenem Mund an.

MARKTWEIB *mißtrauisch* Woher wissen Sie das?
LEHRER Vor dem Krieg war ich Lehrer.
MARKTWEIB Nicht von hier?
LEHRER Umgesiedelt. Jetzt kehre ich zurück.
MARKTWEIB Jetzt kehren alle zurück.

Inzwischen hat die Dame das Einseifen beendet und holt ein Rasiermesser aus dem Reisenecessaire.

SUPERIUSZ Das ist nicht scharf. Schärfe es.
DAME Dauernd befiehlst du mir, das Rasiermesser zu schärfen. Wozu?
SUPERIUSZ Damit die Klinge verschwindet und die Schärfe allein übrigbleibt.
DAME Manchmal kann ich dich nicht mehr verstehen.
SUPERIUSZ Du hast nie damit angefangen.

Die Dame legt das Messer weg und setzt sich auf den Koffer. Sie wendet sich von Superiusz ab. Pause. Superiusz legt seine Hand auf ihre Schulter.

Du weißt, daß ich außer dir niemanden auf der Welt habe.
DAME Warum behandelst du mich dann so?
SUPERIUSZ Eben darum. Wen soll ich so behandeln, wenn ich niemanden außer dir habe?

Die Dame steht auf und fängt an, das Messer zu schärfen.

MARKTWEIB Wissen Sie irgendwelche Neuigkeiten?

LEHRER Es ist jetzt schwer, zuverlässige Informationen zu bekommen. Die Ereignisse überstürzen sich, aber alles ist so desorganisiert. Es herrscht allgemeine Verwirrung wie gewöhnlich, wenn die Front sich verschiebt.

MARKTWEIB Man sagt, daß Churchill *sie spricht es ›Hurhil‹ aus* mit einem Fallschirm abgesprungen ist, um zu sehen, wie es bei uns aussieht. *Sie sieht sich um und sagt leiser* Vielleicht sitzt er hier sogar irgendwo in den Büschen…

LEHRER Das bezweifle ich.

7. Szene

Von rechts kommen der Vater und der Sohn.

SOHN Fahren die Züge schon?

VATER Selbst wenn sie noch nicht wieder fahren, dann fahren sie vielleicht noch…

SOHN *bemerkt die Leute, die an der Bahnstation versammelt sind* Leute…

VATER Sie warten auf einen Zug.

SOHN Es wird voll werden.

VATER Besser voll als zu Fuß. Tun dir die Beine weh?

SOHN N… nein.

VATER Du kommst nach mir.

SOHN Ein bißchen tun sie weh.
VATER Mir tun die Beine nie weh.

Sie nähern sich der Gruppe auf der Bank.

Gegrüßt sei....
MARKTWEIB In alle Ewigkeit.
VATER Darf man sich zu Ihnen setzen?
MARKTWEIB Kein Platz.
LEHRER Aber bitte, wir können zusammenrücken.

Der Lehrer rückt ans Bankende. Das Marktweib nimmt unwillig das Bündel von der Bank.

VATER *lüftet seinen Hut.* Herzlichen Dank. Wir laufen schon seit gestern und spüren unsere Beine gar nicht mehr.

Er setzt sich zwischen das Marktweib und den Lehrer, an die Stelle, an der vorher das Bündel lag. Der Sohn setzt sich zwischen den Vater und den Lehrer.

MARKTWEIB *jetzt angesichts der vollführten Tatsache wieder versöhnlich* Wohin wird Gott uns führen?
VATER Zu meiner Frau. Sie war seit Neujahr im Krankenhaus, aber dann hat sich die Front verschoben und man hat die Kranken irgendwo hingebracht. So suchen wir sie jetzt, mein Sohn und ich. Und Sie?
MARKTWEIB Ich gehe nur dem Handel nach.
VATER Und sie? *Er zeigt auf Superiusz und die Dame.*
MARKTWEIB Irgendwelche Herrschaften.

Inzwischen hat die Dame das Schärfen des Rasiermessers beendet und ist dazu übergegangen, Superiusz zu rasieren.

SUPERIUSZ Erinnerst du dich, wann wir das Haus verlassen haben?

DAME Vor einem Monat.

SUPERIUSZ In welchem Jahrhundert? Ich habe den Eindruck, daß wir seit Jahrhunderten fliehen.

DAME Der Anfang unserer Flucht war im Herbst.

SUPERIUSZ In welchem Herbst? Außerdem ist das nicht wichtig. Jeder Herbst ist vorübergegangen, in dieser Hinsicht unterscheidet sich der letzte nicht von dem ersten. Aber wohin fliehen wir? Woher und wohin? Von Westen nach Osten und von Osten nach Westen. Also heben sich die Richtungen gegenseitig auf. Selbst unsere Flucht ist eine Illusion.

DAME Beweg dich nicht.

SUPERIUSZ Wann hat dieses Mißverständnis angefangen? Existiert noch irgendwo die Linde in Czarnolas, die Bank darunter und das nicht ausgetrunkene Bier? Warum ist der Jan aus Czarnolas weggegangen und wohin? Warum hat er das Bier nicht ausgetrunken?

DAME *Da Superiusz beim Reden nicht völlig still sitzt, hat es die Dame mit dem Rasieren schwer.* Beweg dich nicht.

SUPERIUSZ Du hast recht. Das ist wahrscheinlich der einzige Ausweg, sich nicht zu bewegen. Überdauern. Endgültige Unbeweglichkeit zu erreichen. Unbeweglichkeit kommt dem Absoluten sehr nah, weil jede Bewegung relativ ist.

DAME O Gott!

Superiusz berührt mit der Hand seine Wange, betrachtet den Finger.

SUPERIUSZ Blut...
DAME Das ist nicht meine Schuld. Ich habe dir gesagt, du sollst dich nicht bewegen.
SUPERIUSZ Du hast mein Blut vergossen!
DAME Was soll ich machen...
SUPERIUSZ Mit Jod einreiben!

Die Dame sucht panikartig in ihrem Necessaire.

DAME Wir haben kein Jod!
SUPERIUSZ Dann mit Kölnisch Wasser desinfizieren! *Er betrachtet noch immer den Blutstropfen auf seinem Finger.* Helles, aber tiefes Rot.

Währenddessen durchwühlt die Dame weiter das Necessaire.

Farbig und metaphysisch. Selbst ein einzelner Blutstropfen scheint keinen Grund zu haben.
DAME Es ist kein Kölnisch Wasser mehr da.
SUPERIUSZ Was?
DAME Es ist alle.
SUPERIUSZ Ich nehme das nicht zur Kenntnis.
DAME Ich habe dir gesagt, du sollst sparen, aber du wolltest ja nicht hören. Ich habe noch nie gesehen, daß jemand so viel Kölnisch Wasser verbraucht.
SUPERIUSZ Ich widerspreche allen Argumenten. Hörst

du? Ich protestiere, ich bin nicht einverstanden. Entschieden und unwiderruflich. Mach, was du willst, aber ich muß desinfiziert werden.

Die Dame sieht sich ratlos um. Dann geht sie zu der Gruppe auf der linken Bühnenseite.

Alles, nur keine Bakterien.

DAME Könnten Sie mir vielleicht ein bißchen Kölnisch Wasser leihen…

MARKTWEIB Was?

LEHRER Leider habe ich keins zur Disposition.

VATER Meins ist auch alle. Ich hatte ein erstklassiges. *Besorgt faßt er sich an seine unrasierte Wange.*

SUPERIUSZ Dauert das da noch lange?

MARKTWEIB Selbstgebrannten Schnaps kann ich Ihnen geben.

DAME Schnaps…

SUPERIUSZ Schließlich blute ich!

Das Marktweib steht auf und holt aus dem Kinderwagen eine Literflasche Schnaps, die mit einem improvisierten Korken aus einem zusammengeknüllten Lumpen verschlossen ist.

LEHRER Selbstgemachter, das heißt hauseigener Alkohol.

DAME Desinfiziert das auch?

VATER Und wie!

DAME Wieviel bekommen Sie dafür?

MARKTWEIB Das kommt drauf an.

Sie geht zu Superiusz. Ohne ihn weiter zu beachten, setzt sie sich neben das Necessaire mit den Toilettenartikeln, befühlt es und untersucht die Qualität des Leders.

Anerkennend Ziegenleder. *Dann befühlt sie den Koffer.* Schweinsleder. *Sie befühlt ungeniert den Pelz von Superiusz, als stecke niemand in dem Pelz.* Rindsleder. *Sie wendet sich an die Dame.* Von Ihnen nehme ich nur Dollar.

DAME Wir haben keine Dollar.

MARKTWEIB Dann Rubel, aber Goldrubel.

DAME Rubel haben wir auch nicht.

MARKTWEIB Na dann reines Gold, nach Gewicht.

DAME Wir haben auch kein Gold.

MARKTWEIB Solche Herrschaften und haben nichts?!

DAME Wir sind keine Grafen, wir sind Flüchtlinge.

SUPERIUSZ Natürlich, ich bin der Prince de Ténèbres.

DAME Hör auf, das ist nicht die Zeit dafür.

SUPERIUSZ Und ich besitze unermeßliche Schätze.

MARKTWEIB Hab ich es nicht gesagt?!

SUPERIUSZ ...Geistige Schätze. Ein Kleinod von Erfahrungen, Brillanten von Intelligenz. Ich kann Ihnen zum Beispiel ein sehr interessantes Gespräch mitteilen, das ich einmal mit der Geliebten des Lord Russel führte.

MARKTWEIB Wie?

SUPERIUSZ Oder ich könnte Ihnen meine eigene Interpretation der Einsteinschen Theorie vermitteln. Einfach köstlich.

MARKTWEIB Ist er krank?

DAME Haben Sie bitte Verständnis für ihn.

SUPERIUSZ Das alles kann ich und noch viel mehr. Und trotzdem blute ich wie ein gewöhnliches Vieh.

MARKTWEIB Ich gebe einen Liter für den Fuchs.

Die Dame nimmt den Fuchs vom Hals und übergibt ihn dem Marktweib, dafür erhält sie die Flasche Schnaps.

Dekoriert sich mit dem Pelz. Dabei habe ich noch Verlust.

SUPERIUSZ *schreit* Wie Vieh, verstehst du?!

DAME Gleich, gleich ... sie läuft zu ihm.

Das Marktweib nähert sich der Bank.

VATER *steht auf.* Ah, was für eine elegante Person!

MARKTWEIB Na etwa nicht?

VATER Im ersten Augenblick habe ich Sie nicht erkannt. Wie eine Frau Doktor.

MARKTWEIB *streichelt den Fuchspelz.* Vorkriegsware.

VATER Eine Schönheitskönigin. Es würde sich lohnen, das zu begießen, nicht wahr, Herr Magister?

LEHRER Auf den Sieg!

VATER Auf den Sieg und auf die Schönheit! Es scheint, wir haben was, womit ...

Er nähert sich dem Wagen. Das Marktweib kommt ihm energisch zuvor. Sie rollt den Wagen auf die linke Seite, weit weg von diesen Toast-Amateuren.

MARKTWEIB Nix da, nix da! Überhaupt nix!

Währenddessen desinfiziert die Dame mit dem Selbstgebrannten die Verletzung auf der Wange des Superiusz.

DAME Brennt es?
SUPERIUSZ Es stinkt. L'eau de Pologne.

Der Lehrer steht von der Bank auf und nähert sich Superiusz.

LEHRER Meinen Sie, daß das witzig ist?
SUPERIUSZ Ach, ich erkenne Sie. »Heiligtümer darf man nicht besudeln«.
LEHRER Sie irren sich. Besudelung oder Heiligsprechung, das sind Gesten und Emotionen. Und Gesten und Emotionen hatten wir mehr als genug. Jetzt geht es ums Denken.
SUPERIUSZ Um was für eins?
LEHRER Bei uns ist es immer dasselbe: Hauptsache, wir können angeben. Mit was auch immer und vor wem auch immer, und am besten vor uns selber. Mit dem Witz ist das am leichtesten.
SUPERIUSZ Wenn das Witze auf eigene Kosten sind …
LEHRER Billige Witze kosten zu viel.
SUPERIUSZ Ich kann es mir leisten.
LEHRER Ach, bei Ihnen ist es immer dasselbe.
SUPERIUSZ Sie befehlen mir zu denken? Mir? Ich habe genügend Gedanken, viel zu viele. Mich ekeln die Gedanken an.
LEHRER Schwer zu glauben.
SUPERIUSZ Und wissen Sie, warum? Weil keiner endgül-

tig, keiner ein absoluter Übergedanke ist. Nichts, nur Gedanken in Hülle und Fülle, einer erzeugt den nächsten, einer ersetzt den anderen, und alle sind gleichviel wert, mehr oder weniger. Die Hierarchie der Gedanken ist eine einzige Illusion.

LEHRER Offensichtlich fehlt Ihnen die Methode.

SUPERIUSZ Aber Sie haben sicher irgendeine konstruktivistisch-positivistische, nationale, vielleicht auch soziogesellschaftliche, geophysisch-politische und ökonomische, ameisenwimmelnde Idee. Wissen Sie, was das ist, die Sehnsucht nach einem Übergedanken? Was für eine Qual – die Unmöglichkeit eines letzten endgültigen Gedankens! Einer Endformulierung! Die Nichtgestaltung, also die Nichtsättigung des Absoluten! Was für eine unbefriedigte Unersättlichkeit!

LEHRER Sind Sie ein Metaphysiker?

SUPERIUSZ Und Sie sind ein armseliger Klassifizierer. Zuerst glauben Sie, ich sei ein Clown und ein Narr, dann, daß ich ein Metaphysiker bin. Was noch? Worte und Begriffe werden ihnen nicht fehlen, Sie fühlen sich hervorragend in diesem Magazin der Präservative. Ihr habt die alle schön säuberlich in Schubfächern abgelegt.

LEHRER Sie sind nicht sehr höflich.

SUPERIUSZ Und ihr, Beamte der Magistratslogik, Knauserer der Axiome, Rentner der Lexika. O ihr Arrivierten des Intellekts. Ihr seid auf den Hügel der primitiven Abstraktion geklettert und seid schon so außer Atem, daß Ihr den Hügel Himalaja genannt habt. Mehr könnt ihr euch nicht leisten, ihr Armen.

LEHRER Sie beleidigen mich!

SUPERIUSZ Dann können Sie mich ja zum Duell herausfordern. Als Person mit höherer Bildung sind Sie für so eine Ehrensache qualifiziert.

LEHRER Sie sind ein Metaphysiker. Sie sind ein Clown und ein Narr.

SUPERIUSZ Wenn das Absolute unmöglich ist und die Ideen langweilen, bleiben nur Witze. Erbärmliche, das gebe ich zu.

LEHRER Mit Witzen werden Sie nichts erledigen.

SUPERIUSZ Ich habe auch nicht die Absicht.

LEHRER Aber…

SUPERIUSZ *steht auf.* Woher wissen Sie, wie und womit ich die Sache erledige? Die ganze Sache, nicht nur diese Ihre nationalen Dilemmata. Woher wollen Sie das wissen?

Man hört eine Melodie und einen Gesang für zwei Stimmen.

STIMMEN He, mich tötet irgendwer
oder ich ihn, kreuz und quer
He, die Haare stehen mir
von dem Schreck zu Berge schier.

Von rechts kommen der Leutnant Zielinski und Drab, sie singen und schwanken. Der Leutnant Zielinski hat seinen Arm um Drab gelegt, der spielt auf einem Harmonium. Leutnant Zielinski läßt Drabs Arm los und kommt nach vorn.

LEUTNANT ZIELINSKI Vorwärts, Landsleute! Stillgestanden, rührt euch, hinfallen, aufstehen. Willkommen du Morgenröte der Freiheit. Raus mit allem Geld und allen Kostbarkeiten für den Fond des befreiten Vaterlandes, *(im Original auf deutsch)* ›aber schnell‹. Auf meinen Befehl stellt ihr euch alle in eine Reihe, Hände hoch, Taschen nach außen. Wer nichts abgibt, wird als Verräter behandelt. Die Augen rechts rum! Ich bin Leutnant Zielinski, so wahr mir, Scheiße, Gott helfe.

Superiusz nähert sich auf dem kranken Bein hinkend Leutnant Zielinski und bleibt sehr nah bei ihm stehen.

SUPERIUSZ Und ich bin der General Rozpor-Rumba-Trzepiszewski.

LEUTNANT ZIELINSKI Von so einem General habe ich ...

Er pfeift auf den Fingern. Drab zieht die Axt unter seinem Mantel hervor. Was er tun kann, da das Harmonium an einem Band über die Schulter hängt. – Superiusz schlägt den Leutnant Zielinski ins Gesicht, der torkelt nach hinten.

SUPERIUSZ Was? Keine Subordination?!

Einen Augenblick lang ist nicht klar, ob der Bluff des Superiusz gelingt. Dann steht der Leutnant Zielinski stramm und salutiert.

LEUTNANT ZIELINSKI Jawohl, Herr General.

Drab steckt die Axt wieder ein.

SUPERIUSZ Ich lasse dich in Sing-Sing verfaulen, ich mache dir ein Autodafé, ich schicke dich auf die Galeeren, du Provinzwandale.

LEUTNANT ZIELINSKI Jawohl, Herr General.

SUPERIUSZ Ich hab noch ganz andere als euch vor Persepolis Obergalizien, am Bahnhof Szreniawa Dolna, aufgespießt, du geknödelter Knecht, du kretinoider Krach einer kretinoiden Kretinokratie, du kretonhafte Krevette.

LEUTNANT ZIELINSKI Wie Sie befehlen, Herr General.

SUPERIUSZ Wie ich befehle?

Er wendet sich ab, geht zur Seite, bleibt stehen, mit dem Rücken zum Leutnant Zielinski.

Zu sich Was befehle ich denn …

Leutnant Zielinski steht immer noch stramm. Alle warten auf die Entscheidung des Superiusz-Generals.

Wodka! Wodka für alle! Ich verordne einen Leichenschmaus, eine Hochzeit und eine Taufe.

LEUTNANT ZIELINSKI *salutierend* Zu Befehl!

MARKTWEIB *kniet bei dem Kinderwagen und legt schützend ihre Arme um ihn herum.* O Jesses, die konfiszieren das!

Zweiter Akt

Dieselbe Bühne, eine klare, helle Nacht, der Horizont ist sichtbar. Masten und Telefondrähte zeichnen sich scharf und schwarz auf dem Hintergrund des hellblauen Himmels und der nicht allzu dunklen Ebene ab. Der Mond ist kaum zu sehen, aber der Raum ist vom Schein der Galaxien erleuchtet. In der Mitte der Bühne ein Lagerfeuerofen, improvisiert aus Hälften der blechernen Kanister, in dem ein lebhaftes Feuer brennt. Man verbrennt die zerschlagenen Kisten und Bretter, die an Ort und Stelle gefunden wurden. Die Bank ist beiseite gerückt worden und befindet sich jetzt auch mitten auf der Bühne, hinter dem Feuer. Auf der Bank sitzen: in der Mitte Superiusz, zu seiner Linken die Dame, zu seiner Rechten der Lehrer. Rechts vom Feuer, mit den Gesichtern zum Feuer gewandt, auf Kanistern oder anderen improvisierten Sitzgelegenheiten, der Vater und der Sohn. Links vom Feuer das Marktweib und das Mädchen. Das Gepäck ist den Eigentümern entsprechend zugeordnet. Drab steht mit dem Harmonium im Arm da. Links steht der Kinderwagen wie am Ende des vorigen Aktes, nur befindet sich jetzt dort statt der Schnapsflaschen Leutnant Zielinski. Seine Beine in den Schaftstiefeln ragen in die Luft, seine Hände ebenfalls. Die Plane liegt nicht weit entfernt vom Kinderwagen auf der Erde. Viele Flaschen stehen, wenn sie voll sind, oder liegen, wenn sie schon leer sind, überall herum.

Drab spielt auf dem Harmonium, und alle singen in besoffenem Chor mit, außer Superiusz und der Sohn. Die eine Hand des Leutnants Zielinski hängt schlaff herunter, mit der anderen hält er eine Flasche, die er dirigierend hin- und herschwenkt.

ALLE Wie schnell vergehn die Zeiten,
wie schnell der Augenblick,
schon morgen, im Jahr, beizeiten
sind wir schon nicht mehr da.
Und unsere jungen Jahre
verfliegen schnell wie Glück.
Es bleibt dann nur im Herzen
Sehnsucht und Schmerz zurück.

Der Gesang hört auf. Der Vater klatscht zu Bravorufen in die Hände. Drab spielt eine emphatische Endpassage auf dem Harmonium. Das Marktweib kichert aufgeregt. Der Lehrer verbirgt sein Gesicht in den Händen und schluchzt.

VATER Herr Magister, was haben Sie?

LEHRER Ich weiß nicht. Ich weiß es selber nicht. Ich bitte Sie sehr um Entschuldigung. Es hat mich so übermannt.

SUPERIUSZ Es ist klar, was er hat. Die Seele des Rationalisten hat den Ansturm der geheimen Kräfte nicht ertragen. Sein steifes Bewußtsein hat seine fünf Sinne nicht beisammen, gejagt von den Gespenstern des Unterbewußten. Unseren Professor hat die Sehnsucht erfaßt, er hat seinen Melancholischen. Trinken Sie noch einen Schluck, Professor. Wenn schon, denn schon.

LEHRER *schluchzend* Solches Leid... es tut mir so leid, es tut mir so leid...

VATER Was denn, Herr Magister? Der Krieg geht doch zu Ende, wir kehren alle nach Hause zurück.

LEHRER *hört auf zu weinen, sagt wütend, fast aggressiv* Was für ein Zuhause. Mir ist meine Frau mit einem Künstler davongelaufen...

SUPERIUSZ Und wenn sie nicht weggelaufen wäre...

VATER Was sagen Sie, sie hat das heilige Sakrament der Ehe gebrochen? Wenn sie noch mit einem Ingenieur oder Doktor...

DAME Wann?

LEHRER Gleich neununddreißig, am ersten September frühmorgens.

MARKTWEIB Da hat sie sich aber ein Datum ausgesucht.

LEHRER Eine halbe Stunde vor dem Krieg hat sie mir einen Zettel auf dem Tisch hinterlassen. ›Ich gehe in ein neues Leben.‹ Und dann kam das erste Bombardement.

VATER Das konnte sie nicht vorhersehen.

MARKTWEIB *seufzend* Ja, ja, an allem ist dieser Hitler schuld.

DAME Lieben Sie sie noch?

LEHRER Ich? Überhaupt nicht.

LEUTNANT ZIELINSKI Wieso heulen Sie dann, verdammt noch mal?

LEHRER Weil mich die Erinnerung übermannt hat.

VATER Ach was. Wir verheiraten sie noch mal.

MARKTWEIB Sie sind ein ordentlicher Mensch. Ihnen würde ich sogar die eigene Tochter geben.

VATER Na eben. Wollen Sie eine neue Verlobte?

LEUTNANT ZIELINSKI Ganz neu ist sie nicht.

MARKTWEIB Gefällt sie Ihnen nicht?

LEUTNANT ZIELINSKI Warum nicht? Eine Verlobte mit Kind ist sogar besser als eine ohne. *Zum Lehrer* Da legen Sie sich ins gemachte Bett, Sie selber müssen sich nicht anstrengen.

MARKTWEIB Was hat er gesagt?

LEUTNANT ZIELINSKI Das, was man sieht.

VATER Ihre Tochter ist tatsächlich im gesegneten Zustand.

MARKTWEIB So ein Segen ist eine Strafe Gottes.

VATER Wieso? Ein Kind – das ist Freude und Trost. Und zur Taufe gibt es ein Fest.

MARKTWEIB Aber es gab keine Hochzeit.

VATER Darf man fragen, wer der glückliche Vater ist?

MARKTWEIB Wer soll das wissen. Erst hat sie ein deutscher Gendarm vergewaltigt, dann kamen verschiedene vorbei. Kalmücken aus der Garnison, Deutsche und die Unsrigen aus dem Wald. Angeblich haben sie sich bekämpft, aber hier waren sie sich alle einig. Daß sie doch alle das Grab …

SUPERIUSZ Apropos.

VATER Also ein Kriegskind. Aber machen Sie sich keine Sorgen, es wird nach dem Krieg geboren.

In der Ferne hört man einen Schrei, der weder menschlich noch tierisch zu sein scheint. Unartikuliert, sehr weit weg, aber da es eine klare Nacht in der Ebene ist, deutlich hörbar.

MARKTWEIB Und was ist das?

VATER Weiß der Teufel.

MARKTWEIB Sagen Sie das ja nicht in einer schlechten Stunde. Hier liegen lauter Tote herum.

VATER Aber wir sind lebendig.

MARKTWEIB *bekreuzigt sich* Gott bewahre. Ha!

Das Marktweib schreit erschrocken auf, weil von rechts eine Gestalt in einem langen, bis zur Erde reichenden Militärmantel mit hochgeschlagenem Kragen und kahlrasiertem Kopf gekommen ist. Es ist dieselbe Gestalt wie in der dritten Szene des ersten Aktes, dasselbe unkenntliche Gesicht. Der Autor schlägt vor, einen durchsichtigen farblosen Strumpf über das Gesicht des Schauspielers zu ziehen, aber diesmal nicht mit Blut befleckt. Eine schwarze, runde Blindenbrille. In einer Hand hat er einen weißen Stock, mit dem er den Weg sucht. Unter dem Arm trägt er eine Geige.

LEUTNANT ZIELINSKI Stehenbleiben! Wer da?

Er versucht, aus dem Kinderwagen herauszukommen, aber er ist zu betrunken und fällt wieder zurück. Drab legt das Harmonium beiseite und geht zu dem Neuankömmling. Er leuchtet ihn mit einer elektrischen Taschenlampe an.

DRAB Alles in Ordnung, Herr Leutnant. Das ist irgendein Blinder. *Er macht die Taschenlampe aus.*

LEUTNANT ZIELINSKI Was will er?

GEIGER Ich bin zur Hochzeit gekommen. Ich habe Gesang gehört, und ich bin immer auf Hochzeiten und spiele.

Superiusz steht von der Bank auf. Der Geiger setzt sich auf die Erde neben das Feuer, mit dem Rücken zum Zuschauer, also zwischen das Feuer und den Zuschauerraum.

Es kann auch eine Taufe sein, oder ein Leichenschmaus. Was gerade benötigt wird.

Wieder hört man den Schrei in der Ferne.

VATER Sie waren unterwegs. Können Sie uns vielleicht sagen, was da passiert?

GEIGER Ach das? Sie schlachten einen ab.

SUPERIUSZ Wen?

GEIGER Einen, den sie erwischt haben.

MARKTWEIB O Jesus, einen Menschen.

GEIGER Einen deutschen Gendarmen. Er ist in Zivil geflohen, aber sie haben ihn erkannt. Sie amüsieren sich mit ihm auf der Brücke.

Man hört einen Schrei. Drab geht zum Leutnant Zielinski, beugt sich zu ihm und sagt halblaut:

DRAB Herr Leutnant, wenn das schon die Russen sind, dann gehen wir lieber.

Leutnant Zielinski versucht aufzustehen, aber kann er nicht. Er fällt zurück in den Kinderwagen und winkt resigniert ab.

Superiusz geht nach rechts, steht abseits mit dem Rücken zur Gruppe und dem Gesicht zu der Seite, von wo der Schrei zu hören ist.

GEIGER Sie haben stumpfe Messer, da geht es langsam. Nicht so wie mit einem Rasiermesser.

Superiusz dreht sich um, sieht den Geiger an, dann schaut er wieder vor sich hin. Das Mädchen steht auf, geht schräg nach rechts zum Hintergrund der Bühne, also zum Horizont, von wo der Schrei zu hören ist.

MARKTWEIB Und wo gehst du hin?

Das Mädchen geht weiter. Das Marktweib springt auf, holt sie ein und führt sie zum Feuer, setzt sie neben sich und hält sie an der Hand. Man hört einen Schrei.

Du hör nicht hin.

GEIGER Und warum nicht? Der Bräutigam ruft, und die Braut lauscht. *Er spielt eine volkstümliche Hochzeitsmelodie auf der Geige. Singt*

Wenn sie dich verheiraten,
denk nur an den Braten,
dann werden deine Knaben
schwarze Augen haben.

VATER *geht zum Geiger.* Gehen Sie weg von hier.

Der Geiger beachtet ihn nicht und spielt weiter die Hochzeitsmelodie. Man hört einen plötzlich abgerissenen Schrei.

GEIGER Na, da haben sie ihn erledigt. *Er hört auf zu spielen.*

MARKTWEIB Der Herr sei ihm gnädig.

DAME *beginnt hysterisch zu lachen. Plötzlich hört sie auf, geht zum Geiger, sagt leise, aber pathetisch, fast leidenschaftlich* Spielen Sie mir was von der Liebe.

VATER Nicht vor dem Kind.

GEIGER *zu Superiusz* Sie erlauben?

Alle sehen Superiusz an. Superiusz dreht sich um und geht zum Feuer.

SUPERIUSZ Ich habe in dieser Angelegenheit nichts mehr zu sagen. Aber wenn du mich fragst… Kennst du eine andere Melodie?

GEIGER Alles zu seiner Zeit.

Superiusz nimmt das Necessaire mit den Toilettensachen und setzt sich auf den Koffer auf der rechten Seite der Bühne. Er zieht das Rasiermesser heraus und beginnt es zu schärfen.

VATER Aber ich erlaube es nicht!

LEHRER Was schadet es Ihnen?

VATER Gnädige Frau, mein seliger Vater hat uns nur im Winter gezeugt, und das, um warm zu werden, denn im Frühling, Sommer und Herbst war er mit seiner Arbeit beschäftigt, und vor der Erntezeit hatte er sowieso keine Kraft dazu. Also, was für eine Liebe, gnädige Frau?

LEHRER *steht auf.* Sie reden an der Sache vorbei.

VATER Ich bin ohne menschliche Hilfe ein Mensch geworden und habe geheiratet, denn wie sollte es ohne Frau und Kinder gehen? Aber was für eine Liebe, gnädige Frau?

LEHRER Sie abstrahieren.

VATER Im Kino habe ich natürlich Liebe gesehen. Aber bei

mir zu Hause? Das gab es bei mir nicht. Keinerlei Liebe, gnädige Frau. Und deswegen erlaube ich das nicht vor dem Kind.

DAME Sie sind nicht aus unserer Schicht…

Der Vater zieht sich unter dem unwiderlegbaren Eindruck dieses Arguments zurück. Die Dame wartet noch einen Moment – und wendet sich, als sie ihren zerschmetternden Sieg bestätigt sieht, vom niedergeschmetterten Vater ab und dem Geiger zu.

Bitte schön, was von der Liebe.

Der Geiger beginnt eine vor dem Krieg populäre Melodie zu spielen, später spielt er ›La Paloma‹.

Zum Lehrer Bitte tanzen Sie mit mir.

Die Dame und der Lehrer tanzen.

VATER *sieht sich ratlos um.* Nicht aus dieser Schicht… ganz sicher nicht. Wir sind keine Grafen.

Pause.

Aber gottlos war es bei mir nicht! Es gab immer was zu essen, und meine Frau hielt alles auber… Und alles von meiner Hände Arbeit. Mein Sohn wird das bezeugen. *Zum Sohn* Na, war es nicht so? Komm, sag es den Herrschaften.

SOHN Hör auf zu trinken, Papa.

VATER Komm, komm! *Er zerrt den Sohn in die Mitte der Bühne.* Zeig dich, sag den Leuten, was für eine Mühe sich dein Vater gegeben hat. Warst du je hungrig?

SOHN Nein, Papa.

VATER Bist du zur Schule gegangen?

SOHN Ja.

VATER *triumphierend* Bitte, er ist zur Schule gegangen! *Zum Sohn* Hattest du es immer warm?

SOHN Hör doch auf, Papa! *Er reißt sich vom Vater los.*

VATER Was, du willst nicht? *Er steht einen Augenblick da, als ob er seinen eigenen Ohren und Augen nicht trauen könne, dann ruft er alle um sich herum als Zeugen auf, sagt voller Selbstmitleid* Sehen Sie, meine Herrschaften, was für eine Dankbarkeit ich für meine Mühen, für mein Elend bekomme… Ich habe nie was für mich… Ich habe alles für die Familie… Und was bekomme ich dafür?… *Zum Sohn* So zeigst du mir deine Dankbarkeit?

Der Vater geht zum Sohn und will ihn schlagen, aber der Sohn schützt sich mit dem Arm, dreht sich ab und flieht. Der Vater ist zu betrunken und hat zuviel Selbstmitleid mit sich, um ihm nachzujagen.

DAME Jetzt scheint mir, daß ich in einem goldenen Boot, wie Kleopatra, schwimme.

LEHRER Gold eignet sich nicht als Material.

DAME Sagen Sie nichts, bitte schließen Sie die Augen.

LEHRER Ich habe Angst zu stolpern.

DAME Lassen Sie uns nur schwimmen, schwimmen…
VATER Auf mein vergeudetes Leben…

Drab kommt mit der Flasche zu ihm, schlägt ihm tröstend auf die Schulter, bietet ihm die Flasche an. Der Vater trinkt Drab zu. Drab trinkt dem Vater zu, beide gehen zu Leutnant Zielinski, sie bieten ihm was zu trinken an. Leutnant Zielinski trinkt. Es herrscht allgemeines Wohlwollen.

Der Sohn geht zu Superiusz.

SOHN Ich bitte Sie…
SUPERIUSZ *hört auf, die Klinge zu schärfen.* Ach du bist das, die Zukunft der Nation. Was willst du?
SOHN Ich habe Angst.
SUPERIUSZ Wovor?
SOHN *er zeigt auf den Geiger* Vor ihm. Vor dem Vater.
SUPERIUSZ Warte noch ein bißchen. Dann wird dein Vater vor dir Angst haben.
SOHN Wann?
SUPERIUSZ Wenn du jemanden zeugst. Oder noch besser – wenn du jemanden ermordest. Du hast es schlecht getroffen mit diesem Krieg, mein armer Kleiner, es war zu früh, du hattest – nichts davon.
SOHN Ich verstehe nicht, was Sie reden.
SUPERIUSZ Das macht nichts. Besser, überhaupt nicht verstanden zu werden, als falsch verstanden zu werden. Ich habe immer nur Monologe verkündet. Aber mach dir keine Sorgen, du kommst auch an die Reihe, du wirst dir schon deinen eigenen Krieg machen. *Er steckt das Rasiermesser wieder in das Necessaire.*

VATER Ich gehe mit Ihnen, meine Herren! Was war, das war, jetzt sind die Unsrigen oben. Was soll mir die Familie, ich gehe mit Ihnen, ich trete ins Militär ein!

VATER, DRAB UND LEUTNANT ZIELINSKI *singen im Chor*
Wiese, Wiese, Wiese, du grüne,
wer wird dich mähen, Wiese, du grüne,
wie werde ich den Säbel tragen,
Wiese, Wiese, Wiese, du grüne!

SUPERIUSZ Kennst du meine Gedichte?

SOHN Nein.

SUPERIUSZ Und meine Erzählungen?

SOHN Nein. Aber ich werde sie lesen, nach dem Krieg werde ich alles lesen … Der Krieg ist ja bald zu Ende.

SUPERIUSZ Der Krieg und alles andere.

SOHN Jetzt fängt alles an. Erst jetzt.

SUPERIUSZ Das sind nicht meine Illusionen.

Der Vater und Drab helfen dem Leutnant Zielinski, aus dem Kinderwagen aufzustehen. Sie stolpern zu dritt, sich an den Schultern haltend, in die Mitte der Bühne.

VATER, LEUTNANT ZIELINSKI UND DRAB *singen*
Kommt mit, ihr Knaben,
wir fällen Buchen,
weil wir kein Geld zum Saufen haben,
und während wir das suchen,
entwickeln sich die Buchen!

LEHRER Sie erinnern mich an jemanden.

DAME An wen?

LEHRER An Kleopatra. Auf dem goldenen Boot.

DRAB *pfeift und ruft* He! Jetzt spielen Sie für uns!

Der Geiger hört auf, ›La Paloma‹ zu spielen. Die Dame und der Lehrer hören auf zu tanzen.

GEIGER Was wünschen Sie, bitte?
DRAB Unsere Lieder!

Der Geiger beginnt, eine Polka zu spielen. Der Vater trennt sich von seinen Kumpanen und zieht den Mantel aus.

VATER Jetzt ich!

Der Vater zerrt das Marktweib zum Tanz.

MARKTWEIB *ziert sich* Was wollen Sie denn jetzt wieder …
VATER Ich will leben!
DRAB Juchhu!!!

Der Vater und das Marktweib beginnen auf ländlich-provinzielle Art und Weise zu tanzen. Der Sohn nähert sich dem tanzenden Paar und bleibt nicht weit entfernt stehen.

SOHN *schüchtern* Papa!
VATER Ich kenne dich nicht, du Lümmel. Siehst du nicht, daß meine Stunde gekommen ist?

Der Sohn geht wieder zu Superiusz zurück.

SOHN Sagen Sie ihnen bitte, daß sie aufhören sollen.

SUPERIUSZ *deklamiert* Dann trank Noah Wein, und als er ihn ausgetrunken hatte, verbarg er sich in seinem Zelt. Aber als Ham die Blöße seines Vaters erblickte … – Kennst du das?

SOHN Haben Sie das geschrieben?

SUPERIUSZ Nein. Das war der da. *Er weist auf den Himmel.* Und in dieser Geschichte werde ich nicht erwähnt. Weißt du, was das heißt?

SOHN Nein.

SUPERIUSZ Das heißt, daß ich mich nicht einmischen soll.

SOHN Aber es ist mein Vater!

SUPERIUSZ Genau deswegen. Diese Sache muß zwischen euch ausgetragen werden. Zwischen Noah und seinen Söhnen gab es auch keinen Vermittler.

SOHN Aber er …

SUPERIUSZ Du mußt so wie Ham oder wie Sem und Jafet vorgehen. Du kannst wählen, aber du mußt es allein tun.

SOHN Allein kann ich das nicht.

SUPERIUSZ Du tust mir leid, aber ich kann dir nicht helfen. Ich darf nicht.

SOHN Wo er doch … Er ist jetzt so …

SUPERIUSZ Dein Vater nützt im letzten Moment den letzten Moment der Freiheit aus.

SOHN Ich … ich weiß nicht.

SUPERIUSZ Ich will es dir erklären. Nur der Krieg gibt den durchschnittlichen Menschen Freiheit. Sie hören auf, das zu sein, was sie waren, beziehungsweise was sie nicht waren. Das hängt vom einzelnen Fall ab. Dein Vater gehört zu der ersten Kategorie. Siehst du, wie sie feiern? Aber nur bis morgen.

SOHN Und Sie?

SUPERIUSZ Ich war nie durchschnittlich. Ich brauche den Krieg nicht. Im Gegenteil. Ich verfaule jetzt wie ein gewöhnlicher Kadaver.

MARKTWEIB Sie sind aber ein Kavalier!

VATER Sie zerspringen ja auch vor Hitze.

Der Vater legt seine Hand auf den Hintern des Marktweibs.

DRAB Hitze-Spritze.

SUPERIUSZ Ich verfaule durchschnittlich, wie alle. Das verstehst du auch nicht?

SOHN Was bedeutet ›wie alle‹?

SUPERIUSZ *legt ihm die Hand auf den Kopf.* Du bist helle. Jetzt tust du mir wirklich leid.

VATER Rundrum!

MARKTWEIB Rundrum und mitten rein!

DRAB Juchhuu! *Er nimmt sein Harmonium, jetzt spielen Geige und Harmonium zusammen.*

VATER *singt dazu*

Mir hat Marysia gestanden,
daß sie sich fürchtet so sehr
vor einem Soldaten am Meer,
der dort auf Wache gestanden.

DRAB Juchhuu!!

MARKTWEIB *singt dazu*

Ich gäbe dir, ich gäbe dir
alles, was ich habe,
doch mein Gänschen ist, weh mir,
längst im dunklen Grabe.

DRAB Juchhuu!

Der Sohn löst sich von Superiusz, der sein Gesicht in den Händen verbirgt. Die Musiker beschleunigen das Tempo. Drab, Leutnant Zielinski, die Dame und der Lehrer bilden das Publikum für das zügellose Paar, das Drab noch mit Rufen und Pfiffen anfeuert. Die Musik wird immer schneller, bis der Vater das Gleichgewicht verliert, fällt und das Marktweib mit sich reißt. Er hält sie aber fest umarmt. Das Marktweib quietscht, versucht sich scheinbar zu befreien, die beiden wälzen sich auf der Erde. Gelächter und Applaus des ›Publikums‹. Plötzlich hört das Marktweib auf, sich zu wehren und zu quietschen, das Paar auf der Erde bleibt, mit dem Vater auf dem Marktweib, bewegungslos liegen, gleichzeitig brechen die Musiker ihre Melodie ab, und das ›Publikum‹ hört auf zu lachen und zu klatschen.

Jetzt passiert alles in einem plötzlich veränderten, d. h. verlangsamten Tempo, gleichsam wie auf der Lauer liegend und konzentriert. In der plötzlichen Stille (man hört nur das Keuchen des Vaters) konzentrieren sich alle auf das auf der Erde liegende Paar, umringen es. Der Vater hebt langsam den Rock des Marktweibs hoch. Drab hat das Harmonium beiseite gelegt und geleuchtet das Paar mit der Taschenlampe. Da läuft der Sohn zu Drab.

Wieder ein Tempowechsel, jetzt geht alles schnell und vehement. Der Sohn versucht, dem Drab die Taschenlampe wegzunehmen. Ein kurzes Gerangel, der Lichtschein der Taschenlampe in alle Richtungen. Drab stößt den Sohn zurück, der fällt. Dann erhebt er sich, kriecht auf allen vieren auf Drab zu, der ihn mit der Taschenlampe anleuchtet, auf ihn zugeht und ihm einen Fußtritt verpaßt. Der Sohn fällt wieder. Der Vater steht von der Frau auf.

Wieder ein Tempowechsel, jetzt passiert alles wieder langsam.

VATER *zu Drab, langsam, dezidiert* Du gehst auf meinen Sohn los?

Drab dreht sich um und beleuchtet jetzt den Vater, er leuchtet ihm direkt ins Gesicht und blendet ihn. Trotzdem kommt der Vater langsam näher.

Du gehst auf meinen Sohn los, du Hurensohn?

Drab holt seine Axt unter dem Mantel hervor. Hinter dem Rücken des Vaters greift Leutnant Zielinski nach seiner Pistolentasche. Der Vater kommt Drab immer näher und hebt die Faust. Da hört man das gleichmäßige Stampfen eines sich nähernden Zuges.

MARKTWEIB Ein Zug kommt!

Dieser Ausruf entlädt die Spannung, wieder ein Tempowechsel, Beschleunigung. Drab knipst die Taschenlampe aus und schiebt die Axt unter seinen Mantel. Leutnant Zielinski steckt die Pistole in die Pistolentasche, der Sohn steht von der Erde auf. Das Marktweib stürzt zum Gepäck und treibt das Mädchen zur Eile an. Der Sohn hebt den Mantel auf und hilft dem Vater beim Anziehen. Die Dame läuft zu Superiusz und durchbricht seine Isolation – Superiusz nimmt die Hände vom Gesicht –, sie macht ihn reisefertig. Alle laufen geschäftig herum und packen, dann stellen sie sich im Hintergrund der Bühne auf, längs der Gleise, mit dem Rücken zum Publikum. Nur der Geiger sitzt reglos da.

Nach den Geräuschen zu schließen, müßte der Zug schon direkt vor ihnen sein, aber er ist nicht zu sehen, denn es ist ein unsichtbarer Zug. Langsame, klappernde, schwer beladene Güterwagen, die langsam, gleichmäßig, monoton auf den Schienen stampfen. Der Geiger beginnt ganz leise ›Das Stetl Belz‹ zu spielen.

Die Gruppe an den Gleisen steht reglos da. Der Zug entfernt sich, er ist immer schwächer, aber sehr lange zu hören. Wenn er gar nicht mehr zu hören ist, hört auch die Musik auf. Die Gruppe an den Gleisen entfernt sich langsam, wie im Halbschlaf, von den Gleisen und beginnt, auf den Zuschauerraum zugehend, langsam, halblaut, wie für sich selbst zu sprechen.

Das war nicht unser Zug.

DRAB Unseren hätte man gesehen.

DAME Das sind nicht wir.

LEUTNANT ZIELINSKI Wir sind gefahren, aber die hat man transportiert.

LEHRER *sachlich* Ein Transport.

Langsam und schläfrig legen sie sich um das Feuer herum zum Schlafen hin. Nur der Sohn steht unbeweglich zwischen ihnen. Während sie sich hinlegen, reden sie immer leiser und schläfriger.

MARKTWEIB Es fährt nichts.

DRAB Man hört nichts.

LEUTNANT ZIELINSKI Wir haben uns das eingebildet.

LEHRER Ja, eine Illusion.

SUPERIUSZ *richtet sich auf die Ellenbogen auf.* Eine Illusion?

DAME Schlaf, Liebling.

Sie legt ihn wieder neben sich nieder und deckt ihn mit dem Pelzkragen zu. Alle haben sich hingelegt und sind eingeschlafen.

Der Sohn steht weiter unbeweglich zwischen den Liegenden, und der Geiger sitzt da, wie er den ganzen Akt über dagesessen hat, beim Feuer, mit dem Rücken zum Publikum und jetzt, da er aufgehört hat zu spielen, ebenfalls reglos. Das Feuer erlischt. Nach einem Augenblick steht der Geiger auf und nähert sich, ohne mit dem Stock den Weg zu suchen, ganz so, als könne er normal sehen, dem Platz, wo Superiusz neben der Dame ruht. Er steht über Superiusz, der erhebt sich.

SUPERIUSZ *halblaut* Ist es schon soweit?

Der Geiger wartet schweigend. Superiusz steht vorsichtig auf, um seine schlafende Begleiterin nicht zu wecken. Der Geiger geht nach rechts. Superiusz nimmt das Necessaire, in dem sich die Rasierklinge befindet, und folgt dem Geiger. Er hält inne, dreht sich um und sieht den Sohn an, der Zeuge der ganzen Szene war und ist. Einen Augenblick lang sehen sich der Sohn und Superiusz an, dann wendet sich Superiusz vom Sohn ab und geht wortlos hinter dem Geiger nach rechts ab.

Als Superiusz fort ist, nähert sich der Sohn dem Platz, wo das schwangere Mädchen liegt. Er legt sich neben sie, aber nicht wie ein Mann, sondern wie ein Kind. Er schmiegt sich kindlich an ihre Schultern, so als wäre sie seine Mutter. Das Mädchen wacht auf und streicht ihm, als sie die Situation erkennt, genauso natürlich wie eine Mutter fürsorglich über das Haar.

SOHN *kindlich, jammernd* Ich will nicht, ich will nicht …

Dunkel. Man hört ›Die Internationale‹, auf einer Geige gespielt. Das dauert so lange, wie man braucht, um die Dekoration abzubauen.

EPILOG

1. Szene

Ein heller, sonniger Tag. Die Bühne ist leer. Von rechts kommt der Vater mit dem Sohn, wie am Anfang des ersten Akts. Der Sohn humpelt etwas.

VATER Gestern hatte ich eine schwere Grippe. Ich habe immer noch Kopfschmerzen. Und wie fühlst du dich?
SOHN Gut.
VATER Du hast nichts?
SOHN Nein.

VATER Na ja, den einen erwischt es und den anderen nicht. Das ist sicher, weil du jung bist. Den jungen Menschen meidet die Krankheit. Verdammt, wieder müssen wir zu Fuß gehen.

SOHN Ist es noch weit, Papa?

VATER Es kann nicht weiter als näher sein. Ich habe doch gesagt, daß die Züge noch nicht fahren. Wir haben viel Zeit verloren. *Er sieht den Sohn unsicher von der Seite an, er hat Schuldgefühle.* Und dann noch diese Grippe...

SOHN Das macht nichts, Papa.

VATER *seufzt erleichtert auf, ist aber nicht völlig sicher, ob alles erledigt ist.* Nun ja, das passiert schon mal...

Einen Augenblick lang gehen beide schweigend.

Und du, weshalb hinkst du?

SOHN Tu ich doch gar nicht, Papa.

VATER Ich sehe es doch.

SOHN Das ist nichts, Papa, gehen wir.

VATER Nichts, nichts, aber du hinkst. Sicher hat ein Schuh gescheuert. Du hast zu enge Schuhe.

SOHN Nein, sie sind in Ordnung.

VATER Was heißt da in Ordnung? Du wächst, du bist aus ihnen herausgewachsen. Ich muß dir neue kaufen.

SOHN Nicht nötig, Papa.

VATER Ich weiß, was ich sage. Wir kaufen dir ordentliche Vorkriegsschuhe.

SOHN Wieso denn Vorkriegsschuhe, wenn es doch nach dem Krieg ist...

VATER Nach dem Krieg, aber Vorkriegsschuhe. Ich kaufe dir doch nicht irgendwelchen Schund.

Sie gehen weiter. Der Vater beobachtet den Sohn, der jetzt deutlich hinkt. Obwohl er sich bemüht, das zu verbergen.

Bleibt stehen. Setz dich.

SOHN Aber wir müssen doch weitergehen.

VATER Setz dich, wie ich es dir sage. Du wirst dich nicht mit Schmerzen weiterschleppen. Wir müssen Abhilfe schaffen. *Der Sohn setzt sich gehorsam hin.* Zieh sie aus.

Der Sohn zieht den Schuh des Beines aus, auf dem er humpelte. Der Vater setzt sich neben ihn und beginnt ebenfalls, seine Schuhe auszuziehen.

Den zweiten auch.

Der Sohn zieht den zweiten Schuh aus. Der Vater gibt ihm seine Schuhe.

Probier mal meine an.

Der Sohn zieht die Schuhe des Vaters an.

Jetzt steh auf und geh umher.

Der Sohn steht auf und macht ein paar Schritte hin und her.

Sind sie gut? Komm her.

Der Sohn geht zum Vater und bleibt vor ihm stehen. Der Vater drückt auf die Fußspitzen.

Wie angegossen. *Er zieht sich die Schuhe des Sohnes an.* Sieh mal, wie du gewachsen bist, du hast schon meine Schuhgröße.

Er quält sich mit den Schuhen des Sohnes ab, die ihm zu eng sind.

Na so was! Deine passen auch, Ehrenwort.
SOHN Sie müssen zu klein sein.
VATER Aber woher denn! Mein Fuß ist geschrumpft oder was... Meine waren mir schon zu groß.

Er hat die Schuhe zugeschnürt, steht auf und stampft mit dem Fuß auf; er krümmt sich vor Unbehagen.

Paßt genau. Na, siehst du? Es wird schon alles gut.

Von links kommen Leutnant Zielinski und Drab.

2. Szene

Leutnant Zielinski trägt denselben kurzen Schafspelzmantel wie vorher, aber ohne Gürtel und Waffe. Statt der Militärmütze hat er jetzt einen Hut auf. Drab trägt den-

selben Wehrmachtsmantel ohne Rangabzeichen, dieselbe Zivilschirmmütze, das Harmonium hängt über seiner Schulter.

LEUTNANT ZIELINSKI Wen sehe ich da!

Der Vater bückt sich und hebt einen Stein vom Boden auf. Er stellt sich vor den Sohn und wartet mit dem Stein in der Hand auf die Näherkommenden.

Lüftet den Hut. Meine allerwerteste Ehrerbietung! ...Was denn, erkennen Sie mich nicht?

VATER Ich soll den Herrn Leutnant Zielinski...

LEUTNANT ZIELINSKI Was für ein Leutnant?! Bürger Zielinski! *Zu Drab* Kennst du irgendeinen Leutnant Zielinski?

Drab schüttelt verneinend den Kopf.

Na sehen Sie?

VATER Dann sind Sie kein Leutnant mehr?

LEUTNANT ZIELINSKI Was für ein Leutnant... *Zu Drab* War ich je ein Leutnant?

DRAB Sie, Herr Leutnant? Nie!

LEUTNANT ZIELINSKI *drohend* Was für ein Leutnant...

DRAB Ich wollte sagen, Bürger Leutnant...

LEUTNANT ZIELINSKI Was für ein Bürger Leutnant...

DRAB Herr Zielinski...

LEUTNANT ZIELINSKI Was für ein Herr Zielinski...

DRAB Bürger Zielinski.

LEUTNANT ZIELINSKI Na!

DRAB *steht stramm.* Jawohl!

LEUTNANT ZIELINSKI Sehen Sie? Kommen Sie mit uns?

VATER Zur Armee?

LEUTNANT ZIELINSKI Zu was für einer Armee? Jetzt sind andere Zeiten. Nach Westen.

VATER Weit?

LEUTNANT ZIELINSKI So weit es nur geht.

VATER Und weswegen?

LEUTNANT ZIELINSKI Wegen eines neuen Lebens. *Zu Drab* Nicht wahr? *Drab nickt.*

VATER Und was wird mit dem alten?

Leutnant Zielinski weist bedeutungsvoll mit dem Finger auf die Kehle.

Aber ich geh mit meinem Sohn …

LEUTNANT ZIELINSKI Hier haben Sie nichts mehr zu erwarten. Ich rate Ihnen in aller Freundschaft, das hier ist kein Spiel mehr.

VATER Aber ich will zu meiner Frau …

LEUTNANT ZIELINSKI Sie wollen kein neues Leben?

Vom Himmel her hört man in großer Höhe vorüberfliegende Flugzeuge. Ein monotones Geräusch. Der Vater, der Sohn, Drab und der Leutnant Zielinski gucken in den Himmel.

VATER Sie fliegen …

LEUTNANT ZIELINSKI Das sind schon die letzten.

Pause. Sie gucken in den Himmel.

VATER Mensch, fliegen die hoch …

Sie gucken so lange zum Himmel, wie das Geräusch der Flugzeuge zu hören ist. Dann gucken sie wieder runter mit Ausnahme des Vaters, der immer noch nach oben schaut.

LEUTNANT ZIELINSKI Na, was ist, kommen Sie mit?

Der Vater antwortet nicht, starrt weiter in den Himmel.

Was ist, sind Sie taub?

Der Vater hört auf, in den Himmel zu starren.

Kommen Sie mit uns oder nicht? Ich frage zum letzten Mal.

VATER Ich kehre nach Hause zurück.

LEUTNANT ZIELINSKI Wie Sie wollen. Ist ja nicht mein Bier. *Zu Drab* Vorwärts, Pioniere!

Der Leutnant Zielinski und Drab gehen nach rechts ab.

SOHN Die kommen nicht mehr wieder?

VATER *schroff* Red keinen Unsinn.

Sie gehen nach links. Von links kommen die Dame und der Lehrer.

3. Szene

LEHRER Ah, alte Bekannte.

Der Vater zieht seinen Hut.

In welche Richtung wollen Sie denn? Wir wollen in die Hauptstadt.

VATER Nicht mehr nach Hause?

LEHRER Es gibt keine Rückkehr in die alten Ställe. Der Wind der Geschichte hat sie weggefegt.

VATER Wieso, das Haus ist weggefegt worden?

LEHRER Ich rede in Metaphern.

DAME Die beiden wissen sicher nicht, was eine Metapher ist. Wißt ihr das?

VATER So was wie…

DAME Dann lernt ihr das. Wir haben ein kolossales Bildungsprogramm der Edukation, der Re-edukation und der Kollaboration. *Zum Sohn* Wir rechnen besonders mit der jungen Generation.

LEHRER Bau, Aufbau, Überbau. Ungeheure Aufgaben. Sind Sie aus dem Volk?

VATER Ich? Na ja… wie soll ich das sagen…

LEHRER *drückt dem Vater eifrig die Hand.* Sehr angenehm. Wir fangen sofort an, die jahrhundertelange Kluft zwischen dem Volk und den aufgeklärten Schichten zuzuschütten, wir wollen keinen Moment Verzögerung.

DAME Ihr müßt wissen, guter Mann, daß ihr der Motor der Geschichte seid. Der Herr wird euch das erklären.

VATER Aber wir haben es eilig…

LEHRER Eben. Eine kolossale Beschleunigung der Prozesse ist eingetreten. Wir, die Intelligenz, sind unumgänglich notwendig bei dem Werk der Bestätigung…

DAME Der Ergebung…

LEHRER Das sage ich doch gerade! …Beim Werk der Erhebung, der Verbreitung und der Bestätigung. Wir wurden von dem System, das sich auf die Gesetze des Gewinns, des An- und Verkaufs stützte, nicht gewürdigt, wir, die Intelligenz. Wir wurden von der Welt der vulgären Materie an den Rand gedrängt, wir, deren natürliches Element die Welt der Ideen ist. Aber das ist jetzt vorbei.

DAME Für immer.

LEHRER *reibt sich die Hände.* Jetzt spielen wir eine Rolle, jetzt spielen wir eine Rolle…

DAME Eine geschichtliche.

SUPERIUSZ *kommt von links, hinter dem Rücken der Dame und des Lehrers.* Stimmt alles.

4. Szene

Superiusz ist so angezogen, wie wir ihn zuletzt im zweiten Akt gesehen haben, aber keine Spur davon, daß sein krankes Bein jetzt auch noch krank wäre. Ihn begleitet eine schöne Frau in seidenen, durchsichtigen Gewändern, geschmückt mit kleinen Goldknöpfen und Kleinoden; sie sieht aus wie der Traum eines Kostümbildners, der sich eine Operette über den Nahen Osten vorstellt. Sie hängt an seiner Schulter.

LEHRER Sie sind auch wieder hier?

SUPERIUSZ Nicht ganz und nicht für lange. Ich habe anderes zu tun. Ich wollte meiner Begleiterin nur das Land meiner Kinderzeit zeigen. Meine Umgebung, sozusagen meinen Background. Sie war nie hier, für sie ist das exotisch. Und bei dieser Gelegenheit nachsehen, was sich hier im weiteren Verlauf ereignet hat. *Zur Bajadere* Siehst du, Liebling? Genau, wie ich vorausgesehen habe: ein absoluter, unwiderruflicher Triumph der Durchschnittlichkeit.

Die Bajadere nickt. Der Lehrer sieht die Dame an, die sieht die Bajadere an.

Ich hatte recht, nicht länger bei euch zu bleiben. Das war die letzte Möglichkeit.

DAME Wer ist diese Hexe…

SUPERIUSZ Was denn, Mäuschen. Bist du eifersüchtig? Jetzt, wo… *Er sieht vielsagend den Lehrer an.*

LEHRER Eben. Mausilein, vergiß nicht, daß er dich verlassen hat. Und daß wir eine geschichtliche Mission zu erfüllen haben.

SUPERIUSZ Ich hatte gehofft, du hättest mir verziehen. Es war zu deinem Wohl, daß ich weggegangen bin, weil wir, wie sich herausstellte, kein passendes Paar waren. Das war meine Schuld, das gebe ich zu. Ich konnte dich nicht so lieben, wie du es verdient hast. Ich wäre ein ewiger Schuldner deiner Liebe geblieben.

DAME Welcher Liebe?

SUPERIUSZ Deiner Liebe zu mir.

DAME Ha, du nennst diesen Egoismus Liebe?

SUPERIUSZ Der Egoismus war auf meiner Seite, die Liebe auf deiner.

DAME Das ist eine übertriebene Beachtung des Individuums in völliger Isolation von der Gesellschaft und ihren brennenden Problemen.

LEHRER Mäuschen, übertreibst du jetzt nicht?

DAME Dieser kleinliche Subjektivismus? Das war keine Liebe. Das war nur eine typische Widerspiegelung der Produktionsverhältnisse, in denen die gesellschaftlichen Produktionsmittel in Privathänden liegen.

LEHRER Trotzdem, Mausilein...

DAME *zum Lehrer* Schweig! *Zu Superiusz* Falls es dir so scheint, als hätte ich dich geliebt, dann wisse, daß ich das nie getan habe!

SUPERIUSZ Macht nichts, mein Liebes, macht nichts.

DAME Das war kein Gefühl. Erst jetzt liebe ich!

SUPERIUSZ *zum Lehrer* Ich gratuliere Ihnen.

DAME Ich liebe die Menschheit und besonders die Massen!

Sie umarmt den Vater.

VATER Das ist nicht nötig, wirklich nicht nötig...

DAME Das erst ist Liebe. Die echte. Ich spüre, daß ich für die echte Liebe geschaffen bin. Vorher war nichts... *Plötzlich ändert sie den Ton von pathetisch auf aufrichtig, d. h. sie schreit.* Wer ist diese Hexe?!

SUPERIUSZ Du benimmst dich nicht anständig. *Zur Bajadere* Reg dich nicht auf, Kleolein, du verstehst schon...

LEHRER Sie sind nicht von hier?

SUPERIUSZ Wer, Kleopatra? Natürlich nicht. Wir haben uns gleich nach meinem Austritt aus dem Zeitraum getroffen und waren uns sofort sympathisch. Das ist ein grundsätzlicher Vorzug des Nichtseins: Man kann sich seine Gesellschaft aussuchen.

LEHRER *verbeugt sich vor Kleopatra.* Küss' die Hand. Da sind Sie so weit her, aus Ägypten?

DAME *drohend und warnend* Wladek!...

SUPERIUSZ Die Geographie und die Geschichte haben keinerlei Bedeutung in dem außerzeitlichen und außerräumlichen System. Es zählt nur die Verwandtschaft der Charaktere und der Temperamente, das allgemeine Niveau, oder allgemein gesagt, die gegenseitige Anziehung aufgrund der Ähnlichkeit der Persönlichkeiten. Nicht wahr, Kleolein? *Kleopatra schmiegt sich an Superiusz, der sie umarmt.*

LEHRER Erlauben Sie, daß ich mich vorstelle.

DAME Genug! Nach Hause!

VATER Dann geht es nicht mehr in die Hauptstadt?

Die Dame ergreift die Hand des Lehrers und zieht ihn energisch zurück in die Richtung, aus der sie gekommen sind, d. h. nach links. Der Lehrer folgt ihr, da er gezogen wird, aber er dreht seinen Kopf nach Kleopatra und Superiusz. Bevor er ganz von der Bühne gezogen wird, zieht er noch höflich seinen Hut. Superiusz erwidert die Verbeugung und zieht seinen Borsalino. Die Dame und der Lehrer verschwinden links. Eine kurze Pause.

SUPERIUSZ Nun, dann kehren wir auch um. Wir sind nur für einen Augenblick vorbeigekommen. *Er zieht den Hut vor dem Vater.* Ich wünsche alles Gute.

Der Vater erwidert die Verbeugung. Der Sohn scharrt mit dem Fuß, so wie es einst den Bauernjungen in der Schule beigebracht wurde. Superiusz und Kleopatra gehen nach rechts, sie halten sich an den Händen.

SOHN Bitte, mein Herr …
SUPERIUSZ *bleibt stehen.* Ja?

Der Sohn zeigt nach links.

Ich danke dir sehr, mein Junge, aber in unserer Situation haben Richtungen keinerlei Bedeutung mehr.

Kleopatra lächelt den Jungen an und winkt ihm zum Abschied mit der Hand. Superiusz und Kleopatra gehen nach rechts ab.

5. Szene

VATER *sieht ihnen nach.* Ein höflicher Herr …
SOHN Wie schön die Dame ist …
VATER *seufzend* Was es nicht alles gibt auf der Welt …
SOHN Wovon haben sie gesprochen?
VATER Das ist nichts für unsere Köpfe.
SOHN Aber ich würde es gern wissen.

VATER Was wissen?

SOHN Alles.

VATER Das ist nicht so einfach. Du erwischst einen Zipfel – und der andere entwischt dir. Dann erwischst du den anderen – und begreifst den ersten nicht. So ist das mit allem im Leben.

SOHN Was soll man denn tun, Papa?

VATER Du mußt alles von der Mitte her nehmen.

SOHN Das heißt wie?

VATER Der Mensch soll ehrlich sein und basta. Verstehst du?

SOHN Ja, das verstehe ich wohl.

VATER Keinerlei ›wohl‹. Das versteht man oder man versteht es nicht.

Pause.

Verstehst du?

SOHN Ja.

VATER Bestimmt?

Der Sohn geht zum Vater, berührt seine Hand. Pause.

SOHN Ja, Papa, ich verstehe es ganz bestimmt.

Pause. Danach zieht der Vater ein großes Taschentuch heraus, der Sohn läßt die Hand los. Der Vater schnaubt sich trompetend die Nase. Dann steckt er das Taschentuch wieder ein.

VATER Na dann gehen wir mal.

Sie gehen nach links, der Vater vorneweg, in den zu engen Schuhen des Sohnes humpelnd. Nach einigen Schritten bleibt der Vater stehen, hebt den Kopf und sieht in den Himmel. Der Sohn bleibt ebenfalls stehen und sieht auch in den Himmel, weil er sehen will, was der Vater da sieht. Der Vater zeigt mit dem Zeigefinger auf den Himmel.

Die da oben haben es gut. *Er läßt den Kopf und die Hand sinken, geht weiter nach links, der Sohn folgt ihm.* Wir müssen zu Fuß gehen.

Dunkel.

Deutsch von Christa Vogel

Die Uraufführung des Stückes erfolgte 1980 in Białystok.

Die Rückkehr

Fernsehspiel

Personen

Leo
Lora
Ivo
Katarzyna
Doktor
Alter
Unbekannter
Bahnbeamter
Patient
Zwerg

Die Handlung spielt
kurz vor dem Ausbruch des Ersten Weltkrieges,
in einer kleinen Stadt in Slowenien,
einer Provinz der K.-u.-K.-Monarchie
Österreich-Ungarns.

1. Szene

Ein Abteil erster Klasse. Der Mann (Leo) steht am Fenster und betrachtet die hinter dem Fenster vorbeiziehende Landschaft. Die Frau (Lora) sitzt auf der Bank und betrachtet sich im Spiegel. Auf den Knien hat sie ein Reisenecessaire mit Kosmetika. Der Mann wendet sich um und greift nach dem Mantel. Die Frau pudert sich aufmerksam und ruhig das Gesicht.

LORA Es ist noch Zeit.

2. Szene

Ein Teil einer Straße in einer Provinzkleinstadt. Leo und Lora fahren in einer Kutsche. Eine Bäuerin mit einem Korb in der Hand geht die Straße entlang. Man hört eine Klingel. Es erscheint ein Priester in liturgischem Gewand mit einem Viatikum, ein Ministrant vor ihm. Der Ministrant läutet mit einer kleinen Handglocke. Die Bäuerin kniet nieder und bekreuzigt sich. Leo beugt sich auf dem Sitz nach vorn und faßt den Kutscher an die Schulter.

LEO Schneller, schneller!

Die Kutsche fährt im Galopp weiter.

3. Szene

Die Fassade eines einstöckigen Hauses im Garten hinter einem Zaun. Die Gardine hinter dem Fenster ist zurückgezogen, eine Hand, die die Gardine hält, ein Gesicht im Hintergrund. Die Kutsche fährt durch das Tor. Die Hand läßt die Gardine los. Leo springt aus der Kutsche und läuft zum Eingang des Hauses. Lora bleibt in der Kutsche.

4. Szene

Leo geht in die breite, fast leere Stube. Eine niedrige Decke, rauhe Wände, die lange nicht geweißt worden sind, ein Holzfußboden, wenige alte und ärmliche Gerätschaften. Leo bleibt mitten in der Stube stehen, sieht sich um, ruft:

LEO Katarzyna, Katarzyna!

Niemand antwortet. Leo öffnet die nächste Tür.

5. Szene

Ein ähnliches Zimmer wie das vorherige. Ein schmales Bett gegenüber der Tür, die Leo geöffnet hat. Auf dem Bett liegt eine Frau in einem dunklen Kleid. Sie liegt auf dem Rücken, mit geschlossenen Augen und auf der Brust verschränkten Armen, in der Position, wie man gewöhnlich die Verstorbenen aufbahrt. Leo bleibt auf der Schwelle stehen.

LEO Katarzyna...

Katarzyna liegt weiter unbeweglich da. Leo geht zum Bett und bleibt daneben stehen. Er beugt sich nieder und streckt die Hand aus. Er will gerade ihre Wange berühren, als Katarzyna die Augen öffnet. Leo zieht schnell die Hand zurück.

KATARZYNA Was willst du?
LEO Du hast mich gerufen.
KATARZYNA Nein.
LEO Und das Telegramm?
KATARZYNA Ich habe dir nur mitgeteilt, daß ich krank bin. Nichts weiter. Du hättest nicht kommen müssen.

Leo setzt sich auf einen Stuhl neben dem Bett. Er zieht ein Taschentuch aus der Tasche und wischt sich den Schweiß von der Stirn. Er steckt das Taschentuch wieder weg.

LEO Was hast du?
KATARZYNA Du bist so viele Jahre lang nicht gekommen,

warum solltest du jetzt kommen? Ich habe das nicht von dir gefordert. Ich fordere nie etwas von dir.

LEO Was tut dir weh?

KATARZYNA Ich weiß, daß du wichtigere Dinge hast. Das war immer so.

LEO Was hat der Doktor gesagt?

KATARZYNA Bei uns in der Provinz gibt es keine echten Ärzte. Es lohnt sich nicht einmal, sie zu rufen. Besonders nicht zu mir.

LEO Das heißt, du weißt nicht, was du hast?

KATARZYNA Doch, weiß ich.

LEO Ohne einen Arzt?

KATARZYNA Ein Arzt wird mir nichts Neues sagen. Ich weiß, was ich habe, obwohl ich das lieber nicht wüßte.

LEO Aber das ist doch Unsinn!

KATARZYNA Für dich, nicht für mich. Außerdem kann ich mir einen Arzt nicht leisten.

Leo steht vom Stuhl auf. Katarzyna wendet den Kopf und sieht ihn zum ersten Mal direkt an.

Du bist älter geworden.

LEO Was ist daran verwunderlich?

KATARZYNA Du wirst deinem Vater immer ähnlicher.

LEO Dafür hast du dich überhaupt nicht verändert.

KATARZYNA Lüge nicht. Willst du mir schmeicheln? Genau wie Vater, der immer der ganzen Welt gefallen wollte.

LEO Hören wir auf, über Vater zu reden.

KATARZYNA Das hast du doch schon längst getan.

LEO Du weißt sehr gut, daß ich nicht zur Beerdigung

kommen konnte. Ich war auf Reisen, ich habe es zu spät erfahren.

KATARZYNA Obwohl du es früher geahnt hast.

LEO Sagst du das aus Liebe zu Vater oder aus Haß mir gegenüber?

KATARZYNA Ich sage die Wahrheit.

LEO Müssen wir gleich zu Anfang so miteinander reden? Wir haben uns ewig nicht gesehen. Geht es denn nicht anders?

KATARZYNA Du kannst nicht anders.

LEO Nein! Du kannst nicht anders! Warum behandelst du mich so!

KATARZYNA In Ordnung. Hattest du eine angenehme Reise?

LEO Angenehm? Wenn das ein Scherz sein soll…

KATARZYNA Mach es dir bequem, fühl dich wie bei dir zu Hause. Das ist dein Zuhause.

LEO Um die Wahrheit zu sagen, würde ich ein Hotel vorziehen.

Katarzyna richtet sich plötzlich auf, sitzt aufrecht da, lebhaft, in plötzlichem Kontrast zu der vorherigen Position einer Verstorbenen.

KATARZYNA Im Hotel?!

LEO Das wird für alle am bequemsten sein.

Katarzyna fällt auf das Bett zurück. Sie wendet sich zur Seite, mit dem Rücken zu Leo.

Ich hole dir einen Arzt. *Er geht hinaus.*

6. Szene

Die Kutsche vor dem Haus. Der Kutscher auf dem Bock. Lora ist nicht mehr in der Kutsche. Leo geht zur Kutsche.

LEO Wo ist die Dame?

Der Kutscher zeigt mit seinem Stock runter auf eine Straßenbiegung. Leo geht in die gewiesene Richtung.

7. Szene

Die Perspektive einer Vorstadtstraße. Zäune, einstöckige Häuser, Felder im Hintergrund. In der Perspektive ist niemand zu sehen. Leo biegt in die Straße ein.

8. Szene

Gegenaufnahme. Leo kommt näher, teilweise rennt er. Er bleibt stehen, holt das Taschentuch aus der Tasche, wischt sich den Schweiß von der Stirn, steckt das Taschentuch ein. Er rennt wieder.

9. Szene

Das Brückengeländer am Fluß. Lora stützt sich auf das Geländer, sie steht unter einem Schirm, der sie vor der Sonne schützt. Sie sieht nach unten.

10. Szene

Der Blick von der Brücke auf das niedrige, mit Büschen bewachsene Ufer. Nicht weit entfernt vom Ufer ein Boot. Im Boot sitzt ein Mann mit einer Angel im Wasser. Ein stattlicher, schnurrbärtiger brünetter Mann mit Schirmmütze, in Hemd und Pluderhosen, mit Schaftstiefeln. Nach einem Augenblick wendet er den Kopf und sieht nach oben auf die Brücke.

11. Szene

Lora sieht durch das Geländer nach unten. Am Geländer entlang kommt Leo und bleibt neben Lora stehen.

LEO Warum bist du weggegangen?

Lora legt den Finger auf den Mund und befiehlt ihm zu schweigen. Leo lehnt sich an das Geländer und sieht ebenfalls nach unten.

12. Szene

Perspektive auf die Brücke vom Fluß aus. Lora und Leo stehen am Geländer und sehen beide nach unten. Lora hebt die Hand und winkt dem Angler zu.

13. Szene

Perspektive von der Brücke auf den Fluß. Der Mann im Boot lächelt, lüpft die Schirmmütze und erwidert den Gruß.

14. Szene

Perspektive von unten vom Fluß her. Leo faßt Lora um die Schulter und führt sie am Geländer entlang aus dem Bild, in die Richtung, aus der Leo gekommen ist.

15. Szene

Arztzimmer. Der Arzt mit einem Hörrohr an der nackten Brust eines Patienten. Der Patient ist ein alter, sehr magerer Mann, die Hosenträger hängen herunter. Beide sitzen auf Hockern. Der Arzt ist sorgfältig gekleidet, im Gehrock, eine goldene Uhr an einer Uhrkette. Der Arzt wendet sich vom Patienten ab und steht auf.

Leo steht in der Tür.

DOKTOR Herzlich willkommen, Maestro, herzlich willkommen… *Er streckt die Hand aus und drückt Leo die Hand.*

LEO *sieht auf den Patienten.* Störe ich nicht?

DOKTOR Für Sie, Maestro, bin ich immer zu Diensten. Ich habe gehört, daß Sie uns mit Ihrem Besuch beehren. Darüber wird schon in der Stadt geredet. Eine große Ehre.

Der Doktor weist auf den Stuhl vor dem Schreibtisch. Leo setzt sich. Der Doktor rückt den Hocker näher an den Stuhl, auf den sich Leo gesetzt hat und setzt sich auf den Hocker. Leo sieht über die Schulter des Arztes auf den Patienten. Der Doktor dreht sich zum Patienten um und komplimentiert ihn mit einer ungeduldigen Geste aus dem Sprechzimmer. Der Patient steht auf, nimmt sein Hemd und seine Jacke und geht aus dem Sprechzimmer, er verbeugt sich devot vor dem Doktor.

Der Doktor wartet, bis der Patient die Tür hinter sich geschlossen hat. Nun, und wie haben Sie uns nach so langer Abwesenheit vorgefunden, Maestro? Es ist ja schon zehn Jahre her, scheint mir…

LEO Fünfzehn.

DOKTOR Wie die Zeit rast… Und nun, wie? Haben Sie es geschafft, sich umzusehen? Was ist Ihr Eindruck?

LEO Ich bin erst seit ein paar Stunden hier.

DOKTOR Ein gräßliches Loch, was?

LEO Es ist meine Heimatstadt.

DOKTOR Und das ist das einzig Positive. Daß ich hier

sitze, heißt nicht, daß ich nicht sehe, wo ich sitze. Sie sind die Karriereleiter hochgeklettert, und ich hinunter.

LEO Aber Herr Doktor!

DOKTOR Warum soll ich mir was vormachen? Unsere Schicksale haben sich in die entgegengesetzte Richtung entwickelt. Sie sind hier geboren und in die große Welt gegangen. Ich bin in der großen Welt geboren und bin ein Provinzdoktor geworden. Nun ja, nicht jeder hat Talent.

LEO Herr Doktor, wenn Sie nur wollten …

DOKTOR Sie haben recht. Wille, das ist auch Talent. Vielleicht das allerwichtigste. Ich bewundere Sie.

LEO Ich glaube nicht, daß ich etwas Außergewöhnliches geschafft habe.

DOKTOR Na, na, na … Wer sagt denn so was. Die Zierde der Wiener Salons, ein europäischer Schriftsteller, die Hoffnung der Literatur … Sie sind berühmt.

LEO Sie übertreiben.

DOKTOR Denken Sie ja nicht, daß wir hier nichts lesen, nichts hören, nicht auf dem laufenden sind. Das heißt, ich. Was die andern betrifft, möchte ich dafür nicht die Hand ins Feuer legen.

LEO Herr Doktor, ich komme mit einer großen Bitte.

DOKTOR Jede Bitte von Ihnen wird mir Befehl sein.

LEO Es geht um meine Schwester.

DOKTOR Wie geht es Frau Katarzyna?

LEO Leider ist sie schwer krank. Ich möchte gern, daß Sie sie besuchen. Sofort.

Der Doktor steht auf, geht zu dem verglasten Schrank, in dem die Patientenakten liegen, und kehrt mit einem Pappordner zurück. Er setzt sich und öffnet den Ordner.

Ich muß Sie vorher warnen, sie wehrt sich gegen jeden Arztbesuch. Eine merkwürdige Person ist sie. Ich komme auf eigene Faust hierher zu Ihnen. Ihr Zustand beunruhigt mich sehr.

DOKTOR Also da kann ich Sie beruhigen.

LEO Oh, danke sehr. *Er steht auf.* Gehen wir, es ist nicht weit.

DOKTOR Ihre Schwester befindet sich in einem ausgezeichneten Gesundheitszustand.

LEO Sie entschuldigen, Herr Doktor, aber ich verstehe Sie nicht... Das sagen Sie einfach so, ohne sie gesehen zu haben?

DOKTOR *weiter sein Dossier studierend.* Sie war vor drei Tagen bei mir.

LEO Wieso?

DOKTOR Sie ist meine ständige Patientin.

LEO *setzt sich.* Sie kommt regelmäßig zu Ihnen?

DOKTOR Seit Jahren.

LEO Aber... Wenn ihr nichts fehlt, das heißt, wenn Sie, Herr Doktor, der Meinung sind, daß ihr nichts fehlt...

DOKTOR Sie vertrauen mir nicht?

LEO Aber ganz im Gegenteil, nur...

DOKTOR Man muß seine Patienten kennen. Manche wollen gar nicht hören, daß sie gesund sind. Besonders einsame Frauen.

Leo zieht das zerknitterte Telegramm aus der Tasche. Er glättet es, überprüft das Datum.

LEO Vor drei Tagen... Sind Sie sicher?

DOKTOR *überprüft das Datum im Dossier.* Ganz sicher.

LEO *steckt das Telegramm in die Tasche und steht auf.* Ich danke Ihnen sehr, Herr Doktor. Und verzeihen Sie, daß ich Ihnen die Zeit gestohlen habe.

DOKTOR Aber ich habe doch den größten Nutzen davon. Bleiben Sie nicht noch einen Augenblick? Wir plaudern ein bißchen, trinken einen kleinen Kognak, ich rufe gleich... *Er steht auf.*

LEO Nein, nein, ein anderes Mal sehr gern. *Er gibt dem Doktor die Hand.*

DOKTOR Schade. Aber ich verlasse mich darauf, daß wir uns noch mal sehen. Versprechen Sie das?

LEO Selbstverständlich, ich freue mich sehr. *Er geht zur Tür.*

DOKTOR *bringt ihn zur Tür.* Werden Sie lange bei uns bleiben?

LEO Das weiß ich selber noch nicht.

DOKTOR Als Arzt würde ich Ihnen raten, so schnell wie möglich von hier wegzufahren.

LEO Warum?

DOKTOR Sagen wir, eine Sache des Klimas. Aber als Privatmensch würde ich Sie natürlich nie weglassen.

16. Szene

Appartement im Hotel, Salon. Leo und Lora.

LEO Wir reisen ab! Ich werde diese Betrügereien nicht länger dulden.

LORA Aber vielleicht ist sie wirklich krank?

LEO Wieso... Vor einem Augenblick erst hast du gesagt, daß du nie an ihre Krankheit geglaubt hast.

LORA Und ich hatte recht, wie sich herausgestellt hat.

LEO Also?

LORA Nicht krank in dem Sinn, wie ihr glaubt, du und dein Doktor. Krank, das heißt einfach unglücklich.

LEO Unglücklich, das heißt noch nicht, daß sie krank ist.

LORA Natürlich.

LEO Also soll ich ihren Lügen glauben, ihren Erpressungen nachgeben?

LORA Sie ist deinetwegen unglücklich. Das verzeihst du ihr nie.

LEO Ich soll zulassen, daß ihr der Trick mit dem Telegramm geglückt ist?

LORA Was ist daran so schlimm, daß sie dich sehen wollte?

LEO Nein! Niemals! Wir reisen sofort ab.

LORA Du fährst, ich bleibe.

LEO Ich soll hinnehmen, daß sie...

LORA Sie, sie, sie!

LEO *überrascht* Warum bist du wütend?

LORA Wir kommen hierher, weil sie krank ist. Wir fahren ab, weil sie nicht krank ist. Immer sie. Du und sie, sie und du. Und ich?

LEO Du? Aber du weißt doch …

LORA Ich weiß nur soviel, daß, was immer du tust, du für sie tust oder ihretwegen. Ich zähle nicht.

LEO Aber …

Lora stellt sich vor den Spiegel und setzt sich den Hut auf.

Gehst du aus?

LORA Ja.

LEO Wohin?

LORA Spazieren.

LEO Warum?

LORA Was für eine Frage! Ich bin hierhergekommen, um Ferien zu machen, und ich habe nicht die Absicht, die im Hotel eingeschlossen zu verbringen.

LEO Allein? Das gehört sich hier nicht, das ist eine Provinzstadt.

Lora antwortet nicht.

Ich komme mit dir mit.

LORA Nein!

LEO Warum nicht?

LORA Wenn du mich nur begleiten willst, weil es sich anders nicht gehört, dann brauche ich deine Begleitung nicht.

LEO Aber …

Lora geht die Tür zuknallend hinaus.

Willkommen, Heimatland.

Leo nimmt seinen Stock und Hut und geht hinaus, um Lora einzuholen.

17. Szene

Der Eingang zum Hotel ›Krone‹. Lora verläßt das Hotel. Sie steht unentschlossen vor dem Hotel, überlegt, ob sie nach rechts oder nach links gehen soll. Schließlich geht sie nach links. Sie geht an einem Mann mit Melone, Schnurrbart und Koffer vorbei. Der Mann verbeugt sich vor Lora, als er an ihr vorbeikommt. Lora geht gleichgültig an ihm vorbei. Der Mann bleibt stehen und sieht sich nach Lora um, dann geht er ins Hotel und passiert Leo, der gerade aus dem Hotel kommt. Leo steht vor dem Hotel, ist unentschlossen, ob er nach rechts oder nach links gehen soll, weil er nicht weiß, in welche Richtung Lora gegangen ist. Schließlich entscheidet er sich, nach rechts zu gehen, also in die entgegengesetzte Richtung, in die Lora ging.

18. Szene

Ein großer Platz vor der Polizeihauptwache. Die Fassade eines düsteren, massiven Gebäudes. Ein gewölbtes Eingangstor, daneben ein Wachhäuschen, neben dem Wachhäuschen auch ein Wachmann, ein Gendarm mit einem mit Hahnenfedern geschmückten Tschako, einem Gewehr mit einem Bajonett. Dorffrauen sitzen apathisch vor der Mauer. Weidenkörbe und Leinenbündel. Andere stehen auf dem Platz, nicht weit vom Tor, dem Tor zugewandt. Die Frauen sind verschiedenen Alters. Lora kommt auf den Platz und besieht sich die Szenerie.

IVO Sie sind, scheint es, nicht von hier.

Lora dreht sich um. Vor ihr steht Ivo, d. h. der Mann mit der Angel.

LORA Ach, Sie sind das.
IVO Kann ich Ihnen helfen?
LORA Natürlich, Sie können für mich den Fremdenführer spielen.
IVO Gern, aber das rate ich Ihnen nicht.
LORA Warum?
IVO Ich habe einen schlechten Ruf in der Stadt.
LORA Ja und? Was macht das?
IVO Haben Sie keine Angst?
LORA Wovor?
IVO Vor meinem Ruf.
LORA Aber ich kenne Sie doch gar nicht.
IVO Eben.
LORA Ich kenne weder Sie noch die Stadt, und ein schlechter Ruf macht mir nichts aus.
IVO Ja dann... Was interessiert Sie?
LORA Alles.
IVO Wirklich alles?
LORA Für mich ist hier alles neu, interessant, aufregend...
IVO Ich verstehe, Exotik, also Folklore.
LORA O ja! Ich liebe Folklore.

IVO Da haben Sie es toll getroffen. Wir haben gerade ein folkloristisches Schauspiel.

LORA Wo?

IVO Hier, vor Ihnen.

LORA Ich sehe nichts.

IVO Es fängt jeden Augenblick an.

LORA Da bin ich aber neugierig.

Die Frauen, die an der Mauer sitzen, stehen auf und laufen alle zum Tor. Aus dem Tor kommt ein langer Zug. Vorneweg ein bewaffneter Gendarm, mit einem Gewehr mit Bajonett bewaffnet. Hinter ihm die Verhafteten, junge Männer mit rasierten Köpfen. Ihre Hände sind gefesselt, eine Kette verbindet sie miteinander. Den Zug beschließt ein zweiter Gendarm. Die Gendarmen lassen die Frauen nicht zu den Verhafteten. Die Frauen lamentieren und rufen die Namen der Verhafteten und versuchen, ihnen die Leinenbündel zuzuwerfen. Unter dem Lamentieren der Frauen, dem Gerassel der Ketten und dem Geschrei der Gendarmen entfernt sich der Zug.

IVO Hat es Ihnen gefallen?

LORA Sie scherzen wohl.

IVO Das ist unsere Folklore.

LORA Kriminelle?

IVO Nein. Deserteure.

LORA Wo ist da der Unterschied?

IVO Slowenische Deserteure aus der kaiserlich-königlichen Armee. Alles Hiesige.

Lora schweigt.

Sind Sie immer noch nicht zufrieden?
LORA Wohin werden sie gebracht?
IVO Zum kaiserlich-königlichen Militärgericht.
LORA Sind Sie Anarchist?
IVO Ich bin von hier.

19. Szene

Leo geht am Friedhof entlang, immer noch auf der Suche nach Lora. Er kommt am Eingang vorbei. Er bleibt stehen, sieht sich das Tor an, steht einen Augenblick unentschlossen da. Schließlich kehrt er um und geht auf den Friedhof.

20. Szene

Leo geht zwischen den Gräbern herum. Der Friedhof ist gepflegt, viele Bäume, Blumen, Grünflächen. An einem Grab bleibt er stehen, beugt sich nieder, um die verwaschene Inschrift zu lesen. Man hört das Geräusch einer entkorkten Flasche, das in der Stille des Friedhofs besonders deutlich vernehmbar ist. Leo richtet sich auf und dreht sich um. Hinter dem Gebüsch sieht ihn ein greisenhaftes Gesicht an. Auf der Glatze ein Taschentuch, an vier Ecken zusammengeknotet. Leo korrigiert unwillkürlich seine sowieso tadellose großstädtische Kleidung.

ALTER Suchen Sie jemanden?

Leo antwortet nicht.

Wenn Sie jemanden suchen sollten, kann ich Ihnen helfen.

LEO Wissen Sie, wo sich das Grab von Mikolaj Janisz befindet, der im November 1903 gestorben ist?

ALTER Ach, Arschie.

LEO Wie bitte?

ALTER Sie nannten ihn Arschie. Das war sein Spitzname.

LEO Das ist mein Vater.

Der Alte kommt aus dem Gebüsch. Er ist fett und schmutzig. Er geht zu Leo. Er kommt nah an ihn heran, sieht ihm ins Gesicht.

ALTER Leo!

Er umarmt Leo und küßt ihn auf beide Wangen. Leo versucht, sich aus der Umarmung zu befreien.

Du bist aber groß geworden.

LEO Ich erinnere mich nicht…

ALTER »Wir danken dir, Allmächtiger, für das Licht der Erkenntnis, auf daß wir von ihm erleuchtet werden…«

LEO Herr Professor!

ALTER Das bin ich, mein Junge, das bin ich! Immer derselbe.

Der Alte rezitierte das von den Schülern in den Schulen des Reiches regelmäßig aufgesagte Gebet.

Na, da hast du mir aber eine Überraschung bereitet! Na komm! Komm…

Er faßt Leo am Ärmel und zieht ihn in die Büsche. Hinter den Büschen ist ein Picknick zwischen den Gräbern aufgebaut. Eine Decke, ein Weidenkorb auf der Decke, eine schon geöffnete Weinflasche, ein Glas, ein Korkenzieher, Messer, Brot, Salami, Käse. Und ein kleiner Klappstuhl.

Setz dich. Trinkst auch einen Schluck, was?

Er zeigt auf das nächste Grab als Sitzplatz für den Gast. Er selber setzt sich auf den Klappstuhl, nimmt die Weinflasche und das Glas.

LEO Ich weiß selber nicht…

Er sieht besorgt auf das Grab und bleibt weiter stehen. Der Alte mißinterpretiert sein Zögern.

ALTER Trink was, trink. Du bist jetzt erwachsen, du darfst. *Er schenkt Wein in das Glas.* Oder bekommt es dir nicht, he?

Er sieht Leo durchdringend an, wartet mit Spannung auf dessen Antwort.

LEO Nein, nur …

ALTER Vielleicht hast du Beschwerden? Bist du gesund? *Er sagt das voller Hoffnung, daß die Antwort negativ sein möge.*

LEO Danke, und wie geht es der Frau Professor?

ALTER Sie ist gestorben! Sie ist natürlich gestorben! Alle sterben. Also du sagst, daß dir nichts fehlt? Ganz sicher nicht?

LEO Na ja, ganz sicher kann man nichts wissen.

ALTER *erleichtert* Richtig! Na, wenn es dich sticht, dann solltest du besser nicht trinken. Auf dein Wohl! *Er trinkt.* Aber mir fehlt nichts, obwohl ich älter bin als du. Wie alt bist du?

LEO Vierzig.

ALTER So jung und schon krank? Ich bin über siebzig und habe nichts, immer noch dieselbe Kraft. Willst du mal fühlen?

Er krempelt den Ärmel hoch und spannt den greisenhaften Bizeps.

LEO Danke, ich sehe es von hier aus.

ALTER *schlägt sich auf den Bizeps.* Unerhört!

LEO Ich freue mich, daß ich Sie bei so guter Gesundheit sehe, Herr Professor.

ALTER Bei guter? Bei ausgezeichneter, mein Junge, bei phänomenaler! Alle beneiden mich darum, und am meisten die da. *Er zeigt auf die Gräber.*

LEO Das ist verständlich.

ALTER Ißt du was?

LEO Nein, danke.

ALTER Der Magen, was? Oder die Leber? In deinem Alter? So früh? Na ja, das kommt vor, das kommt vor. *Er reibt sich vergnügt die Hände.* Aber du hast recht. Besser, du ißt nichts, obwohl das sowieso auch nicht hilft. Der hier zum Beispiel, *zeigt auf das benachbarte Grab* der ist nur zweiundvierzig Jahre alt geworden. Das kannst du nachlesen.

LEO Oh, nicht nötig.

ALTER Aber ich kann essen. Alles, was ich will. Das ist keine Gesundheit, das ist ein Pferdemagen.

Er schneidet sich eine Scheibe Salami ab und stopft sie sich in den Mund.

LEO Sind Sie oft hier, Herr Professor?

ALTER *Kauend und schmatzend* Jeden Tag, mein Junge, jeden Tag, wenn es das Wetter erlaubt. Ich bin pensioniert und habe viel Zeit. Hier ist frische Luft, und frische Luft ist die Grundlage. Ich sitze hier, esse und trinke, erhole mich und fühle mich wohl. Ich kenne hier schon alle, und alle kennen mich. Liegen da, und ich lebe und singe. *Er summt heiser und greisenhaft* »Auf der grünen Wiese, hab ich sie gefragt, ob sie mich noch liebe, ja hat sie gesagt...«

LEO *unterbricht ihn, mit wachsendem Ekel, aber immer noch höflich* Na, dann geh ich mal. Ich wollte nicht stören.

ALTER Du willst dich nicht mit mir unterhalten? Nach so vielen Jahren? Wie geht es denn da so in Wien? Ungesunde Luft, was?

LEO Ziemlich.

ALTER Aber dafür gibt es Ballettmäuschen, was?

LEO Ich verstehe Sie nicht, Herr Professor.

ALTER Na, na, tu nicht so. Ballettmäuschen, kleine süße Mädel. Teufelchen, was? Im Ballett.

LEO Ich habe da keine Erfahrung.

ALTER Man sieht gleich, daß du schwächlich bist. Dazu braucht man Gesundheit. Ich zum Beispiel... Komm näher, ich erzähle dir was.

LEO Auf Wiedersehen, Herr Professor.

Der Alte beugt sich nieder und greift nach Leos Hosenbeinen.

ALTER Warte, wir gehen zusammen zum Grab deines Vaters. Früh gestorben, was? Schon vor zehn Jahren, obwohl er so alt war wie ich.

Leo versucht, sich zu befreien. Die greisenhafte Hand hält ihn wie mit Klauen am Hosenbein fest.

LEO Nein, ich muß zurück. Ein anderes Mal.

Er bückt sich und löst mit beiden Händen die Finger des Alten. So befreit, tritt er ein paar Schritte zurück.

ALTER Warte, ich zeig dir was.

Der Alte steht schwerfällig vom Klappstuhl auf. Er legt die Hände an die Hüften.

Eins! *Er macht eine Kniebeuge...* Und zwei! *Er steht auf, schlägt die Arme über dem Kopf zusammen.* Eins! *Kniebeuge...* Und zwei... *Er richtet sich wieder auf.*

Leo entfernt sich zwischen den Gräbern.

Eins! *Kniebeuge...* Und zwei! *Er richtet sich auf.* Eins!

Der Alte macht eine Kniebeuge, aber er verliert das Gleichgewicht und fällt auf die Lebensmittel und das Geschirr auf der Decke. Er kann nicht mehr aufstehen. Er bleibt unbeweglich liegen.

Leo wendet sich ab und flieht über die Gräber und zwängt sich durch die Büsche.

21. Szene

Am nächsten Vormittag. Das Appartement im Hotel ›Krone‹. Der Salon. Leo und Lora sitzen am Tisch und frühstücken, beide in Morgenmänteln.

LORA Ach, ich habe vergessen, dir was zu erzählen. Gestern auf dem Spaziergang habe ich einen deiner Freunde aus der Schulzeit getroffen.

LEO Wie bitte?

LORA Du hast mich so nervös gemacht, daß ich mich verirrt habe und den ersten besten Passanten nach dem Weg fragen mußte.

LEO Ach so...

LORA Er war sehr höflich und hat mich bis zum Hotel begleitet. Unterwegs stellte sich heraus, daß er nicht nur deinen Namen kennt, sondern daß er sogar mit dir zur Schule gegangen ist.

LEO Wie sieht er aus?

LORA Er ist groß, sieht ziemlich gut aus.

LEO Hat er gesagt, wie er heißt?

LORA Natürlich. Ich wäre doch nie mit einem Unbekannten durch die Stadt gegangen. Rokop oder so ähnlich …

LEO Prokop?

LORA Ja, genau.

LEO Pfarrer Prokop?

LORA Pfarrer?

LEO War er in einer Soutane?

LORA Habe ich nicht bemerkt.

LEO In dem Fall ist es nicht der. Es gab einen Prokop, aber der ist ans Predigerseminar gegangen und Priester geworden.

LORA Das weiß ich nicht, aber du wirst dich ja gleich selber überzeugen.

LEO Und wie?

LORA Er kommt hierher.

LEO Was?

LORA Ich habe ihn eingeladen, was ist daran verwunderlich?

LEO Ohne dich vorher mit mir zu verständigen?

LORA Ich habe geglaubt, es würde dir Freude machen, einen Freund aus alten Zeiten zu sehen.

LEO Du weißt ganz genau, was ich über meine Vergangenheit denke und fühle.

LORA Natürlich, aber da du nun einmal hier bist... Bist du denn kein bißchen neugierig, kein bißchen bewegt...

LEO Nein, und ich will es nicht sein.

LORA Man kann sich doch nicht völlig von der Vergangenheit befreien.

LEO In jedem Fall kannst du das nicht für mich erledigen. Wann soll er denn kommen, dieser Prokop...

LORA Gleich.

LEO Was!?

LORA Er hat gesagt, daß er am Vormittag vorbeikommt.

LEO *steht auf.* Ich sage in der Rezeption Bescheid, daß ich nicht da bin.

Er geht zur Klingel, um das Zimmermädchen zu rufen und ihr Bescheid zu sagen. Aber bevor er klingeln kann, klopft es schon an der Tür.

LORA Das ist er! O Gott, und ich bin nicht angezogen!

Sie läuft ins Schlafzimmer. Leo geht zur Tür und öffnet sie. Vor der Tür steht Katarzyna.

KATARZYNA Ich habe dir Äpfel gebracht. *Sie hat einen Korb voll Äpfel in der Hand.*

LEO Ich hatte keine Ahnung, daß du... warte...

Er versucht, die Tür zum Salon zu schließen, aber Katarzyna kümmert sich nicht darum, sie vereitelt seinen Versuch und geht in den Salon. Sie bemerkt den gedeckten Tisch.

KATARZYNA Du hast schon zu Mittag gegessen?

LEO *schließt die Tür, folgt ihr.* Nein, das ist das Frühstück.

KATARZYNA Um diese Zeit?

LEO Ich habe lange geschlafen.

LORA *aus dem Schlafzimmer* Wir haben lange geschlafen!

KATARZYNA Wer ist da?

LEO Ich sehe gleich nach.

Er geht zum Schlafzimmer. Lora kommt heraus und zeigt sich Katarzyna.

Mademoiselle Lora ... Meine Schwester.

LORA Haben Sie keine Angst, er hat mich noch nicht geheiratet.

LEO Mademoiselle Lora ist Schauspielerin. Möglicherweise wird sie in meinem neuen Stück spielen. Wir arbeiten gerade an der Rolle.

LORA O ja! Wir haben die ganze Nacht gearbeitet.

KATARZYNA *zu Leo* Warum hast du mich nicht vorgewarnt?

LORA Aus Feingefühl. Leo wollte Sie nicht verletzen. Nicht wahr, Liebling? *Sie umarmt Leo.* Er ist so feinfühlig ...

Katarzyna setzt sich auf einen Sessel. Sie greift sich mit der Hand an den Hals, als ob sie ersticken müßte. Mit der anderen Hand hält sie den Korb mit den Äpfeln fest.

LEO Fühlst du dich nicht gut?

LORA Das ist ganz normal. *Zu Katarzyna* Ich habe

gehört, Sie haben Schwierigkeiten mit der Gesundheit. Ist das wahr?

Katarzyna greift sich mit beiden Händen an den Hals. Sie würgt, als habe sie einen Asthmaanfall. Der Korb fällt herunter, die Äpfel rollen über den Boden.

LEO Katarzyna, hör auf!

Der Anfall scheint jedoch echt zu sein. Leo läuft zu ihr hin.

Katarzyna, ich bitte dich …

Aber Katarzyna erstickt fast.

Zu Lora, ratlos Was soll ich tun?

Lora zuckt mit den Schultern, wendet sich ab, geht zum Schlafzimmer.

Du bist unmenschlich!

Lora geht ins Schlafzimmer und schließt die Tür.

KATARZYNA Nein, nein, ich brauche nichts, laß dich nicht stören, es ist nichts … es ist nichts …

LEO *legt die Arme um sie.* Komm, leg dich hin … *Er bringt sie zum Sofa.*

KATARZYNA Nein, nein, kümmere dich nicht um mich, es lohnt sich nicht … *Sie legt sich auf das Sofa.*

LEO Ich hole den Arzt. *Er geht zur Tür, bleibt stehen.* Ach, ist ja wahr, der kommt ja sowieso nicht. *Er kehrt zu Katarzyna zurück.* Vielleicht einen Umschlag?

KATARZYNA Nein, nein, kümmere dich nicht um mich.

LEO Ich mache dir einen Umschlag. *Er geht zum Schlafzimmer.*

KATARZYNA Wohin gehst du!

LEO Einen Umschlag…

KATARZYNA Bleib hier! Geh nicht weg!

LEO Nur für einen Augenblick.

KATARZYNA Nein!

Leo geht ins Schlafzimmer und schließt die Tür hinter sich. Katarzynas Erstickungsanfall ist sofort wie weggeblasen. Es vergeht ein Augenblick. Katarzyna richtet sich auf und setzt sich auf das Sofa. Dann steht sie auf und geht zur Schlafzimmertür. Sie horcht. Hinter der Tür hört man erregte Stimmen.

LEO Ist das meine Schuld?

LORA Feigling!

Katarzyna zieht sich von der Tür zurück und geht aus dem Bild. Die Tür geht auf, Leo kommt mit einem nassen Handtuch aus dem Schlafzimmer. Er bleibt stehen und sieht sich erstaunt um, weil Katarzyna nicht mehr im Salon ist.

22. Szene

Einige Tage später. Die Allee im Park. Leo, Lora und Ivo gehen die Allee hinunter.

LORA Ist es wahr, daß Sie Priester werden wollten?
IVO *bleibt stehen.* Wer hat das gesagt?
LORA Leo natürlich. Ich kann das nicht glauben.
LEO Warum nicht? Das ist doch logisch. Revolutionäre finden sich oft unter den Geistlichen. Die Hingabe ist ihre Berufung.
LORA Aber er sieht mir gar nicht wie ein Priester aus! Da könnte ich mir schon eher dich in einer Soutane vorstellen. *Zu Ivo* Nicht wahr?
IVO *geht weiter.* O ja! Leo ist... Wie soll man das sagen... – Nennen wir das... Leo ist Pazifist und würde sich hervorragend für den geistlichen Stand eignen.
LEO Ich mag nur keine Gewalt. Was ist daran schlecht?
IVO Das hängt alles von der Situation ab. Zum Beispiel... Erinnerst du dich an die Äpfel?
LEO *bleibt stehen.* Äpfel?
IVO Im Obstgarten des Gutshofes.
LEO *geht weiter.* Ach die...
IVO Erinnerst du dich?
LEO Das ist lange her.
IVO Willst du, daß ich es dir in Erinnerung rufe?
LEO Nicht nötig.
LORA Aber ja! Erzählen Sie! Ich bin sehr neugierig.
IVO *zu Leo* Soll ich erzählen?
LEO Wie du willst.

IVO Leo und ich waren damals noch dumme Jungen. Eines Nachts gingen wir zusammen mit anderen im Obstgarten des Gutshofes Äpfel klauen. Wer hat keine Äpfel geklaut, als er fünfzehn war?

LORA Ach wie schade, daß ich damals nicht dabei war…

IVO …und der Wächter hat uns geschnappt. Vielmehr nur einen von uns.

LORA Wen?

IVO Weder Leo noch mich, sondern einen, der nicht rennen konnte. Und der konnte das nicht, weil er der kleinste von uns war und ein Krüppel, er sah wie ein Zwerg aus. Wir nannten ihn… *zu Leo* …Erinnerst du dich, wie wir ihn genannt haben?

LEO Nein.

LORA Und was weiter?

IVO Der Wächter war ein Sadist, und der Kleine schrie fürchterlich. *Zu Leo* Erinnerst du dich, wie er geschrien hat?

Leo schweigt.

LORA Der Arme. Was ist mit ihm passiert?

IVO Seine Freunde haben ihn gerettet.

LORA Das heißt, Leo und Sie?

IVO Sie sind zurückgekommen und haben den Wächter verprügelt. Er war stark, aber wir waren viele.

LORA Wie viele?

IVO Oh, viele, alle. Es hat nur einer gefehlt.

Leo bleibt stehen.

LORA Davon hast du mir nie etwas erzählt.

LEO Dann erzähle ich das jetzt zu Ende, denn für ihn gehört sich das nicht. Ivo ist nicht nur edel, sondern auch bescheiden. Weißt du, wer der Held dieser Geschichte ist? Er!

LORA Sie?

LEO *zu Ivo* Soll ich erzählen?

IVO Ich habe schon alles gesagt.

LEO Nein. *Zu Lora* Er hat sie alle überredet, den Freund zu retten. Er war der Mutigste, der Anführer, er hat sie soweit gebracht, er gab das Beispiel, er war der erste!

LORA *zu Ivo* Ist das wahr?

Ivo geht, ohne zu antworten, weiter. Leo und Lora bleiben stehen.

LEO Bist du nun zufrieden?

23. Szene

In Katarzynas Haus. Abend. Die Petroleumlampe auf dem Tisch. Katarzyna sitzt am Tisch und legt eine Patience.

Schritte im Flur. Sie halten vor der Tür inne. Katarzyna hört auf, die Patience zu legen, und horcht. Sie nimmt die Lampe vom Tisch und geht zur Tür. Sie steht einen Augenblick vor der Tür. Mit einer plötzlichen Bewegung macht sie die Tür auf. Vor der Tür steht Leo. Er hat ein Päckchen mit einer Schleife in der Hand.

LEO Ich sah noch Licht im Fenster und dachte…
KATARZYNA Bist du allein?
LEO Ich dachte, du schläfst sicher noch nicht…
KATARZYNA Komm rein.

Leo kommt herein. Katarzyna macht die Tür zu. Leo gibt ihr das Päckchen.

LEO Das ist für dich.
KATARZYNA Was ist passiert?
LEO *setzt sich an den Tisch.* Nichts.
KATARZYNA *legt das Päckchen auf den Tisch.* Du bist doch schließlich nicht deswegen gekommen, um mir ein Geschenk zu bringen. Du hast so viel zu tun…
LEO Ich wollte mit dir reden.
KATARZYNA Worüber hätten wir noch zu reden? *Sie setzt sich an den Tisch.*
LEO Ach hör auf, ich reise bald ab und…
KATARZYNA *unterbricht ihn* Wann?
LEO *unsicher* Ich weiß noch nicht genau. In ein paar Tagen, bald…
KATARZYNA Ach, ja?
LEO …und weil man nicht weiß, wann wir uns wiedersehen…
KATARZYNA Das ist nichts Neues.
LEO Darüber wollte ich eben mit dir reden. Versteh bitte, daß ich wirklich nicht, bei dir bleiben konnte. Damals konnte ich es nicht, und heute kann ich es nicht. Wenn ich einen anderen Beruf hätte, wenn ich Buchhalter, Apotheker oder sogar wenn ich ein Ingenieur

wäre... Aber in meinem Fall... Ich hatte hier keine Chance.

KATARZYNA Du bist doch nur weggefahren, weil du vor uns fliehen wolltest.

LEO Gut. Also bin ich weggefahren, weil ich hier nicht leben konnte. Ich wäre erstickt, verstehst du? Ich konnte diese kleinliche, erstarrte Welt nicht ertragen. Diese materielle und geistige Armut. Diese Beschränktheit, diese Provinzialität.

KATARZYNA Also mich.

LEO Warum mußt du immer alles auf dich beziehen?

KATARZYNA Ich sage nur das, was du dich auszusprechen fürchtest.

LEO Warum willst du mich nie verstehen!

KATARZYNA Oh, ich verstehe dich besser, als du denkst!

LEO Nein! Das ist ja nicht auszuhalten!

KATARZYNA Was willst du von mir?

LEO Daß du endlich aufhörst, Ansprüche an mich zu stellen!

KATARZYNA Ich? Ansprüche? In welcher Hinsicht?

LEO In jeder!

KATARZYNA Du bist weggegangen, weil es dir bei uns zu eng war. Was ist daran erstaunlich? Du bist klug, begabt, ungewöhnlich... Ich bin dageblieben, und was ist daran erstaunlich? Ich bin nur eine dumme, häßliche, alte und kranke Frau. Es ist verständlich, daß du mich nicht sehen willst, daß du dein eigenes Leben dort hast, in deiner weiten herrlichen Welt, zu der ich nie Zugang hatte. Das ist ganz natürlich, ich würde dich ja nur stören, ich würde deine Freiheit einschränken, ich würde dich nur lächerlich machen. Also was für Ansprüche könnte ich haben, was könnte ich dir vorwerfen? Geh, fahre weg, lebe! Und wenn du zu mir gekommen bist, um mich um Verzeihung zu bitten, wenn dir trotz allem dein Gewissen keine Ruhe läßt, dann verzeihe ich dir nicht, weil ich dir nichts zu verzeihen habe.

LEO Ach, hör auf, es reicht, es reicht, es reicht!

Er wischt die Karten vom Tisch.

KATARZYNA Ja, wirf nur alles zu Boden, trampel drauf rum, mach es kaputt wie mein Leben.

Leo springt auf und läuft zur Tür. Er kehrt um, reißt das Geschenkpäckchen vom Tisch und rennt, die Tür zuschlagend, hinaus.

24. Szene

Ein Billardsaal, Lampen, Zigaretten- und Zigarrenrauch. Ivo und der Doktor spielen Billard. Leo sitzt mit einem Glas in der Hand daneben und ist Zeuge sowohl der Billardpartie als auch der Diskussion. An der Wand ein Bild des Kaisers Franz Josef.

DOKTOR Jedes dahinsiechende Imperium wird vom frischen Blut der Barbaren injiziert. Wir sind zwar noch nicht ganz soweit, daß sich ein Herrscher fremder Abstammung auf den Thron setzt, aber auf allen Gebieten besetzen Nicht-Germanen die bedeutendsten Positionen. Wir haben die Zivilisation und die Kultur gegeben, aber die weitere Entwicklung hängt nicht mehr von uns ab. Wir sind erschöpft.

IVO Dann brauchen Sie eine Ruhepause. Am besten eine ewige.

DOKTOR Ich weiß, was Sie meinen. Sie sind ein Barbar im reinen Zustand, nicht assimiliert wie unser Freund Leo, dessen Verdienste um die deutsche Literatur allzu bekannt sind, um sie hier aufzuzählen. Sie sind ein Anhänger der Liquidierung des Reiches zu Gunsten der nationalen Minderheiten. Aber Sie machen da einen Fehler historischen Ausmaßes. Sie halten es für selbstverständlich, daß die Nationalstaaten im Augenblick der wiedergewonnenen Unabhängigkeit weiterhin die Wohltaten des gesamten Reiches genießen können plus die Unabhängigkeit. Und das ist nicht so. Jene alten Werte gehen mitsamt dem Reich unter. Ihr werdet die Unabhängigkeit haben, aber um den Preis des Verlustes der allgemeinen Werte.

IVO Erst mal haben wir keine Wahl.

DOKTOR Weil ihr wie die Kinder seid, die nicht zwischen allgemeinen Werten und kurzfristigen Gewinnen, nicht zwischen partikularen und grundsätzlichen Bedürfnissen unterscheiden können. Das Imperium ersetzt euch die Eltern. Der Kaiserkult scheint in den Augen der liberalen Intellektuellen als naiv und primitiv, aber das Volk richtet sich nach seinem tieferen Instinkt.

IVO Und zahlt Ihnen Honorare, die Sie in der Hauptstadt nicht bekommen würden, wenn Sie die dortigen Patienten so behandelten, wie Sie das mit den hiesigen machen.

DOKTOR Meine Tätigkeit ist eine Art Mission, wenn man die katastrophale Rückständigkeit der Provinz bedenkt, auch in sanitärer Hinsicht. Aber Sie kommen vom Thema ab. Sie drücken das Niveau der Diskussion. Das genau ist typisch: chauvinistische Subjektivität.

IVO Dann können Sie uns vielleicht jene universalen Werte benennen, vor deren Verlust Sie uns so sehr warnen.

DOKTOR Vor allem die Sprache, deren imperiale Universalität euch den Zugang zu Europa sichert. Wenn sich unser Freund Leo mit Hilfe seiner heimischen linguistischen Mittel ausdrückte, im Glauben, jene Mittel seien wirksam genug, was allerdings einem gewissen Zweifel unterliegt, wäre er unbekannt geblieben, und die universale Kultur wäre um sein Talent ärmer. Glücklicherweise ist er nicht nur als Bürger seines Heimatlandes geboren, sondern auch als Untertan des Kaiserreichs. Die Sprache dieses Imperiums ist die Sprache einer der europäischen Hauptkulturen, also eine Weltsprache.

IVO Sie ist die Sprache von Eindringlingen, die dem besiegten Volk aufgezwungen wurde.

DOKTOR Sind Sie sicher, daß jene Völker wirklich unzufrieden damit sind? Zum Beispiel unser Freund Leo?

IVO Fragen wir ihn doch, soll er das selbst entscheiden. Wo ist er denn hin?

In einem bestimmten Moment der Diskussion hat Leo, der sich das Gespräch aufmerksam angehört hat, sein Glas abgestellt und ist weggegangen.

25. Szene

Ein Café in einem Garten. Leo, Ivo und Lora sitzen an einem Tisch.

Nicht weit weg von ihnen sitzt an einem Tisch der Mann, den wir von der Szene vor dem Hotel kennen. Er starrt Lora an.

IVO Was suchst du eigentlich?

LEO Ein anderes Leben.

IVO Ein anderes als das hier?

LEO Ein anders als alles.

IVO Du solltest Selbstmord begehen.

LORA Sie verstehen das nicht. Leo ist ein Dichter. Er verwirft fertige Konzepte. Er hat mir das öfter gesagt. *Zu Leo* Nicht wahr, Liebling?

LEO Ach, hör auf.

LORA *zu Ivo* Er würde die Welt gern noch einmal erschaffen. *Zu Leo* Nicht wahr, Liebling, das würdest du doch gern?

LEO Wechseln wir das Thema.

LORA Warum? Ich habe das selbst gehört.

IVO Aber gleichzeitig führt er das Leben eines Bourgeois und ist ein Konformist. Sie haben recht, ich versteh das nicht.

LORA Oh, Leo lebt in der Welt der Fantasie. Er ist kein Mann der Tat wie Sie. Ihm genügt der gute Wille.

IVO Das heißt, er ist ein Heuchler.

LEO Nein.

IVO Wie soll man das anders bezeichnen? Du spielst den

großen Herren, dabei war dein Vater ein Schuster. Das kannst du schließlich nicht vergessen.

LEO Ich bin kein Heuchler, ich bin ein Karrieremensch. Heuchelei, das ist etwas völlig anderes.

IVO Ganz egal. Du spielst einen Ausländer, dabei bist du ein Hiesiger.

LEO Das heißt noch nicht, daß ich ein Heuchler bin.

IVO Sondern was?

LEO Ein Renegat.

IVO Einverstanden. Du mußt vor den anderen so tun, als hättest du vergessen, aber nicht vor dir selber.

LORA Oh, Leo spielt immer, sogar vor sich selber. Er spielt nur den Renegaten. Wissen Sie, warum er fünfzehn Jahre lang nicht hier war? Weil er sich vor seiner Vergangenheit fürchtete. Er hatte große Angst vor seinen Erinnerungen. Ist es nicht so, Liebling?

IVO Sag, wie es wirklich ist.

LEO Gut. Aber erst einmal sage ich, was ich von deinem Nationalismus halte. Dann von deinem Sozialismus. Später von deinem Romantizismus und dann von deinem…

Er bemerkt Loras Blick in Richtung Ivo und beendet seinen Satz nicht. Pause.

IVO Na bitte, sag es…

LEO Es lohnt sich nicht.

26. Szene

Ivo zielt aufmerksam mit einem Gewehr. Schuß. Ein Blechhampelmann, getroffen, bewegt heftig Arme und Beine. Das spielt sich an einem Jahrmarktsschießstand ab.

LORA *klatscht in die Hände.* Bravo!
IVO *gibt Leo das Gewehr.* Du bist dran.
LEO Mir macht das keinen Spaß.
LORA Du könntest es wenigstens versuchen.
LEO Ich will nicht.
LORA *zu Ivo* Sehen Sie? Er ist vorsichtig. Er hat Angst, er könnte nicht treffen.

Leo dreht sich um und geht weg.

IVO Was ist los mit ihm?
LORA Haben Sie das noch nicht erraten?

27. Szene

Nacht. Das Schlafzimmer im Hotelappartement. Leo und Lora im Ehebett. Eine Nachttischlampe auf dem Tisch. Lora schläft. Leo liegt mit unter dem Kopf verschränkten Armen da. Die Augen hat er offen. In der Stille, weit weg, der Pfiff einer Lokomotive. Leo dreht den Kopf und sieht Lora an, die tief schläft. Leo steht vorsichtig auf, um sie nicht zu wecken. Er geht in die Ecke des Schlafzimmers. Er nimmt seine Kleidung vom Ständer, hebt die Schuhe vom Boden auf. Auf Zehenspitzen verläßt er das Schlafzimmer.

28. Szene

Nacht. Der leere Wartesaal auf dem Bahnhof. Durch die Schwingtür am Eingang kommt Leo in Mantel und Hut mit einem Koffer. Er geht zu der Kasse, die geschlossen ist. Leo klopft an das Fenster. Pause. Leo klopft wieder. Der Beamte öffnet das Fenster.

LEO Eine Fahrkarte erster Klasse nach Wien.
BAHNBEAMTER Der Eilzug um 2 Uhr 20 hat Verspätung.
LEO Wieviel?
BAHNBEAMTER Das weiß man nicht.
LEO Warum? Ist was passiert?
BAHNBEAMTER Eilige Militärtransporte.
LEO Wohin?
BAHNBEAMTER Wissen Sie denn von gar nichts?
LEO Nein.
BAHNBEAMTER Lesen Sie keine Zeitung?

Er schließt das Fenster.

Leo sieht sich in der Halle um, die ist finster und unwirtlich, nur schwach beleuchtet. Er setzt sich auf die Bank an der Wand.

Das Geräusch der aufschwingenden Eingangstür, ein vielfaches Echo in der leeren Halle. Es kommt ein Lilliputaner herein, ein kleines Monster mit einem häßlichen

Gesicht. In Hut und Mantel und mit einem Koffer. Er durchquert die Halle, hievt sich auf die Bank und setzt sich neben Leo. Die kurzen Beine baumeln über dem Fußboden. Er sieht vor sich hin.

Nach einem Augenblick dreht sich Leo zu ihm um. Der Zwerg blickt starr vor sich hin. Leo wendet den Kopf ab. Pause.

Leo sieht den Zwerg wieder an. Der Zwerg blickt starr vor sich hin. Pause.

Der Zwerg dreht sich zu Leo um. Er sieht ihn an. Nach einem Augenblick wendet Leo den Kopf ab und sieht vor sich hin. Der Zwerg sieht Leo weiter an.

Leo steht auf, nimmt seinen Koffer und verläßt den Wartesaal, er geht wieder auf die Straße.

29. Szene

Dämmerung. Vorstadt. Leo fährt in Frack und Pelerine mit einer Droschke. Der Doktor läuft über den Weg und gibt dem Kutscher ein Zeichen.

DOKTOR Halt! Halt!

Die Droschke bleibt stehen. Der Doktor zieht den Hut. Leo verbeugt sich ebenfalls.

Ich bitte tausendmal um Entschuldigung, daß ich Sie aufhalte. Sie begeben sich zum Empfang ins Château, wenn ich mich nicht irre?

LEO Woher wissen Sie das?

DOKTOR In so einem kleinen Städtchen weiß man alles. Insbesondere über den jährlichen Empfang unserer lokalen ›noblesse‹. Ich gratuliere. Das heißt, ich gratuliere unserer lokalen Aristokratie, daß sie die Ehre haben wird, einen so prominenten Dichter als Gast bei sich zu haben.

LEO Ich weiß selber nicht, wem ich diese Einladung verdanke.

DOKTOR Na, na, nur keine falsche Bescheidenheit, lieber Maestro. In unseren Zeiten hofiert die Geschlechtsaristokratie die Geistesaristokratie, nicht umgekehrt: Unter uns gesagt, das ist noch ein Sympton der Dekadenz. Wenn Sie also so liebenswürdig sein könnten …?

LEO Sie sind auch eingeladen?

DOKTOR Aber woher denn? Man sieht, daß Sie in Ihrer großstädtischen Demokratie den provinziellen Feudalismus völlig vergessen haben. Wir leben hier Gott sei Dank wie früher, und ich bin nur ein kleiner Landarzt. Aber einer meiner Patienten wohnt auf dem Weg zu der gräflichen Residenz. Wenn Sie also so gütig sein würden …

Ohne eine Einladung abzuwarten, steigt er in die Droschke. Die Droschke fährt ab.

Und wo ist Ihre Freundin?

LEO Sie ist leider indisponiert. Sie konnte die Einladung nicht annehmen.

DOKTOR Was? Da sind also sogar schon Schauspielerinnen

in die Gesellschaft aufgenommen? Die Bohème? Personen, die im Konkubinat leben, in Verbindungen, die nicht durch das Sakrament der Ehe geheiligt sind? Das würde ich nie glauben, wenn ich es nicht aus Ihrem Munde hörte. Wenn man bedenkt, daß wir, zumindest nominell, noch in einer katholischen Monarchie leben. *Er beugt sich vor und klopft Leo auf die Knie.* Na, na, nichts für ungut, lieber Maestro, nichts für ungut. Ich sage das natürlich in Anführungszeichen, nicht als Ausdruck meiner eigenen Überzeugungen. Zwar hält mich Ihr Freund Ivo für einen Reaktionär, aber ich bin nur ein unparteiischer Beobachter der Geschichte. Ich persönlich habe keine Vorurteile. Apropos Ihr Freund Ivo. Ich hoffe, daß er wenigstens keine Einladung bekommen hat.

LEO Nein, soviel ich weiß, nicht.

DOKTOR Also ist noch nicht alles verloren. Persönlich mag ich ihn ja sogar, er ist eine farbige Erscheinung, aber ich hege gewisse Zweifel an seinen politischen Überzeugungen. Was schlimmer ist, die Überzeugungen allein genügen ihm nicht. Ich würde mich gar nicht wundern, wenn Ihr Freund Ivo irgendwann durch eine gewaltsame, wahnsinnige Tat berühmt würde.

LEO Zum Beispiel?

DOKTOR Was weiß ich … Vielleicht sogar durch ein Attentat auf ein Mitglied der kaiserlichen Familie … Apropos, das ist überlegenswert, wußten Sie, daß Personen dieses Typs einen faszinierenden Einfluß auf Frauen haben?

LEO Meinen Sie?

DOKTOR Das ist ganz sicher. Apropos, wissen Sie, daß wir heute im Städtchen ein Volksfest haben?

LEO Nein.

DOKTOR Was, Ihr Freund hat Sie nicht informiert? Offensichtlich meinte er, das würde Sie nicht interessieren. Sie meiden die populären Vergnügen und fahren zum Empfand der höheren Sphären. Folklore interessiert Sie nicht, dagegen scheint Ihre Begleiterin an der Folklore allzusehr interessiert zu sein. Besonders wenn die Folklore in Gestalt eines so interessanten Menschen wie Ivo auftritt.

LEO *zum Kutscher* Halt! *Die Droschke hält an.*

DOKTOR Warum? Wir sind doch noch nicht da.

LEO Steigen Sie aus.

DOKTOR Aber…

LEO Steigen Sie sofort aus!

DOKTOR Wenn Sie darauf bestehen… *Er steigt aus.*

LEO *zum Kutscher* Zurück!

Die Kutsche dreht im Halbkreis um, kommt an dem Doktor vorbei.

DOKTOR *lüpft den Hut.* Ich wünsche Ihnen viel Vergnügen.

30. Szene

Nacht. Ein Café im Garten. Das Orchester spielt eine schwungvolle Volksmelodie. Die Paare tanzen eng umschlungen. Ganz vorn Ivo und Lora.

Leo drängt sich durch die tanzenden Paare zu Ivo und

Lora vor, die ihn erst im letzten Moment bemerken. Er trennt sie und ohrfeigt Lora.

Lora dreht sich um und geht wortlos weg. Leo sieht ihr nach. Ivo legt seine Hand auf Leos Schulter. Leo reißt sich heftig los und greift Ivo an dem Kragen seiner Jacke.

IVO Nicht hier.

Leo läßt ihn los. Ivo dreht sich um und läuft aus dem Bild. Leo folgt ihm.

31. Szene

Hinter dem Café, ein Hof. Tonnen und Kisten. Ivo und Leo stehen sich gegenüber, sie legen die Jacken ab.

IVO Komm zu dir, noch ist Zeit.

Leo kommt näher.

Es ist alles nicht so, wie du denkst.

Leo zielt auf Ivos Gesicht, schlägt linkisch zu. Ivo packt ihn am Handgelenk und macht ihn bewegungsunfähig.

Hörst du, was ich zu dir sage?

Leo will ihn mit der anderen Hand schlagen. Ivo verhindert auch diesen Schlag. Er hält jetzt beide Hände fest.

Es ist nicht so!

Leo sieht ihn mit verstörtem Blick an. Ivo läßt Leo los und zieht sich zurück. Er bleibt mit dem Hacken an einem Brett hängen, das auf dem Boden liegt, stolpert und verliert das Gleichgewicht. Er fällt auf eine Kokshalde, Leo kommt zu ihm gelaufen und schlägt ihn ins Gesicht.

Pause. Halb liegend fährt Ivo sich mit der Hand übers Gesicht, er besieht sich die blutige Hand. Aus der geplatzten Lippe fließt Blut.

Du Dummkopf.

Ivo steht auf und nähert sich Leo. Leo zieht sich zurück, lehnt sich an die Wand, rutscht an der Wand hinunter. Ivo greift ihm unter die Arme und hebt ihn hoch, aber Leo kann aus eigenen Kräften nicht stehen und fällt wieder. Ivo hebt ihn hoch, hält ihn fest, sieht ihm in die Augen und sieht, daß Leo ohnmächtig geworden ist. Er wirft ihn sich über die Schulter wie ein Sanitäter, der einen Verwundeten vom Feld trägt, und geht aus dem Bild.

32. Szene

Appartement im Hotel, der Salon. Leo liegt auf dem Sofa. Der Doktor sitzt daneben auf einem Stuhl, er beugt sich über ihn, ein Stethoskop auf Leos Brust.

Der Doktor richtet sich auf, legt das Stethoskop in sein Arztköfferchen.

DOKTOR Symptome wie im Anfangsstadium von Asthma. Ansonsten kann ich, ganz allgemein gesprochen, bei Ihnen nichts Anormales entdecken. Hatten Sie je eine Neigung zu Epilepsie?

LEO Nein.

DOKTOR Aber es gibt doch eine Erklärung. Solange das psychosomatische Gleichgewicht nicht angetastet wurde, brauchte sich so eine verborgene Veranlagung nicht zu zeigen. Sie haben eine sensible Konstitution. Bei Ihrer Geburt und die ersten zwanzig Jahre lang waren das hiesige Klima und die Bedingungen hier für Sie normal. Dann fand ein gewaltsamer Wechsel statt. Eine erste Erschütterung, deren Sie sich vielleicht gar nicht bewußt waren, weil Sie noch ein junger Mann waren. Jetzt haben wir wieder eine Krise, diesmal eine der Wiederanpassung. Aber diesmal, wenn wir Ihr Alter berücksichtigen...

LEO Um so mehr sollte ich von hier weg.

DOKTOR Natürlich, aber das hätten Sie gleich nach der Ankunft machen müssen. Ich habe Ihnen das ja geraten, wenn ich mich richtig erinnere. Jetzt ist es zu spät.

LEO Wieso zu spät?

DOKTOR Sie gewöhnen sich hier und da schwer ein. Ihr Organismus erträgt den Wechsel vom Gewohnten zum Fremden besser als vom Fremden, an das Sie sich inzwischen irgendwie wieder gewöhnt haben, zum früher Gewohnten, das Ihnen inzwischen wieder fremd geworden ist. Jetzt würden Sie den Wechsel von der unvollkommenen Wiederanpassung zur weiteren Neuanpassung irgendwo sonst noch schlechter ertragen. Ein neuer

Wechsel könnte jetzt Ihren Organismus völlig durcheinanderbringen.

LEO Das heißt, daß ich für immer hierbleiben muß?

DOKTOR Das habe ich nicht gesagt. Aber ganz sicher muß man warten, bis das erste akute Stadium der Beschwerden vorbei ist. Deshalb würde ich Ihnen nicht raten, sich mit der Abreise zu beeilen. Besonders da...

Die Tür zum Korridor öffnet sich, und derselbe Mann, den Lora vor dem Hotel getroffen und der sie im Café angestarrt hat, schaut herein. Er hat einen Blumenstrauß in der Hand. Als er den Doktor und Leo bemerkt, zieht er sich zurück und schließt die Tür. Der Doktor und Leo kehren zu ihrem vorher unterbrochenen Gespräch zurück, im Glauben, jemand habe die Zimmernummer verwechselt.

LEO Besonders da?

DOKTOR Besonders da wir es mit noch einem Element zu tun haben, das mir Sorgen macht.

LEO Und zwar?

DOKTOR Eine endgültige Diagnose erfordert eine etwas längere Beobachtung.

33. Szene

Eine ärmliche Stube. Ein Tisch, ein schmales Eisenbett. In der Ecke eine Angel und Angelgeräte. Ivo und sein Freund sind über Dokumente auf dem Tisch gebeugt. Der Freund ist wesentlich jünger als Ivo und hat einen Bart.

Es klopft an der Tür. Ivo räumt die Papiere vom Tisch und versteckt sie unter einem Kissen. Der bärtige junge Mann steht auf. Ivo legt den Finger auf den Mund, zum Zeichen, er solle schweigen, und geht zur Tür, steht einen Augenblick vor der Tür. Mit einem Ruck öffnet er die Tür.

Vor der Tür steht Lora.

IVO Sie? Ich habe Sie nicht erwartet…

Er fordert sie nicht auf einzutreten.

LORA *kommt herein und sieht sich um.* Aha, hier wohnen Sie also.

Ivo gibt seinem Freund ein Zeichen. Der verläßt die Stube.

Ich hatte gedacht, daß Sie mich besuchen kommen. Nach allem, was gestern passiert ist… Statt dessen sind Sie verschwunden. *Sie setzt sich an den Tisch.* Das habe ich nicht von Ihnen erwartet.

IVO In welcher Hinsicht?

LORA Ich dachte, wenigstens wüßten Sie, was sich gehört.

IVO Ich habe Sie gewarnt, ich habe einen schlechten Ruf.

LORA Selbst von einem brutalen, groben Kerl kann man eine natürliche Geste erwarten.

IVO Es tut mir sehr leid.

LORA Aber vielleicht sind Sie, allem Anschein zum Trotz, schüchtern?

IVO Bitte nehmen Sie mein allergrößtes Bedauern zur Kenntnis.

LORA Und nichts weiter?

IVO Sagen wir, meine Bitte um Vergebung.

LORA Zu spät. Ich habe Ihnen schon vergeben.

IVO Dann hat sich das ja erledigt.

LORA Ich bleibe bei Ihnen.

IVO Was?

LORA Sie glauben doch nicht, daß ich nach all dem zu Leo zurückgehe… Nach dem, wie er sich aufgeführt hat. Zwischen ihm und mir ist es aus. Ich bleibe.

IVO Wo?!

LORA Hier. *Sie sieht sich um.* Ein bißchen eng, aber dafür sehr romantisch.

IVO Darf man wissen, wie ich zu der Ehre komme…

LORA *steht auf und nähert sich Ivo. Sie steht vor ihm.* Schließlich müssen wir uns doch nichts mehr vormachen.

Sie steht ganz nah vor ihm, näher, als das in normalen Beziehungen üblich ist. Pause. Ivo dreht sich um und entfernt sich von Lora. Sie setzt sich auf einen Stuhl und verschränkt die Arme vor der Brust.

IVO Ausgezeichnet. Dann sage ich mal, was ich denke.

LORA Endlich…

IVO Erstens, Leo ist mein Freund.

LORA Bitte erzählen Sie mir jetzt nichts über Leo.

IVO Über wen sonst?

LORA Sie können mir schon ruhig alles gestehen. Wagen Sie es immer noch nicht?

IVO Und Sie halten mich immer noch für einen Idioten.

LORA Für was?

IVO Für einen romantischen Idioten. Sie denken immer noch, ich bin ein Märchenschurke, ein Bauer aus Kinderliedern, ein exotisches Abenteuer für Stadtfräuleins. Es wird höchste Zeit, daß Sie aufhören, damit zu spielen.

LORA Ich verstehe Sie nicht.

IVO Natürlich verstehen Sie nicht. Weder mich noch irgendwas sonst. *Er steht auf und geht zu ihr.* Folklore, Volkstänze und ein Einheimischer, den die Polizei nicht gern sieht. Ein erfrischender Primitiver, ein Aphrodisiakum der Revolution. Sie wollen sich umsonst amüsieren, andere sollen zahlen, ich… Leo… Ist es das, was Sie wollen?

LORA Jetzt verstehe ich erst. Sie haben Angst.

IVO Ich? Wovor?

LORA Vor mir.

IVO Ah, das ist gut! Und weshalb sollte ich vor Ihnen Angst haben?

LORA Weil ich eine Frau bin. Schade, daß Sie nicht Priester geworden sind.

IVO Ich habe nur gesagt, was ich denke. Hatte ich nicht recht?

LORA Natürlich. Und Sie waren glücklich, daß Sie einen Grund gefunden haben, recht zu haben. Dank dessen können Sie feige sein ohne jeden Ehrverlust, zumindest Ihrer Auffassung nach. Sind Sie deshalb mit Leo befreundet? Ihr seid beide Feiglinge, obwohl jeder von euch vor was anderem Angst hat.

IVO Sie beleidigen mich!

LORA Ach, was für männliche Töne... Ich bedaure, daß ich kein Mann bin, um das schätzen zu können. Leo hat wenigstens den Mut, seine Feigheit zuzugeben. Aber Sie? Ich überlasse Sie Ihren männlichen Beschäftigungen. Bitte fabrizieren Sie ruhig Bombem und spielen Sie Krieg, ich werde nicht stören. *Sie dreht sich um und will zur Tür.*

IVO *folgt ihr, verstellt ihr den Weg.* Sehen... Sehen wir uns noch einmal?

LORA Wozu? Sollen doch die Männer Sie bewundern! Ich bin eine Frau.

IVO In dem Fall... *Er geht zur Tür, öffnet sie, wartet.*

Lora geht hinaus. Bevor er die Tür hinter ihr schließen kann, erscheint sie noch einmal in der Tür.

LORA Ich fahre mit dem nächsten Zug nach Wien. Sie können ja mitkommen. *Sie geht hinaus.*

34. Szene

Eine halbe Stunde später. Das Appartement im Hotel ›Krone‹. Der Salon. Lora und Leo.

LORA Wir reisen ab!

LEO Du reist ab, ich bleibe.

LORA Willst du mich verlassen?

LEO Diese Frage sollte ich dir stellen.

LORA Du weißt genau, daß ich dich nie verlasse.

LEO Weshalb fährst du dann weg?

LORA Warum kommst du nicht mit mir?

LEO Weil ich nicht kann.

LORA Ich bleibe keinen Moment länger in dieser deiner scheußlichen Stadt!

LEO Selbst dann nicht, wenn das meine Gesundheit erfordert?

LORA Du hast mich hierhergebracht, du hast die Verantwortung!

LEO Ich bin krank! Kannst du das nicht berücksichtigen?

LORA Hypochonder. Das muß eine Familienkrankheit sein.

LEO Wenn das alles ist, was du zu dem Thema zu bemerken hast...

LORA Du spielst den Kranken. Genau wie deine Schwester. Du willst nur eine Ausrede haben.

LEO Eine Ausrede wovor?

LORA Vor der Verantwortung. Du spielst ewig irgendwas, um vor irgendwas zu fliehen.

LEO Ich wüßte nicht mehr, wohin.

35. Szene

Eisenbahnstation. Der Bahnsteig. Ein Personenzug und eine Dampflokomotive. Lora steht auf dem Bahnsteig und sucht ganz offensichtlich jemanden. Sie ist im Reisekostüm, eine Reisetasche steht neben ihr auf dem Boden. Um sie herum Reisende und das Bahnpersonal vor der Abfahrt des Zuges.

Pfiffe und das Abfahrtssignal. Das Knallen der zuschla-

genden Türen. Lora hebt die Reisetasche auf, öffnet die Tür des Waggons, steigt auf die Treppe, geht in das Abteil.

Im Abteil, in das Lora hineingekommen ist. Von der Bank steht der Mann auf, der Lora zuerst vor dem Hotel getroffen, sie dann im Café angestarrt hatte und der später mit den Blumen ins Hotelzimmer gekommen war.

UNBEKANNTER *streckt die Hand nach Loras Gepäck aus.* Darf ich?

Nach kurzem Zögern gibt ihm Lora die Reisetasche, die der Mann geschickt auf den Gepäckträger packt. Lora und der Mann sitzen sich gegenüber.

36. Szene

Appartement im Hotel. Der Salon, Dämmerung. Leo liegt auf dem Sofa, ohne seinen Rock, das Gesicht zur Wand gedreht. Aus der Nachbarschaft hört man eine Tonleiter auf dem Klavier: »Do-Re-Mi-Fa-Sol-La-La-Sol-Fa-Mi-Re-Do«... und zurück. Leise, aber hartnäckig. Plötzlich dreht sich Leo um und richtet sich auf dem Ellbogen auf.

LEO Wer ist da!

KATARZYNA *sitzt auf dem Stuhl hinten im Zimmer.* Ich bin's nur.

LEO Bist du schon lange hier? Warum hast du dich nicht bemerkbar gemacht?

KATARZYNA Ich wollte dich nicht wecken. *Sie steht auf.* Ich mache das Licht an.
LEO Nein! Noch nicht.

Katarzyna setzt sich wieder.

Wozu bist du gekommen?
KATARZYNA Ich wollte dich holen.

Leo fällt auf das Sofa zurück. Das Schweigen dauert an.

Hast du keinen Hunger?

Keine Antwort. Lange Pause.

Ist dir nicht kalt?

Keine Antwort. Lange Pause.

Wenn du nicht reden willst, dann rede eben nicht.
LEO Ich hasse dich.
KATARZYNA Ich weiß.
LEO Ich kann dich nicht ausstehen.
KATARZYNA Das macht nichts.
LEO Ich werde dich immer hassen.
KATARZYNA Nur solange deine Kraft reicht. Dann wird dir alles egal sein.
LEO Mir wird nie alles egal sein.
KATARZYNA Das wird sich zeigen.
LEO Niemals! Bis zum Ende.

Katarzyna steht auf und zieht an der Schnur des Kronleuchters. Scharfes elektrisches Licht überflutet das Zimmer. Leo schützt seine Augen mit dem Arm. Die Tonleiter hinter der Wand läuft hinunter, »La-Sol-Fa-Mi«, dann bleibt sie bei »Mi« hängen und verstummt. Katarzyna nimmt den über den Stuhl geworfenen Rock in die Hand und geht zu Leo. Sie berührt seinen Arm. Leo läßt den Arm sinken und steht ungeschickt auf. Katarzyna hilft ihm in den Rock und knöpft ihn zu. Leo steht willenlos da. Katarzyna nimmt den Hut und den Stock vom Stuhl, setzt ihm den Hut auf den Kopf, gibt ihm den Stock in die Hand. Dann geht sie aus dem Bild.

Leo hebt den Stock hoch und berührt mit dem Stockende die Vase mit dem Rosenstrauß, der auf dem Tisch steht. Millimeter für Millimeter, absichtlich und präzise, schiebt er die Vase an den Rand des Tisches, bis zu dem Moment, in dem die Vase entweder auf dem Tischrand stehenbleibt oder hinunterfällt. Weder beschleunigt Leo, noch verlangsamt er die Bewegung. Die Vase fällt hinunter.

Katarzyna erscheint wieder und hängt ihm die Pelerine um die Schulter. Sie nimmt ihn am Arm und führt den gefügigen, willenlosen Leo zum Ausgang.

37. Szene

In Katarzynas Haus. Leo liegt im Bett, einige Kissen unter seinem Kopf, er liest ein Buch. Er wendet den Blick vom Buch ab, sieht in die Kamera.

In der offenen Tür steht Ivo in einem neuen städtischen

Anzug, mit Hut. In der einen Hand trägt er einen Koffer, in der anderen einen Mantel.

LEO Du fährst auch weg?

Ivo kommt herein und setzt sich neben das Bett. Den Koffer stellt er auf den Boden.

IVO Ja, aber in einer anderen Angelegenheit als du.
LEO Aber ich rühre mich ja nicht von der Stelle.
IVO Ich denke an deine erste Abreise.
LEO Ach, damals, das ist lange her...
IVO Im übrigen kann ich nicht länger in der Stadt bleiben.
LEO Fliehst du?
IVO Ja, aber nicht so wie du.
LEO Was ist der Unterschied?
IVO Daß ich nicht weit weg fahre. Und nicht für lange.
LEO Aha, und sicher nicht aus denselben Gründen wie ich.
IVO Ganz sicher nicht. Wie geht es dir?

Leo macht eine unbestimmte Geste.

Was treibst du so?
LEO Ich liege, lese, denke nach.
IVO Das heißt, nichts Neues. Und was hast du dir ausgedacht?
LEO Daß ich der echte Revolutionär war, nicht du.
IVO Und wie begründest du das?
LEO Du bist nur mit der bestehenden politischen Ord-

nung nicht einverstanden, aber ich bin mit nichts einverstanden, nicht einmal mit mir selbst.

IVO Das ist mir zu kompliziert.

LEO Mit anderen Worten, du übertrittst nur fremde Grenzen, ich wollte meine eigenen überwinden.

IVO Jeder hat seine Probleme. Aber da wir gerade davon sprechen... *Er holt aus seiner Tasche ein kleines Päckchen heraus, das in ein Wachstuch eingewickelt ist.* Ich wollte das bei dir lassen, zur Aufbewahrung.

LEO Was ist das?

IVO Hab keine Angst, sie werden das bei dir nicht suchen, auf die Idee kommen die nicht. Du gibst das demjenigen, der mit einer Empfehlung von mir danach fragt.

Leo nimmt das Päckchen an und versteckt es unter den Kissen.

LEO In gewissem Sinne bist du sogar ein Konformist.

IVO Ich?

LEO Du lebst in völligem Einverständnis mit deinem Gewissen.

IVO Das ist wahr. Und du?

LEO Ich und mein Gewissen, wir hassen uns gegenseitig.

38. Szene

Nacht. Eine Lampe auf dem Tisch. Katarzyna sitzt am Tisch und legt eine Patience. Husten im Nachbarzimmer. Katarzyna unterbricht das Kartenlegen, horcht.

39. Szene

Vor Katarzynas Haus. Leo sitzt im Morgenrock auf der Bank, an die Hauswand gelehnt. Die Augen hat er geschlossen. Seit Tagen ist er unrasiert, seine Wangen sind eingefallen.

Schritte auf dem Kies. Leo öffnet die Augen. Der alte Mann, den er auf dem Friedhof getroffen hat, beugt sich über ihn.

LEO Was machen Sie hier, Herr Professor?

ALTER Ich komm dich besuchen. Ich habe gehört, daß es mit dir bergab geht.

LEO Ich bin rekonvaleszent.

ALTER Das sagt man so, aber ich weiß Bescheid. Ich hab schon mehr solche Rekonvaleszenten gesehen. Weißt du, wo ich sie gesehen habe?

LEO Gehen Sie weg, Herr Professor.

ALTER Freust du dich nicht, daß ich gekommen bin?

LEO Bitte gehen Sie, bitte lassen Sie mich in Ruhe.

ALTER Du jagst deinen alten Lehrer weg?

LEO Katarzyna, Katarzyna!

ALTER Das ist nicht fein, schäm dich: Aber es macht nichts. Ich werde sowieso bei dir sein. Jetzt und danach. Du weißt schon, wann. Immer. Jetzt kommt meine Zeit, mich ziehen sie nicht mehr zum Militär ein. Sie ziehen die Jungen ein. Die marschieren, und dann liegen sie still und ruhig da. Und ich setze mich zu ihnen und singe ihnen was vor. *Er singt greisenhaft, heiser* »Auf der grünen Wiese, hab ich sie gefragt, ob sie mich noch liebe, ja hat sie gesagt …«

LEO Katarzyna!

Katarzyna kommt aus dem Haus.

KATARZYNA Was ist los?
LEO Ich hatte einen Alptraum…
KATARZYNA Vergiß ihn, ich bin ja bei dir.

Sie rückt den Atlaskragen seines Morgenmantels zurecht und setzt sich neben ihn.

Ich bin ja bei dir.

Leo und Katarzyna sitzen nebeneinander auf der Bank, unbeweglich wie auf einer uralten vergilbten Familienfotografie.

Deutsch von Christa Vogel

Die Uraufführung des Fernsehspiels erfolgte 1980 im Süddeutschen Rundfunk.

Sławomir Mrożek im Diogenes Verlag

»Mrożeks politische Parabeln sind von stupender Diagnostik.« *Marianne Kesting/Die Zeit, Hamburg*

»Mrożeks Satiren sind mehr als in Allegorie verschlüsselte Leitartikel zu Tagesfragen. Sie sind Parabeln, die nicht ins Allgemeine, Unverbindliche hinwegschwindeln müssen, um zu Dichtungen zu werden.« *Hellmuth Karasek*

Striptease und andere Stücke

1958–1961. Aus dem Polnischen von Ludwig Zimmerer. Inhalt: *Polizei, Auf hoher See, Karol, Striptease, Das Martyrium des Piotr O'Hey, Der Truthahn*

Tango und andere Stücke

1962–1965. Deutsch von Christa Vogel und Ludwig Zimmerer. Inhalt: *Eine wundersame Nacht, Zabawa, Der Kynologe am Scheideweg, Der Tod des Leutnants, Tango, Der Hirsch, Racket-baby*

Watzlaff und andere Stücke

1968–1970. Deutsch von Ludwig Zimmerer und Rolf Fieguth. Inhalt: *Watzlaff, Nochmal von vorn, Die Propheten*

Emigranten und andere Stücke

1971–1975. Deutsch von Christa Vogel. Inhalt: *Emigranten, Schlachthof, Buckel, Das Haus auf der Grenze*

Amor und andere Stücke

1976–1980. Deutsch von Witold Kośny und Christa Vogel. Inhalt: *Insel der Rosen, Fuchsquartett, Der Schneider, Amor, Zu Fuß, Die Rückkehr*

Der Botschafter und andere Stücke

1981–1992. Deutsch von Christa Vogel und M. C. A. Molnar. Inhalt: *Der Botschafter, Ein Sommertag, Alpha, Der Vertrag, Das Portrait, Die Witwen*

Liebe auf der Krim

1994. Eine tragische Komödie in drei Akten. Deutsch von Christa Vogel

Das Dramatische Werk
von Sławomir Mrożek
liegt nun in sieben Bänden
vollständig vor.